Frank Navrade

Strategische Planung mit Data-Warehouse-Systemen

GABLER EDITION WISSENSCHAFT

Frank Navrade

Strategische Planung mit Data-Warehouse-Systemen

Mit einem Geleitwort von Prof. Dr. Peter Chamoni

GABLER EDITION WISSENSCHAFT

Bibliografische Information Der Deutschen Nationalbibliothek
Die Deutsche Nationalbibliothek verzeichnet diese Publikation in der Deutschen Nationalbibliografie; detaillierte bibliografische Daten sind im Internet über <http://dnb.d-nb.de> abrufbar.

Dissertation Universität Duisburg-Essen, Campus Duisburg, 2007

1. Auflage 2008

Lektorat: Frauke Schindler / Nicole Schweitzer

Der Gabler Verlag ist ein Unternehmen von Springer Science+Business Media.
www.gabler.de

Umschlaggestaltung: Regine Zimmer, Dipl.-Designerin, Frankfurt/Main
Gedruckt auf säurefreiem und chlorfrei gebleichtem Papier
Printed in Germany

ISBN 978-3-8349-1034-9

Geleitwort

Seit über 10 Jahren beschäftigt sich die Wirtschaftsinformatik in Forschung und Praxis mit dem Aufbau von entscheidungsrelevanten Datenbeständen unter dem Begriff *Data Warehouse* oder *Data Warehousing*, wenn man den Prozess der Datensammlung, Datenspeicherung und Datennutzung in den Vordergrund stellt. Die Grundidee bestand anfangs darin, das Berichtswesen und die betriebswirtschaftliche Analyse durch die Bereitstellung von konsistenten Unternehmensdaten zu unterstützen. Im Lauf der Zeit kamen zusätzliche Anforderungen hinzu, zu welchen auch Budgetierung und Planung gehören. Heute hat fast jedes Unternehmen ein Data Warehouse zur Unterstützung vielfältiger Entscheidungsprozesse. Insbesondere die IT-gestützte strategische Unternehmensplanung und Unternehmenskontrolle wurden im Rahmen der Einführung von analytischen Informationssystemen stark diskutiert. Dashboards und Cockpits entstanden, welche zur Realisierung von Balanced Scorecards nach Kaplan/Norton zum Einsatz kamen. Ihr Fokus liegt auf der Strategieimplementierung und der nachlaufenden Kontrolle. Bei Sichtung der einschlägigen Literatur wie auch der verfügbaren Softwarewerkzeuge ist erkennbar, dass für die vorgelagerte Phase der Strategiefindung und unternehmerischen Zielsetzung bisher kaum integrierte Ansätze zu finden sind. Um dem Anspruch der „Business Intelligence" an ein strategisches Informationssystem näher zu kommen, reicht es nicht aus, Teilaspekte der strategischen Planung aufzugreifen oder lediglich eine Balanced Scorecard zu implementieren. Offensichtlich besteht hier eine Forschungslücke, die nicht in mangelnder betriebswirtschaftlicher Literatur oder fehlender Managementmethodiken begründet liegt, sondern in der unzureichenden Anforderungsanalyse aus Sicht der Wirtschaftsinformatik. Dies mag darin begründet sein, dass vorzugsweise quantitative Planungsverfahren und Rechenvorschriften den Weg in die IT-gestützten Anwendungssysteme finden, weniger die semistrukturierten Abläufe und Dokumente der strategischen Planung. Dieses Defizit wird derzeit auch vom Management der Unternehmen gesehen, welches sich zunehmend vor komplexe und kaum lösbare Anforderungen bei der Bewältigung der strategischen Aufgaben gestellt sieht. Auf der anderen Seite bieten die Unterstützungssysteme heute die Einbindung von „weichen" Informationen, welche in

Form von Dokumenten, Bewertungen oder multimedialen Formaten aus einem Guss geliefert werden können.

Hier setzt die vorliegende Publikation von Frank Navrade an, deren Ziel es ist, ein Konzept zur Unterstützung des strategischen Planungsprozesses mit Data-Warehouse-Systemen zu entwickeln. Damit schließt der Autor die angesprochene Lücke zwischen gefestigtem Wissen über alle Facetten der betriebswirtschaftlichen strategischen Planung und der Modellierung von Unterstützungssystemen. Als Resultat entsteht ein gesamtheitliches Architekturschema zur Informationsbereitstellung und zur Prozessunterstützung. Damit gelingt es Frank Navrade, ein eigenes Informationsmodell für die strategische Planung zu konstruieren, welches als Referenz für zukünftige Plattformen in Unternehmen dienen mag.

Peter Chamoni

Vorwort

The need for corporate planning is so obvious and so great that it is hard for anyone to be against it. But it is even harder to make such planning useful.

Russell L. Ackoff

Die als irreversibel empfundene Entscheidung für die Promotion und die damit einhergehende Herausforderung eine Dissertation anzufertigen, hat mich für mehrere Jahre meines Lebens auf einen wenig bis gar nicht beschilderten Pfad durch blühende Landschaften wissenschaftlicher Literatur geführt. Ohne die Hilfe zahlreicher Weggefährten wäre ich vermutlich erst wesentlich später ins Ziel eingelaufen oder gar entkräftet am Wegesrand liegen geblieben. Aus diesem Grund möchte ich hier von ganzem Herzen all jenen Menschen danken, die mich auf diesem Weg begleitet haben.

Das vorliegende Werk entstand im Rahmen meiner Tätigkeit als wissenschaftlicher Mitarbeiter am Lehrstuhl für Wirtschaftsinformatik und Operations Research der Universität Duisburg-Essen, Mercator School of Management. Meinem Doktorvater Herrn Prof. Dr. Peter Chamoni habe ich nicht nur die Starterlaubnis, sondern auch die kreativitätsfördernde Arbeitsatmosphäre mit den notwendigen Freiräumen sowie eine allzeit konstruktive Betreuung meines Forschungsprojektes zu verdanken. Herrn Prof. Dr. Bernd Rolfes danke ich für das Interesse an meinem Thema und die Übernahme des Korreferates.

Aus dem Kreis meiner ehemaligen Lehrstuhl-Kolleginnen und -Kollegen möchte ich insbesondere Herrn Stefan Krebs, Frau Tanja Bley und Herrn Prof. Dr. Carsten Felden für die umfang- und facettenreiche Unterstützung danken: Das hohe Maß an Hilfsbereitschaft, das ich erfahren durfte, wird mir stets ein Vorbild sein. Frau Illa Frigge hat u. a. wichtige Voraussetzungen für störungsfreies Arbeiten geschaffen. Den Herren Daniel Kilimann, Markus Linden und Sebastian Neuhaus danke ich für die stets konstruktiven Anmerkungen in den Doktoranden-Kolloquien und die jederzeit vorhandene Gesprächsbereitschaft bei spontanem Diskussionsbedarf. Herrn Dr. Steffen Stock verdanke ich die rasche und zeitlich unbefristete Verfügbarkeit wichtiger Literatur zu Forschungszwecken. Zu den (teilweise ehemaligen) studentischen Mitarbeiterinnen und Mitarbeitern des Lehrstuhls zählen Frau Daniela Lohaus,

Herr Lars Bathen, Frau Anika Nentwich, Frau Natalia Gornostaeva, Frau Teresa Rygielski, Frau Jeannette Wortha, Herr Tim Vogt, Frau Lisa Fehlberg, Herr Claas Planitzer und Herr Thorsten Richter – ihnen danke ich vor allem für die Unterstützung im Rahmen des Literaturmanagements. Die freundschaftliche Zusammenarbeit an diesem Lehrstuhl werde ich in bester Erinnerung behalten, das war ein super Team!

Über die Herren Peter Neisius und Gotthard Tischner sind interessante Kontakte in die Unternehmenspraxis der strategischen Planung zustande gekommen. Den Einblick in konkrete Planungsprozesse konnte ich mit Erkenntnisgewinn als ergänzende Perspektive auf das Thema nutzen.

Aus dem privaten Kreis zolle ich den Herren Thomas Donath und Alexander Schrörs großen Dank für die Übernahme der fachfremden Korrekturlesungen und die gemeinsamen Kurzurlaube in virtuellen Entertainment-Welten. Herrn Bastian Jäschke danke ich für die hilfreichen Tipps und Hinweise zur Gestaltung von Benutzungsschnittstellen. Es ist das Verdienst von Herrn Peter Driever, dass ich im Anblick der Abendsonne mit einem gut gekühlten Getränk gelegentlich von der Dissertation abschalten konnte. Herr Thomas Bramer hat mich im wahrsten Sinne oft als Weggefährte begleitet: Als Laufpartner hatte er stets ein paar aufmunternde Worte und ein großes Stück Optimismus für mich übrig – zumindest in den Momenten wo wir noch genug Luft zum Reden hatten.

Meine Eltern Christa und Wolfgang standen während der gesamten Zeit hinter mir. Die notwendige Ausdauer und Disziplin die ich aufbringen musste, resultiert einzig und allein aus dem Halt, der Unterstützung und den vermittelten Grundwerten die sie mir mit auf den Weg gegeben haben. Ihnen widme ich meine Arbeit in Liebe und Dankbarkeit.

Frank Navrade

Inhaltsverzeichnis

Abbildungsverzeichnis

Tabellenverzeichnis

Abkürzungsverzeichnis

ADAPT ....Application Design for Analytical Processing Technologies
BCG ....Boston Consulting Group
BFuP ....Betriebswirtschaftliche Forschung und Praxis
BLOB ....Binary Large Object
brPS ....besonders relevante Planungssachverhalte
BSC ....Balanced Scorecard
BW ....SAP Business Information Warehouse (Produkt der SAP AG)
CIC ....Customer Interaction Center
CRM ....Customer Relationship Management
DB2 ....Datenbankprodukt der IBM Corporation
DBW ....Die Betriebswirtschaft
DCF ....Discounted Cash-Flow
DOC ....Proprietäres Format von Microsoft Word-Dateien
ed. ....Edition
EIS ....SAP Executive Information System (Produkt der SAP AG)
EPK ....Ereignisgesteuerte Prozesskette
ERP ....Enterprise Resource Planning
EVA ....Economic Value Added
F&E ....Forschung und Entwicklung
FASMI ....Fast Analysis of Shared Multidimensional Information
HIPO ....Hierarchy plus Input Process Output
HMD ....HMD – Praxis der Wirtschaftsinformatik
HTML ....Hypertext Markup Language
IBM ....International Business Machines Corporation
KDD ....Knowledge Discovery in Databases
krp ....Kostenrechnungspraxis
LOB ....Large Object
o. Jg. ....ohne Jahrgang
o. V. ....ohne Verfasser
ODBC ....Open Database Connectivity
ODS ....Operational Data Store

OLAP ....On-Line Analytical Processing
OLTP ....On-Line Transaction Processing
PC ....Personal Computer
PDF ....Portable Document Format
PPT ....Proprietäres Format von Microsoft PowerPoint-Dateien
SA ....Structured Analysis
SAP ....SAP AG, Walldorf
SEM ....Strategic Enterprise Management (Produkt der SAP AG)
SQL ....Structured Query Language
SWOT ....Strengths Weaknesses Opportunities Threats
UML ....Unified Modeling Language
UMTS ....Universal Mobile Telecommunications System
Univ. ....Universität
URL ....Uniform Resource Locator
Vol. ....Volume
WWW ....World Wide Web
XLS ....Proprietäres Format von Microsoft Excel-Dateien
XOR ....Exklusiv-Oder-Operator
ZfB ....Zeitschrift für Betriebswirtschaft
zfbf ....Zeitschrift für betriebswirtschaftliche Forschung
zugl. ....zugleich

1 Einleitung

1.1 Ausgangssituation und Ziel der Arbeit

Unternehmen nutzen heute in einem immer größeren Umfang Informationssysteme, um den Menschen bei nahezu allen Aufgaben zu unterstützen. Die häufig wachstumsgetriebene Entwicklung von Unternehmen führt in Kombination mit der Verfügbarkeit und dem Einsatz leistungsfähigerer Informationstechnik zu einer Vielzahl heterogener Informationssysteme, die teilweise auf komplexe Art miteinander verknüpft sind.

Für die Steuerung und Koordination eines Unternehmens ist es wichtig, eine integrierte und einheitliche Perspektive auf das Geschehen im Unternehmen einnehmen zu können. Eine fragmentierte Informationssystem-Landschaft bietet über ihre Vielzahl unterschiedlicher Datenbasen jedoch nur unvollständige und partiell redundante Abbilder des Unternehmensgeschehens. Genau hier setzen Data-Warehouse-Systeme an: Über Datenintegration wird den Entscheidungsträgern eine einheitliche und übergreifende – integrierte – Perspektive geboten. Ein Data-Warehouse-System erhebt den Anspruch, die einzige Quelle der Wahrheit innerhalb des Unternehmens darzustellen. So überrascht es nicht, dass gerade das Controlling mit seiner integrativen, auf Koordination der Führungsteilsysteme ausgerichteten Aufgabenstellung von Data-Warehouse-Systemen profitiert und den Aufbau solcher Systeme forciert.

Das Controlling-Konzept der Balanced Scorecard stellt ein Anwendungsszenario für Data-Warehouse-Systeme dar. Der Einsatz einer Balanced Scorecard bezweckt neben der strategiegerichteten Informationsversorgung vor allem die Implementierung der Unternehmensstrategie. Zusätzliche Perspektiven auf Mitarbeiter, Prozesse und Kunden beheben die Nachteile einer rein finanziellen Betrachtung und positionieren die Balanced Scorecard als multiperspektivisches Performance-Management-Instrument. Eine mehrstufige Operationalisierung über Ziele, Kennzahlen, Sollvorgaben und Maßnahmen übersetzt die Strategie in konkretes Handeln. Informationen über das Verfehlen gesetzter Sollvorgaben trotz planmäßig durchgeführter Maßnahmen sollen strategische Lernprozesse initiieren und dazu führen, die Strategie kritisch zu hinterfragen. Methodische Hilfestellung und notwendige Informationen zur Überprüfung der Prämissen, Plausibilität und Konsistenz der Strategie finden sich im übergeordneten strategischen Planungsprozess. Data-Warehouse-Systemen wird zwar allgemein eine hohe strategische Bedeutung beigemessen; eine umfassende Unterstützung des strategischen Planungsprozesses liegt zum heutigen Zeitpunkt jedoch außerhalb ihrer Anwendungsdomäne.

Es fällt in den Aufgabenbereich der Wirtschaftsinformatik, der betriebswirtschaftlichen Forderung nach enger Verzahnung von Strategieimplementierung und Strategieformulierung durch die Gestaltung integrierter Informationssysteme Rechnung zu tragen. Die vorliegende Arbeit setzt an der bestehenden informationstechnischen Schnittstelle zwischen Strategieimplementierung und Strategieformulierung auf: Data-Warehouse-Systeme unterstützen bereits den Balanced-Scorecard-gestützten Prozess der Strategieimplementierung und werden daraufhin untersucht, in welchem Umfang sich ihre Unterstützung auf die strategische Planung als Prozess der Strategieformulierung ausweiten lässt.

Das Ziel dieser Arbeit besteht in der Erarbeitung eines Konzepts zur Unterstüzung des strategischen Planungsprozesses mit Data-Warehouse-Systemen. Dieses Ziel lässt sich in ein Erkenntnisziel und ein Gestaltungsziel differenzieren. Um den betriebswirtschaftlichen Prozess der strategischen Planung mit einem Data-Warehouse-System unterstützen zu können, muss in einem ersten Schritt der Informationsbedarf dieses Prozesses analysiert werden. Nur mit Kenntnis des Informationsbedarfs wird es möglich, potenzielle Quellsysteme, Datenintegrationserfordernisse und Anforderungen an ein Datenmodell sowie die Benutzungsschnittstelle abzuleiten. Die Ermittlung des Informationsbedarfs der strategischen Planung ist das Erkenntnisziel dieser Arbeit.

Mit Kenntnis des Informationsbedarfs der strategischen Planung werden in einem zweiten Schritt die daraus resultierenden informationstechnischen Anforderungen an Data-Warehouse-Systeme zur Unterstützung der strategischen Planung präzisiert. Das Erarbeiten anforderungsgerechter Gestaltungsempfehlungen zum Aufbau eines Data-Warehouse-Systems und deren Integration in ein Architekturmodell ist das Gestaltungsziel dieser Arbeit.

1.2 Stand der Forschung

Data-Warehouse-Systeme werden in der Literatur aus drei Perspektiven heraus mit dem Begriff *Strategie* in Verbindung gebracht. Die erste Perspektive betrachtet Data-Warehouse-Systeme als strategische Ressource im Wettbewerb. Durch den Einsatz eines Data-Warehouse-Systems erlangt das Unternehmen Informationsvorteile, die im Wettbewerb mit Konkurrenzunternehmen zu Wettbewerbsvorteilen führen.[1] In der zweiten Perspektive wird der Blick auf die strategieorientierte Entwicklung und Gestaltung eines Data-Warehouse-Systems gerichtet.[2] Die dritte Perspektive betrachtet Data-Warehouse-Systeme als Instrument zur Unterstützung der Strategieentwicklung und ist die relevante Perpektive für diese Arbeit.[3]

In die Analyse des aktuellen Stands der Forschung wird nur Literatur einbezogen, die ab dem Zeitpunkt der Existenz des Data-Warehouse-Konzeptes veröffentlicht wurde. Dieser Zeitpunkt ist mit der Definition[4] des Data-Warehouse-Begriffs auf das Jahr 1993 zu datieren.[5]

1 Vgl. WILMES / DIETL / VAN DER VELDEN (2004); GABRIEL (1999); SCHWINN ET AL. (1999), S. 220 ff.

2 Vgl. TOTOK (2006); TROST / ZIRKEL (2006).

3 Vgl. SCHELL (2007), S. 216 ff.

4 Vgl. INMON (2005), S. 29.

5 DANNENBERG führt eine ausführliche Literaturanalyse für die Jahre 1973 bis 1990 bezüglich computergestützter Modellansätze zur strategischen Unternehmensplanung durch, vgl. DANNENBERG (1990), S. 117 ff. Insgesamt hinterlassen die Kurzbeschreibungen der Veröffentlichungen einen primär quantitativ ausgerichteten und portfolio-zentrierten Eindruck. DANNENBERG kommt zu dem Schluss, dass globale, den gesamten strategischen Entscheidungsprozess umfassende Modelle zu oberflächlich bleiben, während Spezialprogramme "[...] nur exakt abgegrenzte und klar definierte Probleme unterstützend lösen.", DANNENBERG (1990), S. 177. Sein eigenes Modell STRATOPLAN ist ebenfalls primär quantitativ ausgerichtet. Dies wird in der Übersicht des Teilmoduls STRATOBASE deutlich, das als datenmäßiger Grundstein einer unternehmens- und geschäftsfeldorientierten strategischen Planung betrachtet wird, vgl. DANNENBERG (1990), S. 316 f. HESSE führt eine Literaturanalyse bezüglich existierender Ansätze zum Aufbau strategischer Datenbanken durch und resümiert, dass diese "[...] skizzenhaft bleiben, sich größtenteils auf eine allgemeine Beschreibung der notwendigen Inhalte der Datenbank beschränken und den informationstechnologischen Aspekt in Form von Datenbanksystemen entweder gar nicht oder nur ansatzweise berücksichtigen", HESSE (1995), S. 76. Auch die Ausführungen bei WAGNER zu strategischen Informationssystemen bleiben sehr oberflächlich, vgl. WAGNER (1987), S. 130 ff.

Die Mehrzahl der Veröffentlichungen gibt nur vereinzelte Hinweise darauf, dass Data-Warehouse-Systeme die strategische Planung oder das strategische Management unterstützen.[6]

Bezüglich der Analyse des Informationsbedarfs der strategischen Planung sind die Arbeiten von SPRENGEL und BEIERSDORF zu nennen.[7] Beide Arbeiten behandeln die Informationsbedarfsanalyse jedoch zu abstrakt, um als Hilfestellung bei der Gestaltung eines Data-Warehouse-Systems zu dienen.

Die Arbeit von GAMER mit dem Titel *Datenstrukturen strategischer Planung*[8] zielt auf die Beantwortung der Frage „[...] ob und in welchem Umfang die Datenmodellierung und ihre Integration in die Planung einen Beitrag zur Verbesserung der strategischen Planung liefern kann."[9] und dient *nicht* dem Entwurf einer Datenbankanwendung.[10] Seine in Teilen vergleichende Analyse beschränkt sich auf den St. Galler Ansatz (GÄLWEILER[11]) sowie den Wettbewerbsansatz (PORTER[12]) und unterliegt damit den Grenzen dieser Ansätze.

Besonders hervorzuheben ist die Arbeit von HESSE.[13] Ziel seiner Arbeit ist der Entwurf einer prototypischen strategischen Datenbank zur Unterstützung des strategischen Controllings.[14] Der strategische Controlling-Prozess wie ihn HESSE beschreibt und den er in die Phasen Zielplanung, Umwelt- und Unternehmensanalyse, Strategie-

6 Vgl. SINGH / WATSON / WATSON (2002), S. 82; SCHELL (2007), S. 216 ff; SONNENSCHEIN / SCHÖN / NÖLKEN (1999), S. 190; SINZIG verweist darauf, dass alle Komponenten des SAP Strategic Enterprise Mangement (SEM) auf dem SAP BW (ein Data-Warehouse-System) basieren, vgl. SINZIG (2000), S. 151, ebenso KAGERMANN (2000), S. 122; PROPACH implementiert auf Basis des SAP R/3-Moduls SAP EIS (Vorläufer des SAP BW) einen Prototypen zur Unterstützung von Teilbereichen der strategischen Unternehmensplanung, vgl. PROPACH (1999); WALL ordnet das Data-Warehouse-Konzept den IT-Komponenten zu, die der Unterstützung der Unternehmensplanung dienen, vgl. WALL (2003), S. 381 f. Hinweise auf die Unterstützung der strategischen Planung / des strategischen Controlling durch Data-Warehouse-ähnliche Informationssysteme finden sich bei HUCH / DÖLLE (1994), S. 220; FRÖHLING / NÖLKEN (1994), S. 37; STRUCKMEIER (1997), S. 52 ff; SCHLEGEL (1996), S. 303.

7 Vgl. SPRENGEL (1984); BEIERSDORF (1995).

8 Vgl. GAMER (1994).

9 GAMER (1994), S. 20.

10 Vgl. GAMER (1994), S. 117.

11 Vgl. GÄLWEILER (1990).

12 Vgl. PORTER (2000); PORTER (1999).

13 Vgl. HESSE (1995).

14 Vgl. HESSE (1995), S. 3.

formulierung sowie Strategieimplementierung unterteilt, gleicht dem des strategischen Management und umfasst damit die strategische Planung.[15] Obwohl kein expliziter Bezug zu Data-Warehouse-Systemen hergestellt wird, spiegeln sich in den dort aufgeführten informationstechnologisch-funktionalen Anforderungen an eine strategische Datenbank teilweise die Charakteristika des Data-Warehouse-Konzeptes und des On-Line Analytical Processing wider.[16] Zum Abschluss seiner Arbeit entwickelt HESSE ein semantisches Datenmodell[17] zur inhaltlichen Konkretisierung einer strategischen Datenbank.[18] Abbildung 1 zeigt dieses Datenmodell.

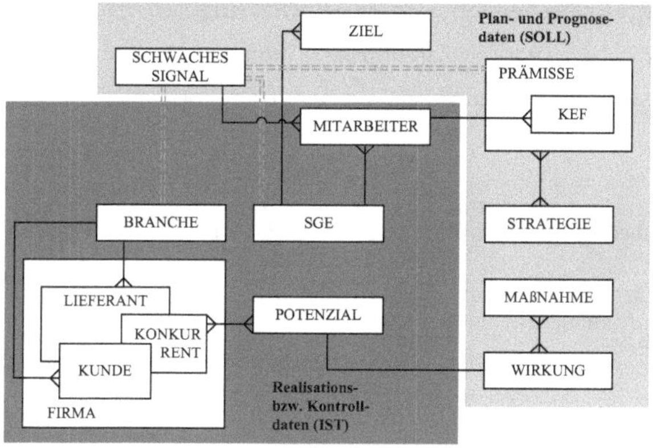

Abb. 1: Semantisches Datenmodell einer strategischen Datenbank nach HESSE[19]

HESSE misst der instrumentengeleiteten[20] Informationsbedarfsanalyse für die Entwicklung „[...] eines möglichst allgemein verwendbaren Musters einer strategischen Datenbank [...]"[21] besondere Relevanz bei. In Anbetracht der großen Menge

---

15 Vgl. HESSE (1995), S. 15 f.

16 Zugang zu internen und externen Datenbanken, Zeitbezug der Daten, Ad-hoc-Datenzugang, flexible Verknüpfbarkeit der Daten sowie Data Drilling, vgl. HESSE (1995), S. 78 ff.

17 Vgl. HESSE (1995), S. 296 ff.

18 Vgl. HESSE (1995), S. 5.

19 Quelle: HESSE (1995), S. 298.

20 Zu den Instrumenten des strategischen Controlling zählt HESSE etablierte Methoden der strategischen Planung, wie beispielsweise Portfolios oder das Five-Forces Modell von PORTER, vgl. HESSE (1995), S. 18 ff.

21 HESSE (1995), S. 50.

entwickelter Instrumente zum strategischen Controlling (beziehungsweise zum strategischen Management / zur strategischen Planung) und dem daraus resultierenden komplexen Informationsgeflecht hinterlässt das Datenmodell in Abbildung 1 jedoch einen unvollständigen und rudimentären Eindruck.[22]

Insgesamt offenbart die Literaturanalyse einen defizitären Stand der Forschung in Bezug auf das Thema *strategische Planung mit Data-Warehouse-Systemen.* Vor allem die Entwicklung eines Datenmodells, das auch die qualitativen Methoden der strategischen Planung erfasst, steht bis heute aus.

1.3 Wissenschaftstheoretische Positionierung

Es ist das Ziel der Wirtschaftsinformatik, informationsverarbeitende Prozesse in Wirtschaftssystemen durch den Einsatz von Informationstechnik zu unterstützen oder in sinnvoller Weise zu automatisieren.[23] Um dieses Ziel erreichen zu können, sind sowohl Erkenntnisse der Wirtschaftswissenschaft als auch der Informatik notwendig. Die Wirtschaftsinformatik ist damit in hohem Maße interdisziplinär ausgerichtet.[24] In Anbetracht der teilweise stark differierenden Forschungsansätze der beiden Disziplinen besteht für Forschungsarbeiten im Bereich der Wirtschaftsinformatik das Erfordernis einer präzisen wissenschaftstheoretischen Positionierung. Die Offenlegung der hier vertretenen wissenschaftstheoretischen Grundposition erfolgt anhand der Abbildungen 2 und 3 und deckt sich im Wesentlichen mit der konsensorientierten Informationsmodellierung.[25]

---

22 Trotz dieser Aussage bezüglich des Datenmodells weiß der Autor die Arbeit von HESSE insgesamt als herausragende Forschungsleistung auf diesem Themengebiet zu würdigen.

23 Vgl. HOLL / AUEROCHS (2004), S. 367.

24 Vgl. FRANK (2007), S. 157.

25 Vgl. dazu BECKER ET AL. (2004), S. 351 ff.

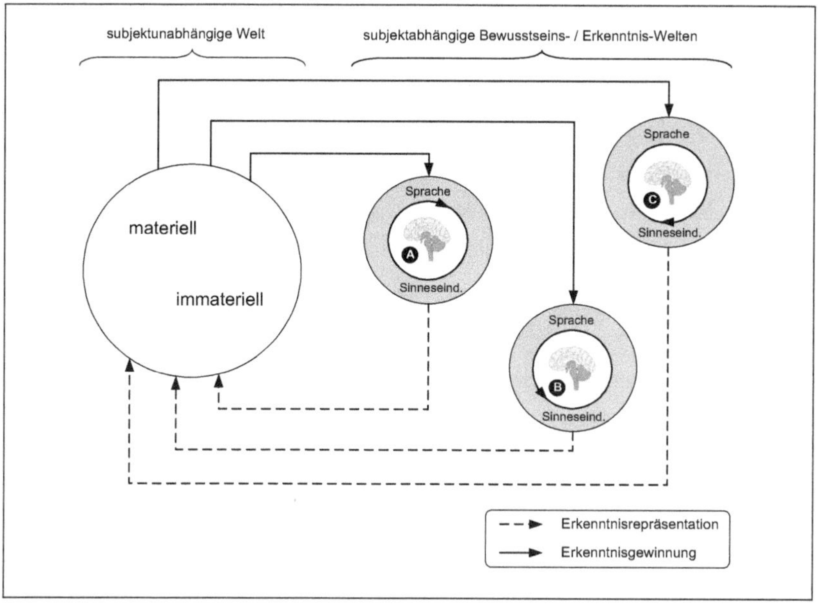

Abb. 2: Visualisierung der wissenschaftstheoretischen Grundposition (I)

Es wird unterstellt, dass eine vom menschlichen Bewusstsein unabhängige Welt existiert.[26] Bestandteile dieser Welt sind sowohl materielle als auch immaterielle[27] Phänomene[28]. In Abbildung 2 wird diese Welt als *subjektunabhängige Welt* bezeichnet. Der Zugang zu dieser Welt und die Erkenntnis über diese Welt ist jedoch subjektabhängig: Jedes Subjekt konstruiert seine eigene Bewusstseins- und Erkenntniswelt. Im rechten Teil der Abbildung 2 werden drei[29] subjektabhängige Bewusstseins- und Erkenntniswelten A, B und C dargestellt. Die subjektabhängige Erkenntnis einer subjektunabhängigen Welt entspricht der Sichtweise des gemäßigten Konstruktivismus.[30]

26 Diese Position wird als ontologischer Realismus bezeichnet und entspricht der dominierenden Sichtweise in der Philosophie und der Wissenschaftstheorie, vgl. SCHÜTTE (1999), S. 220.

27 Immaterielle Phänomene sind beispielsweise Gesetze, Prozesse oder Giralgeld.

28 Phänomen verstanden als *das sich den Sinnen Zeigende*, vgl. DUDENREDAKTION (2000), S. 1026.

29 Die Zahl drei hat einen rein exemplarischen Charakter.

30 Vgl. BECKER ET AL. (2004), S. 348; SCHÜTTE (1999), S. 227.

Quelle der Erkenntnis sind einerseits Erfahrungen (Sinneseindrücke) der Subjekte. Resultat dieser Erkenntnis ist aposteriorisches Wissen[31].[32] Diese Quelle der Erkenntnis wird in Abbildung 2 durch die Verbindungslinien der subjektunabhängigen Welt in Richtung der subjektabhängigen Bewusstseins- und Erkenntniswelten dargestellt. Andererseits ist es möglich, den Intellekt als Quelle der Erkenntnis zu nutzen. Resultat dieser Erkenntnis ist apriorisches Wissen. In Abbildung 2 wird diese Quelle der Erkenntnis durch die kreisförmigen Pfeile innerhalb der subjektabhängigen Bewusstseins- und Erkenntniswelten dargestellt. Folglich werden hier beide Quellen der Erkenntnis anerkannt.

Ergebnisse der Forschung werden in Form von Erkenntnisrepräsentationen der wissenschaftlichen Gemeinschaft in der subjektunabhängigen Welt zur Verfügung gestellt. Abbildung 2 verdeutlicht dies durch die gerichteten Verbindungslinien von den subjektabhängigen Bewusstseins- und Erkenntniswelten zur subjektunabhängigen Welt. Bezogen auf die Wirtschaftsinformatik werden Erkenntnisse häufig in Form von konstruierten (Informations-) Modellen repräsentiert. Damit ein Modell im Sinne des Urhebers interpretiert werden kann, sind präzise Angaben zur verwendeten Modellierungssprache wie beispielsweise das Metamodell und die Notation notwendig. Darüber hinaus tragen detaillierte Erläuterungen zur Verständlichkeit des Modells bei und erleichtern dessen Beurteilung[33].

Nachfolgend soll die Position in Bezug auf den Begriff *Wahrheit* offengelegt werden. Es wird einer veränderten Fassung der Konsenstheorie der Wahrheit gefolgt. Danach ist eine Aussage für eine Gruppe wahr genau dann, wenn sie für die Gruppe akzeptierbar ist.[34] Wahrheit ist dem Konsens in einer Gruppe von Forschern gleichzusetzen. Konsens wird hier als partielle Überlappung der subjektabhängigen Bewusstseins- und

---

31 Die Begriffe *Wissen* und *Erkenntnisse* werden in diesem Abschnitt synonym verwendet.

32 Vgl. hierzu und zum Folgenden BECKER ET AL. (2004), S. 342.

33 DRESBACH misst dem Problembezug von Modellen als Beurteilungskriterium für die Modellqualität große Bedeutung zu. "Diesen zu beurteilen bedeuet, daß der gedankliche Strukturierungsvorgang, der zu dem Modell geführt hat, so zurückverfolgt werden muß, daß die Frage beantwortet werden kann, ob alternative Strukturierungsmöglichkeiten bestehen.", DRESBACH (1999), S. 74.

34 Vgl. BECKER ET AL. (2004), S. 341.

Erkenntniswelten verstanden. In Abbildung 3 wird dies durch die Schnittmenge visualisiert.

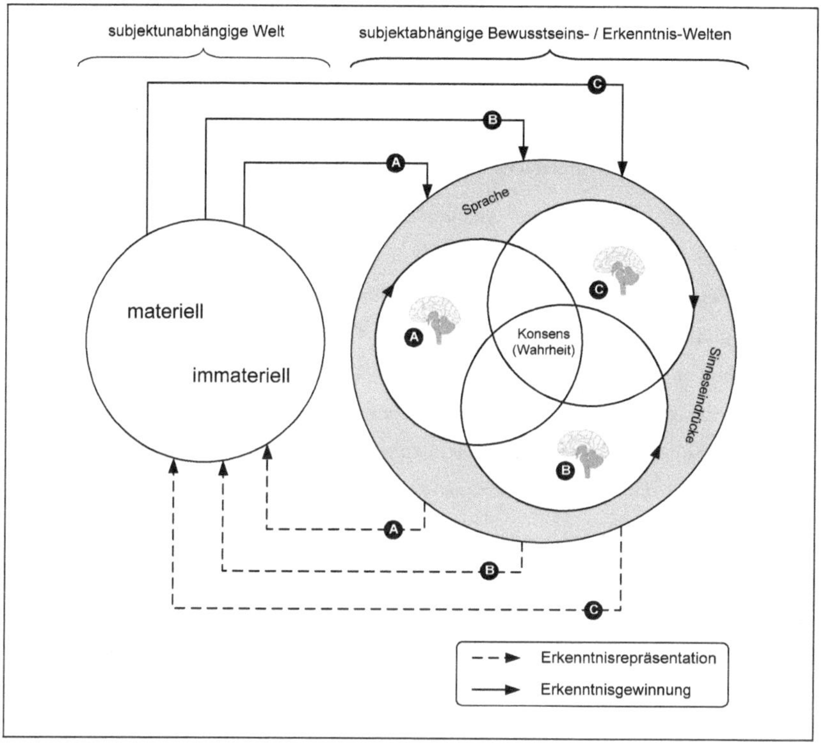

Abb. 3: Visualisierung der wissenschaftstheoretischen Grundposition (II)

Voraussetzung für Konsens sind ein identisches Verständnis von Sprache (natürliche sowie formale) und identische Sinneseindrücke. Trotz der partiellen Überlappung der subjektabhängigen Bewusstseins- und Erkenntniswelten bleibt den Subjekten ein identischer Zugang zur subjektunabhängigen Welt verwehrt. Abbildung 3 bringt dies durch die stets subjektabhängigen Prozesse der Erkenntnisgewinnung und Erkenntnisrepräsentation zum Ausdruck.

Zusammenfassend liegen der hier vertretenen wissenschaftstheoretischen Grundposition eine gemäßigt-konstruktivistische Sichtweise und ein konsensorientierter Wahrheitsbegriff zugrunde.

1.4 Aufbau der Arbeit

Im Folgenden werden in Kapitel 2 zunächst die Grundlagen von Data-Warehouse-Systemen erarbeitet. Beginnend mit der Erläuterung des Data-Warehouse-Begriffs in Abschnitt 2.1 und der Referenzarchitektur in Abschnitt 2.2 werden in Abschnitt 2.3 die Anwendungsbereiche von Data-Warehouse-Systemen und deren Strategiebezug erörtert. Das Balanced-Scorecard-Konzept leitet in Abschnitt 2.4 durch seinen konzeptionell bedingten Strategiebezug zur strategischen Planung über.

Kapitel 3 widmet sich mit der Analyse des Informationsbedarfs der strategischen Planung dem Erkenntnisziel der Arbeit. Die Präzisierung des Grundverständnisses zentraler Begriffe und die einführende Beschreibung des methodengestützten Prozesses der strategischen Planung sind Gegenstand des Abschnittes 3.1. In Abschnitt 3.2 wird mit Hilfe von Informationsprozessmodellen der Informationsbedarf strategischer Planungsmethoden modelliert. Dieser Abschnitt stellt den Kern der Informationsbedarfsanalyse dar. Abschnitt 3.3 fasst in einem Zwischenfazit die wesentlichen Erkenntnisse der Informationsbedarfsanalyse zusammen und leitet zu Kapitel 4 über.

Auf Basis der Erkenntnisse aus Kapitel 3 werden in Kapitel 4 die Anforderungen der strategischen Planung an Data-Warehouse-Systeme abgeleitet und in Gestaltungsempfehlungen umgesetzt. Kapitel 4 adressiert damit das Gestaltungsziel der Arbeit. Abschnitt 4.1 stellt die Integrationsmöglichkeiten strategisch relevanter Datenquellen im Mittelpunkt der Betrachtung. Die Evaluation alternativer Datenbanktechnologien im Hinblick auf die logische Datenmodellierung, die Konzeption eines semantischen Datenmodells der strategischen Planung und das Aufzeigen der resultierenden Analysemöglichkeiten erfolgen in Abschnitt 4.2. Neue Anforderungen an die Benutzungsschnittstelle eines Data-Warehouse-Systems werden in Abschnitt 4.3 erörtert und exemplarisch anhand ausgewählter Planungsmethoden in einem konzeptionellen Prototypen umgesetzt. In Abschnitt 4.4 wird auf Grundlage der Abschnitte 4.1, 4.2 und 4.3 ein Data-Warehouse-System-Architekturmodell entworfen, das den Anforderungen der strategischen Planung Rechnung trägt und eine kohärente Sicht auf das System ermöglicht. Den Abschluss des Kapitels 4 bildet Abschnitt 4.5 mit einer kritischen Diskussion und Beurteilung der erarbeiteteten Ergebnisse.

Die Arbeit schließt mit einer Zusammenfassung und einem Ausblick auf zukünftigen Forschungsbedarf in Kapitel 5.

2 Data-Warehouse-Systeme

Ein Data-Warehouse-System integriert Daten aus verschiedenen Datenquellen und stellt Anwendern diese Daten zu vielfältigen Analysezwecken zur Verfügung.[35] In Abschnitt 2.1 werden grundlegende Eigenschaften von Data-Warehouse-Systemen aus der Definition des Begriffs *Data Warehouse* abgeleitet. Darauf folgend werden in Abschnitt 2.2 die einzelnen Elemente der Referenzarchitektur eines Data-Warehouse-Systems sowie deren Funktion und Zusammenwirken im Data-Warehousing-Prozess erläutert. Typische Anwendungsbereiche von Data-Warehouse-Systemen werden in Abschnitt 2.3 unter besonderer Berücksichtigung ihres Strategiebezugs vorgestellt. Das Balanced-Scorecard-Konzept wird im informationsorientierten Anwendungsbereich als Bindeglied zur strategischen Planung identifiziert und in Abschnitt 2.4 einer detaillierteren Betrachtung unterzogen.

2.1 Begriff und Konzept

Der Begriff *Data Warehouse* geht auf WILLIAM H. INMON zurück. Er definierte 1993 das Data Warehouse als „[...] subject-oriented, integrated, nonvolatile, and time-variant collection of data in support of management's decisions."[36] Aus dieser Definition lassen sich die folgenden vier Charakteristika ableiten:[37]

- **Subject orientation** (Sachverhalts- oder Fachorientierung): Die Datenstruktur im Data Warehouse ist im Gegensatz zu ERP-Systemen[38] nicht auf die transaktionsorientierte Unterstützung von Geschäftsprozessen ausgerichtet. Stattdessen wird die Datenstruktur für die Unterstützung von Management-Entscheidungen optimiert. Diese Optimierung erfolgt durch Berechnung von Kennzahlen und deren Zuordnung zu entscheidungsrelevanten Strukturen wie beispielsweise *Produkt-*, *Kunden-* oder *Regionalhierarchien*. Das Charak-

---

35 Vgl. BAUER / GÜNZEL (2004), S. 5; DEVLIN (1997), S. 20 f.

36 INMON (2005), S. 29. Diese Definition ist auch in der vierten Auflage unverändert, vgl. INMON (1993), S. 29.

37 Vgl. hierzu und zum Folgenden INMON (2005), S. 29-33; CHAMONI / GLUCHOWSKI (2006), S. 13 f; MUCKSCH / BEHME (2000), S. 10 f; WILDE (2001), S. 7 f; GABRIEL / CHAMONI / GLUCHOWSKI (2000), S. 77 f; JUNG / WINTER (2000), S. 4 f.

38 Enterprise-Resource-Planning-Systeme (ERP-Systeme). ERP-Systeme sind auf die Unterstützung operativer Geschäftsprozesse ausgerichtet.

teristikum der Sachverhalts- oder Fachorientierung geht zum Teil auf die Kritik an den so genannten *Zahlenfriedhöfen* zurück: Den sehr großen verfügbaren Datenmengen fehlte eine betriebswirtschaftlich orientierte und auf analytische Belange ausgerichtete Grundstruktur.

- **Integration** (Integration): Die Daten aus mehreren heterogenen Datenquellen und werden in einer separaten Datenbank integriert. Dazu ist in der Regel eine Struktur- und Formatvereinheitlichung notwendig.
- **Non-volatile** (Beständigkeit): Die bereits geladenen Daten im Data Warehouse sind keinen Veränderungen unterworfen. Auswertungen und Analysen auf einem stabilen Datenbestand sind stets nachvollziehbar und reproduzierbar.
- **Time variance** (Historisierung): Die Speicherung von Daten über lange Zeiträume ermöglicht es, Entwicklungen und Trends in den Daten zu erkennen.

Nach INMON ist ein Data Warehouse eine *Sammlung von Daten* mit speziellen Eigenschaften zur Unterstützung von Management-Entscheidungen.[39] Eine andere Definition geben BAUER / GÜNZEL: „Ein Data Warehouse ist eine physische Datenbank, die eine integrierte Sicht auf beliebige Daten zu Analysezwecken ermöglicht."[40]

Basierend auf diesen beiden Definitionen können *Datenintegration*, *Datenanalyse* und *Entscheidungsunterstützung* als wesentliche Aspekte eines Data Warehouse herausgestellt werden. Die Entscheidungsunterstützung ist als übergeordnetes Ziel eines Data Warehouse zu sehen. Aus der Datenbeschaffung, Datenintegration und Datenanalyse resultieren die notwendigen Informationen für die Unterstützung von Entscheidungsprozessen.

2.2 Referenzarchitektur

Das *Data Warehouse* ist das namensgebende Element eines Data-Warehouse-Systems. Darüber hinaus besteht ein Data-Warehouse-System aus weiteren Elementen, die für die Datenintegration und die Steuerung der Datenflüsse erforderlich sind. Die Existenz

---

39 Vgl. INMON (2005), S. 29; INMON / HACKATHORN (1994), S. 1.

40 BAUER / GÜNZEL (2004), S. 7.

einer allgemein akzeptierten Referenzarchitektur[41] zeigt, dass heute Konsens[42] darüber besteht, wie ein Data-Warehouse-System grundsätzlich zu gestalten ist. Im Folgenden werden die Elemente und deren Zusammenwirken innerhalb der Referenzarchitektur detailliert erläutert.[43] Abbildung 4 zeigt die Referenzarchitektur im Überblick.

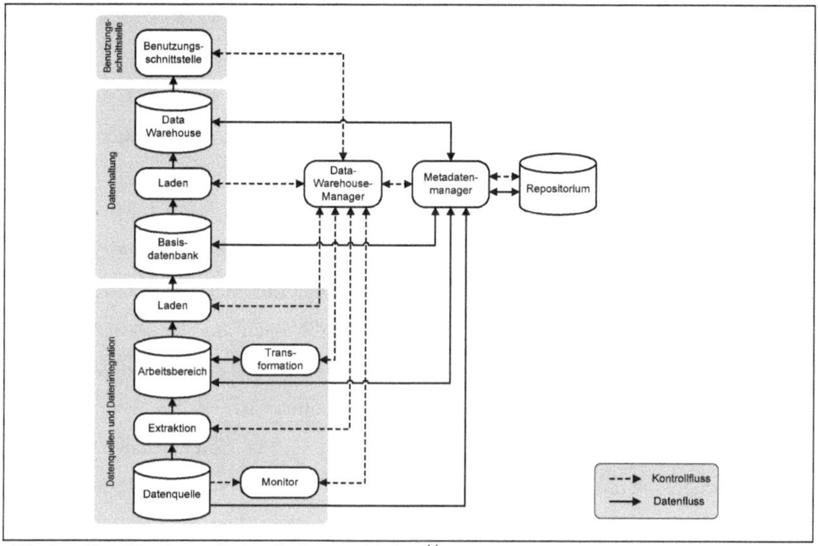

Abb. 4: Data-Warehouse-System-Referenzarchitektur[44]

---

41 Die Referenzarchitektur ist ein Modell eines idealtypischen, generischen Data-Warehouse-Systems, das von technischen Details der Implementierung abstrahiert.

42 Obwohl Einigkeit bezüglich der grundsätzlichen Architektur eines Data-Warehouse-Systems besteht (vgl. dazu die Architekturen bei GLUCHOWSKI / CHAMONI (2006), S. 155; BANGE (2006), S. 91; KEMPER / FINGER (2006), S. 114; MUCKSCH (2006), S. 131), existieren verschiedene Begriffspaare für die Systemelemente zur persistenten Datenhaltung. In der hier verwendeten Architektur (siehe Abbildung 4) wird zwischen *Basisdatenbank* und *Data Warehouse* unterschieden. Damit wird der Sichtweise von BAUER ET AL. gefolgt, vgl. BAUER ET AL. (2004), S. 35. Alternative Begriffspaare mit gleicher Bedeutung sind *(zentrales / Core) Data Warehouse* und *Data Mart* (vgl. MUCKSCH / BEHME (2000), S. 15 und S. 19; MUCKSCH (2006), S. 131; KEMPER / FINGER (2006), S. 114; GLUCHOWSKI / CHAMONI (2006), S. 155) sowie *Basis-Data-Warehouse* und *funktionales Data-Warehouse* (vgl. SCHWINN ET AL. (1999), S. 194 f).

43 In dieser Arbeit wird die Referenzarchitektur von BAUER ET AL. (vgl. BAUER ET AL. (2004), S. 36) mit einer geringfügigen Modifikation zugrunde gelegt: Das Element *Analyse* wurde in *Benutzungsschnittstelle* umbenannt, da Data-Warehouse-Systeme neben der Analyse auch zur reinen Informationsbereitstellung oder für Planungszwecke genutzt werden können.

44 Quelle: BAUER ET AL. (2004), S. 36, leicht modifiziert. Die grau umfassten Elemente wurden in die drei Bereiche *Datenquellen und Datenintegration*, *Datenhaltung* sowie *Benutzungsschnittstelle* gruppiert. Anhand dieser Bereiche wird im späteren Verlauf dieser Arbeit das Kapitel 4 strukturiert.

Die Referenzarchitektur verwendet zwei Arten von Elementen und zwei Arten von Beziehungen zwischen den Elementen. Bei den Elementen wird zwischen *Operanden* und *Operatoren* unterschieden. *Operanden* sind Datenbestände, die durch Zylinder symbolisiert werden. *Operatoren* werden durch abgerundete Rechtecke symbolisiert und stehen mit den Operanden und anderen Operatoren in Beziehung. Die Beziehungsarten lassen sich in *Kontrollfluss* und *Datenfluss* unterscheiden.[45]

Mittels *Extraktion* werden aus den unternehmensinternen oder -externen Datenquellen Daten in den *Arbeitsbereich* kopiert.[46] Der *Monitor* unterstützt den Extraktionsvorgang durch Selektion der relevanten Daten. Die Datenintegration erfolgt im *Arbeitsbereich* durch den Operator *Transformation*. Im Anschluss daran werden die Daten über den Operator *Laden* in die *Basisdatenbank* bewegt und im *Arbeitsbereich* gelöscht. Nach dem Ladevorgang steht die *Basisdatenbank* als integrierte und auswertungsneutrale Datenbasis zur Verfügung. Ein *Data Warehouse* stellt einen aus der Basisdatenbank selektierten und separat gespeicherten Teildatenbestand dar, der speziell auf Anwender- oder abteilungsspezifische Analysebedarfe zugeschnitten ist.[47] Über den Operator *Benutzungsschnittstelle* greifen die Anwender auf das Data-Warehouse-System zu.[48] Die Benutzungsschnittstelle ist in der Regel für den intuitiven Zugriff auf multidimensional strukturierte Daten optimiert. Der Operator *Data-Warehouse-Manager* steuert und koordiniert die Operatoren im Datenbeschaffungs- und Auswertebereich über *Kontrollflüsse*. Der Operator *Metadatenmanager* ist über *Datenflüsse* in das Data-Warehouse-System eingebunden und integriert sämtliche Metadaten im *Repositorium*.

Der Prozess innerhalb eines Data-Warehouse-Systems umfasst vereinfacht die Prozessschritte der *Datenbeschaffung*, *Datenspeicherung* und *Datenanalyse*.[49] Diese Prozessschritte werden im Folgenden als *Data-Warehousing-Prozess* bezeichnet.

---

45 Über Kontrollflüsse werden die sämtliche Operatoren innerhalb des Data-Warehouse-Systems gesteuert. Datenflüsse beziehen sich auf den Transport von Nutzdaten und Metadaten.

46 Vgl. KIMBALL ET AL. (1998), S. 16.

47 Vgl. CHAMONI / GLUCHOWSKI (2004), S. 119; CHAUDHURI / DAYAL (1997), S. 65; GLUCHOWSKI (2001), S. 10.

48 Oftmals wird auch der Begriff *Frontend* verwendet.

49 Vgl. BAUER / GÜNZEL (2004), S. 8.

Data-Warehouse-Manager[50]

Der *Data-Warehouse-Manager* steuert den gesamten Data-Warehousing-Prozess in Bezug auf Monitoring-, Extraktions-, Transformations- und Ladevorgänge.[51] In Abbildung 4 wird diese Steuerungsfunktion durch Kontrollflüsse zu den einzelnen Operatoren abgebildet. Dabei koordiniert der Data-Warehouse-Manager die einzelnen Operatoren im Data-Warehouse-System primär in zeitlich-sequentieller Hinsicht. Beispielsweise können die Daten aus dem Arbeitsbereich erst nach erfolgreichem Abschluss der Transformation in die Basisdatenbank geladen werden. Dies schließt nicht aus, dass einige Prozesse parallel ablaufen können, wie z. B. die gleichzeitige Extraktion aus mehreren Datenquellen.[52] Zur Koordination der Operatoren greift der Data-Warehouse-Manager über den Metadatenmanager auf das Repositorium zu. Im Repositorium sind nicht nur Metadaten bezüglich der Daten in den Operanden (Quellsystem, Extraktionsdatum etc.), sondern auch Metadaten bezüglich des Data-Warehousing-Prozesses (Zeitpunkte und Zeitintervalle für Extraktions- und Ladevorgänge, Transformationsregeln etc.) gespeichert.[53] Fehler, die im Data-Warehousing-Prozess auftreten, werden vom Data-Warehouse-Manager an den Administrator des Data-Warehouse-Systems gemeldet und zählen als kontrollflussbezogene Daten ebenfalls zu den Metadaten. Zu den wichtigsten Aufgaben des Data-Warehouse-Managers zählt das Initiieren des Datenbeschaffungsprozesses.

Datenquelle[54]

Der Operand *Datenquelle* in Abbildung 4 symbolisiert eine Vielzahl heterogener Datenquellen.[55] Datenquellen sind zwar keine Elemente eines Data-Warehouse-Systems, dennoch beeinflussen sie die Qualität der Daten im Data-Warehouse und die Qualität der Analyseergebnisse, da sie die Basis und den Ausgangspunkt des Data-

50 Vgl. dazu VAVOURAS (2004).

51 Vgl. LEHNER (2003), S. 23.

52 Vgl. MUCKSCH / BEHME (2000), S. 33.

53 Vgl. AUTH (2003), S. 47; BÖTTIGER ET AL. (2001), S. 47 f; MUCKSCH / BEHME (2000), S. 23.

54 Vgl. dazu ZEH (2004).

55 Vgl. ZEH (2004), S. 38 f.

Warehousing-Prozesses darstellen. Das Design eines Data-Warehouse-Systems beginnt mit der Auswahl und Prüfung relevanter Datenquellen.

Bei der Auswahl der Datenquellen bietet sich eine Prüfung der folgenden Kriterien an:

- Eignung der Datenquelle im Hinblick auf den Analysezweck des Data-Warehouse-Systems (*Themenbezug*).[56]
- *Qualität* der Daten innerhalb der Datenquelle.[57]
- *Verfügbarkeit* der Datenquelle (rechtlich, organisatorisch, technisch).[58]
- *Kosten* für den Zugriff auf die Datenquelle.[59]

Der *Themenbezug* der Daten muss dem Themenbezug der Analyse entsprechen. Beispielsweise können Daten aus dem Produktionsbereich eines Unternehmens (Durchlaufzeiten, Fehlteilequoten etc.) nicht die Grundlage zur Deckung eines Analysebedarfs sein, der sich auf den Vertriebsbereich (Produktumsätze, Absatzkanäle, Vertriebsregionen etc.) bezieht. Auch wenn der Themenbezug der Daten mit dem Themenbezug der Analyse übereinstimmt, können qualitative Mängel in den Daten dazu führen, dass die Ergebnisse der Analyse von geringem Wert sind. Die *Qualität* der Daten bestimmt die Ergebnisse der Analyse und beeinflusst die zu treffenden Entscheidungen. Die Akzeptanz eines Data-Warehouse-Systems hängt daher maßgeblich von der Qualität der Daten ab. Nachfolgend werden einige typische Qualitätsmängel aufgezählt:[60]

- falsche Daten;
- inkonsistente Daten (widersprüchliche Daten);
- fehlende oder unvollständige Daten oder Datensätze;

---

[56] Vgl. ZEH (2004), S. 40.

[57] Vgl. ZEH (2004), S. 40 f und S. 43 ff.

[58] Vgl. ZEH (2004), S. 41 f.

[59] Vgl. ZEH (2004), S. 42.

[60] Vgl. hierzu und zum Folgenden BANGE (2006), S. 91; KEMPER / FINGER (2006), S. 117 ff; STOCK / BÜTTNER (2005), S. 3.

- doppelte Datensätze (Duplikate);
- veraltete Daten.

Die *Verfügbarkeit* von Datenquellen oder Teildatenbeständen innerhalb einer Datenquelle kann Restriktionen unterliegen. Im Bereich des *Datenschutzes* können Datenschutzgesetze[61] oder innerbetriebliche Regelungen (Mitspracherecht des Betriebsrates) beispielsweise Speicherung und Nutzung von personenbezogenen Daten einschränken.[62] Die Bereitschaft des Inhabers einer Datenquelle Zugriff auf eine Datenquelle zu gewähren, kann durch die Vertraulichkeit der dort vorgehaltenen Daten deutlich herabgesetzt sein. Auch Abteilungsegoismen können die Nutzung einer Datenquelle für ein Data-Warehouse-System erschweren. Aus technischer Sicht ergeben sich Verfügbarkeitseinschränkungen im Bereich der Zugriffsmöglichkeiten z. B. bezüglich der Netzwerkanbindung oder des Schutzes vor unberechtigtem Datenzugriff bei der Übertragung im Rahmen des Extraktionsprozesses sensibler Daten.

Für den Zugriff auf eine Datenquelle können *Kosten* entstehen.[63] In der Regel wird für den Zugriff auf interne Datenquellen kein Preis zu entrichten sein. Im Gegensatz dazu kann der Zugriff auf externe Datenquellen Kosten verursachen, wenn kommerzielle Informationsdienste oder Datenbanken als Datenquelle in Anspruch genommen werden.[64] Unabhängig von der Kostenpflichtigkeit einer Datenquelle kann die dauerhafte Einbindung einer Datenquelle eine neue technische Infrastruktur erforderlich machen. Der Nutzen einer Datenquelle muss in einer angemessenen Relation zu den Kosten des Zugriffs auf diese Datenquelle stehen.

Monitor[65]

Ein *Monitor* überwacht eine Datenquelle in Bezug auf Änderungen im Datenbestand. Änderungen werden vom Monitor an den Data-Warehouse-Manager kommuniziert, um gegebenenfalls Extraktionsvorgänge zu initiieren. Auf diese Weise werden die Basis-

61 In Deutschland: Bundesdatenschutzgesetz (BDSG).

62 Vgl. hierzu und zum Folgenden BURKERT (2000), S. 118; HAFNER (2003), S. 155.

63 Vgl. STOCK / BÜTTNER (2005), S. 26.

64 Eine ausführliche Darstellung möglicher externer Datenquellen sowie unterschiedliche Klassifizierungsmöglichkeiten externer Informationen geben MUCKSCH / BEHME (2001), S. 62 ff.

65 Vgl. dazu HINRICHS (2004A).

datenbank und das Data Warehouse aktuell gehalten. Da sich die Datenquellen nicht nur inhaltlich und strukturell, sondern auch technisch stark unterscheiden können, existiert in den meisten Fällen ein separater Monitor pro Datenquelle.[66]

Arbeitsbereich[67]

Extrahierte Daten aus heterogenen Datenquellen werden temporär im *Arbeitsbereich* gespeichert.[68] Dort können die Daten transformiert und bereinigt werden, ohne die *Datenquellen* oder die *Basisdatenbank* im laufenden Betrieb zu belasten. Nach Abschluss der notwendigen Transformationen werden die Daten in die Basisdatenbank geladen und im Arbeitsbereich gelöscht. Der Arbeitsbereich wird auch als *Operational Datastore* (ODS) oder als *Staging Area* bezeichnet. Bei einer Verwendung des Arbeitsbereiches im Sinne eines ODS erfolgt die Datenhaltung nicht nur für Transformationsvorgänge. Der bereits extrahierte und transformierte Datenbestand in einem ODS kann für sehr detaillierte Analysen genutzt werden, da die Daten im höchsten Detailgrad (Belegebene) vorliegen.[69]

Extraktion[70]

Extraktoren kopieren die von den Monitoren identifizierten Datensätze aus den Datenquellen in den Arbeitsbereich. Die Extraktion kann in festgelegten Intervallen (periodisch), ereignisgesteuert oder auf Anfrage eines Anwenders stattfinden.[71] In der Regel werden die Extraktionsvorgänge eines Data-Warehouse-Systems vom Administrator vollständig automatisiert und erfolgen in Zeiträumen, in denen die Quellsysteme nicht oder nicht intensiv genutzt werden (z. B. in der Nacht oder am Wochenende).[72] Da die zu extrahierenden Datenvolumina erhebliche Ausmaße annehmen können, sind Mechanismen und Routinen zu implementieren, die den Ablauf

---

66 Vgl. HINRICHS (2004A), S. 47.

67 Vgl. dazu HINRICHS (2004B).

68 Vgl. hierzu und zum Folgenden KIMBALL ET AL. (1998), S. 23; LUSTI (2002), S. 214; HINRICHS (2004B), S. 48 f.

69 Vgl. INMON (1999), S. 15; KIMBALL ET AL. (1998), S. 20; KEMPER / MEHANNA / UNGER (2006), S. 39 f; WESTERMAN (2001), S. 16 f.

70 Vgl. dazu HINRICHS (2004C).

71 Vgl. hierzu und zum Folgenden HOLTEN / ROTTHOWE / SCHÜTTE (2001), S. 9.

72 Vgl. KEMPER / FINGER (2006), S. 117.

oder das erneute Starten des Extraktionsvorganges auch bei Auftreten von Fehlern sicherstellen. Die aufgetretenen Fehler können zu einem späteren Zeitpunkt vom Administrator des Data-Warehouse-Systems analysiert und behoben werden ohne den zeitintensiven Extraktionsvorgang komplett zu wiederholen.

Transformation[73]

Nach der Extraktion der Daten aus den Datenquellen befinden sie sich im Arbeitsbereich. Analysen auf Basis der extrahierten Daten werden nur dann aussagekräftige Ergebnisse liefern, wenn die Daten in ein einheitliches Format gebracht werden und vergleichbar sind. Zu den häufigsten Transformationen zählen die *Angleichung von Datentypen und Datumsangaben*, die *Anpassung von Kodierungen*[74], die *Umrechnung verschiedener Maßeinheiten* und die *Zusammenfassung oder Trennung von Attributen.*[75] Ohne die Transformation der heterogenen Daten aus den Datenquellen wäre eine gemeinsame Speicherung der Daten in einer Basisdatenbank für Analysen praktisch ohne Wert. Daher leistet die Transformation einen essenziellen Beitrag zur Integration der Daten in einem Data-Warehouse-System.[76]

Laden[77]

Ladevorgänge finden in einem Data-Warehouse-System zur Datenübertragung zwischen zwei Elementen statt. Zum einen müssen die bereinigten und transformierten Daten des Arbeitsbereiches in die Basisdatenbank geladen werden. Zum anderen müssen Daten aus der Basisdatenbank in ein Data Warehouse geladen werden. Im Gegensatz zum Ladevorgang zwischen Arbeitsbereich und Basisdatenbank werden die Daten der Basisdatenbank nach dem Laden in das Data Warehouse nicht gelöscht.

---

73 Vgl. dazu HINRICHS (2004D).

74 Vgl. KEMPER / FINGER (2006), S. 122.

75 Vgl. KEMPER / FINGER (2006), S. 116; LEHNER (2003), S. 125 f.

76 Vgl. HINRICHS (2004D), S. 50.

77 Vgl. dazu HINRICHS (2004E).

Basisdatenbank[78]

Die *Basisdatenbank* stellt das Ergebnis der vorhergehenden Extraktions-, Bereinigungs-, Transformations- und Ladevorgänge dar. Die Daten der Basisdatenbank sind *integriert*, *korrekt*, *auswertungsneutral* und sollen im Unternehmen die *einzige Quelle der Wahrheit* (Single Point of Truth) darstellen. Im Vergleich zur Basisdatenbank existiert keine qualitativ hochwertigere, detailliertere und umfangreichere Datenbasis für Analysen im Unternehmen.[79] Die hohe Datenqualität wird nicht ausschließlich durch Transformationen und Bereinigungen gewährleistet. Damit die Daten zu jedem Zeitpunkt zweifelsfrei im Rahmen von Analysen interpretiert werden können, ist es notwendig, Extraktionszeitpunkte, Datenmanipulationen (Transformationen und Bereinigungen) und Datenquellenzugehörigkeit umfassend durch Metadaten im Repositorium zu dokumentieren.

Durch die *Auswertungsneutralität* der Basisdatenbank wird maximale Flexibilität für die nachfolgenden Analysen gewährleistet. Zum Charakteristikum der Auswertungsneutralität gehört auch, dass die Daten im höchsten Detailgrad (nicht-aggregiert) vorliegen.[80] Eine Aggregation würde den Informationsgehalt der Daten reduzieren und beispielsweise auf Data-Mining-Verfahren beruhende Analysen in ihrer Aussagekraft einschränken oder unmöglich machen.[81] Die Auswertungsneutralität gewährleistet die Nutzung des kompletten Spektrums möglicher Analysen.

Die Basisdatenbank integriert einerseits heterogene Datenquellen in einer einzigen Datenbank und verteilt andererseits (Teil-) Datenbestände an Data-Warehouses zu Analysezwecken.[82] Dies wird als Nabe-Speiche-Architektur (hub and spoke architecture) bezeichnet (vgl. Abbildung 5).

---

78 Vgl. dazu HERDEN (2004).

79 Vgl. HERDEN (2004), S. 52; BANGE (2006), S. 91.

80 Vgl. HERDEN (2004), S. 52. Aufgrund technischer Restriktionen wie beispielsweise Speicherplatzbedarf, Anzahl und Größe von Indexdateien oder der Netzwerkbelastung kann es trotzdem erforderlich sein, die Daten bereits in der Basidatenbank zu aggregieren, vgl. MUCKSCH (2006), S. 132.

81 Vgl. SÄUBERLICH (2000), S. 28; INMON (2005), S. 139.

82 Vgl. hierzu und zum Folgenden HERDEN (2004), S. 53.

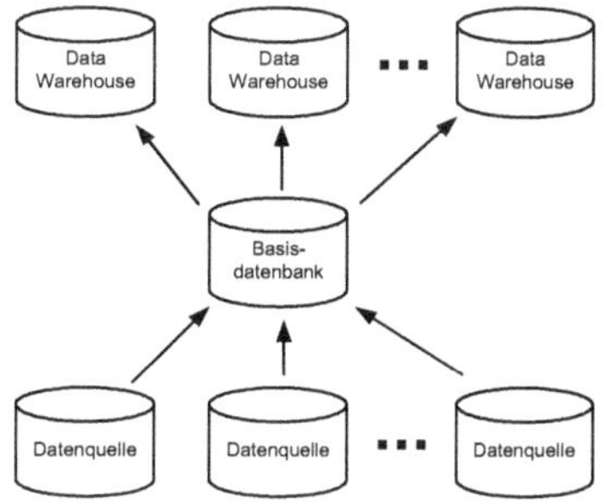

Abb. 5: Nabe-Speiche-Architektur[83]

Der Vorteil einer derartigen Architektur liegt darin, dass die Schnittstellenkomplexität im Vergleich zu einer Architektur ohne Naben-Element deutlich reduziert werden kann: Bei *n* Datenquellen und *m* Data Warehouses reduziert sich die Schnittstellenkomplexität von $n*m$ auf $n+m$.[84]

Data Warehouse[85]

Ein *Data Warehouse* ist ein Datenbestand, der speziell auf die Analysebedürfnisse einer Anwendergruppe ausgerichtet ist.[86] Grundlage eines Data Warehouse sind die Daten der Basisdatenbank. Zwischen *Basisdatenbank* und *Data Warehouse* bestehen jedoch erhebliche Unterschiede bezüglich des *Datenvolumens* und der *Datenstruktur*. Ein Data Warehouse wird speziell für eine Anwendergruppe erstellt, die sich durch homogene Analysebedürfnisse auszeichnet. Diese Homogenität zeigt sich darin, dass sich die Individuen der Anwendergruppe für die gleichen Daten interessieren und die gleichen Analysemethoden verwenden. Um die Antwortzeiten der analytischen Abfragen und die Komplexität eines Data Warehouse so gering wie möglich zu halten, wird der

83 Quelle: HERDEN (2004), S. 53, leicht modifiziert.

84 Vgl. HERDEN (2004), S. 53.

85 Vgl. dazu SAPIA (2004).

86 Vgl. BAUER / GÜNZEL (2004), S. 5; DEVLIN (1997), S. 20 f.

Datenbestand des Data Warehouse im Vergleich zur Basisdatenbank bezüglich des Datenvolumens und der Datenstruktur modifiziert.[87]

Je weniger Datensätze bei einer Datenbankabfrage gelesen werden müssen, desto kürzer sind die Antwortzeiten. Daher ist es ein Ziel, das Datenvolumen (Anzahl der Datensätze und Attribute) so gering wie möglich zu halten. Zum einen kann das Datenvolumen durch Selektion der relevanten Daten aus dem gesamten Datenbestand der Basisdatenbank reduziert werden. Das Data Warehouse wird nur mit Daten geladen, die für die Analysen der Anwendergruppe relevant sind. Die Reduktion auf relevante Daten verringert auch die Komplexität des Datenbestandes und erleichtert die Administration. Zum anderen kann der Detailgrad (Granularität) der selektierten Daten durch Aggregation verringert werden.[88] Daten auf Belegebene werden beispielsweise zu Tages- oder Monatssummen zusammengefasst (aggregiert).

Neben einer Modifikation des *Datenvolumens*, kann auch eine von der Basisdatenbank abweichende *Datenstruktur* die Antwortzeiten analytischer Abfragen reduzieren. Beispielsweise existieren für das On-Line Analytical Processing logische Datenmodelle, in denen durch Verwendung redundanter Datenstrukturen die Antwortzeiten der Abfragen deutlich verkürzt werden können.[89]

Die Verringerung der Komplexität und der Antwortzeiten der analytischen Abfragen sind zwei wesentliche Aspekte, die zur Bildung eines anwendergruppenspezifischen Datenbestandes in Form eines Data Warehouse führen. Des Weiteren können *Schutzwürdigkeit*, *Vertraulichkeit*, *Mobilität* und *Unabhängigkeit* ebenfalls die Bildung eines Data Warehouse sinnvoll erscheinen lassen.[90]

Da in einem Unternehmen typischerweise eine Vielzahl von Anwendergruppen mit unterschiedlichen Analysebedürfnissen existieren, ist die Bildung mehrerer Data Warehouses notwendig, um die Bedürfnisse aller Anwendergruppen bestmöglich abdecken zu können. Ein Data-Warehouse-System wird daher in der Praxis immer aus einer Vielzahl inhaltlich und strukturell unterschiedlicher Data Warehouses bestehen. Je

---

87 Vgl. SAPIA (2004), S. 57.

88 Vgl. KEMPER / MEHANNA / UNGER (2006), S. 18; INMON (2005), S. 139.

89 Vgl. KIMBALL (1996), S. 97; HAHNE (2006), S. 197; MUCKSCH / BEHME (2000), S. 134.

90 Vgl. SAPIA (2004), S. 60.

nach Anwenderzahl, Datenvolumen und Komplexität der Analysemethoden können die technischen Restriktionen heutiger Datenbanksysteme sogar eine redundante Verteilung eines einzelnen Data Warehouses notwendig machen.

Repositorium[91]

Die Metadaten des Data-Warehouse-Systems werden in einer separaten Datenbank - dem *Repositorium* - gespeichert. Metadaten lassen sich in *fachliche* und *technische* Metadaten unterscheiden.[92] Die *fachlichen* Metadaten helfen den Anwendern des Data-Warehouse-Systems dabei, die Daten der Basisdatenbank und des Data Warehouse korrekt zu verstehen und zu interpretieren. Sie geben beispielsweise Auskunft über Berechnungsvorschriften von Kennzahlen, Fachbegriffe, Datumsformate und verwendete Maßeinheiten. Durch Nutzung dieser Metadaten können Missverständnisse und Fehlinterpretationen im Rahmen von Analysen vermieden werden. Die *technischen* Metadaten richten sich an Administratoren und Entwickler des Data-Warehouse-Systems. Konzeptuelle und logische Datenbankschemata, Datenherkunft (Quellsysteme), Ladezeitpunkte und durchgeführte Transformationen sind Beispiele für technische Metadaten. Die generelle Administration und Fehlersuche bei abgebrochenen Ladevorgängen oder Transformationen wird durch diese Metadaten unterstützt. Technische Metadaten können auch vollständige Spezifikationen (z. B. in Form von Skripten) von einzelnen Schritten des Data-Warehouse-Prozesses wie beispielsweise Extraktionen oder Transformationen inklusive der Ausführungszeitpunkte umfassen.[93] Der Data Warehouse Prozess ist in diesem Fall *metadatengetrieben*

Metadatenmanager[94]

Die Verwaltung der Metadaten des Data-Warehouse-Systems geschieht über den *Metadatenmanager*. Der Metadatenmanager stellt als Schnittstelle für Entwicklungs-, Administrations- und Analysewerkzeuge Zugriffs-, Integrations- und Navigations-

---

91 Vgl. dazu VADUVA / VAVOURAS (2004A).

92 Vgl. hierzu und zum Folgenden VADUVA / VAVOURAS (2004A), S. 69; LEHNER (2003), S. 46; BANGE (2006), S. 91.

93 Vgl. INMON (2005), S. 103; AUTH (2003), S. 47; BÖTTIGER ET AL. (2001), S. 47 f; MUCKSCH / BEHME (2000), S. 23; MUCKSCH (2006), S. 138.

94 Vgl. dazu VADUVA / VAVOURAS (2004B).

möglichkeiten für das Repositorium zur Verfügung.[95] Metadaten entstehen in den Datenquellen, dem Arbeitsbereich, der Basisdatenbank und den Data Warehouses. Generelles Ziel ist es, die entstehenden Metadaten möglichst automatisiert in das Repositorium zu importieren. Dazu ist ein lesender Zugriff auf die Data Dictionaries[96] der genannten Elemente notwendig. Dieser Zugriff auf die Data Dictionaries wird in der Abbildung 4 durch die Datenflüsse zwischen den einzelnen Elementen und dem Metadatenmanager visualisiert. Bei metadatengetriebenen Data-Warehouse-Prozessen wird der Data-Warehouse-Manager über einen Kontrollfluss vom Metadatenmanager mit prozessbezogenen Metadaten versorgt. Der Data-Warehouse-Manager steuert damit die Werkzeuge, die die einzelnen Extraktionen, Transformationen oder Ladevorgänge durchführen.[97] Die Werkzeuge selbst können im Rahmen des Data-Warehousing-Prozesses auch selbst wieder Metadaten in Form von Log-Dateien oder Kennzahlen (z. B. Anzahl geladener Datensätze) generieren.

Benutzungsschnittstelle

Die Benutzungsschnittstelle[98] muss den Anforderungen der unterschiedlichen Anwendungsbereiche hinsichtlich Darstellung und Funktion Rechnung tragen. Typische Darstellungsformen sind Tabellen und Grafiken. Pivot-Tabellen ermöglichen durch ein weitgehend freies Positionieren von multidimensional strukturierten Daten in Spalten und Zeilen eine sehr flexible Analyse.[99] Grafische Darstellungen in Form von Balken-, Linien- und Kreisdiagrammen erleichtern eine schnelle visuelle Erfassung und Analyse der Daten. Zur Darstellung von geografisch kodierten Daten wird auf Landkarten zurückgegriffen; insbesondere in vertriebsorientierten Anwendungen ist dies eine häufige Art der Visualisierung.

Je nach Anwenderprofil und Anwendungsbereich kommen unterschiedlich komplexe Benutzungsschnittstellen zum Einsatz. Der Anwendungsbereich des Berichtswesens

---

95 Vgl. VADUVA / VAVOURAS (2004A), S. 70.

96 Data Dictionaries enthalten Daten über Schemadefinitionen, Sichtdefinitionen, Dateiorganisationsformen und Zugriffspfade, vgl. HEUER (1997), S. 67 f.

97 Vgl. LEHNER (2003), S. 25.

98 Synonym wird der Begriff *Benutzerschnittstelle* verwendet.

99 Vgl. hierzu und zum Folgenden GLUCHOWSKI (2006), S. 211.

(Standard-Reporting) zeichnet sich in der Regel durch eine geringe Komplexität der Benutzungsschnittstelle aus.[100] Großer Wert wird oftmals auf Funktionen zur Druckausgabe und auf die Möglichkeit des Exports der Berichte im Portable Document Format (PDF) gelegt. Für das Ad-hoc-Reporting sind Funktionen zur Realisierung einer flexiblen Navigation im Datenbestand wichtig.[101] Die Navigationsfreiheit lässt sich dabei gezielt auf die häufigsten Analyseanforderungen einschränken, um ein akzeptables Verhältnis zwischen Flexibilität und Komplexität zu erreichen. Der Übergang zwischen Standard-Reporting und Ad-hoc-Reporting ist fließend, da Standard-Reports meistens problemlos um flexible Navigationsmöglichkeiten erweitert werden können. Im Bereich des Data Mining sind Funktionen zur Parametrisierung und Anwendung von Algorithmen erforderlich. Generell weisen Benutzungsschnittstellen in diesem Bereich die höchste Komplexität auf und setzen fundierte Kenntnisse der Datenstrukturen, Algorithmen und statistischen Kennzahlen voraus.[102] Die Besonderheit planungsorientierter Anwendungen liegt in der Bereitstellung von Eingabefunktionen zur benutzerfreundlichen Erfassung von Plandaten. Darüber hinaus ist in der Regel eine Unterstützung des Planungsprozesses erforderlich.

2.3 Anwendungsbereiche und Strategiebezug

Das Spektrum der Anwendungsbereiche von Data-Warehouse-Systemen umfasst heute die unternehmensweite Informationsbereitstellung, flexible und komplexe Datenanalysen sowie die Unterstützung quantitativ-orientierter Planungsprozesse.[103] Der informationsorientierte Anwendungsbereich zielt auf die empfängergerechte Bereitstellung entscheidungsorientierter Informationen. Dieser Anwendungsbereich wird in Abschnitt 2.3.1 unter besonderer Berücksichtigung von Kennzahlen skizziert. On-Line Analytical Processing sowie Data-Mining und Text-Mining sind dem analyseorientierten Anwendungsbereich von Data-Warehouse-Systemen zuzuordnen. In

---

[100] Vgl. LUSTI (2002), S. 260; GLUCHOWSKI (2006), S. 208.

[101] Vgl. GLUCHOWSKI (2006), S. 213.

[102] Vgl. FAYYAD / PIATETSKY-SHAPIRO / SMYTH (1996A), S. 42.

[103] BANGE differenziert die Anwendungsbereiche in Abhängigkeit von Freiheitsgrad (für den Anwender) und Komplexität (in der Anwendung) detaillierter in Cockpits & Scorecards, Reporting, Analyse, Planung & Simulation, Data Mining sowie legale Konsolidierung, vgl. BANGE (2006), S. 97 ff.

Abschnitt 2.3.2 werden die genannten Analyseverfahren vorgestellt und hinsichtlich ihres Strategiebezugs untersucht. Der planungsorientierte Anwendungsbereich weist mit Schreibzugriffen auf den Datenbestand und der Prozessorientierung zwei Besonderheiten auf und wird in Abschnitt 2.3.3 betrachtet.

2.3.1 Information

Die unternehmensweite, regelmäßige Bereitstellung und Verteilung von Informationen über wichtige Kennzahlen des Unternehmens ist der originäre Anwendungsbereich von Data-Warehouse-Systemen. Die Nutzung einer integrierten Datenbasis als Single Point of Truth stellt sicher, dass alle Informationsempfänger mit korrekten und widerspruchsfreien Kennzahlen versorgt werden.[104] Diskussionen über die Richtigkeit von Kennzahlen werden obsolet. Berichtswesen, (Standard-) Reporting, (Business / Corporate) Performance Measurement: Hinter diesen Begriffen verbirgt sich jeweils die Idee, Entscheidungsträger mit Informationen über geschäftsrelevante Sachverhalte in der geforderten Qualität (Aktualität, Detailgrad) zu versorgen.[105] Typischerweise werden diese Informationen in Form von *Kennzahlen* zur Verfügung gestellt.

„Unter Kennzahlen versteht man absolute Zahlen, wie Summen, Differenzen und Mittelwerte, oder Verhältniszahlen, wie Gliederungs-, Beziehungs-, und Indexzahlen, die in konzentrierter Form über einen zahlenmäßig erfaßbaren Tatbestand informieren."[106] Eine integrierte Datenbasis ermöglicht die automatische Berechnung von Kennzahlen, die vorher aufgrund der getrennten Datenhaltung nur mit großem manuellem Aufwand berechnet werden konnten. Insbesondere den oberen Managementebenen wird mit aggregierten und abteilungsübergreifenden Kennzahlen eine adäquate Perspektive auf das betriebliche Geschehen ermöglicht. Da einzelne, isolierte Kennzahlen nur eine begrenzte Aussagekraft besitzen,[107] werden *Kennzahlensysteme* gebildet.[108] Ein Kennzahlensystem stellt eine Menge von Kennzahlen dar,

---

104 Vgl. CHAMONI / GLUCHOWSKI (2006), S. 12; BAUER / GÜNZEL (2004), S. 7; MUCKSCH / BEHME (2000), S. 6.

105 Vgl. CHAMONI / GLUCHOWSKI (2006), S. 4.

106 REICHMANN / LACHNIT (1976), S. 706.

107 Vgl. REICHMANN / LACHNIT (1976), S. 706 f.

108 Vgl. REICHMANN (2006), S. 22.

zwischen denen eine sachlich sinnvolle Beziehung besteht und die auf ein übergeordnetes Ziel ausgerichtet sind.[109] Zwischen den einzelnen Kennzahlen eines Kennzahlensystems können logische, empirische oder hierarchische Beziehungen bestehen.[110] Das DuPont-System of Financial Control stellt eines der bekanntesten Kennzahlensysteme dar, das sich durch ausschließlich logische Beziehungen zwischen den Kennzahlen auszeichnet.[111] Das kennzahlenbasierte Überwachen geschäftsrelevanter Sachverhalte soll dazu beitragen, Veränderungen und Störungen so früh wie möglich zu erkennen und Handlungsbedarfe aufzuzeigen.

Das Konzept der Balanced Scorecard kann ebenfalls in den informationsorientierten Anwendungsbereich eingeordnet werden. Im Gegensatz zu klassischen Kennzahlensystemen wird eine Balanced Scorecard konsequent auf die Strategie des Unternehmens ausgerichtet. Des Weiteren behebt das Konzept einige Schwächen traditioneller Kennzahlensysteme. In der Literatur finden sich Vorschläge, Data-Warehouse-Systeme zur Unterstützung von Controlling und Management konsequent am Balanced-Scorecard-Konzept auszurichten.[112]

Der informationsorientierte Anwendungsbereich weist an mehreren Stellen einen strategischen Bezug auf:

- Die *unternehmensweite Bereitstellung und Verteilung von Informationen* auf Grundlage einer integrierten Datenbasis erleichtern die bereichsübergreifende Koordination und die konsequente Ausrichtung des Unternehmens auf zentral definierte Kennzahlen. Die Koordination und Ausrichtung einzelner Unternehmensbereiche im Hinblick auf übergeordnete Sachverhalte haben strategischen Charakter im Sinne einer *übergeordneten Führung und Steuerung des Ganzen.* Zentrale Kennzahlen und Zielvorgaben lassen sich nach dem Top-Down-Prinzip unternehmensweit verteilen und disaggregieren.[113]

---

[109] Vgl. Reichmann / Lachnit (1977), S. 45.

[110] Vgl. Küpper (2005), S. 361 f.

[111] Vgl. Horváth (2006), S. 549; Küpper (2005), S. 368 f; Reichmann (2006), S. 25 f.

[112] Vgl. Gilmozzi (1998), S. 30 ff.

[113] Vgl. Kemper / Mehanna / Unger (2006), S. 117.

- *Aggregierte Kennzahlen* abstrahieren von Details und bieten den oberen Managementebenen eine adäquate – strategische – Perspektive auf die Unternehmensentwicklung. Detailkennzahlen einzelner Unternehmensbereiche können in Analogie zum Bottom-Up-Prinzip aggregiert werden, um zu *verdichteten* Informationen zu gelangen.[114]
- Kennzahlensysteme (insbesondere die Balanced Scorecard[115]) haben durch ihren *Zielbezug* strategischen Charakter.

Mit der unternehmensweiten Bereitstellung und Verteilung von Informationen, dem bewussten Einsatz unterschiedlicher Aggregationsniveaus bei Kennzahlen und dem Zielbezug zeigt der informationsorientierte Anwendungsbereich strategische Bezüge.

2.3.2 Analyse

Das Berichtswesen[116] deckt einen genau definierten Informationsbedarf ab und lenkt die Aufmerksamkeit der Informationsempfänger in regelmäßigen Intervallen auf geschäftskritische Kennzahlen. *On-Line Analytical Processing* (OLAP) ist ein Konzept, das im Gegensatz zum klassischen Berichtswesen eine sehr flexible und multidimensionale Analyse von Kennzahlen ermöglicht und wesentlich mehr Freiheitsgrade bietet.[117] Mit der Segmentierung und Klassifizierung von Daten sowie dem Entdecken neuer Zusammenhänge stellt das *Data Mining* Analyseverfahren bereit, die auf eine Vielzahl betriebswirtschaftlicher Fragestellungen anwendbar sind.[118] OLAP und Data Mining konstituieren den *analytischen* Charakter von Data-Warehouse-Systemen.

On-Line Analytical Processing (OLAP)

Die transaktionsbezogene, relationale Datenhaltung in OLTP-Systemen mit vielen verknüpften Tabellen ist nicht für schnelle und flexible Analysen geeignet. Dem Anwender wird durch die stark fragmentierte Datenhaltung in normalisierten Tabellen die

---

114 Vgl. MUCKSCH / BEHME (2000), S. 132.

115 Aufgrund des expliziten Strategiebezugs des Balanced-Scorecard-Konzeptes und dessen hoher Relevanz im Kontext von Data-Warehouse-Systemen findet eine detaillierte Betrachtung dieses Konzeptes in Abschnitt 2.4 statt.

116 Das Berichtswesen wird hier stellvertretend für den gesamten Bereich informationsorientierter Anwendungen aus Abschnitt 2.3.1 genannt.

117 Vgl. GLUCHOWSKI / CHAMONI (2006), S. 145; THOMSEN (1997), S. 3.

118 Vgl. BERRY / LINOFF (2004), S. 5 f; BEEKMANN / CHAMONI (2006), S. 267.

ganzheitliche Sicht auf betriebswirtschaftliche Analyseobjekte erschwert.[119] EDGAR F. CODD rief 1993 die Bezeichnung *On-Line Analytical Processing* (OLAP) als Pendant zum *On-Line Transaction Processing* (OLTP) ins Leben. CODD bezeichnet mit OLAP „[...] the dynamic enterprise analysis required to create, manipulate, animate and synthesize information from exegetical, contemplative, and formulaic data analysis models [...]. This includes [...] the ability to identify the parameters necessary to handle large amounts of data, to create an unlimited number of dimensions (consolidation paths) and to specify cross-dimensional conditions and expressions.“[120] Er definierte zwölf Regeln, die analytische Systeme befolgen müssen, um als OLAP-tauglich zu gelten. Wie sich später zeigte, waren diese Regeln in nicht unerheblichem Maße auf ein neues Produkt zugeschnitten und stehen daher zu Recht in der Kritik.[121]

Eine einprägsame und technologiefreie Definition von OLAP aus dem Jahr 1995 geht auf NIGEL PENDSE und RICHARD CREETH zurück.[122] Sie definieren OLAP als *Fast Analysis of Shared Multidimensional Information* (FASMI):

- *Fast*: Bei typischen Abfragen sollen die Antwortzeiten nicht länger als zwei Sekunden betragen. Sehr komplexe Abfragen weisen Antwortzeiten von maximal 20 Sekunden auf.
- *Analysis*: Dem Anwender müssen Methoden und Techniken zur Verfügung gestellt werden, die es ihm ermöglichen, alle gewünschten mathematischen Berechnungen und Strukturanalysen ohne Programmierkenntnisse ad hoc durchzuführen.[123]
- *Shared*: Die Daten werden im Mehrbenutzerbetrieb inklusive entsprechender Datenschutzmechanismen bereitgestellt.

---

119 Vgl. CHAMONI / GLUCHOWSKI (1999), S. 263.

120 CODD / CODD / SALLEY (1993), S. 8 f.

121 Hierbei wurde die unscharfe Trennung zwischen der technischen Realisierung und den fachlich-konzeptionellen Anforderungen sowie die geforderte Gleichstellung der Dimensionen eines multidimensionalen Modells bei gleichzeitiger Hervorhebung der Zeitdimension stark kritisiert. Vgl. GLUCHOWSKI / CHAMONI (2006), S. 148; JAHNKE / GROFFMANN / KRUPPA (1996), S. 321.

122 Vgl. hierzu und zum Folgenden PENDSE / CREETH (2005).

123 Vgl. GLUCHOWSKI / CHAMONI (2006), S. 150.

- *Multidimensional*: Es muss möglich sein, die verfügbaren Daten anhand mehrerer betriebswirtschaftlich relevanter Dimensionen und Dimensionshierarchien zu analysieren.
- *Information*: Das System muss in der Lage sein, dem Anwender alle benötigten Daten zur Verfügung zu stellen. Auch große Datenmengen müssen problemlos verarbeitet werden können.

Im Gegensatz zum OLTP soll es mit OLAP möglich sein, große Datenmengen schnell und intuitiv multidimensional zu analysieren. Die *Multidimensionalität* kann als Kernmerkmal von OLAP betrachtet werden.[124] „Unter Multidimensionalität ist hierbei eine bestimmte Form der Anordnung quantitativer, betriebswirtschaftlicher Größen zu verstehen, die relevantes Zahlenmaterial simultan entlang unterschiedlicher Klassen logisch zusammengehöriger Informationsobjekte aufgliedert und dadurch mit der naturgemäß mehrdimensionalen Problemsicht der Unternehmensanalytiker weitgehend korrespondiert."[125]

Dimensionen werden unübersichtlich, wenn sie sehr viele Elemente beinhalten (z. B. bedingt durch eine breite Produktpalette, einen großen Kundenstamm oder viele Verkaufsregionen). *Hierarchien* versehen die Dimensionselemente mit einer mehrstufigen Struktur. Sie bestehen aus mehreren Blatt- und Knotenelementen und genau einem Wurzelelement.[126] Hierarchien erleichtern zum einen die Navigation im multidimensionalen Datenraum durch Komplexitätsreduktion (Hierarchisierung), zum anderen bieten sie unternehmensspezifische Aggregationspfade zu Analysezwecken. In Abhängigkeit von den Anforderungen der Anwender, können auch mehrere alternative Hierarchien zum Einsatz kommen, um die Analysemöglichkeiten zu erweitern und zu flexibilisieren.

Mehrere (ggf. hierarchisch strukturierte) Dimensionen lassen zusammen mit mindestens einer Kennzahl einen multidimensionalen Datenraum entstehen, der als *Datenwürfel*

---

124 Vgl. FRANCONI ET AL. (2000), S. 88; CHAMONI / GLUCHOWSKI (2000), S. 334; MUCKSCH / BEHME (2000), S. 30.

125 GLUCHOWSKI / CHAMONI (2006), S. 145.

126 Vgl. hierzu und zum Folgenden HAHNE (2006), S. 191; LUSTI (2002), S. 144; TODMAN (2001), S. 69.

oder *Hypercube* bezeichnet wird.[127] Analytische Abfragen der Anwender beziehen sich in der Regel auf ausgewählte Teilmengen des Datenraums. Die Bildung von Teilmengen geschieht über eine gezielte Selektion von Elementen in den Dimensionshierarchien und wird als *Slicing* oder *Dicing* bezeichnet.[128] Bewegungen in einer Dimensionshierarchie können vertikal *(Drill-down, Roll-up)* oder horizontal (*Drill-across*) erfolgen und werden allgemein als *Navigation* bezeichnet.

Es existieren *semantische* und *logische* Datenmodellierungsmethoden, die speziell für OLAP geeignet sind. Zu den bekannteren semantischen Modellierungsmethoden zählt *Application Design for Analytical Processing Technologies* (ADAPT).[129] ADAPT ist geeignet, um mit Anwendern die Struktur und die Inhalte multidimensionaler Datenmodelle zu erarbeiten. Ein ADAPT-Modell dient dann als Ausgangspunkt für die logische Datenmodellierung. Auf der logischen Modellierungsebene haben sich das *Starschema* und das *Snowflakeschema* für relationale Datenbanken bewährt.[130] Das Starschema besteht aus einer Faktentabelle und mehreren Dimensionstabellen. Die Bezeichnung *Star*schema rührt daher, dass in der grafischen Darstellung die Dimensionstabellen sternförmig um die Faktentabelle angeordnet sind. Abbildung 6 zeigt exemplarisch ein Starschema. Die Kennzahl *Umsatz* der Faktentabelle kann über die drei Dimensionstabellen *Kunde*, *Zeit* und *Produkt* (multidimensional) ausgewertet werden.

---

127 Vgl. KEMPER / MEHANNA / UNGER (2006), S. 95; GROTHE / GENTSCH (2000), S. 60; GLUCHOWSKI / CHAMONI (2006), S. 157.

128 Vgl. hierzu und zum Folgenden LEHNER (2003), S. 74 f; KEMPER / MEHANNA / UNGER (2006), S. 96 ff; LUSTI (2002), S. 157 ff.

129 Vgl. hierzu und zum Folgenden BULOS / FORSMAN (1998), S. 1 ff; HAHNE (2006), S. 187.

130 Vgl. HAHNE (2006), S. 191; INMON (2005), S. 128; TOTOK (2000), S. 174 ff.

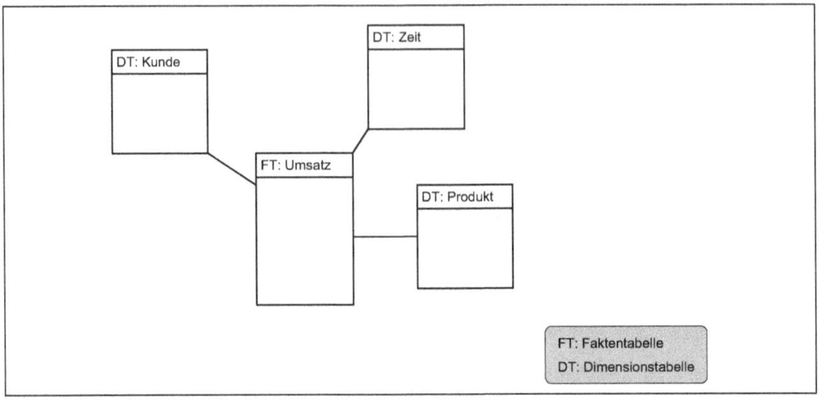

Abb. 6: Starschema

Die *Dimensionstabellen* enthalten die einzelnen Dimensionselemente und deren Primärschlüsselwerte. Kennzahlen werden in der *Faktentabelle* gespeichert. Jeder Kennzahlenwert verweist über Fremdschlüsselwerte auf die Dimensionselemente in den Dimensionstabellen. Hierarchien werden in den Dimensionstabellen aus Performancegründen redundant abgebildet. Ziel der Modellierung in Form eines Starschemas ist es, zeitintensive SQL-Joins auf ein Minimum reduzieren.[131] Im Vergleich zum Starschema werden Dimensionshierarchien im *Snowflakeschema* über zusätzliche Tabellen modelliert. Das Snowflakeschema verzichtet zugunsten redundanzfreier Datenhaltung auf maximale Performance. Ist eine Dimensionstabelle mit mehr als einer Faktentabelle verbunden, dann wird das logische Datenmodell als *Galaxie* bezeichnet.

Der strategische Bezug des OLAP-Konzeptes zeigt sich in folgenden Punkten:

- Mittels Dimensionen können Kennzahlen aus verschiedenen, *strategisch relevanten Perspektiven* analysiert werden. Insbesondere die vertriebsorientierten Dimensionen *Produkte*, *Kunden*, *Regionen* und *Distributionskanal* weisen einen strategietypischen, expliziten Marktbezug auf.
- Die multiperspektivische Betrachtung der über Kennzahlen abgebildeten Unternehmensrealität erlaubt in Kombination mit Dimensionshierarchien eine sehr

---

131 Vgl. hierzu und zum Folgenden KIMBALL (1996), S. 97; GOEKEN (2006), S. 235.

präzise *Identifikation und Eingrenzung erfolgreicher und erfolgloser Realitätsausschnitte.* Dieses Wissen kann gezielt zur langfristigen Existenzsicherung und Ausrichtung des Unternehmens genutzt werden und ist damit von strategischem Wert.

Der strategische Bezug von OLAP tritt bei marktbezogenen Dimensionen besonders deutlich hervor. Multidimensionale Strukturen tragen dazu bei, erfolgsrelevante Sachverhalte des Unternehmens differenziert einzugrenzen: Gewinn- und Verlustquellen lassen sich identifizieren und beeinflussen potenziell weitreichende strategische Entscheidungen. Des Weiteren wird es durch feingranulare multidimensionale Vergleiche mit historischen Daten möglich, Veränderungen sehr präzise zu lokalisieren. Registrierte Veränderungen können eine Ursachenanalyse und ein gezieltes Monitoring anstoßen.

Data Mining und Text Mining

Data Mining ist als analytische Kernaktivität im Prozess des *Knowledge Discovery in Databases*[132] (KDD) eingebettet. Der KDD-Prozess zielt darauf ab, bislang unbekanntes Wissen in großen Datenbeständen zu entdecken und nutzbar zu machen.[133] In Abbildung 7 ist der KDD-Prozess visualisiert.

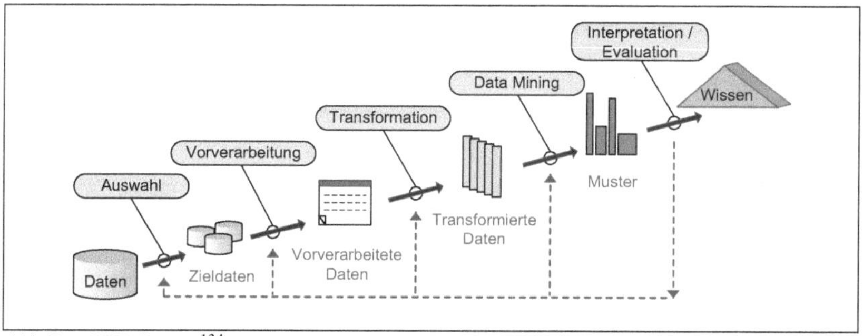

Abb. 7: KDD-Prozess[134]

[132] "KDD is the non-trivial process of identifying valid, novel, potentially useful, and ultimately understandable patterns in data.", FAYYAD / PIATETSKY-SHAPIRO / SMYTH (1996B), S. 6.

[133] Vgl. FAYYAD / PIATETSKY-SHAPIRO / SMYTH (1996A), S. 40 f; DÜSING (2006), S. 242; RHODES (2002), S. 277.

[134] Quelle: FAYYAD / PIATETSKY-SHAPIRO / SMYTH (1996A), S. 41.

Der Prozess beginnt mit der zielsetzungsgerechten Auswahl des zu analysierenden Datenbestandes in der Phase *Auswahl*. Das Eliminieren statistischer Ausreißer und die Ergänzung fehlender Attributwerte geschehen in der Phase *Vorverarbeitung*. In der Phase *Transformation* wird versucht, die Anzahl der Attribute zu reduzieren oder die Wertebereiche der Attribute in geeigneter Weise zu transformieren. Des Weiteren erfolgt die Festlegung der Analyseverfahren für die folgende Phase. Die Phase *Data Mining* dient der Anwendung der ausgewählten Data-Mining-Verfahren. Im Anschluss an diese Phase werden die Ergebnisse in der letzten Phase *Interpretation / Evaluation* interpretiert und bewertet.

Die Verfahren des Data-Mining können drei verschiedenen Zielsetzungen zugeordnet werden.[135]

- *Klassifikation*: Bei der Klassifikation werden Daten vordefinierten Klassen zugeordnet. Ein Anwendungsbeispiel ist die Einteilung von Bankkunden in Kreditwürdigkeits-Klassen.
- *Segmentierung*: Durch die Verwendung von Ähnlichkeitsmaßen wird versucht, homogene Klassen (Segmente) im Datenbestand zu bilden. Ein Anwendungsbeispiel ist die Bildung von Kundensegmenten.
- *Entdecken von Abhängigkeiten:* Hierbei wird der Datenbestand auf statistische Abhängigkeiten analysiert. Treten bestimmte Datenkonstellationen gehäuft auf, dann können daraus Regeln abgeleitet werden. Ein bekanntes Anwendungsbeispiel ist die Kassenbon-Analyse.[136]

In Abhängigkeit vom Ergebnistyp der Analyse, bieten sich verschiedene Ergebnisdarstellungsformen wie z. B. *Entscheidungsregeln*, *funktionale Beziehungszusammenhänge* oder *Diagramme* an. Die Wahl einer adäquaten Darstellungsform erleichtert die Interpretation und Evaluation der Ergebnisse.

---

135 Vgl. hierzu und zum Folgenden BEEKMANN / CHAMONI (2006), S. 264 ff; RHODES (2002), S. 281; HAN / KAMBER (2001), S. 23 ff.

136 Erstmals vorgestellt wurde die Warenkorbanalyse im Jahre 1993, vgl. AGRAWAL / IMIELINSKI / SWAMI (1993), S. 207 f.

Beim Text Mining kommen die gleichen Algorithmen zum Einsatz wie beim Data Mining. Die Algorithmen werden jedoch im Gegensatz zum Data Mining auf unstrukturierte Daten (Text-Dokumente) angewendet.[137] Überdies unterscheidet sich die Aufbereitung unstrukturierter Daten von der Aufbereitung strukturierter Daten.

Der strategische Bezug findet sich beim Data Mining und Text Mining in folgenden Punkten:

- Durch Segmentierung können beispielsweise *Marktsegmente* gebildet werden. Zum einen wird dadurch eine differenziertere Marktbearbeitung ermöglicht, zum anderen trägt das Wissen über unterschiedlich profitable Marktsegmente dazu bei, das Unternehmen in attraktiven Märkten zu positionieren.
- Erkannte Abhängigkeiten in der Produktpalette können genutzt werden, um *Cross-Selling-Potenziale* gezielt auszunutzen.[138]
- Ein Anwendungsbeispiel für Text Mining ist die Klassifikation einer Menge von Dokumenten in die Klassen *interessant* und *uninteressant.* In der strategischen Planung lässt sich eine derartige Dokumentenklassifikation insbesondere zur *Filterung der Informationsflut aus dem World Wide Web* im Rahmen der Umweltanalyse verwenden.

2.3.3 Planung

Der informationsorientierte Anwendungsbereich von Data-Warehouse-Systemen basiert auf aktuellen Daten und erlaubt vergangenheitsbezogene Vergleiche durch Zugriff auf historische Datenbestände. Eine zielgerichtete Steuerung und Koordination des Unternehmens ist jedoch nur dann möglich, wenn Plan-Ist-Vergleiche durchgeführt werden können. Plan-Ist-Vergleiche machen Zielabweichungen transparent und lenken die Aufmerksamkeit des Managements auf Bereiche mit Handlungsbedarf.

---

137 Vgl. hierzu und zum Folgenden WITTEN / FRANK (2005), S. 351.

138 Vgl. AGRAWAL ET AL. (1996), S. 308; BERRY / LINOFF (2004), S. 124 ff.

Das Idealbild einer operativen, quantitativen Unternehmensplanung stellt sich in Form einer *integrierten Planung*[139] dar: Ein System voneinander abhängiger Teilpläne[140] wird zu einem Gesamtplan zusammengeführt.[141] Auf Basis der primär mengenorientierten Pläne wie Absatzplan, Produktionsplan, Materialplan und Personalplan wird die wertorientierte Finanz-, Erfolgs- und Bilanzplanung durchgeführt.

Die operative Planung findet häufig in Form eines Top-Down-Bottom-Up-Planungsprozesses statt.[142] Manager höherer Hierarchieebenen geben Planzahlen vor. Diese werden auf untere Hierarchieebenen disaggregiert und durch die Planungsverantwortlichen der unteren Ebenen gemäß ihrer Einschätzungen und Erfahrungen modifiziert. Die modifizierten Planzahlen werden daraufhin aggregiert und mit den ursprünglichen Planzahlen der höheren Hierarchieebenen verglichen. Größere Abweichungen zwischen den ursprünglichen und den modifizierten Planzahlen lösen diesen Planungsprozess mit geänderten Planzahlen erneut aus.

Ein Großteil der Informationen, die für die Unternehmensführung relevant sind, wird durch die bereits erläuterten informations- und analyseorientierten Anwendungsbereiche bereitgestellt.[143] Es ist daher naheliegend, Data-Warehouse-Systeme auch für eine integrierte Planung zu nutzen.[144] Folgende Vorteile ergeben sich aus einer Data-Warehouse-gestützten Planung:

- Die Datenstrukturen in einem Data-Warehouse-System haben sich zur Analyse und Steuerung des Unternehmens bewährt und spiegeln den Informationsbedarf der Anwender wider. Es ist sinnvoll, die Planung innerhalb derselben Strukturen durchzuführen, um die Vergleichbarkeit von Ist- und Plan-Zahlen zu gewährleisten.

---

139 Vgl. zur integrierten Planung ROLLBERG (2001), S. 33 ff.

140 Vgl. TÖPFER (1976), S. 142 ff.

141 Vgl. KOSIOL (1965), S. 392.

142 Vgl. hierzu und zum Folgenden SCHWEITZER (2001), S. 44 f.

143 Vgl. hierzu und zum Folgenden FISCHER (2005), S. 87.

144 WALL betrachtet das Data-Warehouse-Konzept, OLAP und Data Mining als planungsunterstützende IT-Komponenten, vgl. WALL (2003), S. 381 ff.

- Abhängigkeiten zwischen den Teilplänen einer *integrierten* Planung können in einem Data-Warehouse-System durch die Modellierung eines integrierten Datenmodells abgebildet werden.[145]

Der planungsorientierte Anwendungsbereich stellt im Vergleich zu den informations- und analyseorientierten Anwendungsbereichen grundsätzlich zwei neue Anforderungen an Data-Warehouse-Systeme. Zum einen müssen den Planungssubjekten[146] *Schreibzugriffe* auf das System gewährt werden, um die Eingabe und Speicherung von Planungsdaten zu ermöglichen.[147] Zum anderen erzwingen die Abhängigkeiten zwischen den Teilplänen eine genau definierte Abfolge von Planungsaktivitäten in Form eines *Planungsprozesses*. Beide Anforderungen lassen sich mit modernen Data-Warehouse-Systemen erfüllen.[148]

Weiterhin weist der planungsorientierte Anwendungsbereich durch die bewusste Gestaltung der Zukunft einen strategischen Bezug auf. Das Unternehmen wird durch die Vorgabe von Planzahlen in eine bestimmte Richtung geführt. Dabei kommt der operativen Planung die Funktion zu, die Strategie des Unternehmens zu konkretisieren[149] und in messbare Planzahlen zu übersetzen. Dadurch wird ein Beitrag zur *Implementierung* der Strategie geleistet.

2.4 Balanced Scorecard: Bindeglied zur strategischen Planung

Das Balanced-Scorecard-Konzept wurde bereits dem informationsorientierten Anwendungsbereich von Data-Warehouse-Systemen zugeordnet. Aufgrund des expliziten Strategiebezugs wird das Konzept im Folgenden detailliert betrachtet.[150]

---

145 Vgl. MEIER / SINZIG / MERTENS (2004), S. 98 f.

146 *Planungssubjekte* sind Personen, die an der Planung beteiligt sind, vgl. MAG (1999), S. 32 f; MAG (1993), Sp. 3215.

147 Vgl. hierzu und zum Folgenden BANGE (2006), S. 105.

148 Vgl. EGGER ET AL. (2005), S. 84 f.

149 Vgl. HUNGENBERG / WULF (2003), S. 249 f.

150 Vgl. zu den Ausführungen im Folgenden NAVRADE (2005), S. 3 ff.

KAPLAN und NORTON führten Anfang der neunziger Jahre eine einjährige Studie mit zwölf führenden Unternehmen im Bereich Performance Measurement[151] durch.[152] Ausgangspunkt war der Wunsch der beteiligten Unternehmen, die Schwächen rein finanziell orientierter Kennzahlensysteme zu beheben und leistungsfähigere Konzepte für Performance-Measurement-Systeme zu entwickeln. Nachfolgend die Schwächen finanziell orientierter Kennzahlensysteme im Überblick:[153]

- **Kein Strategiebezug:** Finanziell orientierte Kennzahlensysteme weisen typischerweise keinen Strategiebezug auf. Diese können den Erfolg einer Strategie in Geldeinheiten messen, sie geben jedoch keine Auskunft darüber, ob der eingeschlagene Weg zum Erfolg konsequent eingehalten wird. Dies ist nur möglich, wenn Kennzahlen erfasst werden, die dem finanziellen Erfolg vorgelagert sind.

- **Vergangenheitsorientiert:** Kennzahlen wie *Umsatz* oder *Return on Investment* sind vergangenheitsorientiert. Die Erfassung der finanziellen Gegenleistung des Kunden für ein verkauftes Produkt oder eine erbrachte Dienstleistung erfolgt erst nach dem vollständigen Durchlauf der Wertschöpfungskette zum Zeitpunkt der Rechnungslegung. Im produzierenden Gewerbe mit komplexen Produkten und mehrwöchigen Produktions- und Lieferzeiten[154] zeigt sich ein Misserfolg demzufolge erst dann, wenn die fakturierten Umsätze bereits eine negative Tendenz aufweisen.

- **Fokus auf Shareholder:** Bedingt durch die finanzielle Ausrichtung klassischer Kennzahlensysteme werden aus der Gruppe der Stakeholder[155] primär die Shareholder mit Informationen versorgt. Shareholder sind an Renditemaximierungen interessiert, da ihr finanzielles Engagement in Form von Aktien für sie in erster Linie eine Investition darstellt. Es besteht die

---

151 Vgl. zum Performance Measurement grundlegend GLADEN (2005) sowie KLINGEBIEL (2004).

152 Vgl. KAPLAN / NORTON (1992), S. 71; HOFFECKER / GOLDENBERG (1994), S. 5; GLEICH (1997), S. 432.

153 Vgl. STEINLE / THIEM / LANGE (2001), S. 30.

154 Beispielsweise die Automobilindustrie.

155 Als *Stakeholder* können alle Individuen oder Gruppen bezeichnet werden, die einen materiellen oder immateriellen Anspruch an das Unternehmen haben, vgl. FREEMAN (1984), S. 25.

Gefahr, dass eine von den Shareholdern gewünschte kurzfristige Maximierung der finanziellen Kennzahlen die *langfristige* Leistungsfähigkeit des Unternehmens negativ beeinträchtigt. Zudem kann eine strikte Ausrichtung auf die Shareholder dazu führen, dass die Interessen anderer Stakeholder wie *Mitarbeiter*, *Kunden* oder *Lieferanten* vernachlässigt werden.

- **Ermittlung externer Kennzahlen:** Die Ausrichtung der Berichterstattung auf die Gruppe der Shareholder und den Kapitalmarkt forciert die Ermittlung extern relevanter Kennzahlen. Interne Kennzahlen wie *Durchlaufzeiten* oder *Fehlerquoten* werden vernachlässigt, obwohl diese die externen Kennzahlen beeinflussen.

- **Fokus auf finanziell messbare Kennzahlen:** Die Prozess- und Produktqualität, die Qualität der Kundenbeziehung und andere dem finanziellen Erfolg vorgelagerte Leistungsparameter sind nicht direkt in Form finanzieller Kennzahlen abzubilden und fehlen in traditionellen Kennzahlensystemen.

Im Anschluss an diese Studie entwickelten KAPLAN und NORTON ein neues Performance-Measurement-Konzept namens *Balanced Scorecard* (BSC), welches die genannten Schwachpunkte beheben sollte.[156] Der Begriff *Balanced Scorecard* kann mit *ausgewogener Berichtsbogen* oder *multikriterieller Berichtsbogen* übersetzt werden.

Nach den ersten Implementierungen stellte sich heraus, dass die BSC von den Unternehmen nicht nur als Performance-*Measurement*-Konzept, sondern auch als Performance-*Management*-Konzept genutzt wurde.[157] Die Balanced Scorecard ist daher ein multiperspektivisches, kennzahlenbasiertes Performance-Management-Konzept mit dem Ziel, das operative Tagesgeschäft an der Unternehmensstrategie auszurichten.[158]

Eine BSC stellt kein starres System dar, sondern bietet einen flexiblen konzeptionellen Rahmen für eine unternehmensspezifische Ausgestaltung. Das auffälligste Charakteristikum und Novum des Konzeptes ist neben dem expliziten Strategiebezug die

156 Vgl. HORVÁTH / KAUFMANN (1998), S. 41.

157 Vgl. KAPLAN / NORTON (1996A), S. 77.

158 Vgl. hierzu auch O. V. (2007A) und die dort gegebene Definition zum Begriff *Balanced Scorecard*.

Unterteilung in die vier Perspektiven *Finanzen*, *Kunden*, *Prozesse* sowie *Lernen / Entwickeln*.[159]

- **Finanzen:** Eine strategiekonforme Geschäftstätigkeit soll zu finanziellem Erfolg führen. In dieser Perspektive werden finanzielle Kennzahlen definiert. Kennzahlen wie *Umsatz*, *Gewinn*, *Return on Investment*, *Cash Flow* und *Economic Value Added* werden dieser Perspektive zugeordnet.

- **Kunden:** In dieser Perspektive werden kundenrelevante Kennzahlen definiert. *Kundenzufriedenheit*, *Servicequalität* und *Unternehmensimage* sind Beispiele für Kennzahlen aus der Kundenperspektive. Ziel ist die Auswahl von Kennzahlen, die für den relevanten Markt und die Kundenzielgruppe des Unternehmens wichtig sind.[160]

- **Prozesse:** Die strategierelevanten, erfolgskritischen Wertschöpfungsprozesse des Unternehmens sollen in dieser Perspektive durch Zeit-, Qualitäts- und Ressourcenkennzahlen visualisiert werden.[161] Typische Kennzahlen sind *Durchlaufzeit* oder *Fehlerquote*. Da Unternehmen in der Regel versuchen, durch eine effiziente und einzigartige Ressourcenkombination Wert zu schöpfen und Wettbewerbsvorteile zu realisieren, spiegelt sich hier der Ansatz des *Resource Based View* wider.[162]

- **Lernen / Entwickeln:** Diese Perspektive beinhaltet Kennzahlen, die einen expliziten Zukunftsbezug aufweisen. Beispielsweise werden hier Kennzahlen zur *Mitarbeiterqualifizierung* oder zur *Produktneuentwicklung* definiert. Der Fokus dieser Perspektive liegt auf Unternehmensbereichen, deren zukünftige Entwicklung für die Umsetzung der Strategie besonders bedeutsam ist.

Abbildung 8 zeigt die vier Perspektiven der Balanced Scorecard. Die Perspektiven und deren Inhalte werden aus der Vision und Strategie des Unternehmens abgeleitet.

---

159 Vgl. zu den weiteren Ausführungen grundlegend KAPLAN / NORTON (1992), S. 72 ff, KAPLAN / NORTON (1997B), S. 24 ff.

160 DIEDERICHS / MÖLLER sehen in dieser Perspektive eine Ausprägung der *Marked Based View*, vgl. DIEDERICHS / MÖLLER (2001), S. 291.

161 Vgl. SCHMITZ (2001), S. 249; HORVÁTH / KAUFMANN (1998), S. 44.

162 Vgl. DIEDERICHS / MÖLLER (2001), S. 291.

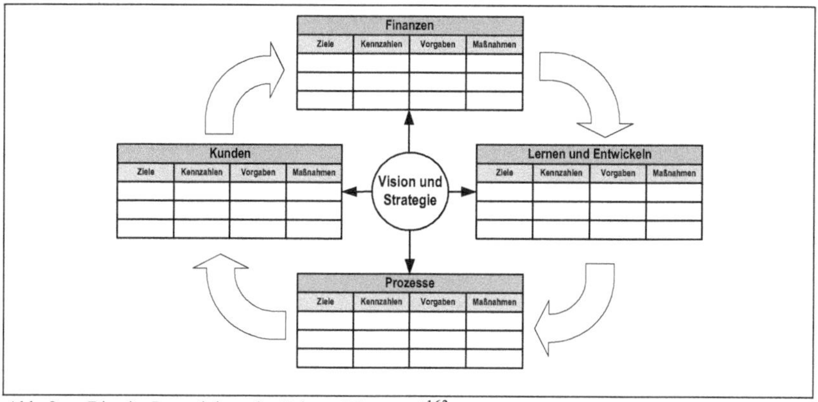

Abb. 8: Die vier Perspektiven der Balanced Scorecard[163]

Performance Measurement beschränkt sich auf das kontinuierliche Überwachen (monitoring) unternehmerischer Prozesse und die Antizipation möglicher Störungen und veränderter Entscheidungsparameter. Dem entspricht auch die grafische Darstellung[164] der BSC in der Erstveröffentlichung[165], die sich auf die zwei Perspektivattribute *Ziele* (Goals) und *Kennzahlen* (Measures) beschränkt.

Im Rahmen der Anwendung des BSC-Konzeptes in den Unternehmen erfolgte eine Erweiterung des Konzeptes, um auch die notwendigen Veränderungsprozesse besser zu unterstützen.[166] Die Erweiterung des Konzeptes spiegelt sich in der Veröffentlichung mit dem Titel „Using the Balanced Scorecard as a Strategic Management System“[167] in der grafischen Darstellung[168] wider, die neben *Zielen* und *Kennzahlen* zusätzlich *Zielvorgaben* (Targets) und *Maßnahmen* (Initiatives) enthält.[169] Die Balanced Scorecard hat

---

163 Quelle: In Anlehnung an KAPLAN / NORTON (1996A), S. 76.

164 Vgl. KAPLAN / NORTON (1992), S. 72.

165 Vgl. KAPLAN / NORTON (1992).

166 „By building the scorecard, the senior executives started a process of change that has gone well beyond the original idea of simply broadening the company's performance measures.“, KAPLAN / NORTON (1996A), S. 77.

167 KAPLAN / NORTON (1996A).

168 Vgl. KAPLAN / NORTON (1996A), S. 76.

169 Siehe Abbildung 8.

sich von ihrem originären Entwurf als zeitgemäßes Performance-*Measurement*-System zu einem Performance-*Management*-System weiterentwickelt.

Performance Management kann als Regelkreis verstanden werden, der auf Abweichungen von vorgegeben Größen durch Initiierung von Maßnahmen im Sinne einer Steuerung reagiert.[170]

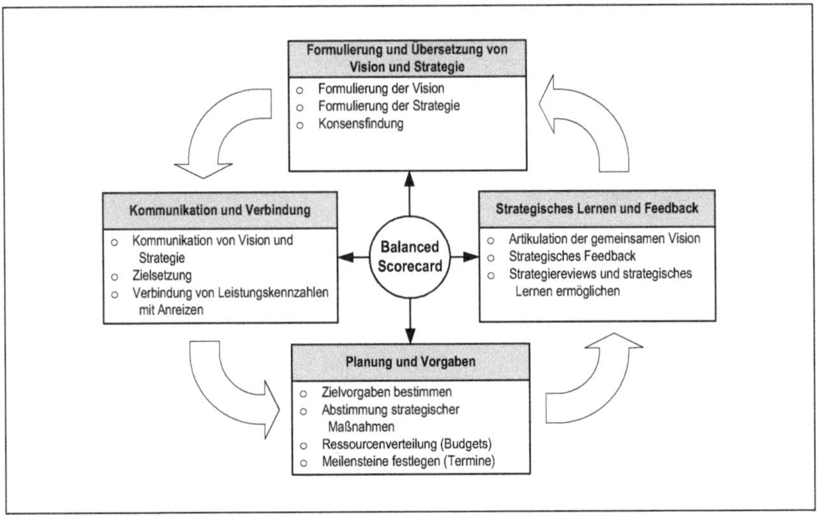

Abb. 9: Die Balanced Scorecard als Performance-Management-System[171]

Abbildung 9 zeigt die BSC als Performance-Management-System im Sinne eines Regelkreisprozesses. Der erste Schritt *Formulierung und Übersetzung von Vision und Strategie* dient dazu, die Vision und die Strategie eindeutig(er) zu formulieren und diesbezüglich Konsens zu erlangen.[172] Der zweite Schritt *Kommunikation und Verbindung* sorgt für die innerbetriebliche Kommunikation der Vision und Strategie an Mitarbeiter, setzt Ziele inhaltlich fest und assoziiert sie mit Leistungsanreizen. Im

170 Vgl. BRUNNER / SPRICH (1998), S. 33 f; TASCH (1999), S. 432; HORVÁTH / KAUFMANN (1998), S. 41. Bei SPANGENBERG besteht ein Performance Management System aus den vier Elementen *Performance Planning*, *Managing Performance*, *Performance Measurement* und *Rewarding Performance*, vgl. SPANGENBERG (1994), S. 14.

171 Quelle: In Anlehnung an KAPLAN / NORTON (1996B), S. 424 und KAPLAN / NORTON (1997B), S. 10.

172 Vgl. hierzu und zum Folgenden KAPLAN / NORTON (1996A), S. 77 ff.

dritten Schritt *Planung und Vorgaben* werden konkrete Zielvorgaben bestimmt und Maßnahmen definiert, die das Erreichen der Zielvorgaben sicherstellen sollen. Des Weiteren findet in diesem Prozess eine Budget- und Zeitplanung bezüglich der Maßnahmen statt. Der letzte Schritt *Strategisches Lernen und Feedback* schließt den Regelkreis. Die Strategie wird im Licht der zurückliegenden Entwicklung evaluiert und gegebenenfalls modifiziert.[173] Eine Modifikation des Zielsystems und damit der Strategie oder eine Überprüfung der zugrunde liegenden Hypothesen[174] ist als *Double-loop-Lernen* oder *strategisches Lernen* einzuordnen.[175]

Die strategische Feedbackfunktion der BSC korrespondiert mit dem Verständnis eines Data-Warehouse-Systems als dispositive Komponente in Form eines Rückwärtszweiges im Wirkungskreislauf des Unternehmens:[176] Die Strategie des Unternehmens determiniert die Struktur der OLTP-System-gestützten Geschäftsprozesse. Daten des OLTP-Systems werden in das Data-Warehouse-System geladen, aufbereitet, gespeichert, mit Planungsdaten ergänzt und analysiert. Die aus den Analysen gewonnenen Informationen können Entscheidungen auslösen, die zu einer Modifikation der Strategie führen.

---

173 Vgl. KAPLAN / NORTON (1996A), S. 77. "Subpar performance or too little progress, as well as important new external circumstances, will require corrective actions and adjustments in a company's long-term direction, objectives, business model, and/or strategy.", THOMPSON / STRICKLAND (2003), S. 19 f.

174 Vgl. WUNDER (2001), S. 138. Der Begriff *Prämisse* ist im Kontext der (strategischen) Planung üblicher.

175 Vgl. KAPLAN / NORTON (1996A), S. 84 f; KAPLAN / NORTON (1997B), S. 16 f; KAPLAN / NORTON (1997A), S. 330; SHRIVASTAVA (1985), S. 104.

176 Vgl. MARTIN (1997), S. 222.

Das Balanced-Scorecard-Konzept hat sich in der Praxis etabliert und profitiert in hohem Maße von der integrierten Datenhaltung eines Data-Warehouse-Systems.[177] Die Lücke zwischen strategischer Planung und operativem Tagesgeschäft soll durch den Einsatz einer Balanced Scorecard geschlossen werden.[178] Das BSC-Konzept zielt auf die Implementierung der Unternehmensstrategie und weist damit einen unmittelbaren Strategiebezug auf.[179]

Der Schritt *Formulierung und Übersetzung von Vision und Strategie* wird in Abbildung 9 als Bestandteil des Performance-Management-Prozesses dargestellt. Die in diesem Schritt aufgeführten Aktivitäten *Formulierung der Vision*, *Formulierung der Strategie* sowie die *Konsensfindung* sind jedoch typische Aktivitäten der strategischen Planung. Hier wird die Schnittstelle und Grenze des BSC-Konzeptes ersichtlich: Das BSC-Konzept trägt dazu bei, die Strategie zu operationalisieren und zu implementieren. Des Weiteren wird ein Informationsrückfluss in die strategische Ebene beabsichtigt, um den unternehmenssteuernden Regelkreis zu schließen und strategisches Lernen zu ermöglichen. Das BSC-Konzept bietet jedoch keine Hilfestellung zur Formulierung und Entwicklung einer Strategie; dies ist die originäre Aufgabe der strategischen Planung.[180]

Eine Strategie kann als komplexes System aus Fundamental- und Instrumentalzielen verstanden werden. Eines der Fundamentalziele ist typischerweise die *langfristige Existenzsicherung* des Unternehmens, weitere Fundamentalziele werden durch

---

177 Zum Aufbau einer IT-gestützten Balanced-Scorecard-Applikation wird der Einsatz eines Data-Warehouse-Systems empfohlen, vgl. PREUSS (2003), S. 110; WIESE (2000), S. 159; OEHLER (2000), S. 84. HOLTEN / KNACKSTEDT / BECKER empfehlen aufgrund der Integrationsbedürfnisse den Einsatz von Data-Warehouse-Technologie, vgl. HOLTEN / KNACKSTEDT / BECKER (2001), S. 52 f. Die Informationsversorgung der erfolgsfaktorenbasierten Balanced Scorecard für eine international tätige Management-Holding erfolgt auf Grundlage eines Data-Warehouse-Systems, vgl. MAYER (1999), S. 402 ff. SAP bietet in dem Data-Warehouse-basierten Produkt Strategic Enterprise Management (SEM) ein Balanced Scorecard-Modul an, vgl. MEIER / SINZIG / MERTENS (2004), S. 115 ff sowie WEFERS (2000). In der Marktstudie von SPATH (2003) wurde bei ca. 50 Prozent der untersuchten Business-Intelligence-Anwendungen die Unterstützung des Balanced-Scorecard-Konzeptes (in unterschiedlich großem Umfang) festgestellt, vgl. SPATH (2003), S. 46 (das Data-Warehouse-Konzept ist Bestandteil des weiten Business-Intelligence-Verständnisses, vgl. GLUCHOWSKI (2001), S. 7).

178 Vgl. HUNGENBERG / WULF (2003), S. 258 ff; EGGER ET AL. (2005), S. 70; GAISER / GREINER (2003), S. 280 ff; GLEICH / KOPP / LEYK (2003), S. 321 f; OEHLER (2006), S. 302.

179 Vgl. PREUSS (2003), S. 32.

180 Vgl. HUNGENBERG / WULF (2003), S. 260. Eine andere Meinung vertreten GAISER / GREINER. Sie ordnen die Balanced Scorecard als Instrument der strategischen Planung ein, vgl. GAISER / GREINER (2003), S. 278 f.

einflussreiche Stakeholder formuliert. Aus der Perspektive der Fundamentalziele sind alle anderen Ziele *Instrumentalziele* und treffen Aussagen dazu, *wie* die Fundamentalziele erreicht werden sollen. Der Abstraktionsgrad einer Strategie sinkt mit einer zunehmenden Untergliederung und Operationalisierung dieses Zielsystems. Das Zielsystem einer Balanced Scorecard stellt die Strategie dar und bildet die Schnittstelle zwischen Strategieformulierung und Strategieimplementierung. Im Gegensatz zum BSC-Konzept (Strategieimplementierung) wird die strategische Planung (Strategieformulierung) bislang nur unzureichend durch Informationssysteme unterstützt. Die Idee eines informationstechnisch geschlossenen Regelkreises legt es nahe, zusätzlich zum Performance-Management mittels BSC-Konzept auch die strategische Planung mit Data-Warehouse-Systemen zu unterstützen. Dafür spricht auch der bereits existierende Strategiebezug in den etablierten Anwendungsbereichen dieser Systeme.[181]

Die im folgenden Kapitel durchgeführte Informationsbedarfsanalyse ist der erste Schritt auf dem Weg zu einer Data-Warehouse-System-gestützten strategischen Planung. Mit Kenntnis des Informationsbedarfs können mögliche Quellsysteme und daraus abgeleitete Anforderungen an die Datenintegration identifiziert werden. Darüber hinaus kann die Entwicklung eines Datenmodells nicht lösgelöst vom Informationsbedarf erfolgen.

---

[181] Vgl. dazu die Abschnitte 2.3.1 bis 2.3.3.

3 Informationsbedarf der strategischen Planung

Nach der Betrachtung des Spektrums möglicher Anwendungsbereiche von Data-Warehouse-Systemen wurde zum Ende des zweiten Kapitels mit der Balanced Scorecard ein Performance-Management-Instrument vorgestellt, das einen expliziten Bezug zur Strategie des Unternehmens aufweist. Die informationstechnische Unterstützung durch ein Data-Warehouse-System umfasst mit diesem Instrument den Performance-Management-Prozess zur Implementierung der Strategie, die Formulierung der Strategie als zentrale Aufgabenstellung der strategischen Planung findet jedoch derzeit zum überwiegenden Teil außerhalb des Systems statt. Mit der Intention, die informationstechnische Unterstützung durch Data-Warehouse-Systeme auszuweiten, wird in diesem Kapitel der Informationsbedarf der strategischen Planung analysiert. In Abschnitt 3.1 werden zunächst der Begriff und das Grundverständnis, sowie die Phasen und Methoden der strategischen Planung präzisiert und erläutert. Die Informationsbedarfsanalyse wird mit Hilfe von Informationsprozessmodellen in Abschnitt 3.2 durchgeführt. Für jede betrachtete Planungsmethode wird ein Informationsprozessmodell erstellt, aus dem der objektive Informationsbedarf der strategischen Planung ersichtlich wird. Abschnitt 3.3 fasst die wesentlichen Ergebnisse der Analyse für den weiteren Verlauf der Arbeit zusammen.

3.1 Strategische Planung

Die für diese Arbeit fundamentalen Begriffe *Strategie* und *strategische Planung* werden in Abschnitt 3.1.1 erläutert und definiert. Insbesondere das Grundverständnis des Autors in Bezug auf diese Begriffe wird herausgearbeitet, da es in nachfolgenden Abschnitten die Konstruktion von Modellen und damit die Ergebnisse dieser Arbeit beeinflusst. Die detaillierte Erläuterung des Grundverständnisses soll die Nachvollziehbarkeit der getroffenen Entscheidungen im Rahmen der Modellierung gewährleisten. Nach der Erläuterung und Definition der zentralen Begriffe wird in Abschnitt 3.1.2 der Prozess der strategischen Planung im Überblick vorgestellt. Die in dieser Arbeit untersuchten Planungsmethoden werden anhand eines Phasenschemas in den Prozess der strategischen Planung eingeordnet.

3.1.1 Begriff und Grundverständnis

Bevor der Begriff und das Konzept der strategischen Planung erläutert werden, erscheint es sinnvoll zunächst den Begriff *Strategie* zu präzisieren.

Etymologisch betrachtet leitet sich der Begriff *Strategie* aus den beiden griechischen Wörtern *Stratos* (das Heer) und *Again* (führen) ab.[182] Im 20. Jahrhundert fand im Kontext der Spieltheorie[183] die Übertragung dieses militärisch geprägten Begriffs in die Betriebswirtschaftslehre statt.

Eine erste Annäherung an den Begriff *Strategie* soll durch eine Aufzählung existierender Definitionen erfolgen. Tabelle 1 bietet einen exemplarischen Überblick über das Spektrum möglicher Definitionen.

---

182 Vgl. KREIKEBAUM (1997), S. 17.

183 Vgl. VON NEUMANN (1928).

Präskriptives, weites Strategieverständnis:
Chandler 1962: „Strategy can be defined as the determination of the basic long-term goals and objectives of an enterprise, and the adoption of courses of action and the allocation of resources neccessary for carrying out these goals.“
Andrews 1971: „[...] strategy is the pattern of major objectives, purposes, or goals and essential policies and plans for achieving these goals, stated in such a way as to define what business the company is in or is to be in and the kind of company it is or is to be.“
Steiner / Miner 1977: „Strategy refers to the formulation of basic organizational missions, purposes, and objectives; policies and program strategies to achieve them; and the methods needed to assure that strategies are implemented to achieve organizational ends.“
Präskriptives, enges Strategieverständnis:
Glueck 1984: „A strategy is a unified, comprehensive, and integrated plan that relates the strategic advantages of the firm to the challenges of the environment and that is designed to ensure that the basic objectives of the enterprise are achieved through proper execution by the organisation.“
Hatten / Hatten 1988: „Strategy is the means to an organisation's ends, it is the way to achieve organisational objectives.“
Gälweiler 1990: „Strategie bedeutet [..], sein Denken, Entscheiden und Handeln an den übergeordneten oder obersten Zielen oder Zielvoraussetzungen zu orientieren und sich dabei nicht durch vordergründige Dringlichkeiten, d.h. Augenblicksvorteile und -nachteile, ablenken zu lassen.“
Emergentes Strategieverständnis:
Mintzberg 1978: „Strategy in general, and realized strategy in particular, will be defined as a *pattern in a stream of decisions*.“

Tab. 1: Strategiedefinitionen[184]

184 Quellen: CHANDLER (1962), S. 13; ANDREWS (1971), S. 28; STEINER / MINER (1977), S. 7; GLUECK / JAUCH (1984), S. 8; HATTEN / HATTEN (1988), S. 1; GÄLWEILER (1990), S. 66; MINTZBERG (1978), S. 935.

Trotz der großen Definitionsvielfalt haben sich zwei Grundpositionen herausgebildet: Das *emergente* Strategieverständnis einerseits und das *präskriptive* Strategieverständnis andererseits.[185]

Das emergente Strategieverständnis wurde von MINTZBERG geprägt. Seinen empirischen Studien zufolge entwickeln sich Strategien häufig unbeabsichtigt aus dem Verhalten der Entscheidungsträger im Unternehmen in Form eines *Entscheidungs-* oder *Handlungsmusters*.[186] Diese Muster sind erst ex post als solche erkennbar und werden von MINTZBERG als *emergente Strategien* bezeichnet.[187] „For a strategy to be perfectly emergent, there must be order – consistency in action over time – in the absence of intention about it.“[188] Obwohl MINTZBERG eine völlig neue Sicht auf das Strategieverständnis ermöglicht hat, muss kritisch hinterfragt werden, inwiefern sich eine emergente Strategie von improvisierten Handlungen unterscheiden lässt, die zufällig ein Muster hinterlassen.[189]

Das präskriptive Strategieverständnis beruht auf der Annahme, dass eine Strategie das Resultat eines rationalen Planungsprozesses ist. In Tabelle 1 wurden die Definitionen bereits einem engen oder einem weiten (präskriptiven) Strategieverständnis zugeordnet. Das enge Strategieverständnis sieht die Ziele nicht als Bestandteile der Strategie an. Es weist einer Strategie einen instrumentellen Charakter zur Erreichung übergeordneter Unternehmensziele zu:[190] Eine Strategie ist das Mittel, um vorgegebene Ziele zu erreichen.[191] Strategien werden aus dieser Perspektive auch häufig als Weg(e) zur

---

185 Vgl. LYNCH (2003), S. 18 f.

186 Vgl. MINTZBERG (1978), S. 935 und S. 947 f.; MINTZBERG / MCHUGH (1985), S. 194.

187 Vgl. MINTZBERG (1978), S. 945; MINTZBERG (1994), S. 24 f. MINTZBERG spricht in Bezug auf emergente Strategien vom "[…] grass-roots approach to strategic management.", MINTZBERG (1987), S. 70. Strategien wachsen nach seiner Ansicht wie Gräser im Garten und können überall dort wurzeln, wo Menschen die Fähigkeit und die Ressourcen besitzen zu Lernen, vgl. MINTZBERG (1987), S. 70.

188 MINTZBERG / WATERS (1985), S. 258.

189 "In our view, a pattern created by random actions, even one that helps the firm adapt, does not constitute a strategy.", FARJOUN (2002), S. 571. Vgl. dazu auch die kritischen Anmerkungen bei WELGE / AL-LAHAM (2003), S. 18 und MÜLLER-STEWENS / LECHNER (2005), S. 70 f.

190 Siehe dazu auch die Ausführungen bei ULRICH / FLURI (1986), S. 98 und BEA / HAAS (2005), S. 51.

191 Dies zeigt sich am deutlichsten in der Definition von HATTEN / HATTEN 1988 in Tabelle 1. Vgl. darüber hinaus HATTEN / HATTEN (1988), S. 16; BARNEY (2002), S. 13; HINTERHUBER (2004), S. 142; THOMPSON / STRICKLAND (2003), S. 10; GRANT (2008), S. 17; BAMBERGER / WRONA (2004), S. 110.

Zielerreichung oder als geplante, komplexe Maßnahmenbündel verstanden.[192]. Eine andere Perspektive liegt vor, wenn eine Strategie die grundsätzliche Ausrichtung und das Verhalten des Unternehmens determinieren soll.[193] In diesem Fall trägt eine Strategie zur Orientierung, Steuerung und Koordination des Unternehmens bei - Funktionen, die typischerweise *Zielen* zugesprochen werden.[194] Eine Strategie lässt sich demnach in Abhängigkeit von der Perspektive als *Mittel* oder als *Ziel* betrachten.

Ganz allgemein handelt es sich bei Zielen um angestrebte zukünftige Zustände, die durch Handlungen realisiert werden sollen.[195] Zielen wird eine Reihe von Funktionen zugesprochen:[196]

- Entscheidungsfunktion: Ziele sind Bewertungskriterien für die Auswahl von Alternativen.
- Koordinationsfunktion: Arbeitsteilig durchgeführte Handlungen in einem Unternehmen werden durch den Einsatz von Zielen aufeinander abgestimmt.
- Motivationsfunktion: Ziele sollen Manager und Mitarbeiter zur Zielerreichung motivieren. Die Motivationsfunktion kann durch Anreizsysteme verstärkt werden.
- Kontrollfunktion: Kontrolle ist nur dann möglich, wenn Ziele (operational) definiert wurden. Sie sind notwendiger Bestandteil von Soll-Ist-Vergleichen.
- Legitimationsfunktion: Mit Hilfe von Zielen lassen sich Handlungen legitimieren und rechtfertigen.

---

192 Vgl. MACHARZINA / WOLF (2005), S. 257 f; WELGE / AL-LAHAM (2003), S. 14; HINTERHUBER (2004), S. 144.

193 Vgl. HUNGENBERG (2006), S. 8 f (siehe insbesondere die Verwendung des Begriffs der *Direktion)*; MACHARZINA / WOLF (2005), S. 258; HINTERHUBER (2004), S. 142.

194 Vgl. WELGE / AL-LAHAM (2003), S. 111 f; BEA / HAAS (2005), S. 74; MACHARZINA / WOLF (2005), S. 209.

195 Vgl. HAMEL (1992), Sp. 2635; KIRSCH (1975), S. 86.

196 Vgl. AMSHOFF (1994), S. 151 f; BEA / HAAS (2005), S. 74; MACHARZINA / WOLF (2005), S. 209.

Ziele können in einem unterschiedlich hohen Operationalitätsgrad formuliert werden. Die Mindestangabe ist der *Zielinhalt*.[197] Zusätzlich können das *Zielausmaß* und der *zeitliche Bezug* spezifiziert werden.[198]

Ein *Zielsystem* besteht aus mehreren Zielen, die in einer *kompatiblen* oder *konfliktären* Beziehung zueinander stehen. Ziele sind dann kompatibel, wenn sie sich inhaltlich weitestgehend entsprechen (Zielidentität), sich gegenseitig positiv beeinflussen (Zielkomplementarität)[199] oder nicht beeinflussen (Zielneutralität)[200]. Eine konfliktäre Zielbeziehung liegt vor, wenn sich zwei Ziele gegenseitig negativ beeinflussen (Zielkonkurrenz)[201] oder ausschließen (Zielantinomie). Innerhalb eines Zielsystems lassen sich Ziel-Mittel-Beziehungen[202] identifizieren.[203]

Die Kritik am entscheidungstheoretischen Rationalitätskonzept hat gezeigt, dass eine saubere Trennung zwischen Zielen und Mitteln nicht möglich ist.[204] Daher wird hier die Auffassung vertreten, dass Ziele und Strategien (im engen Strategieverständnis als Mittel der Zielerreichung verstanden) als zusammenhängendes Konstrukt zu begreifen sind, dessen Elemente je nach Perspektive Ziele oder Mittel darstellen. Folglich wird in dieser Arbeit das weite Strategieverständnis zugrunde gelegt, das die (übergeordneten Unternehmens-) Ziele als Bestandteile einer Strategie begreift. Mit Hilfe der Abbildung 10 wird dieses Strategieverständnis verdeutlicht.

---

197 Vgl. MAG (1999), S. 16; HAMEL (1989), Sp. 2305.

198 Vgl. HEINEN (1976), S. 97.

199 Vgl. HAUSCHILDT (1980), Sp. 2420; HEINEN (1966), S. 94; STREBEL (1981), S. 460.

200 Vgl. HEINEN (1966), S. 95.

201 Vgl. HEINEN (1966), S. 95; STREBEL (1981), S. 460.

202 FAßNACHT bezeichnet das "[...] Ziel-Mittel-Schema als ein fundamentales (heuristisches) Prinzip der Planung in Unternehmungen [...]", FAßNACHT (1989), Sp. 2297.

203 Vgl. FAßNACHT (1989), Sp. 2297; WELGE / AL-LAHAM (2003), S. 118 f; BIDLINGMAIER (1968), S. 38 f; BIDLINGMAIER (1964), S. 76; PFOHL / STÖLZLE (1997), S. 89.

204 Vgl. SCHAFFITZEL (1982), S. 122; ZAHN (1989), Sp. 1913. Siehe dazu auch die Ausführungen bei STAUDT, der das Problem der Ziel-Mittel-Interdependenz im Rahmen der Planung erörtert, vgl. STAUDT (1979), S. 20 ff.

Abb. 10: Das weite Strategieverständnis[205]

Die mit *Mission*, *Objectives* und *Strategies* bezeichneten Konzepte (in der Abbildung 10 grau eingefasst) werden nach der hier vertretenen Auffassung unter dem Begriff der *Strategie* subsumiert. Das mit *Tactics / Policies* bezeichnete Konzept (*actions* im Sinne von konkreten Aktionen, Maßnahmen und Handlungen) wird in Übereinstimmung mit BARNEY als Bestandteil der Strategie*implementierung* gesehen.

Im Zusammenhang mit dem Strategiebegriff ist eine inkonsistente Verwendung des Begriffs der *Maßnahme* zu beobachten. Maßnahmen sind einerseits die eigentliche Strategie in Form von Maßnahmen[206] oder Maßnahmenbündeln[207], andererseits wird im Kontext der Strategieimplementierung von einer Konkretisierung und Zerlegung dieser Maßnahmen in detailliertere Maßnahmenkataloge[208], Maßnahmenpakete[209] oder Einzelmaßnahmen[210] gesprochen.

---

205 Quelle: BARNEY (2002), S. 13, leicht modifiziert.

206 Vgl. BEA / HAAS (2005), S. 51.

207 Vgl. WELGE / AL-LAHAM (2003), S. 13 f; MACHARZINA / WOLF (2005), S. 257.

208 Vgl. HOMBURG (2000), S. 12.

209 Vgl. WELGE / AL-LAHAM (2003), S. 14.

210 Vgl. BEA / HAAS (2005), S. 198.

Des Weiteren bestehen Defizite in Bezug auf die begriffliche Unterscheidung zwischen *Maßnahmen* und *Zielen*. Ziele werden häufig in handlungsauffordernder (imperativischer) Form formuliert und sind dann sprachlich nicht mehr von einer Maßnahme zu unterscheiden.[211] So bezeichnet beispielsweise MACHARZINA die *Verbesserung der Produktqualität* und die *Intensivierung der Forschungs- und Entwicklungstätigkeiten* als *Maßnahmen*, während WILD den *Ausbau von Vertriebswegen* und die *Förderung der Qualifikation der Mitarbeiter* als *Ziele* bezeichnet.[212] Eine Abgrenzung zwischen Ziel und Maßnahme kann durch Rückgriff auf HEINEN erfolgen. Er versteht unter einem Ziel einen (generellen) Imperativ, der sich nicht direkt in eine Handlung übertragen lässt.[213] Es liegt die Vermutung nahe, dass gut quantifizierbare Ziele in Form erwünschter zukünftiger Zustände, schlecht quantifizierbare Ziele hingegen bevorzugt in imperativischer Form formuliert werden. Insgesamt bleibt festzuhalten, dass die Verwendung des Begriffs *Maßnahme* im Kontext des Strategiebegriffs die Abgrenzung zur maßnahmengestützten Implementierung einer Strategie erschwert.[214]

Basierend auf den vorhergehenden Ausführungen wird in dieser Arbeit der Begriff *Strategie* wie folgt präzisiert. Die *übergeordneten Unternehmensziele* werden in Form von *Fundamentalzielen*[215] als konstituierende Bestandteile einer Strategie begriffen. In ihnen spiegeln sich die Erwartungen und Interessen der Stakeholder wider. Ferner können *komplexe Maßnahmenbündel* als *Instrumentalziele*[216] gesehen werden, die der

---

211 Die Verwendung echter Imperative ist bei der Zielformulierung unüblich, da das Verb in der Regel substantiviert wird. Dennoch tragen Zielformulierungen typischerweise einen handlungsauffordernden (imperativischen) Charakter.

212 Vgl. MACHARZINA / WOLF (2005), S. 257 und WILD (1982), S. 60. Es sei explizit darauf hingewiesen, dass bei dieser Gegenüberstellung nicht der Inhalt, sondern allein die handlungsauffordernde sprachliche Formulierung im Vordergrund steht. Auch die Unterscheidung in *mögliche Ziele* und *mögliche Maßnahmen* in Tabelle 5-3 bei HOMBURG (2000), S. 171 wirkt willkürlich.

213 Vgl. HEINEN (1976), S. 97; HEINEN (1966), S. 51. Ähnlich HAMEL, der Endpunkte einer Zielableitung dort setzt, "[...] wo betriebliche Aufgabenträger konkrete Handlungen vollziehen.", HAMEL (1992), Sp. 2637.

214 Vgl. hierzu auch das Beispiel zum Unternehmen *Deutsche Bahn AG* bei HUNGENBERG / WULF (2003), S. 261.

215 „Ein Fundamentalziel ist ein Ziel, das um seiner selbst willen verfolgt wird und für den Entscheider keiner Begründung mehr bedarf.“, EISENFÜHR / WEBER (2003), S. 56. EISENFÜHR / WEBER weisen darauf hin, dass Fundamentalziele immer nur in einem gegebenen Kontext fundamental sind, vgl. EISENFÜHR / WEBER (2003), S. 56.

216 Instrumentalziele sind solche Ziele, die in einem gegebenen Kontext Mittel zur Erreichung anderer Ziele darstellen, vgl. EISENFÜHR / WEBER (2003), S. 56 und S. 58 f.

Erreichung von Fundamentalzielen dienen und eine (mehrstufige) Konkretisierung herbeiführen.[217] Gleichzeitig leisten Instrumentalziele einen maßgeblichen Beitrag zur Orientierung, Steuerung und Koordination des Unternehmens und bestimmen dessen grundsätzliche Ausrichtung und beabsichtigte Entwicklung. Aus diesem Verständnis heraus wird eine *Strategie* insgesamt als Zielsystem des Unternehmens betrachtet und wie folgt definiert:

Eine Strategie ist ein System aus Fundamental- und Instrumentalzielen, das die grundsätzliche Ausrichtung und Konfiguration sowie die beabsichtigte Entwicklung eines Unternehmens determiniert.

Die Sichtweise des Autors auf den Begriff *Strategie* soll zur besseren Transparenz und Nachvollziehbarkeit explizit formuliert werden:

- Eine Strategie lässt sich nur in Kombination mit den übergeordneten (Fundamental-) Zielen vollständig erfassen, verstehen und bewerten. Damit wird ein weites Strategieverständnis[218] zugrunde gelegt, das sich auch in den Strategiedefinitionen[219] von CHANDLER, ANDREWS sowie STEINER / MINER widerspiegelt.
- Eine Strategie hat einen Direktions- oder Vorgabe-Charakter und trägt zur Orientierung, Steuerung und Koordination des Unternehmens bei.[220] Sie übernimmt damit typische Funktionen von Zielen und wird daher insgesamt als Zielsystem aufgefasst.[221]
- Die Definition einer Strategie als Zielsystem berücksichtigt zum einen deren Zukunftsgerichtetheit[222], zum anderen wird eine Grenze zur Strategieimplementierung gezogen: Ziele lassen sich nicht direkt in konkrete, operative Hand-

---

217 Strategische Maßnahmen / komplexe Maßnahmenbündel lassen sich nicht unmittelbar in Handlungen übersetzen und werden typischerweise in handlungsauffordernder Form formuliert. Sie können damit als generelle Imperative interpretiert und als Ziele aufgefasst werden.

218 "[...] broad concept of strategy [...]", HOFER / SCHENDEL (1978), S. 17.

219 Siehe Tabelle 1.

220 Vgl. GRANT (2008), S. 26; THOMPSON / STRICKLAND (2003), S. 17.

221 Diese Sichtweise deckt sich mit einem Verständnis von beabsichtigten Strategien als „[...] langfristige Sollvorstellungen oder Planvorgaben [...]", GRÜNIG / KÜHN (2006), S. 9.

222 "Strategy is forward looking", GRANT (2008), S. 26.

lungen übersetzen - diese Transformationsleistung findet im Rahmen der Strategieimplementierung statt.

- Eine Strategie kann auf Ebene des Gesamtunternehmens (corporate-level) und auf Ebene strategischer Geschäftseinheiten (business-level) formuliert werden.[223] Der Funktionsbereichsebene obliegt die Aufgabe der Strategieimplementierung.[224] Die Formulierung einer Strategie auf Funktionsbereichsebene kann durch die damit verbundene horizontal segmentierte Partialbetrachtung des Unternehmens keinen Beitrag zur übergreifenden und ganzheitlichen Ausrichtung eines Unternehmens leisten.[225]
- Die beabsichtigte Unternehmensentwicklung soll durch eine Strategie festgelegt werden. Im Idealfall stimmen die *beabsichtigte* und die *tatsächliche* Unternehmensentwicklung überein.
- Eine Strategie bestimmt die grundsätzliche (und meist langfristige) Ausrichtung und Konfiguration eines Unternehmens. Während die *Ausrichtung* Aspekte umfasst, die sich im weitesten Sinne als Positionierung bezeichnen lassen, deckt die *Konfiguration* Aspekte ab, die festlegen, aus welchen Elementen das Unternehmen besteht (beispielsweise unterschiedliche Wertschöpfungsarchitekturen[226]) und in welcher Beziehung diese zueinander und zur Umwelt stehen (beispielsweise die Kopplungsintensität der Elemente).
- Typische Strategieaspekte wie die langfristige Existenzsicherung, Erfolgsmaximierung oder der Aufbau, die Erhaltung und die Nutzung von Wettbewerbsvorteilen, Erfolgspotenzialen und Kernkompetenzen treffen – wenn auch in sehr generischer Form - bereits Aussagen zu den Inhalten und Konzepten einer Strategie. Die genannten Aspekte klammern beispielsweise

---

223 Vgl. STEINMANN / SCHREYÖGG (2005), S. 170; GRANT (2008), S. 19.

224 Vgl. PEARCE / ROBINSON (2007), S. 6 und S. 298 ff. Dies bedeutet jedoch nicht, dass die Funktionsbereiche von der Erarbeitung einer Strategie (auf Ebene einer strategischen Geschäftseinheit) auszuschließen sind. Die Führungskräfte und Mitarbeiter aus den Funktionsbereichen sind in den Prozess der Strategieformulierung zu involvieren, um zum einen deren Erfahrung und Kreativität zu nutzen und zum anderen die spätere Akzeptanz der Strategie sicherzustellen.

225 Vgl. HUNGENBERG (2006), S. 18; STEINMANN / SCHREYÖGG (2005), S. 171.

226 Vgl. THOMPSON / STRICKLAND (2003), S. 182 ff.

Fälle aus, in denen ein Unternehmen nur für begrenzte Zeit existieren soll (Langfristigkeit), als Monopolist am Markt tätig ist (Wettbewerbsvorteile) oder als non-Profit-Organisation (Erfolgsmaximierung) geführt wird. Durch Abstraktion von den genannten Aspekten wird zum Ausdruck gebracht, dass der präskriptive Gehalt der hier verwendeten Definition nur das Grundverständnis einer Strategie, nicht jedoch unternehmensabhängige Inhalte und Konzepte umfassen soll.

Planung

Auch zum Begriff *Planung* soll eine erste Annäherung mittels exemplarischer Aufzählung existierender Definitionen erfolgen. Tabelle 2 zeigt eine Auswahl möglicher Definitionen.

Kosiol 1967: „Planung ist im Kern als prospektives Denkhandeln aufzufassen, in dem eine geistige Vorwegnahme und Festlegung zukünftigen Tathandelns erfolgt."
Töpfer 1976: „Planung ist [...] ein geistiger Prozeß der zukunftsgerichteten Zielsetzung und Zielerreichnung."
Szyperski / Winand 1980: „Planung ist ein willensbildender, informationsverarbeitender und prinzipiell systematischer Entscheidungsprozess mit dem Ziel, zukünftige Entscheidungs- oder Handlungsspielräume problemorientiert einzugrenzen und zu strukturieren."
Wild 1982: „Planung ist ein systematisch-methodischer Prozeß der Erkenntnis und Lösung von Zukunftsproblemen."
Koch 1982: „Unter Planung wird eine Entscheidung verstanden, welche bereits vor Beginn jenes Zeitabschnitts getroffen wird, an dessen Datenkonstellation es sich anzupassen gilt."
Homburg 2000: „Unter Planung verstehen wir vorausschauendes, systematisches Durchdenken und Formulieren von Zielen, Handlungsalternativen und Verhaltensweisen, deren optimale Auswahl sowie Festlegung von Anweisungen zur rationellen Realisierung der ausgewählten Alternative"
Schweitzer 2001: „Planung ist ein geordneter, informationsverarbeitender Prozess zum Erstellen eines Entwurfs, welcher Maßnahmen für das Erreichen von Zielen vorausschauend festlegt."

Tab. 2: Planungsdefinitionen[227]

[227] Quellen: KOSIOL (1967), S. 79; TÖPFER (1976), S. 24; SZYPERSKI / WINAND (1980), S. 32; WILD (1982), S. 13; KOCH (1982), S. 4; HOMBURG (2000), S. 3; SCHWEITZER (2001), S. 18.

Die Menge der Definitionen zum Begriff *Planung* ist im Vergleich zur Menge der Definitionen zum Begriff *Strategie* wesentlich homogener. Planung lässt sich durch die folgenden fünf Merkmale charakterisieren:[228]

- Zukunftsbezogenheit: Im Rahmen der Planung wird der Blick grundsätzlich in die Zukunft gerichtet.[229]
- Rationalität: Planung ist durch ein „[...] bewusstes zielgerichtetes Denken und methodisch-systematisches Vorgehen [...]"[230] in Abgrenzung zu intuitiv-spontanem Handeln (Improvisation) als rational zu bezeichnen.[231]
- Gestaltungsintention: Zukünftiges Geschehen oder Handeln soll gezielt beeinflusst und gestaltet werden.
- Prozesscharakter: Planung ist ein Prozess, der sich aus einer systematischen Abfolge von Aktivitäten zusammensetzt[232] und ereignis- oder intervallgesteuert angestoßen wird.
- Informationsverarbeitung: Innerhalb des Planungsprozesses werden Informationen beschafft, verarbeitet, analysiert, generiert, verteilt und gespeichert.[233]

Obwohl weitgehend Konsens über die wesentlichen Merkmale der Planung besteht, wird der Begriff bezüglich der zugehörigen Phasen unterschiedlich weit gefasst.[234] Eine Abgrenzung des Begriffs *Planung* kann mit Hilfe eines idealtypischen Managementprozesses[235] vorgenommen werden.[236] Dieser wird in Abbildung 11 dargestellt.

---

228 Vgl. WILD (1982), S. 13 f; MAG (1999), S. 5.

229 Vgl. KOSIOL (1965), S. 389; GROCHLA (1975), S. 11.

230 Vgl. WILD (1982), S. 13.

231 Vgl. KOCH (1993), Sp. 3252; KOSIOL (1965), S. 389; GROCHLA (1975), S. 11.

232 Vgl. KOSIOL (1967), S. 80.

233 Vgl. MAG (1993), Sp. 3201; KOSIOL (1965), S. 390.

234 Überdies erschwert die große Nähe der Begriffe *Planung*, *Entscheidung*, *Steuerung* und *Kontrolle* eine genaue Abgrenzung der Planung. So fasst beispielsweise KIRSCH den Planungsprozess als spezifischen Entscheidungsprozess auf, "[...] der alle Phasen oder Teilepisoden eines Entscheidungsprozesses umfaßt, insbesondere natürlich auch die eigentliche Entschlußfassung bzw. die Autorisierung der erarbeiteten Lösung.", KIRSCH (1975), S. 24.

235 Synonym wird der Begriff *Führungsprozess* verwendet.

236 Vgl. zur Abgrenzungsproblematik auch MAG (1999), S. 15 f.

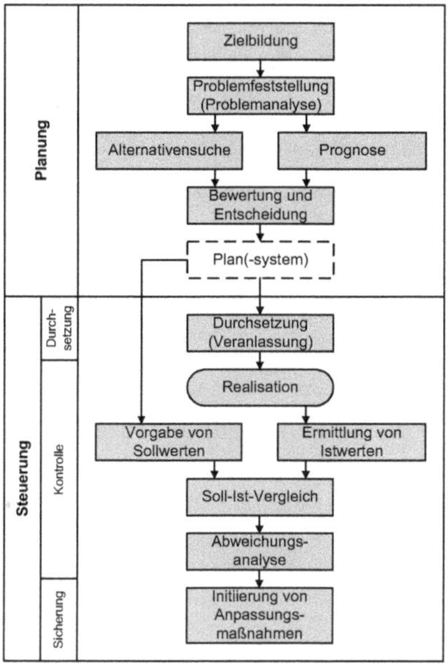

Abb. 11: Managementprozess[237]

Abbildung 11 zeigt, dass der Managementprozess aus den beiden Teilprozessen *Planung* und *Steuerung* besteht, die jeweils aus mehreren Phasen bestehen. Eine Phase fasst mehrere Planungsaufgaben oder Planungsaktivitäten unter der Phasenbezeichnung zusammen.[238] Es soll an dieser Stelle SCHWEITZER gefolgt werden, nach dessen Sichtweise der Teilprozess der *Planung* die Phasen *Zielbildung*, *Problemanalyse*, *Alternativensuche*, *Prognose* sowie *Bewertung und Entscheidung* umfasst.[239] Der Plan oder das Plansystem ist keine Phase, sondern das Ergebnis der Planung und beinhaltet keine

237 Quelle: SCHWEITZER (2001), S. 26, leicht modifiziert. Der Führungsprozess von SCHWEITZER orientiert sich stark am Führungsprozess von WILD, vgl. WILD (1982), S. 37.

238 Vgl. SCHWEITZER (2001), S. 48.

239 Eine identische Abgrenzung findet sich bei MAG (1999), S. 30 f. Ähnlich HAHN, der diese Abgrenzung als *Planung i. w. S.* bezeichnet, vgl. HAHN (1993), Sp. 3185 f. MACHARZINA / WOLF hingegen rechnen auch die *Durchsetzung* und die *(Steuerung der) Realisation* zum Planungsprozess, vgl. MACHARZINA / WOLF (2005), S. 411.

Aufgaben oder Aktivitäten. Dieses Element wurde daher optisch von den Phasen abgegrenzt. Die Phase der *Realisation* (Bestandteil der Steuerung) nimmt ebenfalls eine Sonderstellung ein. Im Gegensatz zu den anderen Phasen dient sie nicht ausschließlich der Informationsverarbeitung und wird darüber hinaus in großem Umfang außerhalb des Managementprozesses vollzogen. Durch die Nennung der Planungsphasen und deren Einordnung im Managementprozess wird die Überleitung zum strategischen Managementprozess und dem Begriff *strategische Planung* erleichtert. Personen, die in die Planung involviert sind, werden *Planungssubjekte* genannt.[240]

Strategische Planung

Der *strategische Managementprozess* ist eine spezielle Ausprägung des idealtypischen Managementprozesses.[241] Auch zum strategischen Managementprozess lassen sich in der Literatur unterschiedliche Phaseneinteilungen oder -abgrenzungen finden. Einen Überblick gibt Abbildung 12.

240 Vgl. MAG (1999), S. 32 f; MAG (1993), Sp. 3215. Eine synonyme Bezeichnung ist *Planungsträger*, vgl. TÖPFER (1989), Sp. 1542.

241 Vgl. HUNGENBERG (2006), S. 23.

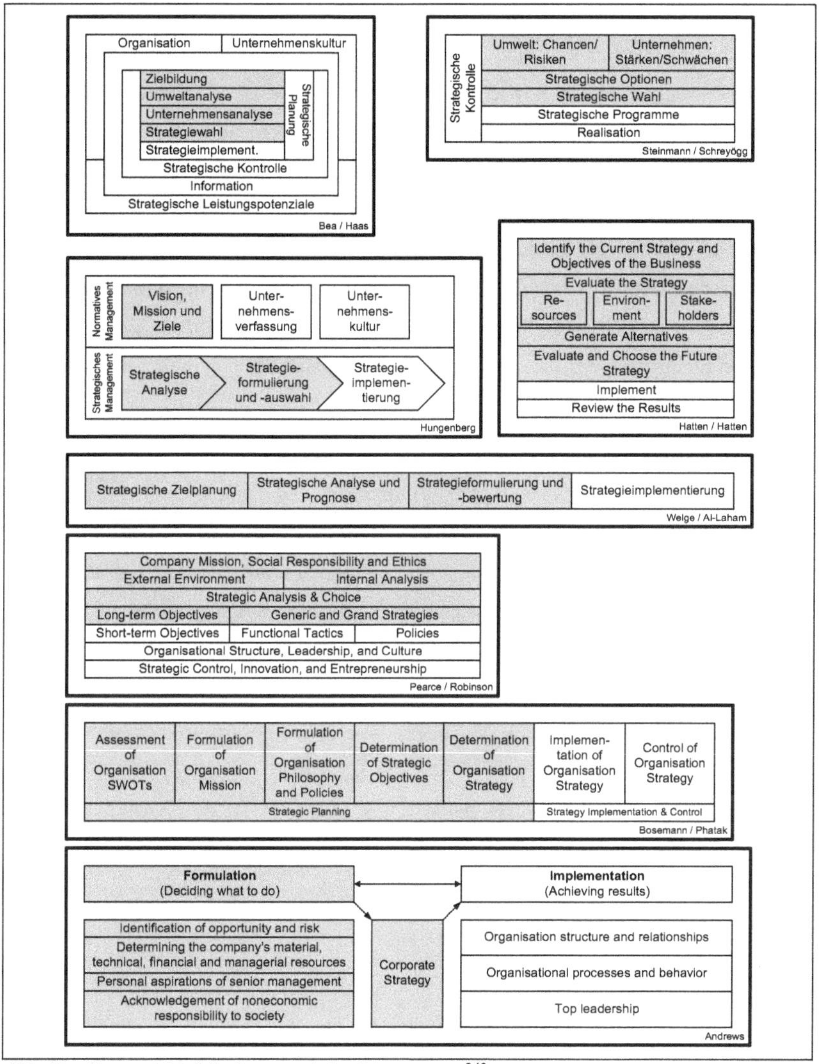

Abb. 12: (Prozess-) Modelle des strategischen Managements[242]

242 Quellen (jeweils leicht modifiziert): BEA / HAAS (2005), S. 1; STEINMANN / SCHREYÖGG (2005), S. 172; HUNGENBERG (2006), S. 10 und S. 24; HATTEN / HATTEN (1988), S. 9; WELGE / AL-LAHAM (2003), S. 98; PEARCE / ROBINSON (2007), S. 2; BOSEMAN / PHATAK (1989), S. 6; ANDREWS (1971), S. 41.

In fast allen abgebildeten Prozessmodellen zum strategischen Management können Phasen identifiziert werden, die den Planungsphasen *Zielbildung*, *Problemanalyse*, *Alternativensuche*, *Prognose* sowie *Bewertung und Entscheidung* entsprechen. Analog zu einem Verständnis von *Planung* als Teilprozess des Managementprozesses lässt sich *strategische Planung* als Teilprozess des strategischen Managementprozesses auffassen. Dazu wurden in Abbildung 12 diejenigen Elemente des strategischen Managementprozesses grau hinterlegt, die den oben genannten Planungsphasen äquivalent sind und sich unter den Begriff *strategische Planung* subsumieren lassen. Obwohl Prozessmodelle existieren, die explizit einen Teilprozess *strategische Planung* enthalten oder bestimmte Elemente unter diesem Begriff zusammenfassen[243], wird im strategischen Management häufig auf diesen Begriff verzichtet.[244]

In Anlehnung an die Phasenabgrenzungen und -bezeichnung der (Prozess-) Modelle des strategischen Managements wird der Teilprozess der strategischen Planung im Folgenden in die vier Phasen *Erfassung und Priorisierung der Fundamentalziele*, *Umweltanalyse*, *Unternehmensanalyse* sowie *Strategieformulierung, -bewertung und -auswahl* gegliedert. Abbildung 13 stellt die Aktivitäten des allgemeinen Planungsprozesses und deren Phasen der strategischen Planung gegenüber.

---

243 Vgl. BEA / HAAS (2005), S. 1 und S. 18; BOSEMAN / PHATAK (1989), S. 5 f; STEINMANN / SCHREYÖGG (2005), S. 172.

244 Dies ist darauf zurückzuführen, dass der Begriff *strategische Planung* im Zeitraum 1965-1975 das vorherrschende Konzept zur Unternehmensführung bezeichnete. Insbesondere Probleme bei der Implementierung einer Strategie führten dazu, dass dieses Konzept ausgebaut und erweitert wurde und später durch den Begriff *strategisches Management* ersetzt wurde.

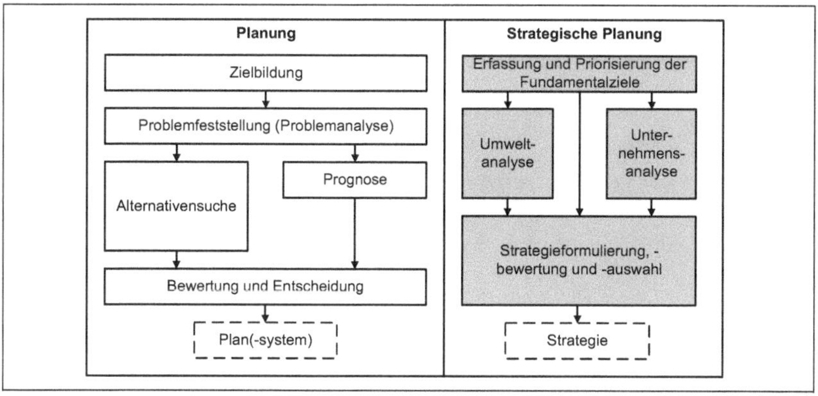

Abb. 13: Gegenüberstellung von *Planung* und *strategischer Planung*

Die Phase *Zielbildung* ist das Pendant zur Phase *Erfassung und Priorisierung der Fundamentalziele* in der strategischen Planung. Die Phasen *Problemfeststellung (Problemanalyse)* und *Prognose* sind in der strategischen Planung sowohl in der Phase *Umweltanalyse* als auch in der Phase *Unternehmensanalyse* enthalten. Die Phase der *Alternativensuche* enthält als Teilaufgabe die „systematische und umfassende Suche nach Einzelideen [...]“[245] zur Lösung des Planungsproblems. Hier ist in der Umwelt- und Unternehmensanalyse beispielsweise an identifizierte Chancen und Stärken sowie an Kostensenkungs- und Differenzierungspotenziale zu denken, die einen Beitrag zur Problemlösung (Strategieentwicklung) leisten können. In der Phase *Strategieformulierung, -bewertung und -auswahl* findet unter anderem „[...] die Kombination der Einzelideen zu (unabhängigen) Alternativen [...]“[246] statt, so dass sich auch in dieser Phase Teilaufgaben der *Alternativensuche* identifizieren lassen. Die Phase *Bewertung und Entscheidung* ist in der strategischen Planung ein Bestandteil der Phase *Strategieformulierung, -bewertung und -auswahl.* Die *Strategie* als Ergebnis der strategischen Planung ist schließlich das Äquivalent zum *Plan(-system).*

245 SCHWEITZER (2001), S. 55.

246 SCHWEITZER (2001), S. 55.

Nach der Skizzierung und Gegenüberstellungen der Begriffe Planung, Managementprozess und strategischer Managementprozess, wird der Begriff *strategische Planung* für den weiteren Verlauf der Arbeit wie folgt definiert:

Strategische Planung ist der willensbildende, informationsverarbeitende Prozess zur Entwicklung und Selektion alternativer Strategien im Rahmen des strategischen Managements.

Die gegebene Definition basiert auf folgendem Grundverständnis:

- Analog zum allgemeinen Grundverständnis der Planung ist auch die strategische Planung ein informationsverarbeitender Prozess.
- Strategische Planung ist Bestandteil des strategischen Managements.[247]
- Das Attribut *willensbildend* soll dazu beitragen, die hier verwendete Extension des Planungsbegriffs zu verdeutlichen. Alle Tätigkeiten, die üblicherweise mit Begriffen wie (Willens-) Durchsetzung, Realisierung, Implementierung, Steuerung und Kontrolle verbunden sind, werden nicht als Bestandteil der Planung angesehen.[248]
- Von den verschiedenen Phaseneinteilungen des strategischen Managements wird durch die Formulierung „Entwicklung und Selektion alternativer Strategien" bewusst abstrahiert. Die Entwicklung und Selektion alternativer Strategien umfasst alle Phasen der strategischen Planung. Bezugnehmend auf die hier bevorzugte Untergliederung sind dies die vier Phasen *Erfassung und Priorisierung der Fundamentalziele*, *Umweltanalyse*, *Unternehmensanalyse* sowie *Strategieformulierung, -bewertung und -auswahl.*[249]

Nach der Abgrenzung, Definition und Explikation des Grundverständnisses zentraler Begriffe erfolgt im nächsten Abschnitt die detaillierte Erläuterung der einzelnen Phasen und Methoden der strategischen Planung. Der Untersuchungsgegenstand dieser Arbeit

---

247 Vgl. ZAHN (1989), Sp. 1905; GÖTZE / RUDOLPH (1994), S. 4.

248 Eine Ausnahme bildet die Prämissenkontrolle, die in Abgrenzung zur Planfortschritts- und Ergebniskontrolle bereits während der Planung stattfindet, vgl. MACHARZINA / WOLF (2005), S. 427 f; STEINMANN / SCHREYÖGG (2005), S. 279 ff.

249 Vgl. dazu Abbildung 13.

wurde dabei bewusst auf die Planung von Strategien auf Ebene strategischer Geschäftseinheiten begrenzt.

3.1.2 Phasen und Methoden

Die folgende Darstellung der strategischen Planung erfolgt mit dem Ziel, die betrachteten Planungsmethoden kurz zu skizzieren und sie den Planungsphasen zuzuordnen.

Der Prozess der strategischen Planung wird in dieser Arbeit in die vier Phasen *(1) Erfassung und Priorisierung der Fundamentalziele, (2) Umweltanalyse, (3) Unternehmensanalyse sowie (4) Strategieformulierung, -bewertung und -auswahl* unterteilt. Die Phasen dienen einer groben Strukturierung des Planungsprozesses und sind nicht als trennscharfe Abgrenzung zu verstehen.[250] Im gesamten Planungsprozess kommen verschiedene Methoden[251] zum Einsatz, die sich in aller Regel problemlos[252] einer bestimmten Phase des Planungsprozesses zuordnen lassen. Neben der Begrenzung der Arbeit auf die Planungsebene strategischer Geschäftseinheiten musste die große Anzahl der auf dieser Ebene verfügbaren Planungsmethoden weiter eingeschränkt werden, um die Arbeit in einem überschaubaren Rahmen zu halten. Die getroffene Auswahl berücksichtigt typische Planungsmethoden etablierter Standardwerke.[253] Nachfolgend wird der strategische Planungsprozess kurz skizziert.

In der Phase *Erfassung und Priorisierung der Fundamentalziele* findet die Analyse der Stakeholder statt. Da die Menge der Stakeholder eines Unternehmens sehr groß sein kann, ist es notwendig, die Stakeholder zu priorisieren. Mit Kenntnis der Erwartungen und Interessen der wichtigsten Stakeholder lassen sich die Fundamentalziele des Unter-

---

250 Vgl. BEIERSDORF (1995), S. 46.

251 Oftmals werden diese Planungsmethoden auch als Instrumente, Techniken, Verfahren, Modelle oder Hilfsmittel der strategischen Planung bezeichnet.

252 Portfoliomethoden nehmen eine Sonderstellung ein, da sie auf Basis einer Analyse des Portfolios unmittelbar Handlungsempfehlungen (Handlungsaufforderungen) generieren.

253 Vgl. PEARCE / ROBINSON (2007); THOMPSON / STRICKLAND (2003); GRANT (2008); WELGE / AL-LAHAM (2003); BEA / HAAS (2005); MÜLLER-STEWENS / LECHNER (2005); HUNGENBERG (2006); HATTEN / HATTEN (1988); GRÜNIG / KÜHN (2006); KREIKEBAUM (1997); HINTERHUBER (2004); HITT / IRELAND / HOSKISSON (2007); JOHNSON / SCHOLES / WHITTINGTON (2006). Siehe dazu auch die Auflistung der wichtigsten Analyse- und Planungsmethoden bei GRÜNIG / KÜHN (2006), S. 91.

nehmens formulieren. Auch der Entwurf einer Vision – eine auf die Zukunft gerichtete, motivierende Leitidee mit Zielcharakter – findet im Rahmen dieser Phase statt.

Die Phase der *Umweltanalyse* umfasst unterschiedlich große und nach außen gerichtete Analyseräume. Ziel der Analyse der globalen Umwelt ist es, wichtige Ereignisse und Entwicklungen (Trends) so früh wie möglich zu erkennen. Ereignisse und Entwicklungen der globalen Umwelt werden in Bezug auf Eintrittswahrscheinlichkeit und Einfluss auf das eigene Unternehmen bewertet, um die Aufmerksamkeit auf relevante Umweltsachverhalte zu lenken. Frühaufklärungssysteme sollen die Identifikation relevanter Umweltsachverhalte unterstützen. Das von PORTER propagierte Konzept der fünf Wettbewerbskräfte wird dazu verwendet, die Branchenanalyse zu strukturieren. Dabei werden beispielsweise der Rivalitätsgrad in der Branche oder die Lieferantenmacht analysiert. Kernbestandteil der Absatzmarktanalyse ist die Marktsegmentierung. Ein Ziel ist es, den unterschiedlichen Kundenbedürfnissen durch eine Segmentierung besser gerecht werden zu können, ein weiteres Ziel ist die Identifikation besonders attraktiver (profitabler) Marktsegmente. Gewissermaßen das Pendant zur Marktsegmentierung ist die Analyse der strategischen Gruppen. Hierbei erfolgt eine Segmentierung der Branchenanbieter. Die Hauptkonkurrenten des Unternehmens sind die Konkurrenten der eigenen Gruppe. Veränderungen in der Gruppenkonstellation (z. B. Neupositionierung von Konkurrenten, Fusionen, Übernahmen) können relevante Umweltsachverhalte darstellen. Die Analyse der Hauptkonkurrenten des Unternehmens schränkt den Analyseraum schließlich auf die wichtigsten Wettbewerber und die unmittelbare Wettbewerbssituation ein. Ergebnis der Umweltanalyse sind relevante Umweltsachverhalte, die sowohl mit Chancen als auch mit Risiken behaftet sind und in einer Chancen-Risiken-Übersicht zusammengestellt werden.

Die Phase der *Unternehmensanalyse* ist im Gegensatz zur Umweltanalyse nach innen gerichtet. Generelles Ziel ist es, Stärken (Wettbewerbsvorteile) und Schwächen (Wettbewerbsnachteile) des eigenen Unternehmens zu identifizieren. Zur Strukturierung der Unternehmensanalyse hat sich das Grundgerüst der Wertkette etabliert. Die von PORTER vorgegebene Grundstruktur der Wertkette in Form generischer Wertaktivitätskategorien kann als Hilfestellung und Orientierungsrahmen zur Definition der unternehmensindividuellen Wertkette verwendet werden. Im Rahmen der Wertkettenanalyse werden

Abhängigkeiten und organisatorische Verknüpfungen innerhalb der Wertkette aufgedeckt. Vor allem aber dient sie der Analyse von Kostensenkungs- und Differenzierungspotenzialen im Vorfeld der Formulierung generischer Wettbewerbsstrategien. Der kriteriengestützte Vergleich der Wertkette des eigenen Unternehmens mit den Wertketten von Hauptkonkurrenten gibt Hinweise auf relative Vor- oder Nachteile im Wettbewerb. Ergänzend dazu zeigt die Analyse der Wertaktivitäten bezüglich kaufentscheidender Faktoren auf, in welchem Umfang die Aktivitäten der Wertkette zur Befriedigung der Kundenbedürfnisse beitragen. Die Erfassung und Bewertung der Ressourcen des Unternehmens erfolgen mit dem Zweck der Identifikation strategisch relevanter Ressourcen, denn sie können die Basis für dauerhafte Wettbewerbsvorteile darstellen. Die Ergebnisse der Unternehmensanalyse werden in einer Stärken-Schwächen-Übersicht zusammengefasst.

Die Phase *Strategieformulierung, -bewertung und -auswahl* dient der Festlegung einer möglichst konsistenten Strategie. Charakteristisch für diese Phase ist, dass die Informationen der vorgelagerten Phasen integriert und zur Strategieformulierung genutzt werden. Diese integrative Informationsverarbeitung zeigt sich an mehreren Stellen:

- Die Ergebnisse der Umwelt- und Unternehmensanalyse werden in der SWOT-Analyse zusammengeführt. Es findet ein Abgleich von Chancen und Risiken der Umwelt mit den Stärken und Schwächen des Unternehmens statt.
- Ermittelte Kostensenkungs- und Differenzierungspotenziale bilden die Grundlage für die Formulierung einer generischen Wettbewerbsstrategie. Zusammen mit ermittelten Stärken und Schwächen aus der Unternehmensanalyse lässt sich das Spektrum möglicher Strategien eingrenzen, so dass die Entscheidung für oder gegen eine bestimmte Wettbewerbsstrategie plausibilisiert werden kann.
- Die Fundamentalziele werden konstituierende Bestandteile der Strategie, so dass auch die Ergebnisse der Phase *Erfassung und Priorisierung der Fundamentalziele* in der letzten Phase der strategischen Planung verarbeitet werden.

Auch Portfoliomethoden wie beispielsweise die Marktattraktivitäts-Geschäftsfeldstärken-Matrix von McKinsey lassen sich dieser Phase zuordnen. Portfoliomethoden generieren in Abhängigkeit von der Positionierung der Erfolgsobjekte[254] im Portfolio Handlungsempfehlungen wie z. B. Investition, Selektion, Desinvestition. Des Weiteren finden sich in dieser Phase Konzepte wie die oben bereits erwähnten generischen Wettbewerbsstrategien oder die Ansoff-Matrix zur Formulierung von Wachstumsstrategien. Diese Konzepte sollen in erster Linie strategische Handlungsmöglichkeiten aufzeigen und die Planungssubjekte bei der Erarbeitung alternativer Strategien unterstützen. Die erarbeiteten alternativen Strategien werden auf Konsistenz, Plausibilität und Realisierbarkeit geprüft und miteinander verglichen. Im Rahmen der strategischen Budgetierung werden Maßnahmen zur Strategieumsetzung geplant und bezüglich ihrer Erfolgs- und Finanzwirkung quantifiziert. Abschließend wird die Strategie mit der größten Erfolgsaussicht ausgewählt und festgelegt.

3.2 Informationsbedarfsanalyse

Im folgenden Abschnitt werden ausgewählte Methoden der strategischen Planung bezüglich ihres Informationsbedarfs analysiert. Die Kenntnis des Informationsbedarfs und der Informationsflüsse ist notwendige Voraussetzung für eine Unterstützung des Planungsprozesses durch ein Data-Warehouse-System. Nach einer Einführung in die Grundlagen der Informationsbedarfsanalyse in Abschnitt 3.2.1 wird im darauf folgenden Abschnitt 3.2.2 die Informationsprozessmodellierung als Hilfsmittel zur Erfassung und Analyse des objektiven Informationsbedarfs vorgestellt. Abschnitt 3.2.3 stellt den Kern der Informationsbedarfsanalyse dar. In diesem Abschnitt werden die ausgewählten Planungsmethoden erläutert und in Informationsprozessmodelle überführt. Die methodeninterne Informationsverarbeitung steht im Mittelpunkt der Informationsprozessmodellierung. Abschnitt 3.2.4 vervollständigt die Analyse mit einer Betrachtung der methodenübergreifenden Informationsverarbeitung.

3.2.1 Grundlagen

„Der *Informationsbedarf* wird definiert als die Art, Menge und Qualität der Informationen, die eine Person zur Erfüllung ihrer Aufgaben in einer bestimmten Zeit

---

[254] Produkte und Dienstleistungen sind auf SGE-Ebene typische Erfolgsobjekte von Portfolioanalysen. Auf der übergeordneten Planungsebene (Konzern / Holding) sind dagegen die strategischen Geschäftseinheiten die Erfolgsobjekte.

benötigt."[255] Es wird zwischen dem objektiven Informationsbedarf, dem subjektiven Informationsbedarf und der Informationsnachfrage differenziert.

Ausgangspunkt bei der Ermittlung des *objektiven Informationsbedarfs* ist die zu erfüllende Aufgabe. Der objektive Informationsbedarf umfasst diejenigen Informationen, die zur Erfüllung einer Aufgabe intersubjektiv-nachvollziehbar relevant sind.[256] Je strukturierter die zu bewältigende Aufgabe ist, desto präziser lässt sich der objektive Informationsbedarf ermitteln.

Der *subjektive Informationsbedarf* beinhaltet Informationen, die einer Person zur Erfüllung ihrer Aufgabe als relevant erscheinen.[257] Die Differenz zwischen objektivem und subjektivem Informationsbedarf ergibt sich daraus, dass Informationen des objektiven Informationsbedarfs von einer einzelnen Person als nicht relevant erachtet oder Informationen als relevant eingestuft werden, die nicht Bestandteil des objektiven Informationsbedarfs sind. Der subjektive Informationsbedarf beschreibt demnach den individuellen Informationsbedarf einer Person in Bezug auf eine Aufgabe.

Vom subjektiven Informationsbedarf ist die *Informationsnachfrage* zu trennen. Sie entspricht dem Informationsbedarf, der tatsächlich geäußert wird.[258] In der Regel wird nur ein Teil des subjektiven Informationsbedarfs nachgefragt. Zusätzlich werden in der Praxis Informationen nachgefragt, die nicht Bestandteil des subjektiven Informationsbedarfs sind. Eine unpräzise artikulierte Informationsnachfrage, Neugierde sowie das Sammeln von Informationen jedweder Art sind hierfür als mögliche Gründe zu nennen.[259]

Dem objektiven und subjektiven Informationsbedarf sowie der Informationsnachfrage steht das *Informationsangebot* gegenüber.[260] Dieses ist weder mit dem objektiven oder subjektiven Informationsbedarf, noch mit der Informationsnachfrage kongruent und

---

255 PICOT / REICHWALD / WIGAND (2003), S. 81; nahezu identisch SZYPERSKI (1980), Sp. 904.

256 Vgl. BERTHEL (1992), Sp. 873; GEMÜNDEN (1993), Sp. 1726; PICOT (1990), S. 9; KOREIMANN (1976), S. 66; SZYPERSKI (1980), Sp. 905.

257 Vgl. BERTHEL (1992), Sp. 83; PICOT (1990), S. 9; GEMÜNDEN und SZYPERSKI sprechen von *Informationsbedürfnis*, GEMÜNDEN (1993), Sp. 1726 und SZYPERSKI (1980), Sp. 905.

258 Vgl. PICOT (1990), S. 9.

259 Vgl. SCHNEIDER (1990), S. 226.

260 Vgl. PICOT (1990), S. 9; SZYPERSKI (1980), Sp. 905 f.

bezeichnet die Informationsmenge, die den Informationsempfängern zur Verfügung gestellt wird.

Die Schnittmenge aus objektivem Informationsbedarf, subjektivem Informationsbedarf, Informationsnachfrage und Informationsangebot wird als *Informationsstand* bezeichnet.[261] Generelles Ziel ist es, den Informationsstand der Aufgabenträger durch Informationssysteme[262] zu maximieren.

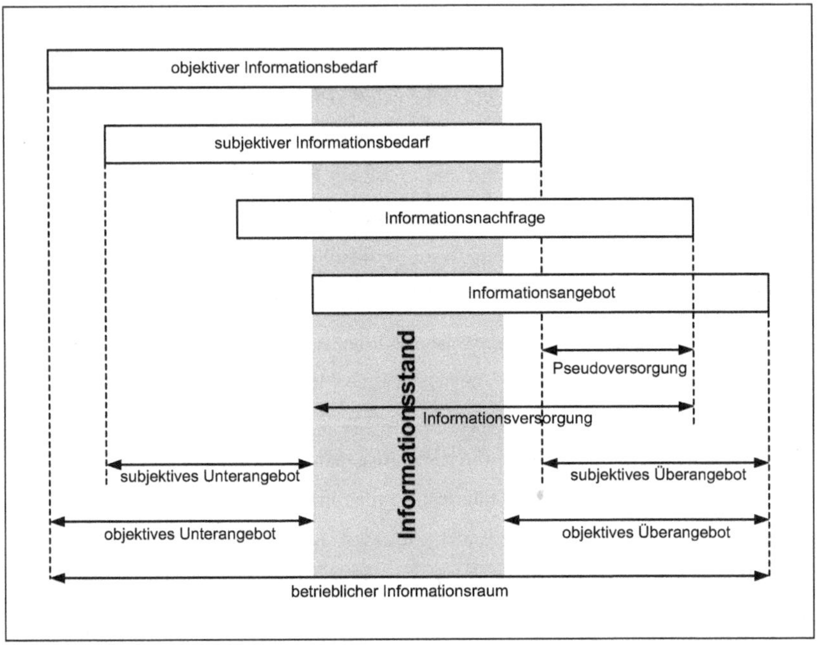

Abb. 14: Informationsmengen des betrieblichen Informationsraums[263]

Abbildung 14 zeigt die beschriebenen Informationsmengen des betrieblichen Informationsraums. Aus der fehlenden Deckungsgleichheit der Informationsmengen entstehen objektive und subjektive Über- und Unterangebote an Informationen.

---

[261] Vgl. PICOT (1990), S. 8 f.

[262] Hier sind sowohl elektronische (computergestützte) als auch nicht-elektronische Informationssysteme gemeint.

[263] Quelle: STRAUCH (2002), S. 70.

Im Rahmen dieser Arbeit wird die strategische Planung ohne Bezug zu einem konkreten Unternehmen oder einer speziellen Branche dargestellt und analysiert. Dies bedingt, dass nur der objektive Informationsbedarf analysiert werden kann, wie er sich aus der Aufgabenstellung *strategische Planung* ableiten lässt. Da sich die strategische Planung grundsätzlich als informationsverarbeitender und methodengestützter Prozess darstellt[264], erscheint es sinnvoll, die mit den Planungsmethoden verbundene Informationsverarbeitung in den Mittelpunkt der Informationsbedarfsanalyse zu rücken.[265]

Dabei muss in aller Deutlichkeit betont werden, dass die in Abschnitt 3.2.3 vorgestellten Planungsmethoden nur dazu beitragen können, den *Informationsgrundbedarf* der strategischen Planung zu decken.[266] In der Praxis wird durch die Definition eines Planungsprozesses und die damit verbundene Anwendung ausgewählter Planungsmethoden ein als sinnvoll erachtetes Mindestmaß an Informationen erhoben und verarbeitet.[267] Der Prozess stellt einen strukturierten Planungsablauf sicher und gewährleistet, dass in regelmäßigen Abständen strategisch wichtige Parameter der Umwelt und des Unternehmens systematisch überprüft und analysiert werden.[268] Beim Durchlaufen eines definierten Planungsprozesses und der Anwendung verschiedener Planungsmethoden können beliebige Planungssachverhalte einen *situativen Informationsbedarf*

---

264 Vgl. zur Relevanz von Methoden in strategischen Planungs- und Entscheidungsprozessen BAMBERGER / WRONA (2004), S. 388 ff.

265 Zu den resultierenden Vorteilen einer an den Methoden der strategischen Planung ansetzenden Informationsbedarfsanalyse vgl. HESSE (1995), S. 49 und SPRENGEL (1984), S. 77. AX / BÖRSIG weisen darauf hin, dass eine "[...] nicht von Auswertungsmodellen gesteuerte Datenerhebung zu einer Datenbasis führt, die nur sehr schwer handhabbar und im Rahmen der Strategischen Planung von begrenztem Nutzen ist [...]", AX / BÖRSIG (1979), S. 921. SONNENSCHEIN / SCHÖN / NÖLKEN fordern für eine DV-Lösung zur strategischen Planung, das die Planungssubjekte "[...] auf der Grundlage der betriebswirtschaftlichen Konzeption bei der *Anwendung der Planungsinstrumente* insbesondere im Rahmen der strukturierten Informationserfassung und -bearbeitung konsequent unterstützt werden [...]", SONNENSCHEIN / SCHÖN / NÖLKEN (1999), S. 190 (Hervorhebung nicht im Original). Auch BAMBERGER / WRONA weisen darauf hin, dass der Informationsbedarf von den verwendteten Planungsmethoden beeinflusst wird, vgl. BAMBERGER / WRONA (2004), S. 244.

266 Die Idee zur Trennung des Informationsbedarfs in einen *Informationsgrundbedarf* und in einen *situativen Informationsbedarf* geht auf BEIERSDORF zurück. Im Gegensatz zu BEIERSDORF weist der Informationsgrundbedarf in dieser Arbeit jedoch keinen Bezug zu einer Branche oder einem Unternehmen auf, vgl. BEIERSDORF (1995), S. 29.

267 Vgl. GRÜNIG / KÜHN (2006), S. 119.

268 "Nevertheless, whether strategy formulation is formal or informal, whether strategies are deliberate or emergent, systematic analysis is a vital input into the strategy process.", GRANT (2008), S. 27.

auslösen.[269] Dieser Bedarf ist in höchstem Maße von den jeweiligen Planungssachverhalten abhängig und wird außerhalb des definierten Planungsprozesses durch separate Analysen gedeckt, die der Komplexität und Einzigartigkeit der jeweiligen Planungssachverhalte gerecht werden.

3.2.2 Informationsprozessmodellierung

Ausgangspunkt der Analyse des objektiven Informationsbedarfs der strategischen Planung ist die *Aufgabe* der Planungssubjekte. In der Praxis konkretisiert sich die Aufgabe *strategische Planung* durch die Anwendung von Planungsmethoden (im Folgenden *Methoden* genannt). Methoden bündeln bewährtes Planungswissen über strategisch wichtige Parameter und Analyseperspektiven in einer anwendungsorientierten Form und bieten damit einen direkten Zugang zur Aufgabe der Planungssubjekte. Nahezu jede Methode lässt sich als informationsverarbeitender Vorgang in abgrenzbare Anwendungsteilschritte zerlegen. Jeder Teilschritt stellt eine informationsverarbeitende Aktivität dar, die auf Grundlage einer gegebenen Eingangs-Informationsmenge eine Ausgangs-Informationsmenge generiert. Die Abfolge der informationsverarbeitenden Aktivitäten ist nach dem hier zugrunde gelegten Verständnis ein *Informationsprozess*. Durch die Abbildung des Informationsprozesses einer Methode in einem Modell entsteht ein methodenspezifisches *Informationsprozessmodell.*

Im Rahmen dieser Arbeit wurde eine Modellierungstechnik entwickelt, die der Komplexität des vorliegenden Modellierungsproblems angemessen ist. Sie greift die Idee einer aktivitätsbezogenen bzw. prozessbezogenen Input-Output-Analyse der *Structured Analysis* (SA)[270] und der *Hierarchy plus Input-Process-Output* (HIPO)[271] auf und bietet zusätzlich die Möglichkeit zur Modellierung von Informationsbeziehungen. Nachfolgend werden der Zweck und die beabsichtigten Ergebnisse der Modellierung erläutert:

- Zweck der Modellierung ist die Analyse der Informationsverarbeitung innerhalb und zwischen den Methoden der strategischen Planung.

269 Vgl. GRÜNIG / KÜHN (2006), S. 120; BEIERSDORF (1995), S. 29.

270 Vgl. dazu grundlegend ROSS (1977).

271 Vgl. dazu grundlegend IBM (1975) und KATZAN (1976).

- Ergebnisse der Modellierung sind *Informationsprozessmodelle* einzelner Methoden der strategischen Planung. Sie sollen einen Beitrag dazu leisten, den objektiven Informationsbedarf der strategischen Planung aufzudecken und sind die Grundlage der weiteren Ausführungen zur Erweiterung und Gestaltung von Data-Warehouse-Systemen in Kapitel 4.
- Informationsprozessmodelle sind generalisierte Soll-Modelle ausgewählter Methoden der strategischen Planung. Sie bilden die Methoden in idealtypischer Weise ab. Die zitierte Literatur zur strategischen Planung und zum strategischen Management ist die Referenz der Modelle.

Abbildung 15 zeigt das Metamodell[272] der verwendeten Modellierungstechnik in UML-Notation[273]. Die Kernbestandteile des Metamodells sind die beiden Klassen *Aktivität* und *Information*.

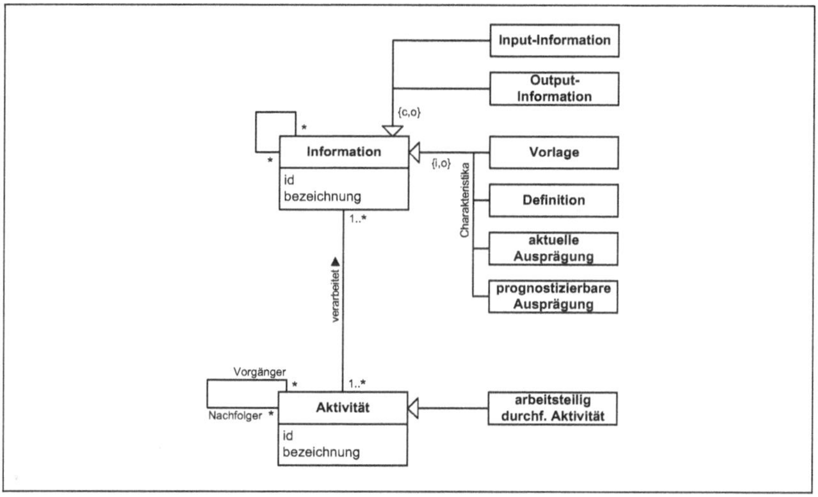

Abb. 15: Metamodell der Informationsprozessmodelle

[272] Ein *Metamodell* definiert, aus welchen Elementtypen ein Modell bestehen kann, welche Eigenschaften (Attribute) sie aufweisen und welche Beziehungen zwischen den Elementtypen möglich sind.

[273] UML ist das Akronym für *Unified Modeling Language*. Im Hinblick auf eine übersichtliche grafische Darstellung wurden die Eigenschaften von Generalisierungsmengen wie folgt abgekürzt: {c,d} = {complete, disjoint}, {c,o} = {complete, overlapping}, {i,o} = {incomplete, overlapping}, {i,d} = {incomplete, disjoint}.

Im Informationsprozess einer (Planungs-) Methode lassen sich verschiedene Aktivitäten (Klasse *Aktivität*) voneinander abgrenzen. Aktivitäten haben die Attribute *ID* und *Bezeichnung* und können über Vorgänger-Nachfolger-Beziehungen miteinander in Beziehung stehen (reflexive Assoziation der Klasse *Aktivität*). Einige Aktivitäten sind arbeitsteilig durchführbar (Spezialisierung der Superklasse *Aktivität* durch die Subklasse *arbeitsteilig durchf. Aktivität*).[274] Eine arbeitsteilig durchführbare Aktivität kann von mehreren Planungssubjekten gleichzeitig bearbeitet werden.[275] Die Teilergebnisse einer arbeitsteilig durchgeführten Aktivität lassen sich zu einem Gesamtergebnis zusammenführen. Aktivitäten verarbeiten Informationen (Assoziation *verarbeitet* zwischen den Klassen *Aktivität* und *Information*).

Informationen (Klasse *Information*) haben die Attribute *ID* und *Bezeichnung* und werden von Aktivitäten verarbeitet. Typischerweise verbirgt sich hinter dem Modellelement *Information* eine Informationsmenge. Eine Information kann mit beliebig vielen anderen Informationen in Zusammenhang stehen (reflexive Assoziation der Klasse *Information*). Sie kann sowohl eine Input-Information, als auch eine Output-Information darstellen (c,o-Spezialisierung der Superklasse *Information* durch die Subklassen *Input-Information* und *Output-Information*). In der Regel wird eine Output-Information einer Aktivität als Input-Information einer nachfolgenden Aktivität benötigt. Eine weitere Spezialisierung erfährt die Superklasse *Information* durch die Subklassen *Vorlage, Definition, aktuelle* und *prognostizierbare Ausprägung*.

Eine Information mit Definitionscharakter lässt sich als Variable interpretieren, deren zulässiger Wertebereich definiert ist und der ein konkreter Wert (eine aktuelle oder prognostizierte Ausprägung) zugewiesen werden soll. Eine Information mit Vorlagecharakter wird im Rahmen der Verarbeitung durch eine Aktivität unternehmensspezifisch angepasst (adaptiert).[276] Informationen mit Definitions- und Vorlagecharakter

---

274 Vgl. HESSE (1995), S. 80.

275 Beispielsweise werden bei der Beurteilung der Marktsituation eines Produktes die produktverantwortlichen Mitarbeiter über die meisten Informationen verfügen. Ein derartiger Informationsvorteil sollte durch eine arbeitsteilige Durchführung der (Planungs-) Aktivität gezielt genutzt werden.

276 Beispielsweise gibt die Methode der Wertkettenanalyse eine generische Struktur der Wertaktivitätskategorien (*Eingangslogistik, Operationen, Ausgangslogistik, Marketing und Vertrieb, Kundendienst* etc.) vor, die unternehmensspezifisch angepasst werden muss.

werden den Planungssubjekten häufig durch die jeweiligen Planungsmethoden bereitgestellt und ermöglichen eine Abgrenzung von den Informationen, die von den Planungssubjekten selbst generiert werden müssen. Diese Unterscheidung zielt darauf ab, den objektiven Informationsbedarf innerhalb der Informationsprozessmodelle differenzierter betrachten zu können. Die *aktuelle Ausprägung* einer Information bezieht sich auf die Gegenwart. Im Rahmen der strategischen Planung sind Informationen mit Zukunftsbezug von besonderem Interesse. Eine Differenzierung der Informationen in eine aktuelle und eine prognostizierte Ausprägung hätte die Komplexität der Informationsprozessmodelle stark erhöht, ohne jedoch die Aussagekraft der Modelle deutlich zu verbessern. Daher wurde ein Kompromiss gewählt: Eine prognostizierbare Information[277] beinhaltet grundsätzlich die gegenwartsbezogene (aktuelle) Ausprägung der Information und wird optional - im Rahmen vorhandener Prognosemöglichkeiten - durch eine zukunftsbezogene Ausprägung dieser Information ergänzt.

Ein Metamodell definiert, aus welchen Elementtypen ein Modell bestehen kann, welche Eigenschaften (Attribute) sie aufweisen und welche Beziehungen zwischen den Elementtypen möglich sind. Die Notation spezifiziert, wie das Metamodell grafisch dargestellt wird. Abbildung 16 zeigt die verwendete Notation der Informationsprozessmodelle.

[277] Kundeninformationen wie der *Name* oder die *Kontaktmöglichkeiten* (Adresse, E-Mail, Telefon) lassen sich beispielsweise nicht sinnvoll prognostizieren. Der *Umsatz* oder das *Ausmaß der Produktabhängigkeit* eines Kunden können dagegen betriebswirtschaftlich sinnvoll prognostiziert werden.

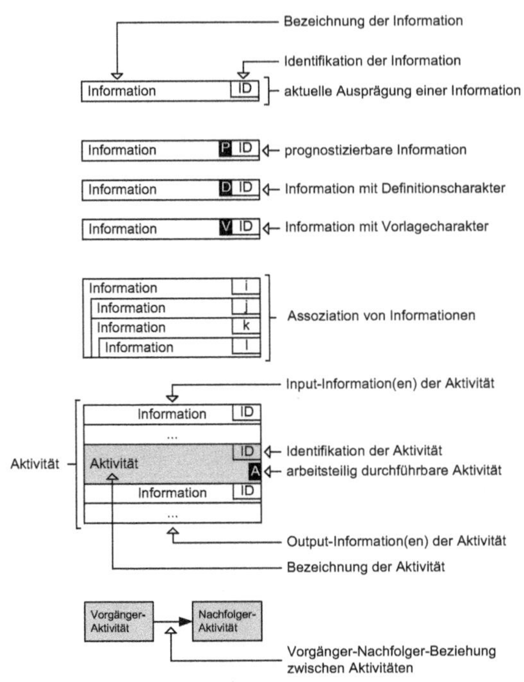

Abb. 16: Notation der Informationsprozessmodelle

Eine *Information* trägt eine Bezeichnung und lässt sich durch eine ID[278] eindeutig identifizieren. Durch die Angabe eines Deskriptors wird eine Information entweder als prognostizierbare Information (P), als Information mit Definitionscharakter (D) oder als Information mit Vorlagecharakter (V) charakterisiert. Bei Informationen ohne Deskriptor handelt es sich um die aktuelle Ausprägung einer Information. Prognostizierbare Informationen wurden mit dem Deskriptor (P) gekennzeichnet.

Viele Methoden der strategischen Planung setzen Informationen miteinander in Beziehung (*Assoziation*). Die Assoziation von Informationen wird in der Notation durch

278 Die ID-Nummernvergabe der Informationen in den Informationsprozessmodellen folgt keinem bestimmten System.

Verschachtelung visualisiert (siehe dazu Abbildung 16). Die Verschachtelung zeigt an, dass die Informationen miteinander in Beziehung stehen, qualifiziert aber die Art und Komplexität der Beziehung nicht näher. Dies ist die originäre Aufgabe der Datenmodellierung und würde der Übersichtlichkeit der Informationsprozessmodelle in hohem Maße entgegenwirken. Trotz dieser Einschränkung ist es in der Mehrzahl der Fälle gelungen, die Informationen in einer intuitiv-plausiblen hierarchischen Weise zu verschachteln. Informationen können auch über mehrere Ebenen miteinander assoziiert sein; dies wird durch eine mehrfache Verschachtelung dargestellt.

Eine *Aktivität* (grau hinterlegt) beschreibt einen informationsverarbeitenden Anwendungsteilschritt einer Methode. Sie ist durch eine ID[279] eindeutig identifizierbar und trägt eine Bezeichnung. Eine Aktivität verarbeitet eine oder mehrere (assoziierte) Input-Information(en) zu einer oder mehreren (assoziierten) Output-Information(en). Bei assoziierten Informationen kommt es häufig vor, dass nur ein Informationselement verändert wird, während die restlichen Informationselemente der Assoziation unverändert aus der Aktivität hervorgehen. Da in den Prozess der strategischen Planung in der Regel eine Gruppe von Planungssubjekten involviert ist,[280] besteht die Möglichkeit, bestimmte Aktivitäten arbeitsteilig durchzuführen. Der Deskriptor (A) kennzeichnet arbeitsteilig durchführbare Aktivitäten.

Da es sich um Prozessmodelle handelt, besteht die Möglichkeit *Vorgänger-Nachfolger-Beziehungen* zwischen den Aktivitäten zu modellieren. Vorgänger-Aktivitäten erzeugen Informationen, die von Nachfolger-Aktivitäten benötigt werden.

3.2.3 Methodenspezifische Informationsprozessmodelle

Nach der Erläuterung des Metamodells und der Notation der Informationsprozessmodelle in Abschnitt 3.2.2 wird in den nachfolgenden Abschnitten 3.2.3.1 bis 3.2.3.15 der objektive Informationsbedarf ausgewählter Methoden der strategischen Planung mit Hilfe der vorgestellten Modellierungstechnik erfasst und analysiert. Die einzelnen Abschnitte weisen eine identische Grundstruktur auf: Im Anschluss an die

279 Die ID-Nummernvergabe der Aktivitäten in den Informationsprozessmodellen folgt keinem bestimmten System.

280 Vgl. MOORMANN (1989), S. 28 f.

theoretische Einführung in die jeweilige Planungsmethode erfolgt die Erstellung eines Informationsprozessmodells. Detaillierte Erklärungen der Informationsprozessmodelle sollen dazu beitragen, die im Rahmen der Modellierung getroffenen Entscheidungen nachzuvollziehen. Die Abfolge der einzelnen Abschnitte orientiert sich an dem in Abschnitt 3.1.2 skizzierten strategischen Planungsprozess. Es soll an dieser Stelle nochmals darauf hingewiesen werden, dass die ID-Nummernvergabe in den Informationsprozessmodellen keinem bestimmten System folgt und lediglich der eindeutigen Identifizierung von Informationen und Aktivitäten dient.

3.2.3.1 Stakeholderanalyse

Die Methode der Stakeholderanalyse ist der Phase *Erfassung und Priorisierung der Fundamentalziele* zuzuordnen. Sie dient dazu, die Interessen, Erwartungen und Ziele[281] der Stakeholder[282] transparent zu machen, um im Anschluss daran die Fundamentalziele für das Unternehmen zu formulieren.[283] Fundamentalziele sind die höchste Instanz im Zielsystem des Unternehmens. Jede Aktivität im Unternehmen sollte direkt oder indirekt (über die Erfüllung von Instrumentalzielen) einen Beitrag zur Erfüllung der Fundamentalziele leisten. Beispiele für Fundamentalziele sind Umweltschutz, soziale Verantwortung, Wettbewerbsfähigkeit, Mitarbeiterzufriedenheit, Gewinn oder Kundenzufriedenheit.[284] Das dauerhafte Verfehlen von Fundamentalzielen gefährdet die Existenz[285] des Unternehmens oder führt zur Missachtung ethisch-moralischer Grundsätze, die in Form von Fundamentalzielen kodiert wurden. Die *Vision* ist als eine auf die Zukunft gerichtete Leitidee[286] mit ihrem sinnstiftenden Charakter[287] ebenfalls als

---

281 "'Stakeholder' analysis can help to ensure that all of the important objectives are included.", ARMSTRONG (1982), S. 199.

282 *Stakeholder* sind Individuen oder Gruppen, die einen materiellen oder immateriellen Anspruch an das Unternehmen haben, vgl. FREEMAN (1984), S. 46.

283 Vgl. SHRIVASTAVA (1994), S. 80 f; GÖTZE / RUDOLPH (1994), S. 12; LYNCH (2003), S. 429.

284 Vgl. MACHARZINA (1999), S. 171 f.

285 Das *Existenzsicherungsziel* könnte für Unternehmen sicherlich als das Fundamentalziel schlechthin definiert werden, denn in Relation zu diesem Ziel lassen sich alle anderen Ziele als Instrumentalziele deklarieren. Dieses Ziel ist jedoch zu wenig konkret, um als brauchbare Orientierung zur Formulierung von Instrumentalzielen zu dienen und sollte daher in ein Bündel konkretisierter Teilziele zerlegt werden. Darüber hinaus kann die stringente Verfolgung dieses Ziels zur Missachtung ethisch-moralischer Grundsätze führen.

286 Vgl. HUNGENBERG (2006), S. 26.

287 Vgl. MÜLLER-STEWENS / LECHNER (2005), S. 235.

Element des Fundamentalzielsystems einzuordnen.[288] Im Unterschied zu den oben genannten Beispielen von Fundamentalzielen trägt die Vision ein Verfallsdatum in sich und wird obsolet, sobald der angestrebte Realitätszustand eingetroffen ist.[289]

Im Kontext der Zielerfassung haben sich zwei Grundpositionen herausgebildet.[290] Der *Shareholderansatz* räumt den Interessen der Unternehmenseigentümer Priorität bei der Zielerfassung ein.[291] Im Gegensatz dazu fordert der *Stakeholderansatz* eine Berücksichtigung der Interessen aller Stakeholder.[292] Der Einsatz der Stakeholderanalyse ermöglicht es, die Gefahr einer einseitigen Fundamentalzielerfassung zu reduzieren.

Zunächst werden alle potenziellen Stakeholdergruppen und Stakeholder des Unternehmens identifiziert.[293] Da die Menge potenzieller Stakeholder sehr groß sein kann, ist es sinnvoll, diese in *primäre* und *sekundäre* Stakeholder zu unterteilen.[294] *Primäre Stakeholder* beeinflussen die Erstellung von Gütern und Dienstleistungen und stehen über Markttransaktionen mit dem Unternehmen unmittelbar in Beziehung. Darunter fallen beispielsweise *Eigen-* und *Fremdkapitalgeber, Beschäftigte, Kunden* und *Lieferanten. Sekundäre Stakeholder* stehen tendenziell indirekt mit dem Unternehmen in Beziehung. Beispiele für sekundäre Stakeholder sind *Staat, Medien* und *Interessenverbände.* Abbildung 17 zeigt im Überblick die möglichen Stakeholdergruppen.

---

288 Vgl. HAX / MAJLUF (1991), S. 63; THOMPSON / STRICKLAND (2003), S. 32.

289 Vgl. MÜLLER-STEWENS / LECHNER (2005), S. 236.

290 Vgl. HUNGENBERG (2006), S. 29.

291 Vgl. RAPPAPORT (1999), S. 39 ff; GRÜNIG / KÜHN (2006), S. 141; HUNGENBERG (2006), S. 29.

292 Vgl. HUNGENBERG (2006), S. 29.

293 Vgl. PEARCE / ROBINSON (2007), S. 50; HATTEN / HATTEN (1988), S. 115; GRÜNIG / KÜHN (2006), S. 142; SCHOLZ (1987), S. 26; HITT / IRELAND / HOSKISSON (2007), S. 22; ARMSTRONG (1982), S. 199; LAWRENCE / WEBER (2008), S. 11.

294 Vgl. LAWRENCE / WEBER (2008), S. 8 f.

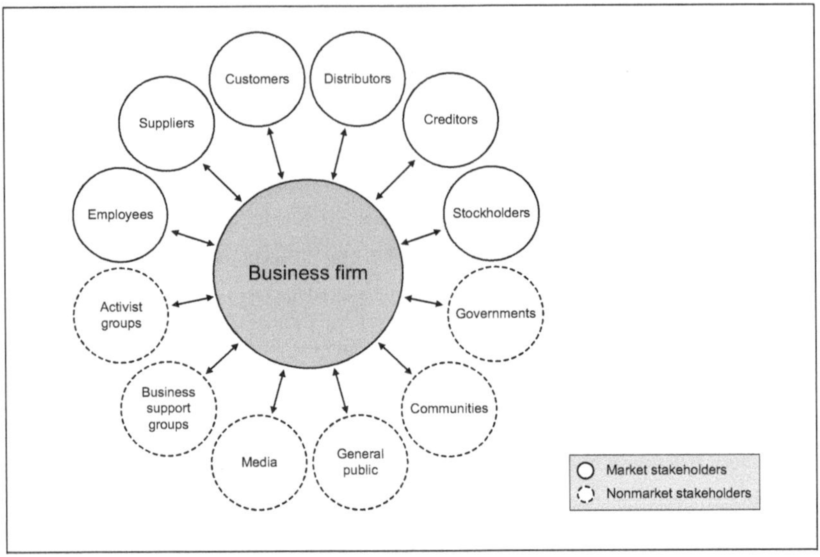

Abb. 17: Stakeholdergruppen[295]

Im Anschluss an die Identifikation potenzieller Stakeholder erfolgt eine Analyse im Hinblick auf deren *Ziele* und *Relevanz*.[296] Die einzelnen Stakeholder verfügen über unterschiedliche Ziele. *Hohe Arbeitsplatzsicherheit* ist typischerweise ein Ziel der Mitarbeiter, *zuverlässiger Kundendienst* ein Ziel aus Sicht der Kunden. Die Ziele der Stakeholder werden in der Regel sehr heterogen sein.[297] Eine gleichwertige Berücksichtigung der Ziele aller Stakeholder würde zu einem unüberschaubaren Fundamentalzielsystem des Unternehmens führen. Um die Menge der Ziele und Zielkonflikte so gering wie möglich zu halten, werden nur die relevantesten Stakeholder im Fundamentalzielsystem des Unternehmens berücksichtigt.[298] Die Relevanz eines Stake-

---

295 Quelle: In Anlehung an LAWRENCE / WEBER (2008), S. 8 und S. 10.

296 Vgl. PEARCE / ROBINSON (2007), S. 50; SCHOLZ (1987), S. 27 ff.

297 Vgl. PEARCE / ROBINSON (2007), S. 50; HITT / IRELAND / HOSKISSON (2007), S. 21.

298 Vgl. LYNCH (2003), S. 429; MÜLLER-STEWENS / LECHNER (2005), S. 175 f; PEARCE / ROBINSON (2007), S. 52.

holders ergibt sich aus seiner Macht[299] und den ethisch-moralischen Verpflichtungen ihm gegenüber.[300] SCHOLZ differenziert zwischen *Bindungsmacht*, *Retaliationsmacht*, *Substitutionsmacht* und *Koalitionsmacht* der Stakeholder.[301] Sofern die Handlungen des Unternehmens an die Zustimmung des Stakeholders gebunden sind, verfügt er über Bindungsmacht (Beispiel: Verträge, Genehmigungsverfahren). Vergeltungsmacht zeigt sich in der Möglichkeit des Stakeholders zu Sanktionen (Beispiel: Streik der Gewerkschaft). Stakeholder verfügen über Substitutionsmacht, wenn sie die Beziehung zum Unternehmen problemlos durch eine Beziehung zu einem anderen Unternehmen ersetzen können. Koalitionsmacht bezeichnet die Fähigkeit des Stakeholders, sich mit anderen Stakeholdern zu verbünden.

Aus der Analyse der Interessen, Erwartungen und Ziele der relevanten Stakeholder ergeben sich die Fundamentalziele des Unternehmens.[302] Kein Fundamentalziel soll gegen die ethisch-moralischen Grundwerte des Unternehmens verstoßen. Abbildung 18 zeigt die Methode der Stakeholderanalyse als Informationsprozessmodell.

---

299 "Power is the most critical criterion in prioritizing stakeholders."; HITT / IRELAND / HOSKISSON (2007), S. 22; siehe auch JOHNSON / SCHOLES / WHITTINGTON (2006), S. 184 ff und LAWRENCE / WEBER (2008), S. 12 f.

300 Es wird hier MÜLLER-STEWENS / LECHNER zugestimmt, die eine rein strategisch-instrumentalistisch motivierte Berücksichtigung mächtiger Stakeholder als unzureichend betrachten, vgl. MÜLLER-STEWENS / LECHNER (2005), S. 245 f. Auch THOMPSON / STRICKLAND weisen auf die Berücksichtigung ethischer Grundwerte hin, vgl. THOMPSON / STRICKLAND (2003), S. 64 ff. SCHOLZ nennt als weiteren Indikator die Einsatzhöhe (Verlustrisiko), vgl. SCHOLZ (1987), S. 28. Dieser Auffassung wird hier nicht gefolgt, denn die Höhe des Verlustrisikos ist unerheblich, solange der Stakeholder keine Macht zur Risikoreduktion ausüben kann.

301 Vgl. SCHOLZ (1987), S. 28; LAWRENCE / WEBER nennen *voting power*, *economic power*, *political power* und *legal power* als Machtfaktoren, vgl. LAWRENCE / WEBER (2008), S. 12.

302 HATTEN / HATTEN sprechen von einer Internalisierung der Stakeholderziele, vgl. HATTEN / HATTEN (1988), S. 29.

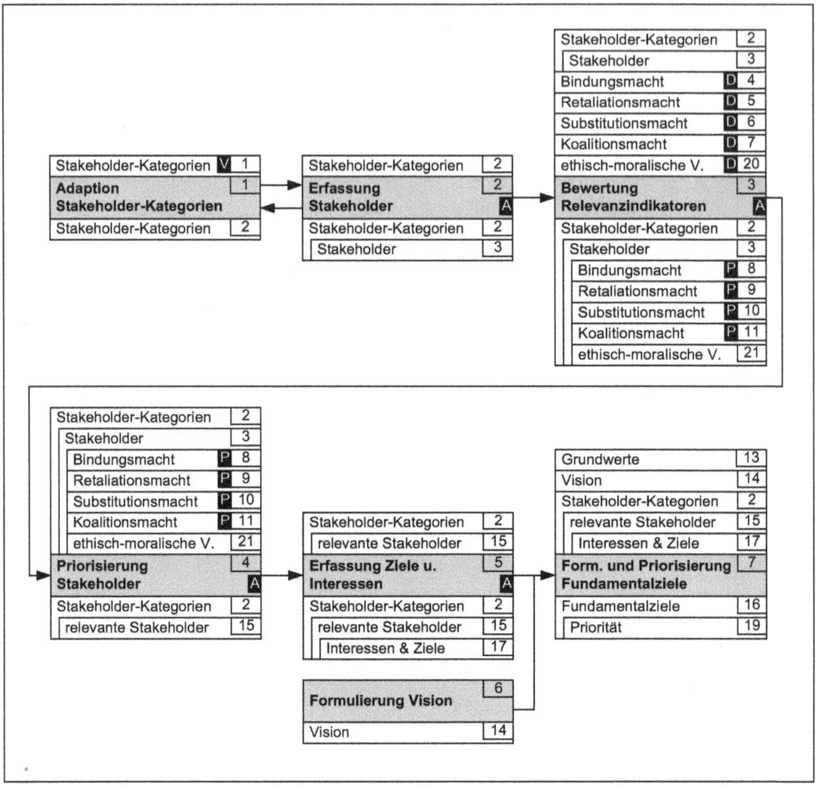

Abb. 18: Stakeholderanalyse

Um die Vollständigkeit der Erfassung aller Stakeholder zu gewährleisten, kann den Planungssubjekten ein Stakeholderkategorie-Katalog zur Verfügung gestellt werden.[303] (Information 1 mit Vorlagecharakter). Dieser Kategorie-Katalog muss unternehmensspezifisch adaptiert werden (*Adaption Stakeholder-Kategorien*, Aktivität 1), da je nach Branche des Unternehmens nicht alle Stakeholderkategorien relevant sind. Der adaptierte Stakeholderkategorie-Katalog (Information 2) dient in Aktivität 2 der (kategoriegestützten) Erfassung der Stakeholder. Ergebnis der Aktivität 2 sind die Stakeholder (Information 3) des Unternehmens, die den Stakeholderkategorien

303 SCHOLZ spricht von einer ersten Hilfe zur Lokalisierung der Stakeholder, vgl. SCHOLZ (1987), S. 26.

(Information 2) zugeordnet wurden. Zwischen Aktivität 1 und Aktivität 2 wurde in beide Richtungen eine Vorgänger-Nachfolger-Beziehung modelliert, da das Erfassen von Stakeholdern gegebenenfalls das Anlegen neuer Stakeholder-Kategorien notwendig macht. In Aktivität 3 erfolgt die Bewertung der Relevanzindikatoren durch die Planungssubjekte. Input-Informationen sind die erfassten Stakeholder und die Relevanzindikatoren als Informationen mit Definitionscharakter. Die Ausprägung der Relevanzindikatoren wird für jeden Stakeholder individuell ermittelt, daher sind die Stakeholder das Bezugsobjekt dieser Informationen. Die vier Arten von Macht (Informationen 4, 5, 6 und 7) wurden um den Relevanzindikator *ethisch-moralische Verpflichtung* (Information 20) ergänzt. Output-Informationen der Aktivität 3 sind die stakeholderspezifischen Ausprägungen der Relevanzindikatoren (Informationen 8, 9, 10, 11 und 21). Zusätzlich zur aktuellen Ausprägung der machtbezogenen Relevanzindikatoren wäre es möglich, deren Bewertung auf einen zukünftigen Zeitpunkt zu beziehen. Antizipierte Veränderungen in der Machtposition einzelner Stakeholder oder Stakeholdergruppen lassen sich dadurch in der Planung berücksichtigen. Demzufolge wurden die Informationen 8, 9, 10 und 11 als prognostizierbare Informationen gekennzeichnet. Auf Grundlage dieser Informationen kann in Aktivität 4 eine Priorisierung der Stakeholder erfolgen. Stakeholder, die in mindestens einem Relevanzindikator eine hohe Ausprägung aufweisen, sind aus Sicht des Unternehmens als relevant einzustufen. Output-Information der Aktivität 4 ist die Teilmenge der relevanten Stakeholder (Information 15). In Aktivität 5 werden anschließend die Ziele und Interessen (Information 17) der relevanten Stakeholder erfasst. Die Vision des Unternehmens wird in Aktivität 6 formuliert. Es konnten keine Input-Informationen für diese Aktivität identifiziert werden; die Formulierung einer Vision ist in höchstem Maße von der Kreativität der Planungssubjekte abhängig. Die Formulierung und Priorisierung der Fundamentalziele (Aktivität 7) ist der letzte Schritt der Stakeholderanalyse. Input-Informationen sind die relevanten Stakeholder (Information 15) und die damit assoziierten Interessen und Ziele (Information 17). Des Weiteren wird die Vision (Information 14) Bestandteil des Fundamentalzielsystems.

Die Grundwerte (Information 13) sind Output-Informationen des normativen Managements[304] und Input-Informationen der Aktivität 7. Fundamentalziele dürfen nicht gegen die Grundwerte des Unternehmens verstoßen. Abschließend sollten insbesondere konfliktäre Fundamentalziele priorisiert werden, damit in kritischen Situationen Entscheidungsprozesse nicht aufgrund unklarer Zielprioritäten scheitern.

Die Aktivitäten 2, 3, 4 und 5 der Stakeholderanalyse können arbeitsteilig durchgeführt werden, indem jedem Planungssubjekt eine Teilmenge der Stakeholder zugeordnet wird. Die Zuordnung sollte in Abhängigkeit von der Kontakthäufigkeit erfolgen.

3.2.3.2 Analyse der Makroumwelt

Die Umwelt des Unternehmens lässt sich grundsätzlich in eine Makroumwelt und in eine Branchenumwelt unterteilen.[305] Siehe dazu Abbildung 19.

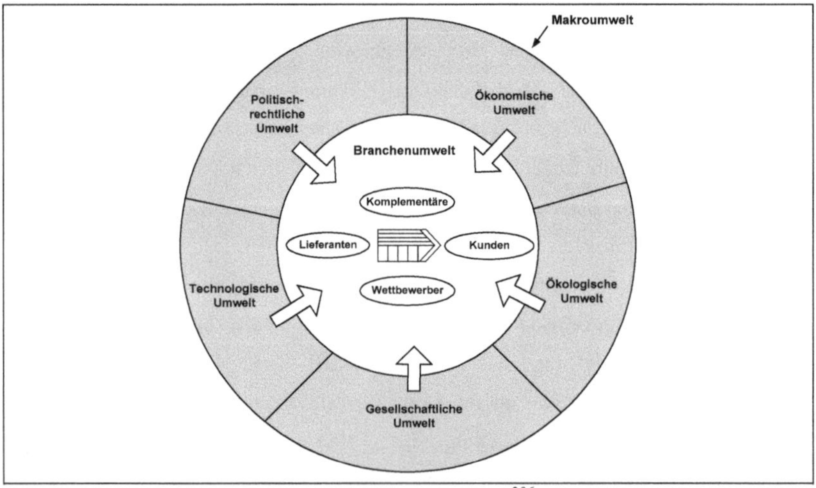

Abb. 19: Beziehung zwischen Makroumwelt und Branchenumwelt[306]

---

[304] Das normative Management definiert die Grundwerte (Grundnormen) und damit korrespondierende Verhaltensgrundsätze. Alternative Bezeichnungen des normativen Managements sind *Unternehmensphilosophie* oder *Unternehmenspolitik*.

[305] Vgl. HUNGENBERG (2006), S. 90. Ähnlich die Unterscheidung in *globale* und *aufgabenspezifische* Umwelt, vgl. PFOHL / STÖLZLE (1997), S. 116 und MAUTHE (1984), S. 80; GÖTZE / RUDOLPH (1994), S. 6; GRANT differenziert in eine *environmental analysis* und eine *industry analysis*, vgl. GRANT (2008), S. 66.

[306] Quelle: In Anlehnung an HUNGENBERG (2006), S. 90 und THOMPSON / STRICKLAND (2003), S. 74.

Die Branchenumwelt enthält alle Marktteilnehmer, mit denen das eigene Unternehmen[307] in Beziehung steht. Sie ist in die Makroumwelt[308] eingebettet. Ziel der Analyse der Makroumwelt ist es, Umweltereignisse und veränderte Umweltbedingungen so früh wie möglich zu identifizieren und deren Auswirkungen für die eigene Branche und das eigene Unternehmen zu bewerten.[309] Die Makroumwelt kann in die folgenden Segmente unterteilt werden:[310]

- Der *politisch-rechtliche* Bereich beinhaltet Umweltsachverhalte, die auf gesetzgebende Körperschaften (Legislative) zurückzuführen sind. Gesetzliche Regelungen werden bezüglich ihrer Konsequenzen für das Unternehmen bewertet. Die Analyse umfasst dabei nicht nur nationale, sondern auch inter- und supranationale Gesetze.

- Das *ökonomische* Umweltsegment umfasst makroökonomische Parameter wie beispielsweise die Entwicklung des Bruttosozialprodukts, die Lebenshaltungskosten und die Inflationsrate. Da jedes Unternehmen von makroökonomischen Parametern direkt oder indirekt betroffen ist, soll im Kontext der strategischen Planung eine gezielte Beobachtung und Analyse erfolgen.

- Das Segment der *gesellschaftlichen* Umwelt erfasst Werte, Einstellungen und Verhaltensweisen der Gesellschaft. Ein erhöhtes Umweltbewusstsein hat beispielsweise Auswirkungen auf die Nachfrage nach umweltfreundlichen Produkten. Der Trend zur gesundheitsbewussten Ernährung beeinflusst die Nachfragestruktur im Lebensmittelmarkt. Auch die Altersstruktur der Bevölkerung hat langfristige Auswirkungen auf die nachgefragten Produkte und Dienstleistungen. Ferner sind Änderungen in der Arbeits-, Freizeit- oder Bildungsmentalität von Bedeutung.

---

307 Das eigene Unternehmen wurde in Abbildung 19 in Form einer Wertkette dargestellt.

308 Die Makroumwelt wurde in Abbildung 19 grau hinterlegt.

309 Vgl. MÜLLER-STEWENS / LECHNER (2005), S. 205; GRÜNIG / KÜHN (2006), S. 125.

310 Vgl. PEARCE / ROBINSON (2007), S. 84 ff; PFOHL / STÖLZLE (1997), S. 117; HUNGENBERG (2006), S. 93 ff; STEINMANN / SCHREYÖGG (2005), S. 178 ff; PÜMPIN (1992), S. 103; ähnlich LYNCH (2003), S. 92; SHRIVASTAVA (1994), S. 27 f; MÜLLER-STEWENS / LECHNER (2005), S. 205; HITT / IRELAND / HOSKISSON (2007), S. 38; JOHNSON / SCHOLES / WHITTINGTON (2006), S. 65 ff. BERCHTOLD stellt verschiedene Segmentierungsalternativen gegenüber, vgl. BERCHTOLD (1985), S. 22 ff.

- *Technologische* Umweltbedingungen können die Existenz eines Unternehmens sowohl begründen als auch gefährden. Ausgehend von der Annahme, dass ein Unternehmen ein gegebenes Kundenproblem mit Hilfe einer Technologie löst, sollte die vom Unternehmen verwendete Technologie regelmäßig auf leistungsfähigere Substitutionsmöglichkeiten überprüft werden. Dies gilt insbesondere in der heutigen Zeit schneller technologischer Entwicklungen.
- Dem *ökologischen* Umweltsegment werden Sachverhalte wie Rohstoffverfügbarkeit, Umweltschutz und umweltfreundliche Energieformen zugeordnet. Ganz allgemein ist dieses Umweltsegment stärker ins Bewusstsein der Unternehmensführung gerückt (worden) und hat in den letzten Jahren an Bedeutung gewonnen.

Das Problem der Analyse der Makroumwelt liegt in erster Linie darin, aus der Informationsflut der Makroumwelt die relevanten Umweltsachverhalte herauszufiltern. Folgende Aktivitäten sind im Rahmen der Analyse relevant:[311]

- *Environmental Scanning*: Hierbei werden alle Segmente der Umwelt ungerichtet beobachtet. Ziel ist es, offensichtlich relevante Umweltsachverhalte so früh wie möglich zu erkennen. Auch wenn die Beobachtung der Makroumwelt nicht auf spezielle Ereignisse oder Entwicklungen gerichtet ist, so kann eine unterschiedliche Beobachtungsintensität für die einzelnen Umweltbereiche sinnvoll sein. Bekanntermaßen kritische oder besonders dynamische Umweltsegmente sollten permanent beobachtet werden, während in relevanten aber weniger kritischen Umweltsegmenten ein periodisches Beobachten ausreichend sein kann. Aktuelle Ereignisse können den Fokus der Beobachtung auf die ereignisbehafteten Umweltsegmente lenken.
- *Environmental Monitoring*: Dies greift die in der Phase des Environmental Scanning registrierten Ereignisse und Entwicklungen auf und beobachtet sie mit größerer Intensität. Das Environmental Monitoring erfolgt damit im Gegensatz zum Environmental Scanning wesentlich gezielter und systematischer. Häufig

---

311 Vgl. FAHEY / NARAYANAN (1986), S. 36 ff; HITT / IRELAND / HOSKISSON (2007), S. 39 ff; ähnlich BEA / HAAS (2005), S. 107.

wird ein systematisches Erschließen neuer Informationsquellen notwendig, um die Informationsbasis zu verbessern.

- *Environmental Forecasting*: Hierbei erfolgt die Prognose von Umweltentwicklungen. Es trägt dazu bei, Handlungsbedarfe frühzeitig zu erkennen. Die Ergebnisse des Environmental Forecasting können zur Generierung von Szenarien herangezogen werden.

- *Environmental Assessment*: Innerhalb des Environmental Assessment werden die identifizierten und prognostizierten Änderungen der Umwelt in Bezug auf *Wirkungsintensität* und *Eintrittswahrscheinlichkeit* bewertet. Umweltveränderungen mit großem Einfluss (hohe Wirkungsintensität) auf das Unternehmen und hoher Eintrittswahrscheinlichkeit sind relevante Umweltsachverhalte, die sowohl mit Chancen als auch mit Risiken behaftet sein können.

Die Relevanzbewertung des Environmental Assessment kann durch Einsatz eines Portfolios visualisiert werden. Eine Dimension des Portfolios bewertet die *Entrittswahrscheinlichkeit* eines Umweltsachverhaltes, die andere Dimension bewertet den *Einfluss auf das Unternehmen.* Umweltsachverhalte mit hoher Eintrittswahrscheinlichkeit und großem Einfluss auf das Unternehmen sind von hoher Relevanz. Abbildung 20 zeigt das Portfolio. Die Bezeichnung *Issues priorities matrix* geht auf WILSON zurück.[312]

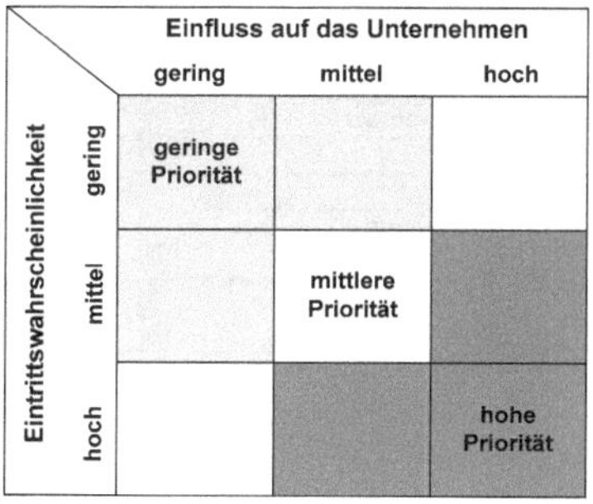

Abb. 20: Issues priorities matrix[313]

[312] Vgl. WILSON (1983), S. 9-18.

[313] Quelle: WILSON (1983), S. 9-18, leicht modifiziert.

Unter Umweltsachverhalten werden hier zwei Arten von Umweltänderungen subsumiert. Zum einen stellen *Ereignisse* Umweltsachverhalte dar. Beispiele für Ereignisse sind Unternehmensfusionen, Insolvenzen oder technologische Durchbrüche. Zum anderen sind (prognostizierte) Veränderungen von Umweltindikatoren[314] als Umweltsachverhalt zu interpretieren. Beispiele für Umweltindikatoren sind Wechselkurse, Zinssätze, und Auftragseingänge.

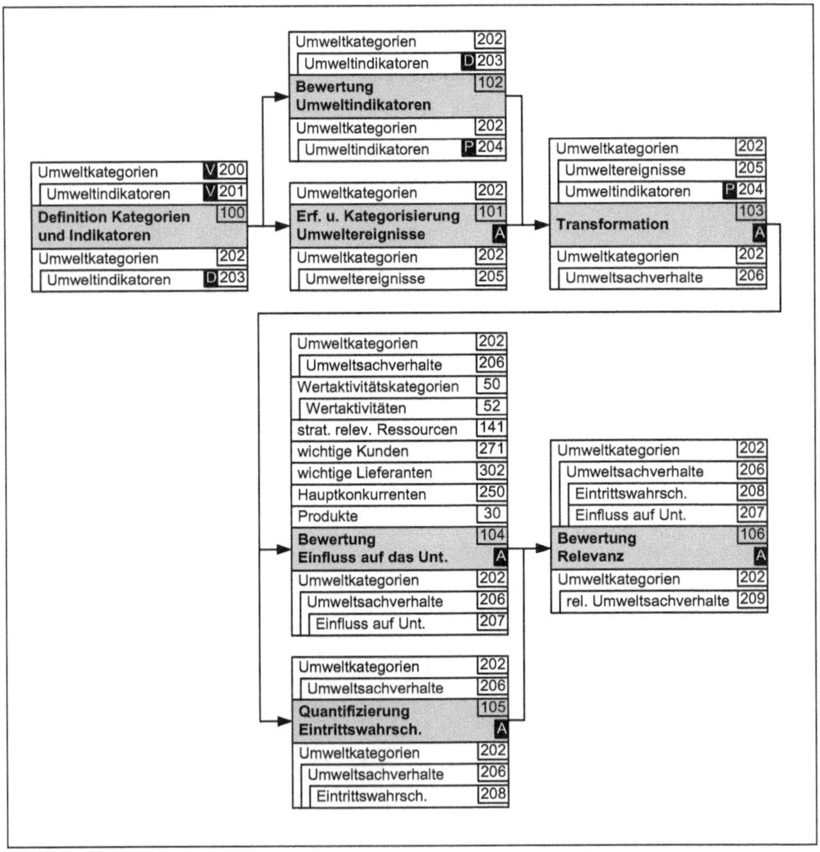

Abb. 21: Analyse der Makroumwelt

---

314 Eine exemplarische Übersicht über verschiedene Indikatoren bieten BEA / HAAS (2005), S. 106; SHRIVASTAVA (1994), S. 29.

Abbildung 21 zeigt das Informationsprozessmodell zur Analyse der Makroumwelt. In der ersten Aktivität 100 (*Definition Kategorien und Indikatoren*) dienen ein Katalog von Umweltkategorien (Information 200 mit Vorlagecharakter) und damit assoziierte Umweltindikatoren (Information 203 mit Vorlagecharakter) als Hilfestellung zur Definition unternehmensspezifischer Umweltkategorien und Umweltindikatoren. Die Umweltkategorien orientieren sich an den oben erläuterten Umweltsegmenten der Makroumwelt und können bei Bedarf in hierarchischer Form feiner untergliedert werden. Darüber hinaus sollten auch Umweltkategorien für die nachfolgenden Methoden der Umweltanalyse definiert werden. Output-Informationen sind Umweltkategorien (Information 202) und damit assoziierte Definitionen von Umweltindikatoren (Information 203 mit Definitionscharakter). Die adaptierten Umweltkategorien (Information 202) werden im weiteren Verlauf der Analyse als Grundstruktur verwendet. In der Aktivität 101 erfolgt die Erfassung und Kategorisierung aktueller Umweltereignisse. Die Planungssubjekte nehmen eine erste Selektion vor und erfassen nur diejenigen Umweltereignisse, die eine gewisse Mindestrelevanz für das Unternehmen aufweisen. Output-Informationen dieser Aktivität sind die den Umweltkategorien zugeordneten Umweltereignisse (assoziierte Informationen 202 und 205). Parallel zu dieser Aktivität werden in der Aktivität 102 die definierten Umweltindikatoren (Information 203 mit Definitionscharakter) mit konkreten Ausprägungen versehen. Input-Informationen der Aktivität 102 sind Umweltkategorien (Information 202) und damit assoziierte Definitionen von Umweltindikatoren (Information 203). Output-Informationen der Aktivität 102 sind bewertete und prognostizierbare Umweltindikatoren, die mit den Umweltkategorien assoziiert sind (assoziierte Informationen 202 und 204). Die Aktivität 101 entspricht primär einem Environmental Scanning. Aktivität 102 bildet in erster Linie das Environmental Monitoring und das Environmental Forecasting ab. Mit den Aktivitäten 104, 105 und 106 wird die Issues priorities matrix als Bestandteil des Environmental Assessment modelliert.

Dazu erfolgt in der Aktivität 103 zunächst eine Transformation von Umweltereignissen (Information 205) und Umweltindikatoren (Information 204) zu Umweltsachverhalten

(Information 206).[315] Um innerhalb des Informationsprozessmodells Missverständnisse zu vermeiden, wird die neue Informationsmenge aus Umweltereignissen und Umweltindikatoren mit dem Begriff Umweltsachverhalte (Information 206) bezeichnet. Output-Informationen der Aktivität 103 sind die mit Umweltkategorien assoziierten Umweltsachverhalte (assoziierte Informationen 202 und 206). Diese Umweltsachverhalte sind die Analyseobjekte der Issues priorities matrix.

Zur Bewertung des Einflusses eines Umweltsachverhaltes auf das eigene Unternehmen werden den Planungssubjekten Informationen über die Wertkette (assoziierte Informationen 50 und 52), strategisch relevante Ressourcen (Information 141), wichtige Kunden und Lieferanten (Informationen 271 und 302), Hauptkonkurrenten (Information 250) und Produkte (Information 30) zur Verfügung gestellt. Ein Vergleich dieser Informationen mit einem zu bewertenden Umweltsachverhalt soll offen legen, ob Beziehungen zwischen dem Umweltsachverhalt und den genannten Informationen hergestellt werden können. Im Falle einer Beziehung kann der Umweltsachverhalt die Geschäftstätigkeit des Unternehmens beeinflussen. Die aufgezählten Informationen sind Input-Informationen für die Aktivität 104 *Bewertung Einfluss auf das Unternehmen* Output dieser Aktivität ist die Information *Einfluss auf Unternehmen* (Information 207), die Auskunft darüber gibt, in welchem Umfang ein Umweltsachverhalt das Unternehmen beeinflusst. Diese Information ist mit dem zugehörigen Umweltsachverhalt und einer Umweltkategorie assoziiert (assoziierte Informationen 207, 206 und 202).

Aktivität 105 (Quantifizierung Eintrittswahrsch.) bewertet die Umweltsachverhalte hinsichtlich ihrer Eintrittswahrscheinlichkeit. Umweltereignisse, die bereits eingetreten sind oder Umweltindikatoren die bereits einen kritischen Wert angenommen haben, weisen eine Eintrittswahrscheinlichkeit von 1 auf. Zukünftig mögliche Umweltereignisse (z. B. Verabschiedung neuer Gesetze, Aufnahme eines Staates in die Europäische Union etc.) oder die prognostizierte Entwicklung von Umweltindikatoren (z. B. Wechselkurse oder Auftragseingänge) sind Umweltsachverhalte, deren Eintrittswahrscheinlichkeit quantifiziert werden sollte. Output-Informationen der Aktivität 105

[315] Eine auffällige Veränderung eines Umweltindikators kann als *Umweltereignis* interpretiert werden.

sind die Eintrittswahrscheinlichkeiten der Umweltsachverhalte und die damit assoziierten Umweltsachverhalte und Umweltkategorien (Informationen 208, 206 und 202).

Nach der Bewertung der beiden Dimensionen Einfluss auf das Unternehmen (Aktivität 104) und Eintrittswahrscheinlichkeit (Aktivität 105) kann die Issues priorities matrix der Aktivität 106 (Bewertung Relevanz) erstellt werden. Input-Informationen für die Issues priorities matrix sind die Umweltkategorien (Information 202) und die darin erfassten Umweltsachverhalte (Information 206) sowie deren Eintrittswahrscheinlichkeit (Information 208) und ihr Einfluss auf das Unternehmen (Information 207). Umweltsachverhalte mit hoher Eintrittswahrscheinlichkeit und hohem Einfluss auf das Unternehmen sind relevante Umweltsachverhalte. Output-Informationen der Aktivität 106 sind die als relevant klassifizierten Umweltsachverhalte innerhalb der Umweltkategorien (assoziierte Informationen 209 und 202).

Die Grundstruktur der Umweltkategorien und die zu beobachtenden Umweltindikatoren sollten zentral definiert werden (Aktivität 100). Alle anderen Aktivitäten dieser Methode sind arbeitsteilig durchführbar. Im Unternehmen sollte eine möglichst große Personenzahl Hinweise auf relevante Umweltsachverhalte liefern können. Die Informationsflut der Makroumwelt kann nicht von einer einzigen Person oder einer kleinen Personengruppe im Unternehmen bewältigt werden.

3.2.3.3 Branchenstrukturanalyse

Zur Analyse der Branchenstruktur hat sich das Konzept der *fünf Wettbewerbskräfte* (Five-Forces) durchgesetzt.[316] Es setzt die Gültigkeit des *Structure-Conduct-Performance*-Paradigma der Industrieökonomik voraus.[317] Danach beeinflusst die Marktstruktur (structure) das Verhalten (conduct) der Marktakteure, und das Verhalten beeinflusst die Rendite (performance) der Branche. PORTER identifiziert *neue Anbieter*, *Lieferanten*, *Abnehmer (Kunden)*, *Ersatzprodukte* und den *Grad der Rivalität* (zwischen

---

[316] Vgl. GRÜNIG / KÜHN (2006), S. 184 ff; SCHREYÖGG (1984), S. 110 f; LYNCH (2003), S. 103 ff; STEINMANN / SCHREYÖGG (2005), S. 191 ff; GRANT (2008), S. 71 ff und S. 98 ff; THOMPSON / STRICKLAND (2003), S. 79 ff; HITT / IRELAND / HOSKISSON (2007), S. 51; JOHNSON / SCHOLES / WHITTINGTON (2006), S. 78 ff.

[317] Vgl. dazu grundlegend BAIN (1968).

den Wettbewerbern) als wesentliche Wettbewerbskräfte einer Branche.[318] Die Wettbewerbsintensität und die Rentabilität der Branche werden von den Ausprägungen der fünf Wettbewerbskräfte bestimmt.[319] Sowohl die aktuellen als auch die prognostizierten Ausprägungen der Wettbewerbskräfte sollten ermittelt werden.[320] Abbildung 22 zeigt die fünf Wettbewerbskräfte im Überblick.

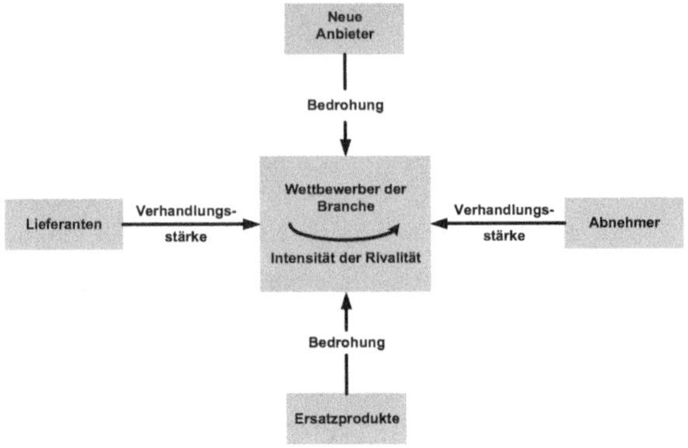

Abb. 22: Wettbewerbskräfte[321]

Jede Wettbewerbskraft wird im Folgenden separat erläutert und in ein Informationsprozessmodell überführt.

Analyse der Eintrittsbarrieren (neue Anbieter)

Neue Anbieter decken einen Teil der Gesamtnachfrage ab und reduzieren dadurch die Umsatzerlöse und die Rendite der etablierten Anbieter.[322] Der Markteintritt neuer Anbieter wird durch folgende *Markteintrittsbarrieren* erschwert:

---

318 Vgl. PORTER (1999), S. 34.
319 Vgl. PORTER (1999), S. 36.
320 Vgl. GRÜNIG / KÜHN (2006), S. 189.
321 Quelle: PORTER (1999), S. 34, leicht modifiziert.
322 Vgl. PORTER (1999), S. 37.

- *Economies of Scale*:[323] Durch eine größere Absatzmenge ergeben sich Mengen- und Größenvorteile. Beispielsweise können bei größeren Beschaffungsmengen höhere Rabatte mit den Lieferanten ausgehandelt werden, so dass Kostenvorteile entstehen. Neue Anbieter werden im Vergleich zu den etablierten Anbietern zunächst geringere Produktmengen absetzen und dadurch Kostennachteile aufweisen. Allgemein darf unterstellt werden, dass große Unternehmen zu niedrigeren Stückkosten produzieren können als kleinere Unternehmen.
- *Produktdifferenzierung*:[324] Service, Produktunterschiede oder die Tatsache, dass ein Anbieter der erste auf dem Markt war (Innovator), binden Kunden an die Produkte etablierter Anbieter. Neue Anbieter sind gezwungen, diese Kundenbindung kostenintensiv zu neutralisieren, um die Kunden zum Kauf des eigenen Produktes zu bewegen.
- *Kapitalbedarf*:[325] In Branchen wie Luftfahrt, Automobil, Stahl oder Telekommunikation stellt die hohe Kapitalintensität der Geschäftstätigkeit eine wirksame Eintrittsbarriere für neue Anbieter dar.
- *Umstellungskosten*:[326] Komplexe Produkte erfordern Verwendungs- und Bedienungs-Know-how. Der Wechsel zu einem ähnlich komplexen Produkt eines neuen Anbieters hätte zur Folge, dass dieses Know-how (kostenintensiv) neu aufgebaut werden müsste. Des Weiteren kann der Wechsel eines Produktes auch den Wechsel von darauf aufbauenden Komponenten notwendig machen. Umschulungskosten und Kosten für neue Ergänzungsprodukte stellen eine Eintrittsbarriere für neue Anbieter dar, da sie den Preis für ihr Konkurrenzprodukt so niedrig ansetzen müssen, dass der Wechsel für die Kunden trotz der Umstellungskosten attraktiv ist.

---

323 Vgl. PORTER (1999), S. 37 ff.

324 Vgl. PORTER (1999), S. 40.

325 Vgl. PORTER (1999), S. 40 f.

326 Vgl. PORTER (1999), S. 41.

- *Zugang zu Vertriebskanälen:*[327] Der Zugang zu Vertriebskanälen stellt häufig eine Eintrittsbarriere für neue Anbieter dar, da sich die existierenden Vertriebskanäle nicht selten exklusiv an etablierte Unternehmen der Branche gebunden haben. Diese Eintrittsbarriere kann dazu führen, dass neue Anbieter neue Vertriebskanäle und -konzepte aufbauen müssen, da sie keinen Zugang zu den existierenden Vertriebskanälen finden.
- *Absolute Kostenvorteile:*[328] Die exklusive Nutzung von Produktionstechnologien, günstigen Rohstoffquellen und Standorten, staatlichen Subventionen oder Lernkurveneffekten begründen absolute Kostenvorteile für etablierte Anbieter und stellen Eintrittsbarrieren für neue Anbieter dar.
- *Staatliche Politik:*[329] Der Zugang zu einer Branche kann durch Lizenzzwang oder andere Mittel von staatlicher Seite limitiert werden.

Der Wegfall oder die verringerte Wirksamkeit einer Eintrittsbarriere stellen Risiken für das Unternehmen dar. Einige Eintrittsbarrieren lassen sich im Sinne des etablierten Unternehmens beeinflussen, um die Bedrohung durch den Eintritt neuer Anbieter zu verringern. Produktdifferenzierung, Exklusivbindung von Vertriebspartnern an das eigene Unternehmen oder das bewusste Herbeiführen von Umstellungskosten auf Seiten der Abnehmer sind Beispiele für den gezielten Aufbau von Eintrittsbarrieren. Chancen ergeben sich aus der Analyse von Eintrittsbarrieren anderer Branchen, in der das Unternehmen als neuer Anbieter tätig werden möchte.

---

327 Vgl. PORTER (1999), S. 41 f.

328 Vgl. PORTER (1999), S. 42 ff.

329 Vgl. PORTER (1999), S. 45.

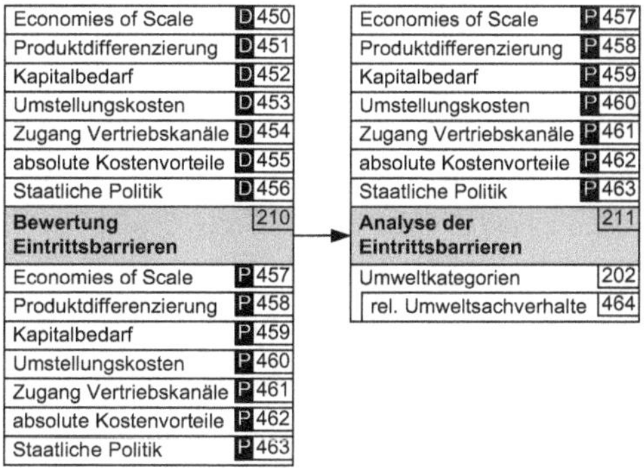

Abb. 23: Analyse der Eintrittsbarrieren

Abbildung 23 zeigt das Informationsprozessmodell zur Analyse der Eintrittsbarrieren. Die von PORTER genannten Eintrittsbarrieren wurden im Modell zunächst als Input-Informationen mit Definitionscharakter modelliert (Informationen 450 bis 456).[330] Die Planungssubjekte ermitteln in der Aktivität 210 (Bewertung Eintrittsbarrieren) die branchenspezifische Ausprägung der Eintrittsbarrieren. Dabei ist auch die zukünftige Ausprägung zu ermitteln, um Risiken oder Chancen möglichst frühzeitig zu erkennen. Ergebnis der Aktivität 210 sind die branchenspezifischen Ausprägungen der Eintrittsbarrieren (Output-Informationen 457 bis 463).

In der folgenden Aktivität 211 (Analyse der Eintrittsbarrieren) werden die generierten Informationen im Hinblick auf *relevante Umweltsachverhalte* (Output-Information 464) analysiert. Relevante Umweltsachverhalte lassen sich einer Umweltkategorie zuordnen (Output-Information 464 assoziiert mit Information 202). Veränderungen von Eintrittsbarrieren sind als relevante Umweltsachverhalte zu interpretieren. Es wird unterstellt, dass bereits eingetretene Veränderungen von Eintrittsbarrieren grundsätzlich von Relevanz für das Unternehmen sind. Aus diesem Grund wurden die beobachteten Veränderungen der Informationsmenge *relevante* Umweltsachverhalte zugeordnet. Sofern

330 Die von PORTER genannten Eintrittsbarrieren haben einen idealtypischen Charakter. In Abhängigkeit von der Branche können bestimmte Eintrittsbarrieren irrelevant sein oder neu hinzukommen.

es sich um prognostizierte Veränderungen von Eintrittsbarrieren handelt, ist die Eintrittswahrscheinlichkeit dieser Umweltsachverhalte kleiner 1.

Analyse der Kundenmacht

Die Abnehmer eines Produktes oder einer Dienstleistung stellen üblicherweise Forderungen nach niedrigeren Preisen oder höherer Qualität und senken damit die Rentabilität der Branche.[331] Die Macht und die Motivation der Kunden, diese Forderungen durchzusetzen, werden von mehreren Faktoren beeinflusst. *Kundenbezogene* Machtfaktoren sind für jeden umsatzstarken Kunden separat zu ermitteln. *Marktbezogene* Machtfaktoren sind unabhängig von einem einzelnen Kunden und charakterisieren den Absatzmarkt insgesamt.

Zu den kundenbezogenen Machtfaktoren zählen im Einzelnen:

- *Umsatzanteil*:[332] Der Umsatzanteil gibt Auskunft darüber, wie viel Prozent des eigenen Umsatzes auf einen Kunden entfällt. Je höher dieser Umsatzanteil ist, desto größer ist die Macht eines Kunden gegenüber dem eigenen Unternehmen.
- *Gewinnsituation*:[333] Ein Kunde, der sich wirtschaftlich in einer soliden oder guten Situation befindet, wird in der Regel eine geringere Preissensitivität aufweisen als ein wirtschaftlich angeschlagener Kunde.
- *Produktabhängigkeit*:[334] Eine hohe Produktabhängigkeit ist dann gegeben, wenn dem eigenen Produkt eine hohe Bedeutung im Leistungserstellungsprozess des Kunden zukommt. Je größer die Abhängigkeit des Kunden von den eigenen Produkten, desto geringer ist die Macht des Kunden, da er nicht ohne weiteres zu einem anderen Anbieter wechseln kann.

---

331 Vgl. PORTER (1999), S. 58.
332 Vgl. PORTER (1999), S. 58.
333 Vgl. PORTER (1999), S. 59.
334 Vgl. PORTER (1999), S. 60.

- *Anteil am Einkaufsbudget:*[335] Ein hoher Anteil des eigenen Produktes am Einkaufsbudget des Kunden steigert die Preissensitivität und damit tendenziell die Macht des Kunden.
- *Gefahr der Rückwärtsintegration:*[336] Die Möglichkeit und Bereitschaft eines Kunden zur Rückwärtsintegration[337] steigern dessen Macht gegenüber dem eigenen Unternehmen.
- *Umstellungskosten:*[338] Der Umfang der Umstellungskosten beeinflusst die Macht des Kunden. Hohe Umstellungskosten werden den Kunden von einem Wechsel des Lieferanten abhalten und seine Bindung an das eigene Unternehmen erhöhen.

Als marktbezogene Machtfaktoren sind zu nennen:

- *Konzentrationsgrad:*[339] Ein hoher Konzentrationsgrad bedeutet, dass in der Branche nur wenige große Kunden existieren. Mit steigendem Konzentrationsgrad wird auch die Macht der Abnehmer größer, Preissenkungen oder andere Forderungen gegenüber den Anbietern durchzusetzen.
- *Standardisierungsgrad:*[340] Bei standardisierten Produkten kann der Lieferant jederzeit ohne nennenswerte Umstellungskosten gewechselt werden. Dies erhöht die Verhandlungsmacht der Kunden.
- *Markttransparenz:*[341] Eine hohe Markttransparenz erleichtert aus Sicht der Kunden den Anbietervergleich und das Finden des günstigsten Anbieters. Konkurrierende Anbieter werden mit Verweis auf den günstigsten Anbieter mit Forderungen nach Preisnachlässen, höherer Qualität oder mehr Service konfrontiert.

---

335 Vgl. PORTER (1999), S. 59.

336 Vgl. PORTER (1999), S. 59.

337 Bei einer *Rückwärtsintegration* wird die Wertkette eines Unternehmens um vorgelagerte Wertschöpfungsstufen erweitert.

338 Vgl. PORTER (1999), S. 59.

339 Vgl. PORTER (1999), S. 58.

340 Vgl. PORTER (1999), S. 59.

341 Vgl. PORTER (1999), S. 60.

Mit den erläuterten Faktoren wird die Verhandlungsstärke (Verhandlungsmacht) der Kunden gegenüber dem eigenen Unternehmen bestimmt. Signifikante Veränderungen in diesen Machtfaktoren stellen relevante Umweltsachverhalte dar, die Chancen oder Risiken beinhalten.

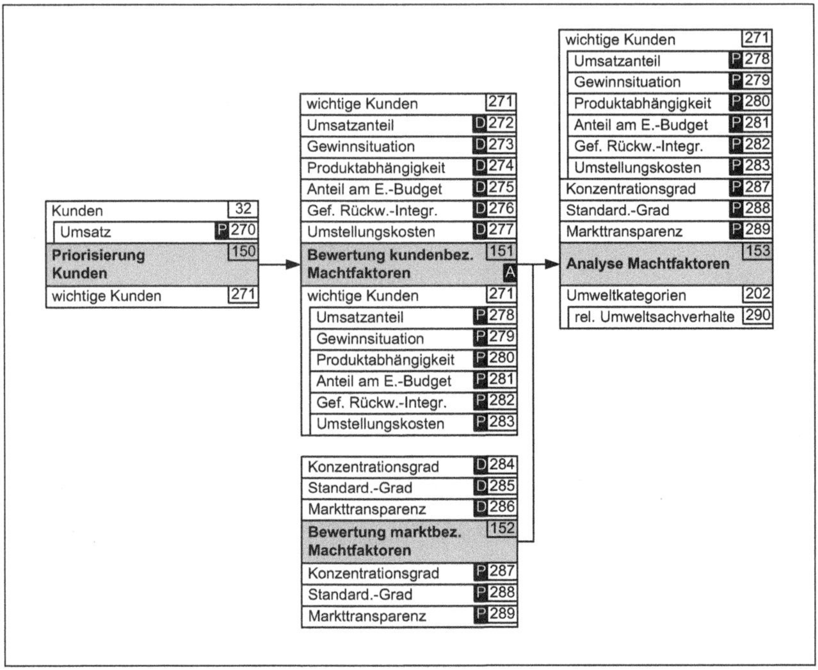

Abb. 24: Analyse der Kundenmacht

Abbildung 24 zeigt das Informationsprozessmodell zur Analyse der Kundenmacht. Da ein Unternehmen eine Vielzahl an Kunden haben kann, erscheint es sinnvoll, die Analyse der Kundenmacht auf wichtige Kunden zu fokussieren. Die Priorisierung erfolgt in Aktivität 150 auf Basis der Umsatzhöhe. Umsatzstarke Kunden des Unternehmens sind wichtige Kunden. Input-Informationen für die Aktivität 150 sind die Kunden des Unternehmens (Information 32) und der damit assoziierte Umsatz (Information 270). Ergebnis der Priorisierung ist die Teilmenge der wichtigen Kunden (Information 271). In der Aktivität 151 werden die Ausprägungen der *kundenbezogenen Machtfaktoren* ermittelt. Die Machtfaktoren sind Input-Informationen mit Definitionscharakter (Informationen 272 bis 277). Ergebnis der Aktivität 151 sind die konkreten Ausprägungen der kundenspezifischen Machtfaktoren (Informationen 278-283, assoziiert mit Information 271). Falls möglich, sollten die Planungssubjekte auch die zukünftigen Ausprägungen der Informationen 278 bis 283 prognostizieren. Ziel der Aktivität 152 ist die Bewertung der marktbezogenen Machtfaktoren (Input-Informationen 284, 285 und 286 mit Definitionscharakter). Auch hier sollten neben den aktuellen Ausprägungen der Faktoren die zukünftigen Ausprägungen prognostiziert werden (Output-Informationen 287, 288 und 289). Im Anschluss an die Bewertung der Machtfaktoren findet in Aktivität 153 die Analyse der Machtfakoren statt. Input-Informationen für diese Aktivität sind die bewerteten kunden- und marktbezogenen Machtfaktoren (Informationen 278 bis 283, assoziiert mit Information 271, sowie die Informationen 287, 288 und 289). Ergebnis der Analyse sind relevante Umweltsachverhalte, die einer Umweltkategorie zugeordnet werden können (assoziierte Output-Informationen 290 und 202).

Die Bewertung der kundenbezogenen Machtfaktoren (Aktivität 151) kann von mehreren Planungssubjekten arbeitsteilig durchgeführt werden. Planungssubjekte, die in direktem Kundenkontakt stehen (beispielsweise Key-Account-Manager), können am besten die Machtfaktoren eines Kunden beurteilen.

Analyse der Lieferantenmacht

Lieferanten können einen erheblichen Einfluss auf die Rentabilität einer Branche ausüben, indem sie die Preise erhöhen oder die Qualität senken.[342] Die Machtfaktoren der Lieferanten sind mit denen der Kunden identisch – die Bewertung erfolgt jedoch aus einer spiegelbildlichen Perspektive.[343] Abbildung 25 zeigt das Informationsprozessmodell zur Analyse der Lieferantenmacht.

342 Vgl. PORTER (1999), S. 61.

343 Vgl. PORTER (1999), S. 61 f.

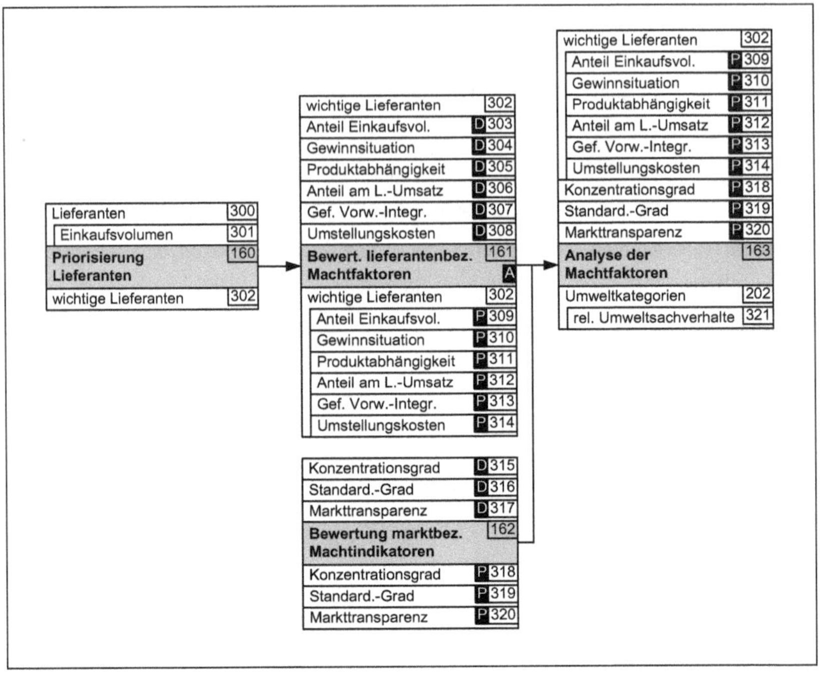

Abb. 25: Analyse der Lieferantenmacht

Aktivität 160 priorisiert zunächst die Lieferanten (Information 300) anhand des Einkaufsvolumens (Information 301). Lieferanten, bei denen das eigene Unternehmen viele Einsatzgüter oder Dienstleistungen einkauft (hohes Einkaufsvolumen) sind wichtige Lieferanten (Output-Information 302). Diese Priorisierung erscheint insbesondere dann sinnvoll, wenn ein Unternehmen über eine große Zahl an Lieferanten verfügt.

In der Aktivität 161 werden die lieferantenbezogenen Machtfaktoren bewertet (Input-Informationen 303 bis 308 mit Definitionscharakter). Der Anteil am Einkaufsvolumen (Information 303) gibt Auskunft darüber, wie viel Prozent des (monetär quantifizierten) Einkaufsvolumens auf einen Lieferanten entfällt. Die Gewinnsituation (Information 304) bewertet die wirtschaftliche Lage eines Lieferanten. Eine hohe Produktabhängigkeit (Information 305) ist dann gegeben, wenn den bezogenen Einsatzgütern oder Dienstleistungen eine hohe Bedeutung im eigenen Leistungserstellungsprozess zukommt. Wenn das eigene Unternehmen einen hohen Anteil des Lieferantenumsatzes begründet (Information 306), verringert sich die Verhandlungsmacht des Lieferanten. Sofern ein Lieferant glaubhaft mit Vorwärtsintegration (Information 307) drohen kann, vergrößert sich seine Macht. Hohe Umstellungskosten beim Wechsel des Lieferanten (Information 308) binden das eigene Unternehmen an den Lieferanten. Ergebnis der Aktivität 161 sind die konkreten Ausprägungen der lieferantenspezifischen Machtfaktoren (Informationen 309 bis 314, assoziiert mit Information 302). Falls möglich, sollten die Planungssubjekte auch die zukünftigen Ausprägungen der Informationen 309 bis 314 prognostizieren. Die Bewertung der marktbezogenen Lieferantenmachtfaktoren Konzentrationsgrad, Standardisierungsgrad und Markttransparenz erfolgt in Aktivität 162. Je höher der Konzentrationsgrad der Lieferanten (Information 315), desto geringer sind die Möglichkeiten des eigenen Unternehmens auf andere Lieferanten auszuweichen. Ein hoher Standardisierungsgrad der Produkte (Information 316) erleichtert den Wechsel des Lieferanten und verringert die Lieferantenmacht. Eine hohe Markttransparenz (Information 317) vereinfacht es, Leistungen und Preise von Lieferanten miteinander zu vergleichen und verringert die Lieferantenmacht. Ergebnis der Aktivität 162 sind die bewerteten marktbezogenen Machtfaktoren (Output-Informationen 318, 319 und 320). Auch hier sollten neben den aktuellen Ausprägungen der Faktoren die zukünftigen Ausprägungen prognostiziert werden. Die Analyse der Machtfaktoren wird in Aktivität 163 durchgeführt. Input-Informationen für diese Aktivität sind die bewerteten liefererantenbezogenen und marktbezogenen Machtfaktoren (Informationen 309 bis 314, assoziiert mit Information 302, sowie die Informationen 318, 319 und 320). Ergebnis der Analyse der Machtfaktoren sind relevante Umweltsachverhalte, die sich einer Umweltkategorie zuordnen lassen (assoziierte Output-Informationen 321 und 202).

Die Bewertung der lieferantenbezogenen Machtfaktoren (Aktivität 161) kann von mehreren Planungssubjekten arbeitsteilig durchgeführt werden. Planungssubjekte, die in direktem Lieferantenkontakt stehen, können am besten die einzelnen Machtfaktoren eines Lieferanten beurteilen.

Analyse der Ersatzprodukte

Ersatzprodukte adressieren das gleiche Kundenbedürfnis wie das Produkt der Branche oder stellen dem Kunden vergleichbare Funktionen bereit. Daher kann die Preissetzung für das Produkt der Branche langfristig nicht wesentlich von einem Ersatzprodukt abweichen.[344] Wenn der Preis von Ersatzprodukten unter das Preisniveau des Branchenproduktes fällt, besteht die Gefahr, dass die Kunden der Branche zum Ersatzprodukt wechseln. Die Identifikation von Ersatzprodukten erfolgt über die Suche nach funktionsgleichen Produkten anderer Branchen.[345] Abbildung 26 zeigt das Informationsprozessmodell zur Identifikation und Analyse von Ersatzprodukten.

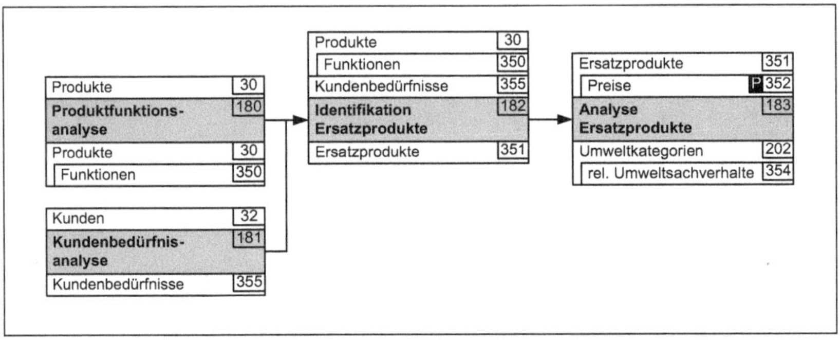

Abb. 26: Identifikation und Analyse von Ersatzprodukten

Durch eine Funktionsanalyse der eigenen Produkte in Aktivität 180 werden die Produktfunktionen ermittelt. Die Produkte des eigenen Unternehmens sind Input (Information 30) für die Aktivität 180. Output-Informationen der Aktivität sind die mit den Produkten assoziierten Funktionen (assoziierte Informationen 30 und 350). Die ermittelten Produktfunktionen sollen die Identifikation von Ersatzprodukten unterstützen. Produkte des Unternehmens tragen dazu bei, ein bestimmtes Problem des Kunden zu lösen oder Bedürfnis des Kunden zu befriedigen. In Aktivität 181 erfolgt die Analyse der Kundenbedürfnisse. Input-Information sind die Kunden des Unternehmens (Information 32). Ergebnis der Aktivität 181 sind die Kundenbedürfnisse (Output-Information 355). Die in den Aktivitäten 180 und 181 ermittelten Produktfunktionen

---

344 Vgl. PORTER (1999), S. 56 f.

345 Vgl. PORTER (1999), S. 57.

und Kundenbedürfnisse dienen als Input-Informationen für die Aktivität 182 zur Identifikation von Ersatzprodukten. Produkte anderer Branchen, die gleiche oder ähnliche Funktionen erfüllen oder die das gleiche oder ein ähnliches Kundenbedürfnis befriedigen, können als Ersatzprodukte (Output-Information 351) identifiziert werden. In der folgenden Aktivität 183 werden die aktuellen und prognostizierten Preise der Ersatzprodukte analysiert (assoziierte Input-Informationen 351 und 352). Ergebnis dieser Analyse sind relevante Umweltsachverhalte wie z. B. der stetig sinkende Preis eines Ersatzproduktes. Auch hier lassen sich die relevanten Umweltsachverhalte einer Umweltkategorie zuordnen (assoziierte Output-Informationen 354 und 202).

Analyse des Rivalitätsgrades

Ein hoher Rivalitätsgrad zeigt sich beispielsweise in Form von aggressivem Preiswettbewerb und / oder erweiterten Service- und Garantieleistungen.[346] Je stärker die Rivalität in einer Branche ausgeprägt ist, desto unattraktiver wird sie für die anbietenden Unternehmen. Zur Bestimmung des Rivalitätsgrades nennt PORTER die folgenden Faktoren:

- *Anzahl der Wettbewerber*:[347] Je größer die Anzahl der Wettbewerber in der Branche, desto höher ist tendenziell die Rivalität innerhalb der Branche.
- *Branchenwachstum*:[348] Langsames Branchenwachstum, Stagnation oder das Schrumpfen einer Branche erhöhen die Rivalität der Anbieter, da sich eine Ergebnisverbesserung in der Regel nur noch durch höhere Marktanteile (zu Lasten anderer Wettbewerber) erzielen lässt.
- *Fixkostenanteil*:[349] Branchen mit einem hohen Fixkostenanteil benötigen eine bestimmte Mindestauslastung, um dauerhaft Gewinne zu erwirtschaften.

---

346 Vgl. PORTER (1999), S. 50.

347 Vgl. PORTER (1999), S. 50 f.

348 Vgl. PORTER (1999), S. 51.

349 Vgl. PORTER (1999), S. 51.

- *Produktdifferenzierung:*[350] Bei Gebrauchsartikeln steigert eine gering ausgeprägte Produktdifferenzierung die Rivalität, da der Wettbewerb primär über den Preis und den Service geführt wird.
- *Überkapazitäten:*[351] Unternehmen versuchen die in Wachstumsphasen aufgebauten Produktionskapazitäten auch in Degenerationsphasen voll auszulasten, um weiterhin von Skaleneffekten zu profitieren. Dies kann zu intensiven – bisweilen sogar ruinösen – Preiskämpfen führen, die den Rivalitätsgrad der Branche erhöhen.
- *Wettbewerberheterogenität:*[352] Unterschiede in Bezug auf verfolgte Strategien, Herkunft und Konzernbeziehung der Wettbewerber erschweren es, sich auf Spielregeln in der Branche zu einigen.
- *Strategische Einsätze:*[353] Anbieter, die der Geschäftsaktivität in einer Branche eine besonders hohe Bedeutung beimessen und den Erfolg mit allen Mitteln herbeiführen wollen, werden bereit sein, einen besonders aggressiven Wettbewerb zu führen.
- *Austrittsbarrieren:*[354] Hohe Austrittsbarrieren bewirken, dass Unternehmen in der Branche verharren, obwohl sie keine attraktive Rendite mehr erwirtschaften. Dies verhindert die Verringerung der Anzahl der Wettbewerber durch Austritt aus der Branche und führt zu Überkapazitäten.

Die Analyse der einzelnen Faktoren des Rivalitätsgrades operationalisiert die Wettbewerbsintensität einer Branche und macht Risiken transparent. Ein hoher Rivalitätsgrad verringert die Rendite der Anbieter. Sollte sich das Unternehmen im Vergleich zu Konkurrenten in einer schwachen Marktposition befinden, wird die Wettbewerbsfähigkeit bei wachsender Rivalität existenziell gefährdet.

---

350 Vgl. PORTER (1999), S. 51 f.

351 Vgl. PORTER (1999), S. 52.

352 Vgl. PORTER (1999), S. 52 f.

353 Vgl. PORTER (1999), S. 53.

354 Vgl. PORTER (1999), S. 53 f.

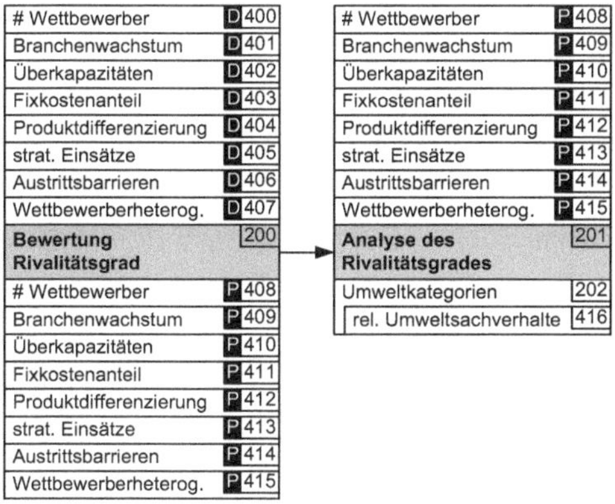

Abb. 27: Analyse des Rivalitätsgrades

Abbildung 27 zeigt das Informationsprozessmodell zur Analyse des Rivalitätsgrades. Die Faktoren des Rivalitätsgrades (Informationen 400 bis 407) sind Input-Informationen mit Definitionscharakter für die Aktivität 200. In dieser Aktivität werden die Rivalitätsgradfaktoren branchenspezifisch bewertet. Die Informationen 408 bis 415 sind der Output der Aktivität 200. Neben der aktuellen Ausprägung jedes Faktors ist auch dessen prognostizierte Ausprägung zu bestimmen. In der Aktivität 201 (Analyse der Eintrittsbarrieren) erfolgt die Analyse der Input-Informationen 408 bis 415 mit dem Ziel, relevante Umweltsachverhalte (assoziierte Output-Informationen 416 und 202) zu erkennen und einer Umweltkategorie zuzuordnen. Besondere Aufmerksamkeit ist denjenigen Faktoren zu widmen, die sich gegenüber dem letzten Planungszyklus deutlich verändert haben.

3.2.3.4 Absatzmarktanalyse

Die Branchenstrukturanalyse betrachtet die Machtverhältnisse relevanter Wettbewerbskräfte und ermöglicht neben der Identifikation relevanter Umweltsachverhalte eine erste Abschätzung der Branchenattraktivität. Analyseobjekte der *Absatzmarktanalyse* sind die Kunden des Unternehmens. Ziel der Absatzmarktanalyse ist es, die Attraktivität des Gesamtmarktes und seiner Segmente zu bestimmen.

Ein grobes Maß für die Attraktivität eines Absatzmarktes ist zum einen seine Größe, die in den meisten Fällen durch ein jahresbezogenes Umsatzvolumen beziffert wird.[355] Je größer der Markt, desto größer ist das Erfolgspotenzial. Zum anderen bemisst sich die Attraktivität an der Wachstumsrate eines Marktes.[356] Wachsende Märkte sind attraktiver als stagnierende oder schrumpfende Märkte. Das Konzept der Lebenszykluskurve lässt sich auch zur Bestimmung der Marktattraktivität heranziehen.[357] Die Lebenszykluskurve unterstellt mit den vier Phasen *Entstehung*, *Wachstum*, *Reife* und *Degeneration* einen idealtypischen Verlauf der Absatzmengen und Umsatzerlöse. Märkte in der Wachstums- und Reifephase sind besonders attraktiv. Die Entstehungsphase eines Marktes bietet Unternehmen zwar die Chance, Marktstandards zu setzen und die zukünftige Marktstruktur maßgeblich zu beeinflussen. Gleichzeitig tragen die Unternehmen aber auch hohe Produktentwicklungs- und Markterschließungskosten, die sich nicht amortisieren, wenn der entstehende Markt sich schlechter als geplant oder gar nicht entwickelt. Märkte in der Degenerationsphase des Lebenszyklus sind grundsätzlich von geringer Attraktivität. Das Bestimmen der allgemeinen Marktcharakteristika (Konsum- oder Investitionsgütermarkt, saisonale Abhängigkeit etc.) ergänzt die Analyse der Marktattraktivität.

Essentieller Bestandteil einer sorgfältigen Absatzmarktanalyse ist die Marktsegmentierung.[358] Bei der Segmentierung wird ein Markt in Käufergruppen unterteilt, die in sich möglichst homogen und im Vergleich zueinander möglichst heterogen sein sollten.[359] Die Kunden eines Marktsegmentes unterscheiden sich von den Kunden anderer Marktsegmente beispielsweise durch anders gewichtete Bedürfnisstrukturen, unterschiedlich hohe Kaufkraft oder verschiedene Kaufgewohnheiten[360]. Das Wissen um unterschiedliche Segmente ermöglicht eine gezieltere, wirkungsvollere

---

355 Vgl. BEA / HAAS (2005), S. 96.

356 Vgl. BEA / HAAS (2005), S. 97.

357 Vgl. SCHREYÖGG (1984), S. 107; HUNGENBERG (2006), S. 120 ff; SHRIVASTAVA (1994), S. 104 f; HAX / MAJLUF (1991), S. 205 f und 211 ff; BEA / HAAS (2005), S. 97; HATTEN / HATTEN (1988), S. 73 ff; PORTER (1999), S. 215 ff.

358 Vgl. PEARCE / ROBINSON (2007), S. 107 f; MÜLLER-STEWENS / LECHNER (2005), S. 185 ff; JOHNSON / SCHOLES / WHITTINGTON (2006), S. 91; LYNCH (2003), S. 115 f und S. 170 ff.

359 Vgl. FRETER (1983), S. 18; vgl. zur Marktsegmentierung grundlegend FRETER (1983) sowie MEFFERT (1998), S. 174 ff.

360 Vgl. PEARCE / ROBINSON (2007), S. 107.

Kundenansprache und liefert Hinweise für Produktvariationen oder -entwicklungen.[361] Von besonders hoher strategischer Relevanz ist das Ausrichten des Unternehmens auf besonders attraktive (profitable) Marktsegmente.[362]

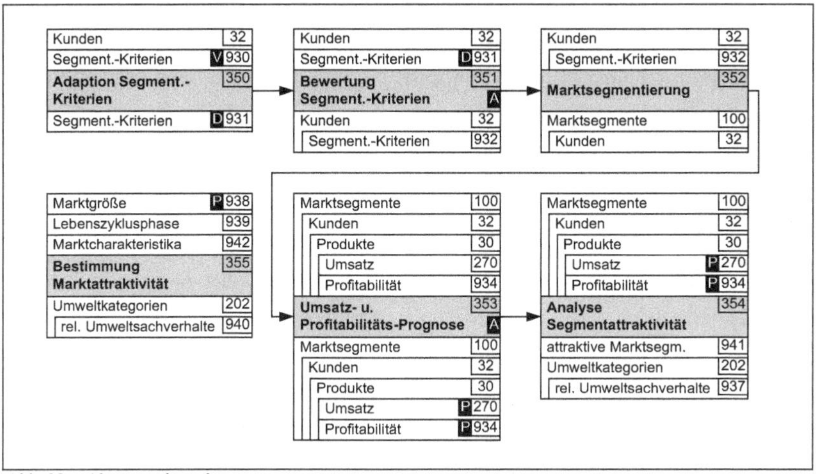

Abb. 28: Absatzmarktanalyse

Abbildung 28 zeigt das Informationsprozessmodell der Absatzmarktanalyse. Die Bestimmung der allgemeinen Marktattraktivität wurde mit der Aktivität 355 modelliert. Input-Informationen für diese Aktivität sind die aktuelle und prognostizierte Marktgröße, die Lebenszyklusphase und die allgemeinen Marktcharakteristika (Informationen 938, 939 und 942). Resultat der Aktivität 355 sind relevante Umweltsachverhalte (Output-Information 940, assoziiert mit Information 202). Insbesondere prognostizierte Veränderungen der Marktgröße und damit Aussagen zur Marktwachstumsrate sind relevante Umweltsachverhalte, die Chancen und Risiken beinhalten und in der strategischen Planung berücksichtigt werden müssen.

Mit den Aktivitäten 350 bis 354 wurde die Marktsegmentierung als wichtiger Bestandteil einer Absatzmarktanalyse modelliert. In der Aktivität 350 adaptieren die Planungssubjekte unter Berücksichtigung der Kunden des eigenen Unternehmens einen Katalog

361 Vgl. HUNGENBERG (2006), S. 127.

362 Vgl. HUNGENBERG (2006), S. 128 f.

generischer Segmentierungskriterien (Input-Informationen 32 und 930).[363] Die Adaption führt zu einem unternehmensindividuellen Satz sinnvoll anwendbarer Segmentierungskriterien (Output-Information 931 mit Definitionscharakter). Anschließend wird in der Aktivität 351 jeder Kunde anhand der Segmentierungskriterien bewertet (assoziierte Output-Informationen 32 und 932). Die Analyse der bewerteten Segmentierungskriterien (assoziierte Input-Informationen 32 und 932) ermöglicht die Bildung von Marktsegmenten (Output-Informationen 100 und 32) in Aktivität 352. Umsatzerlöse werden im Absatzmarkt primär über den Verkauf von Produkten realisiert.[364] Im Rahmen der Unternehmensrechnung werden in der Regel Informationen über die historischen Umsätze und die Profitabilität (beispielsweise Deckungsbeiträge) von Produkten vorliegen. Diese produktbezogenen Informationen lassen sich über die Produkte einzelnen Kunden und damit Marktsegmenten zuordnen (mehrstufig assoziierte Input-Informationen 100, 32, 30, 270 und 934 der Aktivität 353). Da Absatz- und Umsatzprognosen eine hohe Bedeutung im Rahmen der strategischen Planung zukommt[365], wurde mit der Aktivität 353 explizit eine Aktivität zur Prognose modelliert. Ergebnis dieser Aktivität sind die assoziierten Output-Informationen 100, 32, 30, 270 und 934. Die Output-Informationen 270 und 934 wurden im Unterschied zu den korrespondierenden Input-Informationen als *prognostizierbare* Informationen gekennzeichnet, um den Mehrwert der Aktivität 353 hervorzuheben. Die Ergebnisse der Umsatz- und Profitabilitätsprognose (Aktivität 353) werden in der nachfolgenden Aktivität 354 zur Analyse der Segmentattraktivität als Input-Informationen benötigt. Output-Informationen dieser Aktivität sind attraktive Marktsegmente und relevante Umweltsachverhalte (Informationen 941 und 937, assoziiert mit Information 202).

Die Aktivitäten 350, 351 und 352 werden nicht zwingend bei jedem Planungszyklus durchgeführt, sofern sich die Marktsegmente des Unternehmens nur langsam verändern. Demgegenüber sollten bei jedem Planungszyklus die Umsatz- und Profitabilitätsprognose und eine Analyse der Segmentattraktivität erfolgen (Aktivitäten 353 und 354). Relevante Umweltsachverhalte sind in dieser Methode primär Informationen über

---

363 Vgl. dazu beispielsweise die Übersicht bei FRETER (1983), S. 46.

364 *Produkte* umfassen hier auch alle Arten von Dienstleistungen.

365 Vgl. SCHREYÖGG (1984), S. 107.

Segmentveränderungen (Segmentwachstum oder Segmentdegeneration, steigende oder sinkende Segmentprofitabilität).

Die Bewertung der Segmentierungskriterien (Aktivität 351) und die Umsatz- und Profitabilitätsprognose (Aktivität 353) eignen sich für eine arbeitsteilige Durchführung. Die Aktivitäten sind auf Planungssubjekte zu verteilen, die in großer Nähe zu Kunden, Marktsegmenten und den entsprechenden Produkten agieren.

3.2.3.5 Analyse der strategischen Gruppen

Zu Beginn der Analyse müssen die konkurrierenden Unternehmen in einer Branche gruppiert werden. Unternehmen mit ähnlichen Strategien bilden eine strategische Gruppe.[366] Die Gruppierung erfolgt anhand *strategischer Dimensionen* wie beispielsweise Grad der Spezialisierung, verwendete Vertriebswege, Grad der vertikalen Integration, Kostenposition oder Produktqualität.[367] Eine Konkurrenzgruppe soll in sich möglichst homogen und im Vergleich zu anderen Konkurrenzgruppen möglichst heterogen sein.[368] Abbildung 29 zeigt die Bildung strategischer Gruppen anhand der zwei Dimensionen *Spezialisierung* und *vertikale Integration.*

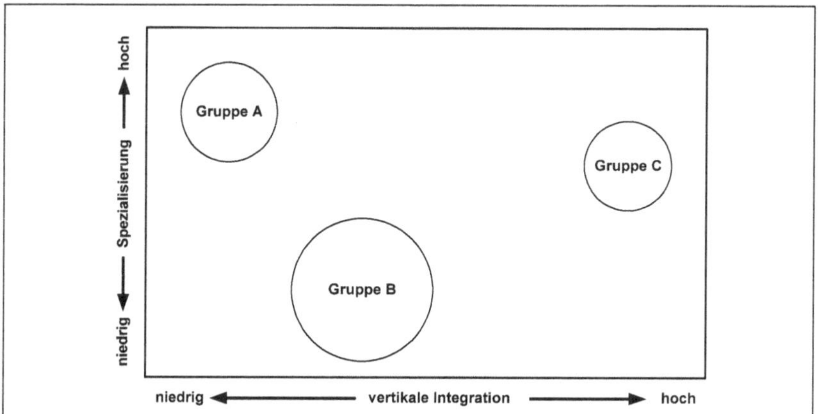

Abb. 29: Bildung strategischer Gruppen

[366] Vgl. PORTER (1999), S. 183 f.

[367] Vgl. PORTER (1999), S. 181 ff; MAUTHE (1984), S. 211. MCGEE / THOMAS (1986) geben einen Überblick über die bisherigen Forschungsarbeiten zur Bildung strategischer Gruppen.

[368] Vgl. HUNGENBERG (2006), S. 131.

Die Bildung strategischer Gruppen erlaubt es, den Einfluss der fünf Wettbewerbskräfte gruppenspezifisch zu analysieren.[369] Jede Gruppe verfügt über Barrieren, die sowohl den Markteintritt neuer Anbieter, als auch den Wechsel eines Unternehmens in eine andere Gruppe erschweren.[370] Strebt ein Unternehmen einen Wechsel in eine andere strategische Gruppe an, kann die gruppenspezifische Analyse wichtige Hinweise im Hinblick auf Mobilitätsbarrieren liefern. Die zur Gruppierung notwendige Bildung von Dimensionen legt offen, welche Sachverhalte innerhalb der Branche strategisch relevant sind. Die Hauptkonkurrenten eines Unternehmens sind die Wettbewerber der eigenen Gruppe.[371] Da die Unternehmen einer Gruppe in ähnlicher Weise von Umweltereignissen betroffen sind, lassen sich die Reaktionen von Wettbewerbern in einer Gruppe besser prognostizieren.[372] Das Beobachten strategischer Gruppen über größere Zeiträume kann Gruppenbewegungen offen legen.[373] Eine Veränderung der Gruppendistanzen weist auf eine zukünftig geänderte Wettbewerbsintensität zwischen den strategischen Gruppen einer Branche hin.[374]

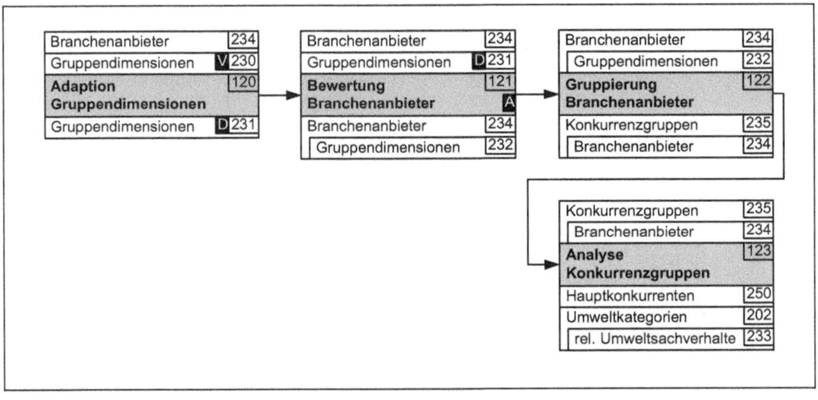

Abb. 30: Analyse der strategischen Gruppen

369 Vgl. PORTER (1999), S. 190 ff; WELGE / AL-LAHAM (2003), S. 227; HUNGENBERG (2006), S. 132; SHRIVASTAVA (1994), S. 64 und S. 66.

370 Vgl. PORTER (1999), S. 188; GRÜNIG / KÜHN (2006), S. 197.

371 Vgl. MÜLLER-STEWENS / LECHNER (2005), S. 194; HUNGENBERG (2006), S. 132; JOHNSON / SCHOLES / WHITTINGTON (2006), S. 90.

372 Vgl. PORTER (1999), S. 213.

373 Vgl. PORTER (1999), S. 212 f; SHRIVASTAVA (1994), S. 64.

374 Vgl. PORTER (1999), S. 195.

Abbildung 30 zeigt das Informationsprozessmodell zur Analyse strategischer Gruppen. Zunächst müssen geeignete Dimensionen definiert werden, anhand derer sich die Konkurrenten unterscheiden lassen.[375] Dies geschieht in der Aktivität 120 (Adaption Gruppendimensionen). Input-Informationen dieser Aktivität sind Gruppendimensionen mit Vorlagecharakter und Branchenanbieter (Informationen 230 und 234). Die Gruppendimensionen werden unternehmensspezifisch adaptiert und ergänzt. Output-Information der Aktivität 120 sind adaptierte Gruppendimensionen mit Definitionscharakter (Information 231).

In der Aktivität 121 (Bewertung Branchenanbieter) werden die Branchenanbieter mit den Gruppendimensionen bewertet.[376] Input-Informationen dieser Aktivität sind die Branchenanbieter und die Gruppendimensionen (Informationen 231 und 234). Ergebnis der Aktivität 121 sind die konkreten Ausprägungen der Gruppendimensionen in Bezug auf die jeweils bewerteten Branchenanbieter (assoziierte Output-Informationen 234 und 232). In der Aktivität 122 (Gruppierung Branchenanbieter) werden Konkurrenzgruppen gebildet.[377] Dazu wird auf die Branchenanbieter und deren Ausprägungen in den Gruppendimensionen zurückgegriffen (assoziierte Input-Informationen 234 und 232). Ergebnis dieser Aktivität sind Konkurrenzgruppen und die mit diesen Gruppen assoziierten Branchenanbieter (Output-Informationen 235 und 234). In der letzten Aktivität (Analyse Konkurrenzgruppen, Aktivität 123) werden die Konkurrenzgruppen auf relevante Umweltsachverhalte untersucht (assoziierte Output-Informationen 233 und 202).[378] Diese leiten sich aus Ereignissen oder Sachverhalten ab, welche die bestehende Struktur der Konkurrenzgruppen begründen oder verändern. Beispiele für strategisch relevante Veränderungen sind Gruppenwechsel von Konkurrenten oder Fusionen und Übernahmen. Des Weiteren ist es möglich, die Hauptkonkurrenten des eigenen Unternehmens zu identifizieren (Output-Information 250).

---

375 Vgl. GRÜNIG / KÜHN (2006), S. 200.

376 Vgl. GRÜNIG / KÜHN (2006), S. 201.

377 Vgl. GRÜNIG / KÜHN (2006), S. 201.

378 Insbesondere Mobilitätsbarrieren, vgl. GRÜNIG / KÜHN (2006), S. 202 ff.

Die Aktivität 121 (Bewertung Branchenanbieter) kann arbeitsteilig durchgeführt werden. Es bietet sich an, die Bewertung auf diejenigen Planungssubjekte zu verteilen, die über besonders gute Branchen- und Konkurrenzkenntnisse verfügen.

3.2.3.6 Konkurrenzanalyse

Die Analyse der strategischen Gruppen macht unter anderem transparent, welche Branchenanbieter die Hauptkonkurrenten des Unternehmens darstellen. Ziel der Konkurrenzanalyse ist es, wettbewerbsrelevante Informationen über einzelne Hauptkonkurrenten zu ermitteln.[379] Insbesondere das Wissen über die Stärken und Schwächen von Hauptkonkurrenten ermöglichen die Erarbeitung einer erfolgreichen Wettbewerbsstrategie. In der Literatur finden sich diverse Checklisten und Kriterienkataloge, die ein systematisches und vollständiges Erfassen wettbewerbsrelevanter Informationen über ein Konkurrenzunternehmen unterstützen sollen.[380] Häufig liegen diesen Checklisten explizit oder implizit die *kritischen Erfolgsfaktoren* der entsprechenden Branche zugrunde.[381] Oftmals werden die Erfolgsfaktoren gemäß der Wertkette strukturiert.[382] Ein konkurrenzbezogener Erfolgsfaktorenvergleich offenbart Vorteile (Stärken) oder Nachteile (Schwächen) der Hauptkonkurrenten gegenüber dem eigenen Unternehmen. Eine Analyse der Stärken und Schwächen eines Konkurrenten ist statisch und erlaubt keinerlei Prognosen bezüglich seines zukünftigen Verhaltens. Daher sind auch die Strategie und die Annahmen[383] eines Konkurrenten als weitere Informationselemente einer umfassenden Konkurrenzanalyse zu eruieren.[384] Mit Hilfe dieser Informationen soll es möglich werden, das Verhalten und die Reaktionen (als dynamische Aspekte)

---

379 Vgl. GRANT (2008), S. 107; HITT / IRELAND / HOSKISSON (2007), S. 63. Die institutionalisierte Konkurrenzanalyse in Unternehmen verbirgt sich hinter dem Begriff *Competitive Intelligence*.

380 Vgl. PEARCE / ROBINSON (2007), S. 106; WEST (2001), S. 222 ff; PORTER (1999), S. 106 f; ROMPPEL (2006), S. 77 ff; MICHAELI (2006), S. 294 f; sowie JOAS (1990), S. 116 und die dort aufgeführten Quellen.

381 Vgl. HAX / MAJLUF (1991), S. 281 f; BEA / HAAS (2005), S. 116 f.

382 Vgl. MÜLLER-STEWENS / LECHNER (2005), S. 218; BEA / HAAS (2005), S. 116 f.

383 Grundlegende Prämissen des Konkurrenten über sich selbst und die Branche, vgl. PORTER (1999), S. 99.

384 Gemäß der Strategiedefinition in dieser Arbeit werden die *Ziele* und die *Strategie* unter dem Begriff *Strategie* subsumiert, vgl. Abschnitt 3.1.1. Vgl. PORTER (1999), S. 89 ff und S. 99 ff.

eines Konkurrenten besser abzuschätzen.[385] Grundsätzlich wird die Verfügbarkeit konkurrenzbezogener Informationen immer das Grundproblem der Konkurrenzanalyse sein.[386]

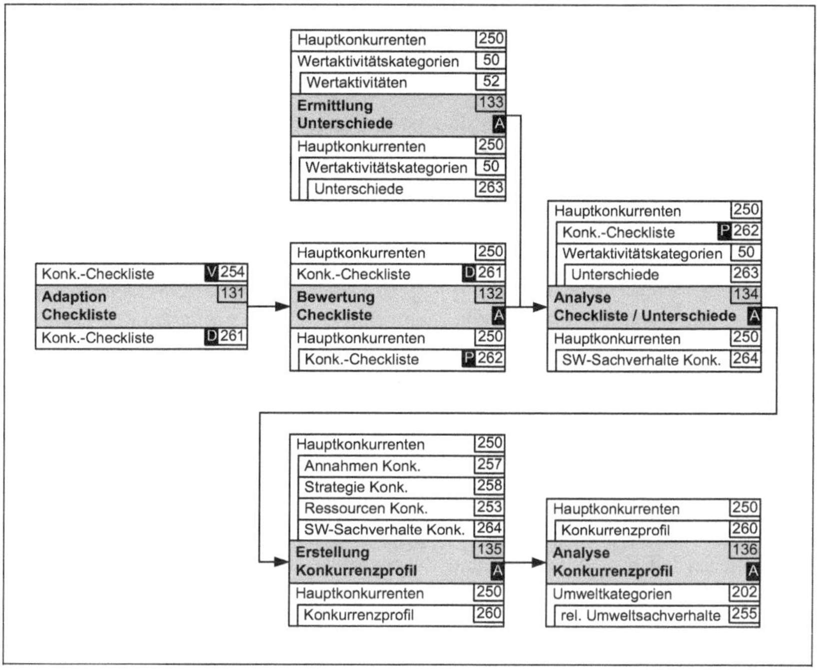

Abb. 31: Konkurrenzanalyse

Abbildung 31 zeigt das Informationsprozessmodell zur Konkurrenzanalyse. In Aktivität 131 wird zunächst eine Konkurrenten-Checkliste (Input-Information 254 mit Vorlagecharakter) an die Erfordernisse und Besonderheiten der jeweiligen Branche angepasst. Output-Information ist die branchenspezifisch adaptierte Konkurrenten-Checkliste (Information 261 mit Definitionscharakter), mit der die Hauptkonkurrenten in der nächsten Aktivität bewertet werden. Die Bewertung der einzelnen Checklisten-

---

[385] Vgl. MÜLLER-STEWENS / LECHNER (2005), S. 196; PORTER (1999), S. 88. PORTER spricht in diesem Zusammenhang vom *Reaktionsprofil* eines Konkurrenten, vgl. PORTER (1999), S. 87 f und S. 110 ff.

[386] Vgl. BEA / HAAS (2005), S. 119; WELGE / AL-LAHAM (2003), S. 232; PORTER (1999), S. 86.

Kriterien erfolgt in Aktivität 132. Input-Informationen sind die Hauptkonkurrenten[387] und die Konkurrenten-Checkliste (Informationen 250 und 261). Ergebnis der Aktivität 132 sind die aktuellen Ausprägungen der Checklistenkriterien je Hauptkonkurrent (assoziierte Output-Informationen 250 und 262). Falls möglich, sollte auch eine zukünftige Ausprägung der Checklistenkriterien prognostiziert werden. Der wertkettenbasierte Vergleich mit Hauptkonkurrenten wurde in Aktivität 133 modelliert. Input-Informationen dieser Aktivität sind die Hauptkonkurrenten (Information 250) und die Wertkettenstruktur des eigenen Unternehmens (assoziierte Informationen 50 und 52).[388] Ziel der Aktivität 133 ist es, die Unterschiede zu den Hauptkonkurrenten herauszuarbeiten. *Unterschiede* sind unbewertete, rein deskriptive Informationen. Im Rahmen der Modellierung wird unterstellt, dass sich die Unterschiede wenigstens auf der Ebene der Wertaktivitätskategorien zuordnen lassen. Die assoziierten Informationen 250, 50 und 263 sind das Ergebnis der Aktivität 133.[389]

In der Aktivität 134 werden die Konkurrentencheckliste und die Unterschiede in der Wertkette analysiert (assoziierte Inputinformationen 250, 262, 50 und 263). Da eine kriterienbasierte Konkurrentencheckliste üblicherweise die Form eines Stärken-Schwächen-Profils aufweist, beschränkt sich die Analyse der Input-Information 262 im Wesentlichen auf das Extrahieren und Zusammenstellen der besonders starken bzw. besonders schwachen Kriterienausprägungen. Im Rahmen dieser Analyse werden die *wesentlichen* Stärken und Schwächen der Hauptkonkurrenten erfasst. Ist beispielsweise das Kriterium *Kundendienstsystem* eines Hauptkonkurrenten mit der maximalen Ausprägung auf der Kriterienskala bewertet worden, dann ist dies als Stärke des Hauptkonkurrenten zu interpretieren. Die ermittelten Unterschiede zu Hauptkonkurrenten (Input-Information 263) sind von den Planungssubjekten daraufhin zu analysieren, welche Vorteile (Stärken) oder Nachteile (Schwächen) damit für einen Hauptkonkurrenten einhergehen. Je nach Perspektive kann ein Unterschied sowohl

---

387 Die Hauptkonkurrenten (Information 250) wurden bei der Analyse der strategischen Gruppen ermittelt.

388 Die Wertkette des Unternehmens (assoziierte Informationen 50 und 52) ist ein Ergebnis der *Wertkettenanalyse*. Diese Methode wird in Abschnitt 3.2.3.8 im Detail erläutert.

389 Ein erdachtes Beispiel für diese assoziierten Informationen ist: Die Möbelfix AG (der Hauptkonkurrent) greift bei der Beschaffung (die betreffende Wertaktivitätskategorie) in hohem Umfang auf Lieferanten aus Schweden (der Unterschied zum eigenen Unternehmen) zurück.

Stärken als auch Schwächen begründen. Stellt sich beispielsweise heraus, dass ein Hauptkonkurrent im Vergleich zum eigenen Unternehmen wesentlich mehr Produktvarianten am Markt anbietet, dann kann er einerseits Kundenbedürfnisse differenzierter befriedigen (Stärke), andererseits weisen seine Fertigungsprozesse eine höhere Komplexität auf und sind dadurch störungsanfälliger (Schwäche).[390] Ergebnisse dieser Analyse in Aktivität 134 sind Stärken und Schwächen (Stärken-Schwächen-Sachverhalte) der einzelnen Hauptkonkurrenten. Sie wurden in der Modellierung durch die Information 264 (SW-Sachverhalte Konkurrenten)[391] dargestellt und sind durch ihren Bezug zu Hauptkonkurrenten mit diesen assoziiert (assoziierte Output-Informationen 250 und 264).

Ziel der Aktivität 135 ist die Erstellung eines Konkurrenzprofils zu jedem Hauptkonkurrenten, das alle wettbewerbsrelevanten Informationen enthält. Zusätzlich zu den Stärken und Schwächen eines Hauptkonkurrenten werden Informationen über seine Annahmen, seine Strategie und seine strategisch relevanten Ressourcen[392] benötigt (assoziierte Input-Informationen 250, 257, 258, 253, 264).[393] Das Ergebnis dieser Aktivität sind die assoziierten Output-Informationen 250 und 260. In der folgenden Aktivität 136 werden die Profile der Hauptkonkurrenten (assoziierte Input-Informationen 250 und 260) auf relevante Umweltsachverhalte analysiert. Relevante Umweltsachverhalte (assoziierte Output-Informationen 255 und 202 der Aktivität 136) sind hier beispielsweise herausragende Stärken eines Hauptkonkurrenten, eine nahezu identische Strategie oder die Verknappung einer wichtigen Ressource. Die Planungssubjekte filtern aus den Konkurrenzprofilen die wichtigsten und interessantesten Aspekte heraus, um sie im weiteren Verlauf der strategischen Planung zu berücksichtigen.

Die Aktivitäten 132, 133, 134, 135 und 136 sind arbeitsteilig durchführbar. Es bietet sich an, diese Aktivitäten auf diejenigen Planungssubjekte zu verteilen, die über besonders gute Konkurrenzkenntnisse verfügen.

---

390 In diesem Beispiel wird ein Eigenfertigungsanteil von 100 Prozent unterstellt.

391 Die Bezeichnung *SW-Sachverhalte* leitet sich aus den englischen Begriffen *Strenghts* und *Weaknesses* ab. Information 264 enthält in *unterscheidbarer* Form sowohl die Schwächen als auch die Stärken der Konkurrenten.

392 Vgl. LYNCH (2003), S. 114.

393 Vgl. PORTER (1999), S. 88.

3.2.3.7 Chancen-Risiken-Übersicht

Die Chancen-Risiken-Übersicht schließt die Phase der Umweltanalyse ab und führt die Ergebnisse der einzelnen Methoden zusammen.[394] Die Planungssubjekte filtern aus der Menge beobachteter Umweltsachverhalte die besonders bedeutsamen für das Unternehmen heraus und deklarieren sie als *relevante Umweltsachverhalte*.[395] Die einzelnen Planungsmethoden tragen dazu bei, die Komplexität der Umwelt zu reduzieren, indem sie die Aufmerksamkeit der Planungssubjekte auf relevante Faktoren lenken.[396] Häufig gehen Umweltsachverhalte auf Änderungen in den Umweltbedingungen zurück. Umweltsachverhalte können sich aber auch auf konstante Umweltbedingungen beziehen, wie beispielsweise eine dauerhaft hohe Lieferantenmacht, oder bekannte Schwächen eines Konkurrenten.

Bei der Erstellung der Chancen-Risiken-Übersicht wird die Menge der relevanten Umweltsachverhalte konsolidiert, strukturiert und im Hinblick auf Chancen und Risiken bewertet. Es ist denkbar, dass in den verschiedenen Methoden der Umweltanalyse - insbesondere bei einer arbeitsteiligen Durchführung durch mehrere Planungssubjekte - derselbe Umweltsachverhalt unter verschiedenen Bezeichnungen mehrmals erfasst wurde. Das Zusammenfassen oder Eliminieren mehrmals erfasster Umweltsachverhalte bereinigt und reduziert die Informationsmenge, die im weiteren Verlauf der Planung zu berücksichtigen ist. Des Weiteren erscheint es sinnvoll, die potenziell sehr große Menge relevanter Umweltsachverhalte unter Rückgriff auf eine umfassend definierte Struktur von Umweltkategorien zu strukturieren. Es bietet sich an, die Struktur der Umweltkategorien, die in der Analyse der Makroumwelt adaptiert wird (Aktivität 100), um branchenbezogene Unterkategorien zu erweitern. Abbildung 32 zeigt eine Chancen-Risiken-Übersicht, die neben den Kategorien der Makroumwelt auch Kategorien zur Branchenumwelt umfasst.

---

394 Vgl. GRÜNIG / KÜHN (2006), S. 122 f und S. 145; BEA / HAAS (2005), S. 108; WELGE / AL-LAHAM (2003), S. 233 f.

395 Vgl. HUNGENBERG (2006), S. 90.

396 Vgl. HUNGENBERG (2006), S. 92.

		relevante Umweltsachverhalte	Chancen	Risiken
Makroumwelt	politisch-rechtlich			
	ökonomisch			
	ökologisch			
	gesellschaftlich			
	technologisch			
Branchenumwelt	Branchenstruktur			
	Absatzmarkt-Analyse			
	Konkurrenzgruppen			
	Konkurrenzanalyse			

Abb. 32: Chancen-Risiken-Übersicht[397]

Damit ist es möglich, eine methodenübergreifende Struktur für die gesamte Phase der Umweltanalyse zu verwenden. Kernaktivität bei der Erstellung der Chancen-Risiken-Übersicht ist die Bewertung der relevanten Umweltsachverhalte in Bezug auf Vorteile (Chancen) und Nachteile (Risiken) aus Sicht des Unternehmens.[398] Zu jedem Umweltsachverhalt werden damit verbundene Chancen und Risiken erfasst.[399] Die Chancen-Risiken-Übersicht der Abbildung 32 weist daher die drei Spalten *relevante Umweltsachverhalte*, *Chancen* und *Risiken* auf.

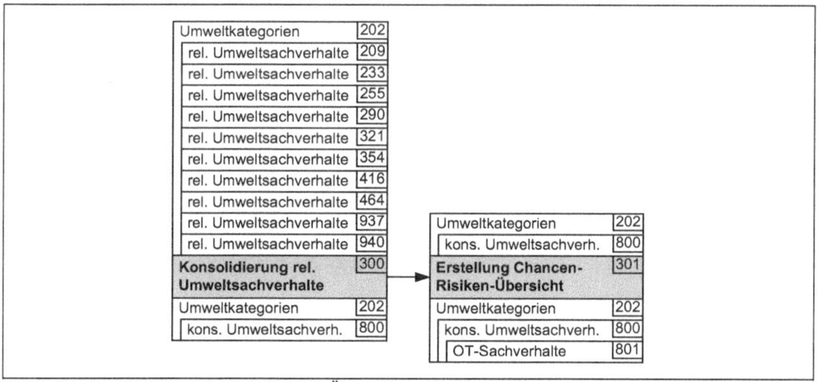

Abb. 33: Erstellung der Chancen-Risiken-Übersicht

397 Quelle: In Anlehung an WELGE / AL-LAHAM (2003), S. 234.

398 Vgl. HATTEN / HATTEN (1988), S. 65; PEARCE / ROBINSON (2007), S. 84 und S. 114.

399 Vgl. SCHREYÖGG (1984), S. 100; BERCHTOLD (1985), S. 20.

Abbildung 33 zeigt das Informationsprozessmodell zur Erstellung der Chancen-Risiken-Übersicht. In Aktivität 300 werden die relevanten Umweltsachverhalte aller anderen Methoden aus der Phase der Umweltanalyse konsolidiert. Input-Informationen dieser Aktivität sind die Informationen 202, 209, 233, 255, 290, 321, 354, 416, 464, 937 und 940 assoziiert mit Information 202). Output-Informationen sind konsolidierte Umweltsachverhalte (Information 800), die mit den Umweltkategorien (Information 202) assoziiert sind. Dies sind auch die Input-Informationen für die folgenden Aktivität 301 zur Erstellung der Chancen-Risiken-Übersicht. Ergebnis der Aktivität 301 sind Chancen und Risiken, die den entsprechenden Umweltsachverhalten und Umweltkategorien zugeordnet werden können. Chancen und Risiken wurden im Modell zur Informationsmenge OT-Sachverhalte[400] zusammengefasst (assoziierte Output-Informationen 801, 800 und 202).

3.2.3.8 Wertkettenanalyse

Die Wertkettenanalyse[401] nach PORTER ist eine etablierte Methode zur Analyse des Unternehmens.[402] PORTER unterstellt bei seinem Konzept, dass sich Wettbewerbsvorteile nicht erkennen lassen, wenn das Unternehmen als Ganzes betrachtet wird.[403] Die Wertkette unterteilt das Unternehmen in ein System verschiedener Wertaktivitätskategorien und Wertaktivitäten, um das Unternehmen differenzierter betrachten zu können.[404] Wertaktivitäten sind Aktivitäten oder Aktivitätsbündel, mit denen das Unternehmen Wert[405] für die Kunden generiert. Die Wertkettenanalyse soll dazu beitragen, sowohl bestehende als auch neue Quellen von Wettbewerbsvorteilen und Wettbewerbsnachteilen - allgemein Stärken und Schwächen des Unternehmens - zu

---

400 Der Begriff *OT-Sachverhalt* leitet sich aus den englischen Begriffen *Opportunities* und *Threats* ab. Information 801 enthält in *unterscheidbarer* Form sowohl die Chancen als auch die Risiken die mit einem konsolidierten Umweltsachverhalt verknüpft sind.

401 PORTER spricht von der Wertkette als *analytisches Instrument*, vgl. PORTER (2000), S. 63.

402 Vgl. JOHNSON / SCHOLES / WHITTINGTON (2006), S. 136 ff; KREIKEBAUM (1997), S. 136 ff; PEARCE / ROBINSON (2007), S. 158 ff; MACHARZINA / WOLF (2005), S. 306 ff; MÜLLER-STEWENS / LECHNER (2005); S. 217 f und S. 375 ff; BEA / HAAS (2005), S. 112 ff; WELGE / AL-LAHAM (2003), S. 239 ff; HUNGENBERG (2006); S. 150 ff; BESANKO ET AL. (2007); S. 359 f; BARNEY (2007), S. 137 f.

403 Vgl. PORTER (2000), S. 63.

404 Vgl. PORTER (2000), S. 70 f und S. 76 f.

405 Der Wert ist derjenige Betrag, den die Kunden für das Produkt oder die Dienstleitung zu zahlen bereit sind, vgl. PORTER (2000), S. 68.

lokalisieren.[406]. Jede Wertaktivität kann dazu beitragen, Kostenvorteile oder Differenzierungsvorteile zu generieren, die sich auf die Produkte und Dienstleistungen des Unternehmens übertragen und damit marktwirksam werden.

Die Eingänglichkeit des Konzeptes liegt zum Teil sicherlich darin begründet, dass PORTER ein leicht erfassbares System von Wertaktivitätskategorien entworfen hat, das auf nahezu jedes produzierende Unternehmen anwendbar ist. Es wird zwischen *primären* Wertaktivitätskategorien und *unterstützenden* Wertaktivitätskategorien unterschieden.[407] Zu den primären Wertaktivitätskategorien zählen *Eingangslogistik*, *Operationen*, *Ausgangslogistik*, *Marketing und Vertrieb* sowie *Kundendienst*.[408] Die unterstützenden Wertaktivitätskategorien sind als Querschnittsfunktionen zu betrachten und werden in die Kategorien *Beschaffung*, *Technologieentwicklung*, *Personalwirtschaft* und *Unternehmensinfrastruktur* differenziert.[409] Abbildung 34 zeigt die Grundstruktur der Wertkette.

Abb. 34: Grundstruktur der Wertkette[410]

Die einzelnen Wertaktivitätskategorien enthalten *Wertaktivitäten*. Welche Wertaktivitäten sich hinter den einzelnen Wertaktivitätskategorien verbergen, wird im

[406] Vgl. hierzu und zum Folgenden PORTER (2000), S. 63.

[407] Vgl. PORTER (2000), S. 69.

[408] Vgl. PORTER (2000), S. 70 f.

[409] Vgl. PORTER (2000), S. 71 ff.

[410] Quelle: PORTER (2000), S. 66, leicht modifiziert.

Folgenden stichpunktartig skizziert:[411]

- *Eingangslogistik*: Hierunter werden Wertaktivitäten subsumiert, die den Empfang, die Prüfung, die Lagerung und die Distribution von Roh-, Hilfs- und Betriebsstoffen abwickeln.
- *Operationen*: Diese Kategorie umfasst Wertaktivitäten zur Umwandlung von Rohstoffen, Hilfs- und Betriebsstoffen in Zwischen- oder Endprodukte.
- *Ausgangslogistik*: Bündelt Wertaktivitäten, die der Lagerung und dem Transport der Endprodukte dienen.
- *Marketing und Vertrieb*: Wertaktivitäten im Rahmen verkaufsfördernder Maßnahmen und des Außendienstes.
- *Beschaffung*: Hierunter fallen alle Wertaktivitäten, die der Beschaffung von Roh-, Hilfs- und Betriebsstoffen, Dienstleistungen, Maschinen oder Gebäuden dienen.
- *Technologieentwicklung*: Produkt-, Prozess- und Verfahrenstechnologien, sowie Informations- und Kommunikationstechnologien sind dieser Kategorie zuzuordnen.
- *Personalwirtschaft*: Personalakquisition, Personalfreisetzung sowie Qualifikation durch interne und externe Weiterbildungen sind Beispiele für typische Wertaktivitäten dieser Kategorie.
- *Unternehmensinfrastruktur*: Umfasst Wertaktivitäten, die im weitesten Sinne zur Koordination des Gesamtunternehmens zu sehen sind, wie beispielsweise Geschäftsführung, Controlling und Finanzierung.

Die Wertkettenanalyse besteht aus mehreren Schritten die nachfolgend erläutert werden. Zu jedem Schritt wird ein separates Informationsprozessmodell erstellt.

---

411 Vgl. PORTER (2000), S. 70 ff.

Definition der Wertkette

Der erste Schritt der Wertkettenanalyse ist die *Definition der Wertkette.*[412] Zunächst werden Kategorien betrieblicher Aktivitäten gebildet (Wertaktivitätskategorien). Die von PORTER vorgegebene Grundstruktur der Wertkette dient dabei als Hilfestellung und Orientierungsrahmen. Alle betrieblichen Aktivitäten werden den gebildeten Kategorien zugeordnet.[413] Anschließend erfolgt innerhalb der Kategorien eine Gruppierung von Aktivitäten zu *Wertaktivitäten.* Ergebnis der Definition der Wertkette ist ein System unternehmensindividueller Wertaktivitäten und Wertaktivitätskategorien. Die Definition der Wertkette gibt Aufschluss über den grundsätzlichen Charakter der Leistungserstellung. Abbildung 35 zeigt das Informationsprozessmodell zur Definition der Wertkette. Um Unklarheiten zu vermeiden wird darauf hingewiesen, dass in diesem Informationsprozessmodell die Aktivitäten des Modells (grau hinterlegt) von den Aktivitäten als Informationselemente (Information 51) zu unterscheiden sind.

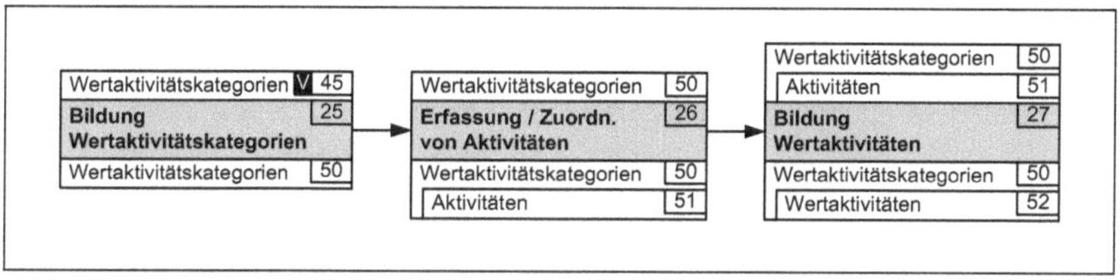

Abb. 35: Definition der Wertkette

In der Aktivität 25 greifen die Planungssubjekte auf die generische Grundstruktur der Wertkette mit Vorlagecharakter zurück (Input-Information 45) und definieren eine unternehmensspezifische Struktur der Wertaktivitätskategorien (Output-Information 50). In der folgenden Aktivität 26 werden alle Aktivitäten des Unternehmens erfasst[414] und den gebildeten Wertaktivitätskategorien (Information 50) zugeordnet. Ergebnis der Aktivität 26 sind Wertaktivitätskategorien mit zugeordneten Aktivitäten (assoziierte Output-Informationen 50 und 51). Mit der Aktivität 27 wird die Bildung der Wertaktivitäten modelliert. Die Aktivitäten (Input-Information 51) werden

412 Vgl. hierzu und zum Folgenden PORTER (2000), S. 76.

413 Vgl. PORTER (2000), S. 77 und S. 80.

414 Die Erfassung von Aktivitäten erfolgt unter anderem über ein Dekomponieren betrieblicher Funktionen (z. B. Fertigung, Vertrieb) in einzelne Aktivitäten.

innerhalb einer Wertaktivitätskategorie (Input-Information 50) zu Wertaktivitäten zusammengefasst. Ergebnis der Aktivität 27 ist die definierte Wertkette, die aus einem System von Wertaktivitätskategorien und Wertaktivitäten besteht (assoziierte Output-Informationen 50 und 52).

Abgleich von Wertkette und Organisationsstruktur

Nach der Definition der Wertkette werden die beteiligten Organisationseinheiten den Wertaktivitäten zugeordnet. Die Struktur der Wertaktivitäten wird im Regelfall nicht mit der Struktur der Organisationseinheiten identisch sein.[415] Sind mehrere Organisationseinheiten an einer Wertaktivität beteiligt, dann lässt sich die Koordination zwischen diesen Organisationseinheiten näher analysieren und organisatorische Verknüpfungen innerhalb der Wertkette werden transparent. Abbildung 36 zeigt das Informationsprozessmodell zur Analyse der organisatorischen Verknüpfungen innerhalb der Wertkette.

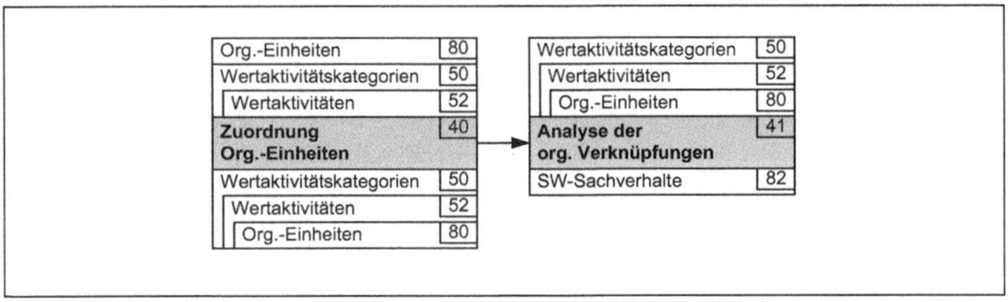

Abb. 36: Analyse der organisatorischen Verknüpfungen

In der Aktivität 40 werden die Organisationseinheiten den Wertaktivitäten zugeordnet. Eingangsinformationen dieser Aktivität sind Organisationseinheiten[416] und die Wertkette (Input-Informationen 80, 50 und 52). Ergebnis der Aktivität sind die assoziierten Output-Informationen 50, 52 und 80. In der folgenden Aktivität 41 werden die wertaktivitätsbezogenen Verknüpfungen der Organisationseinheiten analysiert. Dazu wird auf die assoziierten Informationen 50, 52 und 80 als Input zurückgegriffen. Die Koordination zwischen mehreren Organisationseinheiten wird auf Probleme und

415 Vgl. hierzu und zum Folgenden PORTER (2000), S. 94 f.

416 Es wird unterstellt, dass die Informationen bezüglich der Organisationseinheiten beispielsweise in Form eines Organigramms vorliegen.

Schwachstellen untersucht. Ergebnis der Aktivität 41 sind Stärken-Schwächen-Sachverhalte (Output-Infomationen 82). Stärken-Schwächen-Sachverhalte (SW-Sachverhalte)[417] sind Informationen, die sich auf einen beliebigen Sachverhalt des Unternehmens beziehen und ihn als Vorteil (Stärke) oder als Nachteil (Schwäche) bewerten. In diesem Fall wäre ein SW-Sachverhalt beispielsweise das problembehaftete Zusammenspiel zweier Organisationseinheiten.[418] Es ist davon auszugehen, dass die SW-Sachverhalte dieser Analyse typischerweise als Schwäche bewertet werden.

Analyse von Verknüpfungen

Wertaktivitäten innerhalb der Wertkette sind miteinander verknüpft.[419] Das Wissen über diese Verknüpfungen legt Potenziale zur Generierung von Wettbewerbsvorteilen offen.[420] Beispielsweise lässt sich über eine besonders effiziente Koordination mehrerer Wertaktivitäten die Lieferzeit reduzieren. Abbildung 37 zeigt das Informationsprozessmodell zur Analyse von Verknüpfungen innerhalb der Wertkette.

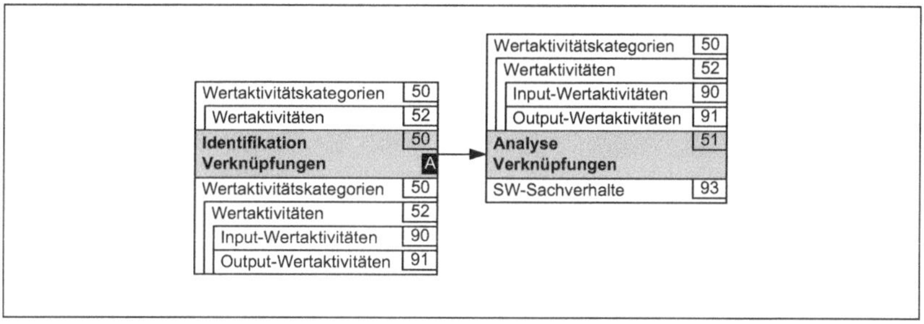

Abb. 37: Analyse von Verknüpfungen innerhalb der Wertkette

Input-Information der Aktivität 50 ist die Wertkette (assoziierte Informationen 50 und 52). Die Wertkette wird mit geeigneten Methoden[421] auf Verknüpfungen analysiert. Welche Analysemethode verwendet wird ist nahezu unerheblich, sofern daraus

---

417 *SW* bezieht sich auf die englischen Begriffe *Strenghts* und *Weaknesses*.

418 Die SW-Sachverhalte dieser Methode werden ohne einen Vergleich zu Konkurrenzunternehmen formuliert.

419 Vgl. PORTER (2000), S. 80. Abhängigkeiten zwischen den Wertketten verschiedener strategischer Geschäftseinheiten werden hier nicht berücksichtigt, da diese Analyse auf der Planungsebene des Gesamtunternehmens stattfindet und nicht Bestandteil dieser Arbeit ist.

420 Vgl. PORTER (2000), S. 80.

421 Beispielsweise ereignisgesteuerte Prozessketten (EPK).

abgeleitet werden kann, für welche anderen Wertaktivitäten die betrachtete Wertaktivität Leistungen bereitstellt und von welchen sie Leistungen bezieht. Ergebnis der Aktivität 50 sind identifizierte Output-Wertaktivitäten und Input-Wertaktivitäten, die jeweils mit der betrachteten Wertaktivität assoziiert sind. Output-Wertaktivitäten empfangen Leistungen der betrachteten Wertaktivität, Input-Wertaktivitäten stellen Leistungen für die betrachtete Wertaktivität bereit. Output-Informationen der Aktivität 50 sind die assoziierten Informationen 50, 52, 90 und 91. Diese Informationen werden in der folgenden Aktivität 51 auf Stärken oder Schwächen untersucht (Output-Information 93).[422]

Die Aktivität 50 kann arbeitsteilig durchgeführt werden. Sie ist auf Planungssubjekte zu verteilen die über eine hohe Kompetenz in einer Wertaktivitätskategorie verfügen und die Abläufe und Verknüpfungen der Wertaktivitäten dieser Kategorie kennen.

Kostenanalyse der Wertkette

Mit Hilfe der Kostenanalyse der Wertkette können Kostenvorteile (Stärken) und Kostennachteile (Schwächen) im Vergleich zur Konkurrenz ermittelt werden.[423] Des Weiteren ist die Identifikation von Kostensenkungspotenzialen ein Ziel der Analyse.[424] Informationen über vorhandene Kostenvorteile und Kostennachteile sowie Kostensenkungspotenziale sind die Grundlage zur Formulierung einer Strategie der Kostenführerschaft.

Die Kostenanalyse der Wertkette gliedert sich in mehrere Schritte. Zunächst erfolgt die Zuordnung von Kosten zu Wertaktivitäten.[425] Diese Zuordnung wird erleichtert, wenn das Unternehmen bereits über eine prozessorientierte Kostenrechnung verfügt, da Wertaktivitäten Teilprozesse darstellen. Für das Erkennen von Kostensenkungspotenzialen ist es notwendig, die Kosten zumindest grob nach Kostenarten zu differenzieren, da sonst nicht zu erkennen ist, welche Kosten möglicherweise reduziert werden können.

---

[422] Die SW-Sachverhalte dieser Methode werden ohne einen Vergleich zu Konkurrenzunternehmen formuliert.

[423] Vgl. PORTER (2000), S. 99.

[424] Vgl. PORTER (2000), S. 103.

[425] Vgl. PORTER (2000), S. 99 und S. 101 ff. PORTER weist darauf hin, das für strategische Fragestellungen in einem ersten Schritt Kostenschätzungen ausreichend sein können, vgl. PORTER (2000), S. 103.

Nach der Zuordnung der Kosten zu Wertaktivitäten werden die Kostentreiber der Wertaktivitäten ermittelt. Kostentreiber sind Faktoren, die einen nachweisbaren Einfluss auf die Höhe der Kosten einer Wertaktivität haben.[426] Kostentreiber können sich gegenseitig beeinflussen.[427] Nur mit Kenntnis der Kostentreiberwechselwirkungen wird ein gezieltes Eingreifen in das System der Kostentreiber möglich. Erst durch einen Vergleich der eigenen Kostenstruktur mit der Kostenstruktur von Konkurrenten werden Aussagen zu Kostenvorteilen und Kostennachteilen möglich.[428] Die Kostenstruktur von Konkurrenten gehört jedoch zu den Informationen, die üblicherweise nicht verfügbar sind.[429] Daher wird hier der Vorschlag gemacht, auf die im Rahmen der Konkurrenzanalyse ermittelten Unterschiede in den Wertketten zurückzugreifen. Diese Unterschiede werden daraufhin analysiert, inwiefern sie zu Kostenvorteilen oder Kostennachteilen gegenüber den Konkurrenten führen. Beispielsweise unterscheidet sich ein Hauptkonkurrent in der Wertaktivitätskategorie *Produktion* durch den intensiveren Einsatz gering qualifizierter Mitarbeiter, einen höheren Automatisierungsgrad und generell größere Fertigungslose. Diese Unterschiede lassen vermuten, dass das eigene Unternehmen im Vergleich zu diesem Konkurrenten Kostennachteile in der Wertaktivitätskategorie Produktion aufweist. Sofern es sich um einen Hauptkonkurrenten handelt, ist dieser Kostennachteil auch als Schwäche (Wettbewerbsnachteil) des eigenen Unternehmens zu bewerten. Kostensenkungspotenziale werden zum einen aus der Analyse der bestehenden Kostenstruktur und der Kostentreiber ersichtlich. Im Mittelpunkt der Analyse stehen besonders kostenintensive Wertaktivitäten oder Wertaktivitätskategorien. Zum anderen zeigen die aus den Unterschieden in der Wertkette resultierenden Kostennachteile gegenüber Hauptkonkurrenten Kostensenkungspotenziale auf. Über die Quantifizierung der Kostensenkungspotenziale in Form eines konkreten Kostenbetrages pro Zeiteinheit ist es möglich, die Strategieformulierung auf die besonders großen Kostensenkungspotenziale zu fokussieren. Abbildung 38 zeigt das Informationsprozessmodell zur Kostenanalyse der Wertkette.

---

426 PORTER erläutert insgesamt zehn verschiedene Kostentreiber (Kostenantriebskräfte), vgl. PORTER (2000), S. 106 ff.

427 Vgl. PORTER (2000), S. 107 und S. 125.

428 Vgl. dazu PORTER (2000), S. 142 f; HESSE (1995), S. 51.

429 Vgl. GUTHUNZ (1994), S. 172.

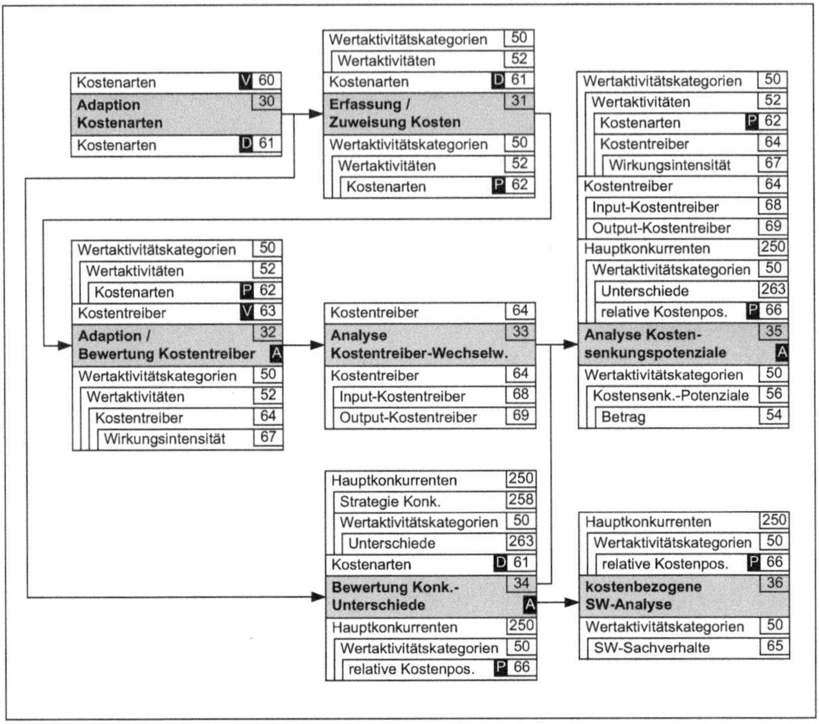

Abb. 38: Kostenanalyse der Wertkette

Es darf im Allgemeinen unterstellt werden, dass in einem Unternehmen bereits eine Kostenartenrechnung existiert. Die möglicherweise recht feine Untergliederung der Kostenarten wird in Aktivität 30 durch ein Zusammenfassen mehrerer Kostenarten auf ein handhabbares Maß für die Kostenanalyse der Wertkette reduziert. Input-Information der Aktivität 30 ist die bereits existierende Untergliederung der Kostenarten (Information 60 mit Vorlagecharakter), Output-Information ist die reduzierte Menge der Kostenarten (Information 61 mit Definitionscharakter). In Aktivität 31 werden die Kosten jeder Wertaktivität – differenziert nach Kostenarten – erfasst oder zugewiesen. In der Regel müssen die Kosten nicht neu erfasst werden, denn sie sind elementarer Bestandteil des internen Rechnungswesens und liegen grundsätzlich vor. Sie sind vielmehr von einer bestehenden Struktur in die Struktur der Wertkette zu überführen. Die Wertkette (assoziierte Informationen 50 und 52) und die für die Kostenanalyse der

Wertkette adaptierten Kostenarten (Information 61) sind die Input-Informationen der Aktivität 31. Ergebnis der Aktivität sind die Kosten je Wertaktivität, differenziert nach Kostenarten (Output-Informationen 50, 52 und 62). Es ist denkbar, dass die Höhe der Kosten einer Wertaktivität prognostiziert wird. Daher wurde die Information 62 als prognostizierbare Information gekennzeichnet. Nach der Erfassung oder Zuweisung der Kosten zu Wertaktivitäten werden in der Aktivität 32 die Kostentreiber jeder Wertaktivität identifiziert und bezüglich ihrer Wirkung bewertet. Den Planungssubjekten wird dazu ein Katalog typischer Kostentreiber (Input-Information 63) in Kombination mit der Wertkette und den Kosten der Wertaktivitäten angeboten (assoziierte Input-Informationen 50, 52 und 62). Die Kostentreiber werden unternehmensspezifisch angepasst und den Wertaktivitäten zugewiesen (assoziierte Output-Informationen 50, 52 und 64). Ein Kostentreiber kann mehrere Wertaktivitäten in unterschiedlich hohem Maße beeinflussen.[430] Mit der Zuweisung der Kostentreiber zu Wertaktivitäten wird gleichzeitig auch die Wirkungsintensität (Information 67) der Kostentreiber auf die jeweiligen Wertaktivitäten ermittelt. Die assoziierten Output-Informationen 50, 52, 64 und 67 sind das Ergebnis der Aktivität 32. Gegenstand der Aktivität 33 ist die Analyse der Kostentreiberwechselwirkungen.[431] Input-Information für diese Aktivität sind die Kostentreiber (Information 64). Ein Kostentreiber kann andere Kostentreiber (Output-Kostentreiber, Information 69) beeinflussen oder wird selbst von anderen Kostentreibern (Input-Kostentreiber) beeinflusst. Ergebnis der Aktivität 33 sind die Kostentreiber und die mit ihnen korrespondierenden Input- und Output-Kostentreiber (assoziierte Output-Informationen 64, 68 und 69). Die kostenorientierte Bewertung der wertaktivitätskategoriebezogenen Unterschiede im Vergleich zu Hauptkonkurrenten findet in Aktivität 34 statt. Input-Informationen dieser Aktivität sind die assoziierten Informationen 250, 258, 50 und 263 und die Information 61.[432] Es ist denkbar, jeden Unterschied separat in Bezug auf die Kostenposition zu bewerten oder alle Unterschiede summarisch in einer Bewertung zusammenzufassen - letzteres wurde bei der Modellierung in Aktivität 34 unterstellt und erscheint praxistauglicher.

---

430 Vgl. PORTER (2000), S. 123.

431 Vgl. PORTER (2000), S. 125 ff.

432 Es wird unterstellt, dass diese Informationen bereits im Rahmen der Konkurrenzanalyse ermittelt worden sind.

Für jeden Hauptkonkurrenten und jede Wertaktivitätskategorie wird eine relative Kostenposition (Information 66) auf Basis der Unterschiede ermittelt. Die definierten Kostenarten (Information 61) sollen diesen Bewertungsvorgang unterstützen, indem die Planungssubjekte die Kostenposition vor dem Hintergrund verschiedener Kostenarten evaluieren. Möglicherweise können die Planungssubjekte auch die zukünftige Kostenposition prognostizieren, wenn Details der Strategie eines Hauptkonkurrenten bekannt sind. Output-Informationen der Aktivität 34 sind die mit den Wertaktivitätskategorien und Hauptkonkurrenten assoziierten relativen Kostenpositionen (Informationen 250, 50 und 66). Ausgehend von den in Aktivität 34 ermittelten relativen Kostenpositionen gegenüber Hauptkonkurrenten werden in der Aktivität 36 Stärken und Schwächen des eigenen Unternehmens identifiziert. Input-Informationen sind die wertaktivitätsbezogenen relativen Kostenpositionen im Vergleich zu Hauptkonkurrenten (assoziierte Informationen 250, 50 und 66), Output-Informationen sind Stärken-Schwächen-Sachverhalte, die mit den Wertaktivitätskategorien in Beziehung stehen (assoziierte Informationen 50 und 65). Eine Stärke liegt vor, wenn kein Hauptkonkurrent in einer Wertaktivitätskategorie eine vorteilhaftere Kostenposition vorzuweisen hat. Ist die Kostenposition einer Wertaktivitätskategorie des eigenen Unternehmens allen Hauptkonkurrenten unterlegen, dann ist dies als Schwäche zu deuten. Problematisch an dieser Analyse sind zwei Dinge. Zum einen bleibt unklar, wie eine Wertaktivitätskategorie zu bewerten ist, wenn sie einigen Hauptkonkurrenten unterlegen, anderen jedoch überlegen ist. Zum anderen kann eine Bewertung als Stärke oder als Schwäche nicht losgelöst von der eigenen Wettbewerbsstrategie erfolgen. Dennoch liefert dieser auf relative Kostenpositionen fokussierte Vergleich mit Hauptkonkurrenten Hinweise darauf, ob die Wettbewerbsstrategie der Kostenführerschaft eine Option für das Unternehmen darstellt. In Aktivität 35 werden Kostensenkungspotenziale ermittelt. Dazu erfolgt ein Rückgriff auf nahezu alle Informationen die im Rahmen der vorgelagerten Aktivitäten dieser Methode generiert wurden. Mit Hilfe der assoziierten Input-Informationen 50, 52, 62, 64 und 67 sollen Kostensenkungspotenziale identifiziert werden, die sich aus einer Analyse der Kostenarten und der Kostentreiber von Wertaktivitäten ergeben. Beispielsweise bietet ein auffällig hoher Anteil einer Kostenart in einer Wertaktivität einen Ansatzpunkt für das Aufzeigen von Kostensenkungspotenzialen. Transparente Wirkungsintensitäten einzelner Kostentreiber liefern den Planungssubjekten Hinweise auf besonders einflussreiche Kostentreiber. Eine gezielte Kontrolle dieser Kostentreiber kann in diesem Fall dazu beitragen, Kosten (auch wertaktivitätsübergreifend) zu senken. Die Kontrolle der Kostentreiber wird nur dann möglich sein, wenn die Wechselwirkungen der Kostentreiber bekannt sind. Aus diesem Grund werden den Planungssubjekten zusätzlich die assoziierten Input-Informationen 64, 68 und 69 zur Verfügung gestellt. Die assoziierten Input-Informationen 250, 50, 263 und 66 sollen auch Kostensenkungspotenziale offen legen, die durch Unterschiede zu Hauptkonkurrenten inspiriert sind. Output-Informationen der Aktivität 35 sind Kostensenkungspotenziale, die mit einer Wertaktivitätskategorie verknüpft sind und als Betrag quantifiziert wurden (assoziierte Informationen 50, 56 und 54).

Die Aktivitäten 32, 34 und 35 können arbeitsteilig durchgeführt werden. Dabei sollten die Aktivitäten auf Planungssubjekte verteilt werden, die über eine möglichst hohe Kompetenz in einer Wertaktivitätskategorie verfügen und in die Kostenrechnung dieser Kategorien involviert sind.

Analyse von Differenzierungsschwerpunkten

Hinter der Strategie der *Differenzierung* steht die Idee, dem Kunden bezüglich wichtiger Kaufkriterien eine einzigartige und wertvolle Leistung anzubieten.[433] Der Kunde ist bereit, für eine einzigartige Leistung einen höheren Preis zu entrichten.[434] Ein Wettbewerbsvorteil entsteht dann, wenn der erzielbare Preiszuschlag größer ist als die zusätzlichen Kosten der Differenzierung.[435]

Jede Wertaktivität kann zur Differenzierung beitragen und stellt eine potenzielle Differenzierungsquelle dar.[436] Die Analyse von Differenzierungsschwerpunkten ist das Spiegelbild der Kostenanalyse. Während die Kostenanalyse Kostensenkungspotenziale und kostenbezogene Stärken-Schwächen-Sachverhalte identifiziert, zielt die Analyse von Differenzierungsschwerpunkten auf die Identifikation von Differenzierungspotenzialen und differenzierungsbezogenen Stärken-Schwächen-Sachverhalten.

---

433 Vgl. PORTER (2000), S. 40 f.

434 Vgl. PORTER (2000), S. 41.

435 Vgl. PORTER (2000), S. 41 und S. 181. Zu den Kosten der Differenzierung vgl. PORTER (2000), S. 178 ff.

436 Vgl. PORTER (2000), S. 168.

Informationen über vorhandene Differenzierungsvorteile und Differenzierungsnachteile sowie Differenzierungspotenziale sind die Grundlage zur Formulierung einer Strategie der Differenzierung.

Ansatzpunkt von Differenzierungsbemühungen ist der Abnehmerwert.[437] Das Unternehmen kann sowohl durch senken der Abnehmerkosten[438] als auch durch steigern der Abnehmerleistung[439] einen Wert für den Abnehmer[440] schaffen.[441] Die Analyse der *Kaufkriterien* legt offen, welche Faktoren den Abnehmerwert beeinflussen.[442] Beispiele für Kaufkriterien sind Produktqualität, Lieferzeit oder Herstellerimage. Jedes Marktsegment in einem Absatzmarkt verfügt über eine segmentspezifisch gewichtete Konfiguration von Kaufkriterien.[443] Daher müssen für die Analyse der Differenzierungsschwerpunkte zunächst alle Marktsegmente und deren Kaufkriterien erfasst werden. Daraufhin kann untersucht werden, ob und in welchem Umfang die Wertaktivitäten des Unternehmens einzelne Kaufkriterien positiv beeinflussen.[444] Alle Wertaktivitäten, die keinen oder nur einen geringen Beitrag zur Erfüllung der Kaufkriterien leisten, bieten möglicherweise bislang ungenutzte Differenzierungspotenziale. Differenzierungsvorteile und Differenzierungsnachteile lassen sich nur durch einen Vergleich mit Konkurrenten erkennen.[445] Analog zur Kostenanalyse bietet es sich auch hier an, auf die im Rahmen der Konkurrenzanalyse identifizierten Unterschiede in der Wertkette zurückzugreifen. Die Unterschiede zu Hauptkonkurrenten in einer Wertaktivitätskategorie werden daraufhin analysiert, ob sie die Kaufkriterien positiv oder negativ beeinflussen. Differenzierungsvorteile (Stärken) liegen in den Wertaktivitätskategorien vor, in denen das Unternehmen im Vergleich zu allen Hauptkonkurrenten einen größeren Beitrag zu einem Kaufkriterium leistet.

---

437 Vgl. PORTER (2000), S. 181 ff.

438 Vgl. PORTER (2000), S. 186 ff.

439 Vgl. PORTER (2000), S. 189 f.

440 Der Begriff *Abnehmer* wird hier synonym zum Begriff *Kunde* verwendet.

441 Vgl. PORTER (2000), S. 182.

442 Vgl. PORTER (2000), S. 195 ff. PORTER differenziert die Kaufkriterien in *Nutzungskriterien* und *Signalkriterien*.

443 Vgl. PORTER (2000), S. 204 f und S. 219.

444 Vgl. PORTER (2000), S. 205 f.

445 PORTER weist darauf hin, dass "[..] Differenzierung ihrem Wesen nach relativ ist […]", PORTER (2000), S. 220.

Differenzierungsnachteile (Schwächen) ergeben sich aus Wertaktivitätskategorien, die im Vergleich zu allen Hauptkonkurrenten einen geringeren Beitrag zu einem Kaufkriterium leisten. Abbildung 39 zeigt das Informationsprozessmodell zur Analyse von Differenzierungsschwerpunkten.

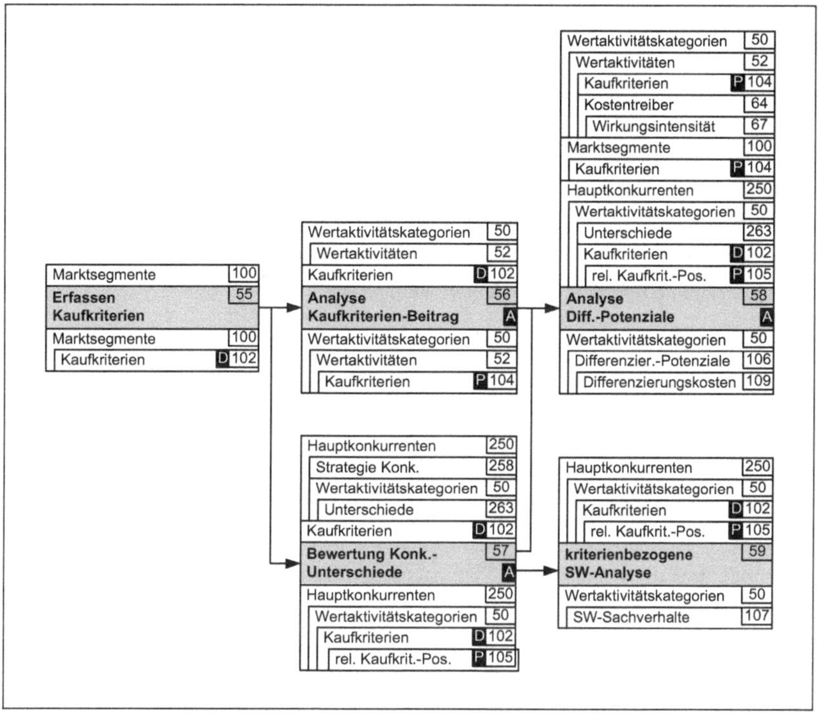

Abb. 39: Analyse von Differenzierungsschwerpunkten

Ziel der Aktivität 55 ist das Erfassen der Kaufkriterien. Es wird unterstellt, dass die Phase der Umweltanalyse bereits abgeschlossen ist. Daher ist es möglich, auf die in der Absatzmarktanalyse definierten Marktsegmente (Information 100) als Input-Information zurückzugreifen. Die Planungssubjekte erfassen zu jedem Marktsegment die Menge der relevanten Kaufkriterien (Output-Information 102 mit Definitionscharakter). Ein Kaufkriterium kann (evtl. mit unterschiedlicher Gewichtung) für mehr als ein Marktsegment relevant sein. Der Rückgriff auf die Marktsegmente soll hier primär die vollständige

Erfassung der Kaufkriterien sicherstellen. Die assoziierten Output-Informationen 100 und 102 sind das Ergebnis der Aktivität 55.

In Aktivität 56 wird analysiert, welchen Beitrag die einzelnen Wertaktivitäten zu den Kaufkriterien leisten, die nunmehr unabhängig von ihrer Relevanz für einzelne Marktsegmente betrachtet werden können.[446] Zu den Input-Informationen dieser Aktivität zählen die Wertkette (assoziierte Informationen 50 und 52) und die Kaufkriterien (Information 102). Output-Information 104 ist als wertaktivitätsspezifische Ausprägung aller Kaufkriterien zu verstehen. In dieser Information wird der Beitrag der einzelnen Wertaktivitäten zu den Kaufkriterien kodiert. Zukünftig höhere oder niedrigere Beiträge einer Wertaktivität zu einem Kaufkriterium können von den Planungssubjekten prognostiziert werden, so dass die Information 104 als prognostizierbare Information modelliert wurde.

In Aktivität 57 findet die kaufkriterienbezogene Bewertung der Unterschiede im Vergleich zu Hauptkonkurrenten statt. Die Planungssubjekte ermitteln in dieser Aktivität die relativen Kaufkriterienpositionen je Hauptkonkurrent und Wertaktivitätskategorie. Input-Informationen sind die assoziierten Informationen 250, 258, 50, 263 und die Information 102. Es besteht die Möglichkeit, jeden Unterschied separat bezüglich einzelner Kaufkriterien zu bewerten. Analog zu Kostenanalyse der Wertkette wird auch hier die Komplexität des Bewertungsvorgangs bewusst reduziert und eine vereinfachte summarische Bewertung modelliert. Für jede Kombination aus Hauptkonkurrent, Wertaktivitätskategorie und Kaufkriterium wird eine relative Position (Information 105) auf Basis der Unterschiede ermittelt. Details zur Strategie (Input-Information 258) eines Hauptkonkurrenten können genuzt werden, um die zukünftige Kaufkriterienposition einzuschätzen. Aus diesem Grund wurde Information 105 als prognostizierbare Information modelliert. Output-Informationen der Aktivität 57 sind die mit den Wertaktivitätskategorien, Hauptkonkurrenten und Kaufkriterien assoziierten relativen Kaufkriterienpositionen (Informationen 250, 50, 102 und 105).

---

[446] Dies wird im Informationsprozessmodell dadurch dargestellt, dass die Kaufkriterien (Information 102) nicht mehr als assoziierte Information der Marktsegmente (Information 100) modelliert werden.

Auf Basis der in Aktivität 57 ermittelten relativen Kaufkriterienpositionen gegenüber Hauptkonkurrenten werden in der Aktivität 59 Stärken und Schwächen des eigenen Unternehmens identifiziert. Input-Informationen sind die wertaktivitätskategorie- und kaufkriterienbezogenen relativen Positionen im Vergleich zu Hauptkonkurrenten (assoziierte Informationen 250, 50, 102 und 105). Output-Informationen sind Stärken-Schwächen-Sachverhalte, die mit den Wertaktivitätskategorien in Beziehung stehen (assoziierte Informationen 50 und 107). Eine Stärke liegt dann vor, wenn das eigene Unternehmen in einer Wertaktivitätskategorie eine vorteilhaftere Position bezüglich eines Kaufkriteriums gegenüber allen Hauptkonkurrenten vorzuweisen hat. Ist die Position des eigenen Unternehmens in Bezug auf ein Kaufkriterium allen Hauptkonkurrenten in einer Wertaktivitätskategorie unterlegen, dann ist dies als Schwäche zu interpretieren. Analog zur kostenbezogenen Stärken-Schwächen-Analyse sind hier zwei Analyseaspekte problembehaftet. Einerseits ist fraglich, wie eine relative Kaufkriterienposition zu bewerten ist, die einigen Hauptkonkurrenten unterlegen, anderen jedoch überlegen ist. Andererseits muss bei dieser Bewertung die bisher verfolgte Wettbewerbsstrategie berücksichtigt werden. Trotz der angesprochenen Aspekte kann die Analyse der relativen Kaufkriterienpositionen die Entscheidung für oder gegen eine Wettbewerbsstrategie der Differenzierung plausibilisieren.

In Aktivität 58 werden Differenzierungspotenziale herausgearbeitet. Wertaktivitäten, die bislang keinen oder nur einen geringen Beitrag zu einzelnen Kaufkriterien leisten, bieten möglicherweise noch ungenutzte Differenzierungspotenziale. Diese Teilanalyse wird durch die assoziierten Input-Informationen 50, 52 und 104 unterstützt. Gleichzeitig muss geprüft werden, ob das Ausnutzen von Differenzierungspotenzialen wirkungsintensive Kostentreiber beeinflusst (assoziierte Input-Informationen 64 und 67). Auf Grundlage der assoziierten Input-Informationen 100 und 104 wird es möglich, diejenigen Marktsegmente zu bestimmen, deren Kaufkriterien in besonders hohem Maße durch die Wertaktivitäten des Unternehmens adressiert werden. Die assoziierten Input-Informationen 250, 50, 263, 102 und 105 zeigen den Planungssubjekten bestehende Differenzierungsvorteile und Differenzierungsnachteile im Vergleich zu Hauptkonkurrenten auf. Einerseits ist zu prüfen, ob Differenzierungsnachteile kompensiert oder zumindest verringert werden können. Andererseits besteht die Option, Differenzierungsvorteile weiter auszubauen oder abzusichern. Output-Informationen der

Aktivität 58 sind wertaktivitätskategoriebezogene Differenzierungspotenziale und die damit einhergehenden Differenzierungskosten (assoziierte Informationen 50, 106 und 109).

Die Aktivitäten 56, 57 und 58 können arbeitsteilig durchgeführt werden. Dabei sollten die Aktivitäten auf Planungssubjekte verteilt werden, die über eine möglichst hohe Kompetenz in einer Wertaktivitätskategorie verfügen.

3.2.3.9 Analyse strategisch relevanter Ressourcen

Die Analyse der Unternehmensressourcen mit dem Ziel der Identifikation strategisch relevanter Ressourcen ist ein fester Bestandteil der Unternehmensanalyse.[447] Unternehmen stellen aus der Perspektive des Resource-based-view[448] ein System produktiver Ressourcen dar.[449] Ressourcen sind „[...] all assets, capabilities, competencies, organisational processes, firm attributes, information, knowledge, and so forth, that are controlled by a firm and that enable the firm to conceive of and implement strategies designed to improve its efficiency and effectiveness."[450] Wettbewerbsvorteile entstehen durch den Zugriff auf einzigartige Ressourcen oder durch eine einzigartige Ressourcenkombination.[451] Ressourcen werden allgemein in materielle (tangible, visible) und immaterielle (intangible, invisible) Ressourcen unterschieden.[452] Darüber hinaus findet üblicherweise eine detailliertere Kategorisierung statt. Abbildung 40 zeigt exemplarisch eine mögliche Kategorisierung von Ressourcen.

---

447 Vgl. SHRIVASTAVA (1994), S. 86 ff; GRÜNIG / KÜHN (2006), S. 340 ff; HUNGENBERG (2006), S. 140 ff; MÜLLER-STEWENS / LECHNER (2005), S. 212 ff; WELGE / AL-LAHAM (2003), S. 256 ff; PEARCE / ROBINSON (2007), S. 164 ff; HATTEN / HATTEN (1988), S. 31 ff; STEINMANN / SCHREYÖGG (2005), S. 204 ff; HITT / IRELAND / HOSKISSON (2007), S. 79 ff; JOHNSON / SCHOLES / WHITTINGTON (2006), S. 117 ff.

448 Vgl. dazu grundlegend PENROSE (1959); WERNERFELT (1984); PETERAF (1993); MAHONEY / PANDIAN (1992); BARNEY (1991), nachträglich kommentiert in BARNEY (2001).

449 Vgl. COLLIS / MONTGOMERY (1995), S. 119.

450 BARNEY (2007), S. 133; nahezu identisch BARNEY (1991), S. 101.

451 Vgl. RASCHE / WOLFRUM (1994), S. 502.

452 Vgl. GRANT (2008), S. 131 ff; RASCHE / WOLFRUM (1994), S. 502; COLLIS / MONTGOMERY (1995), S. 119; WERNERFELT (1984), S. 172; HITT / IRELAND / HOSKISSON (2007), S. 79.

Materielle Ressourcen

Finanzielle Ressourcen	Physische Ressourcen	IT-basierte Ressourcen
o Eigenkapital o Fremdkapital o ...	o Rohstoffe o Maschinen o Gebäude o Grundstücke o ...	o Software o Hardware o Netzwerke o ...

Immaterielle Ressourcen

Bestands-Ressourcen	Human-Ressourcen	Strukturelle Ressourcen	Kulturelle Ressourcen
o Firmenruf o Patente o Daten o ...	o Ausbildungsstand der Mitarbeiter o ...	o Aufbauorganisation o Ablauforganisation o Management-Systeme o ...	o Unternehmenskultur o Leistungsbereitschaft o Kooperationsverhalten o ...

Abb. 40: Systematisierung von Ressourcen[453]

Strategisch relevant sind diejenigen Ressourcen, die dauerhafte Wettbewerbsvorteile begründen. Materielle Ressourcen wie beispielsweise Rohstoffe und Maschinen sind häufig für alle Unternehmen in gleichem Maße über Beschaffungsmärkte zugänglich und bieten im Vergleich zu immateriellen Ressourcen weitaus weniger Möglichkeiten zum Aufbau dauerhafter Wettbewerbsvorteile. Die Identifikation strategisch relevanter Ressourcen kann mit Hilfe der folgenden Kriterien erfolgen:

- *Generierung von Kundennutzen:*[454] Nur Ressourcen, die dazu beitragen den Kundennutzen zu erhöhen, sind strategisch relevant. Das Overengineering deutscher Maschinenbauer ist ein Beispiel für überragende Ingenieur-Fähigkeiten, die jedoch vom Kunden nicht honoriert werden.

- *Nicht-Imitierbarkeit:*[455] Ressourcen die von den Konkurrenten eines Unternehmens leicht imitiert werden können, bieten keine Grundlage für den Aufbau dauerhafter Wettbewerbsvorteile. Das Imitieren einer Ressource wird erschwert, wenn sich eine Ressource aus der individuellen Vergangenheitsentwicklung eines Unternehmens ergibt (Bsp.: Festnetz der Telekom) oder der Wert einer Ressource von der Verfügbarkeit ergänzender Ressourcen abhängig ist. Des

[453] Quelle: MÜLLER-STEWENS / LECHNER (2005), S. 214, leicht modifiziert.

[454] Vgl. RASCHE / WOLFRUM (1994), S. 507; JOHNSON / SCHOLES / WHITTINGTON (2006), S. 125.

[455] Vgl. BARNEY (2007), S. 141 ff; RASCHE / WOLFRUM (1994), S. 503 ff; COLLIS / MONTGOMERY (1995), S. 120 ff; BARNEY (1991), S. 107 ff.

Weiteren können Zeitvorteile des Unternehmens (Skalen- und Erfahrungskurveneffekte) die Imitation einer Ressource verhindern.

- *Nicht-Substituierbarkeit:*[456] Konkurrenten können versuchen, eine Ressource durch alternative Ressourcen oder durch eine Kombination alternativer Ressourcen zu substituieren. Insbesondere technische Ressourcen (Bsp.: Verfahrenstechnik) unterliegen einer Substitutionsgefahr durch neue und bessere Techniken. Je schlechter sich eine Ressource substituieren lässt, desto größer ist ihr Potenzial zur Generierung dauerhafter Wettbewerbsvorteile.
- *Seltenheit:*[457] Seltene oder Einzigartige Ressourcen leisten einen Beitrag zum Aufbau von Wettbewerbsvorteilen. Dennoch kann es notwendig sein, eine nicht-seltene Ressource zu bewahren, da sie sich bereits zu einem Branchenstandard entwickelt hat und die Überlebensfähigkeit des Unternehmens sichert.

Ressourcen, die alle genannten Kriterien erfüllen, begründen dauerhafte Wettbewerbsvorteile und sind als Stärke des Unternehmens zu interpretieren. Um die Quellen der Wettbewerbsvorteile präzise lokalisieren zu können, bietet es sich an, bei der Erfassung und Analyse der Ressourcen auf die Wertschöpfungsstruktur des Unternehmens zurückzugreifen.[458] Abbildung 41 zeigt das Informationsprozessmodell zur Analyse strategisch relevanter Ressourcen.

---

[456] Vgl. RASCHE / WOLFRUM (1994), S. 506; BARNEY (1991), S. 111 f.

[457] Vgl. BARNEY (2007), S. 140 f; BARNEY (1991), S. 106 f; JOHNSON / SCHOLES / WHITTINGTON (2006), S. 125.

[458] Vgl. GRÜNIG / KÜHN (2006), S. 345 und S. 351 f; HUNGENBERG (2006), S. 146; WERNER (2001), S. 114; STEINMANN / SCHREYÖGG (2005), S. 207; GRANT (2008), S. 135 f; BARNEY (2007), S. 135 ff.

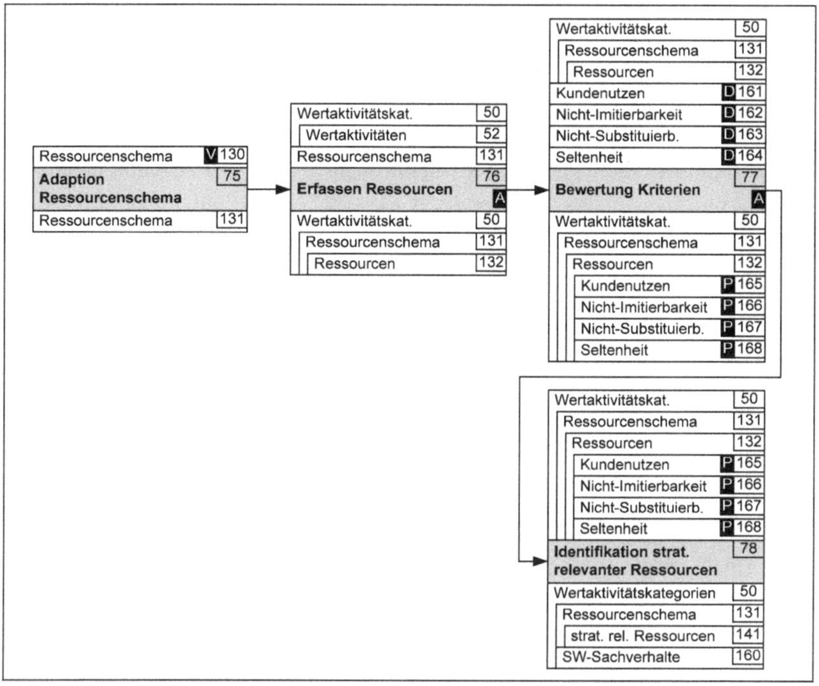

Abb. 41: Analyse strategisch relevanter Ressourcen

Die Erfassung der Ressourcen lässt sich durch ein Ressourcenschema (vgl. Abbildung 40) unterstützen. Die Verwendung eines Ressourcenschemas sorgt für eine vollständige und systematisierte Erfassung aller Ressourcen. Dazu wird in Aktivität 75 ein generisches Ressourcenschema (Input-Information 130 mit Vorlagecharakter) an die Bedürfnisse des Unternehmens angepasst. Output-Information der Aktivität 75 ist ein unternehmensspezifisch adaptiertes Ressourcenschema (Information 131). Anhand der Wertkette (assoziierte Input-Informationen 50 und 52) und dem adaptierten Ressourcenschema (Input-Information 131) erfolgt die Erfassung der Ressourcen in Aktivität 76. Bei der Modellierung wurde unterstellt, dass die Ressourcen auf Ebene der Wertaktivitätskategorien erfasst werden.[459] Output-Informationen der Aktivität 76 sind die

[459] Eine Erfassung auf Ebene der Wertaktivitäten erscheint zu detailliert und würde in der Praxis sicherlich mit einem zu großen Erfassungsaufwand einhergehen.

assoziierten Informationen 50, 131 und 132. Mit der Aktivität 76 ist die ressourcenschemageleitete Erfassung der Ressourcen in den Wertaktivitätskategorien abgeschlossen. In Aktivität 77 folgt die kriteriengestützte Bewertung der erfassten Ressourcen. Die erfassten Ressourcen (assoziierte Informationen 50, 131 und 132) stellen zusammen mit den Kriterien (Informationen 161 bis 164, mit Definitionscharakter) die Input-Informationen für diese Aktivität dar. Jede erfasste Ressource wird mit den Kriterien bewertet. Zusätzlich zur ressourcenspezifischen, aktuellen Ausprägung der Bewertungskriterien sollten die Planungssubjekte versuchen, auch die zukünftigen Ausprägungen zu ermitteln. Die assoziierten Informationen 50, 131, 132, 165, 166, 167 und 168 sind das Ergebnis der Aktivität 77. Sie sind zugleich Input-Informationen der folgenden Aktivität 78. Ressourcen, die in allen vier Kriterien eine hohe aktuelle und zukünftige Ausprägung aufweisen, sind als strategisch relevante Ressourcen und Stärke des Unternehmens zu klassifizieren. Sie sind die Basis dauerhafter Wettbewerbsvorteile und bei der Strategieformulierung zu berücksichtigen. Inwiefern Ressourcen als Stärke einzuordnen sind, die nicht alle Kriterien erfüllen, muss durch die Planungssubjekte im Einzelfall entschieden werden. Output-Informationen der Aktivität 78 sind die assoziierten Informationen 50, 131, 141 und 160. Der Großteil der Stärken-Schwächen-Sachverhalte (SW-Sachverhalte, Output-Information 160) umfasst Stärken, die mit den strategisch relevanten Ressourcen korrespondieren.

Eine Schwäche ist in diesem Zusammenhang eine Ressource, die beispielsweise selten ist und einen hohen Kundenutzen bietet, aber leicht imitiert werden kann. Bei der Strategieformulierung ist dann zu überlegen, wie diese Ressource gegen Imitation geschützt werden kann.

Das Erfassen der Ressourcen (Aktivität 76) und deren kriteriengestützte Bewertung (Aktivität 77) können arbeitsteilig durchgeführt werden.

3.2.3.10 Stärken-Schwächen-Übersicht

Die Wertkettenanalyse und die Analyse strategisch relevanter Ressourcen sind Methoden der Unternehmensanalyse. Sie sollen dazu beitragen, Wettbewerbsvorteile

(Stärken) und Wettbewerbsnachteile (Schwächen) zu identifizieren.[460] Ziel der Stärken-Schwächen-Übersicht ist es, die Teilergebnisse der einzelnen Analysen in einer Gesamtdarstellung zusammenzuführen.[461] Für die Strategieformulierung ist es wichtig zu wissen, wo die einzelnen Stärken und Schwächen im Unternehmen lokalisiert sind. Es bietet sich an, bei der Stärken-Schwächen-Übersicht auf den gleichen Strukturrahmen zurückzugreifen, der bereits bei der Unternehmensanalyse verwendet wurde. Daher wird hier die Stärken-Schwächen-Übersicht anhand der Wertkette strukturiert.

Der erfolgsfaktorenbasierte Vergleich des eigenen Unternehmens mit Hauptkonkurrenten erfolgte in der Konkurrenzanalyse mit dem Ziel, relevante Umweltsachverhalte aus den Stärken und Schwächen einzelner Hauptkonkurrenten abzuleiten.[462] Dieser Vergleich wurde mit Hilfe einer Konkurrenten-Checkliste durchgeführt. Die bewerteten Konkurrenten-Checklisten lassen sich jedoch auch dazu verwenden, Stärken und Schwächen des *eigenen Unternehmens* zu identifizieren.[463] Sie liegen dann vor, wenn das eigene Unternehmen allen Hauptkonkurrenten in einem Erfolgsfaktor überlegen (Stärke) oder unterlegen (Schwäche) ist.[464] Erfolgsfaktorenbasierte Konkurrenz-Checklisten lassen sich in einem Stärken-Schwächen-Profil visualisieren.[465] In der Literatur finden sich Darstellungen, die Profil-Linien für das eigene Unternehmen, den stärksten Konkurrenten und teilweise ein imaginäres Best-in-Class-Unternehmen zeigen.[466] Obwohl betont[467] wird, dass Stärken und Schwächen relative Vorteile bzw. Nachteile sind, liegt diesen Darstellungen oftmals ein absoluter

---

460 Vgl. HITT / IRELAND / HOSKISSON (2007), S. 95.

461 Vgl. HUNGENBERG (2006), S. 152.

462 Vgl. dazu die Aktivitäten 134 bis 136 im Informationsprozessmodell der Konkurrenzanalyse.

463 Vgl. GRÜNIG / KÜHN (2006), S. 137; MAUTHE (1984), S. 66. BEA / HAAS weisen darauf hin, dass eine Stärken-Schwächen-Analyse untrennbar mit einer Konkurrenzanalyse verbunden ist, vgl. BEA / HAAS (2005), S. 118.

464 Vgl. HUNGENBERG (2006), S. 154; GÖTZE / RUDOLPH (1994), S. 9. Zum Vergleichsproblem der Stärken-Schwächen-Analyse vgl. MAUTHE (1984), S. 69.

465 Vgl. BEA / HAAS (2005), S. 118.

466 Vgl. HUNGENBERG (2006), S. 153.

467 Vgl. WELGE / AL-LAHAM (2003), S. 280; BEA / HAAS (2005), S. 118; PEARCE / ROBINSON (2007), S. 153 f. und S. 174; HATTEN / HATTEN (1988), S. 44 f; MÜLLER-STEWENS / LECHNER (2005), S. 218; HUNGENBERG (2006), S. 152 und S. 154; HESSE (1995), S. 36; STEINMANN / SCHREYÖGG (2005), S. 205; JOHNSON / SCHOLES / WHITTINGTON (2006), S. 148.

Maßstab zugrunde.[468] Um eine sinnvolle Aussage zu ermöglichen, sollte entweder das eigene Unternehmen oder der stärkste Hauptkonkurrent die Null-Linie bilden.[469] Abbildung 42 zeigt eine Variante, in der die Konkurrenten in Relation zum eigenen Unternehmen (Null-Linie) bewertet wurden.

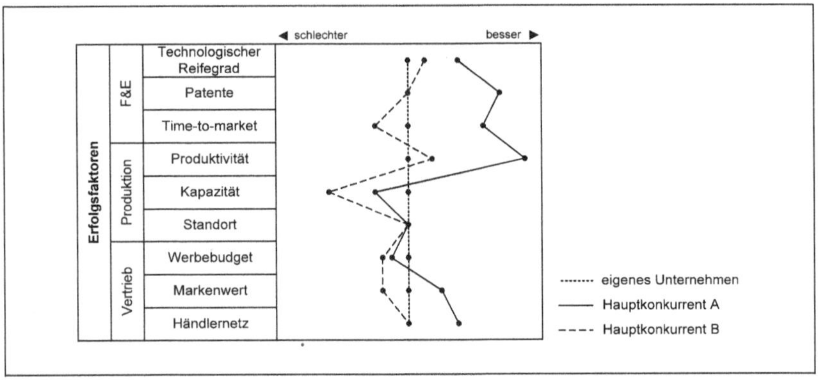

Abb. 42: Stärken-Schwächen-Profil[470]

Dem Stärken-Schwächen-Profil in Abbildung 42 kann entnommen werden, dass *beide* Hauptkonkurrenten einen höheren technologischen Reifegrad und eine höhere Produktivität aufweisen als das eigene Unternehmen. Diese Erfolgsfaktoren sind daher als Schwäche des eigenen Unternehmens zu bewerten. Stärken liegen in den Erfolgsfaktoren, in denen das Unternehmen seinen beiden Hauptkonkurrenten überlegen ist (in Abbildung 42 sind dies die Erfolgsfaktoren *Kapazität* und *Werbebudget*). Erfolgsfaktoren, in denen das Unternehmen einem Hauptkonkurrenten unterlegen, dem anderen jedoch überlegen ist, lassen keine eindeutige Bewertung als Stärke oder Schwäche zu. Die Konkurrenten-Checklisten werden in der beschriebenen Weise auf Stärken und Schwächen analysiert, um die Stärken-Schwächen-Übersicht mit diesen Informationen zu ergänzen. Falls sich ein erfolgsfaktorenbezogener Stärken-Schwächen-Sachverhalt der Wertkettenstruktur nicht präzise zuordnen lässt, wird die Stärken-Schwächen-

468 Vgl. dazu beispielsweise die Darstellung in WOLF (1998), S. 189; GRÜNIG / KÜHN (2006), S. 140; BEA / HAAS (2005), S. 118.

469 Vgl. HAX / MAJLUF (1991), S. 342 f.

470 Quelle: In Anlehung an BEA / HAAS (2005), S. 118.

Übersicht um weitere Kategorien erweitert. Abbildung 43 zeigt eine Stärken-Schwächen-Übersicht.

			Stärken	**Schwächen**
Wertkette	**primäre Wertaktivitätskategorien**	Eingangslogistik		
		Operationen		
		Ausgangslogistik		
		Marketing & Vertrieb		
		Kundendienst		
	unterstützende Wertaktivitäts-kategorien	Unternehmens-infrastruktur		
		Personalwirtschaft		
		Technologie-entwicklung		
		Beschaffung		
Sonstige				

Abb. 43: Stärken-Schwächen-Übersicht

Mit Hilfe dieser Darstellung können sich die Planungssubjekte einen kompakten Überblick über die Wettbewerbsfähigkeit einzelner Wertaktivitätskategorien des Unternehmens verschaffen. Kategorien, die überwiegend Stärken aufweisen, sollten aktiv im Wettbewerb eingesetzt werden. Bei überwiegend schwächenbehafteten Wertaktivitätskategorien ist zu überlegen, ob die Konfiguration der Wertkette beispielsweise durch Outsourcing verändert werden kann. Abbildung 44 zeigt das Informationsprozessmodell der Stärken-Schwächen-Übersicht.

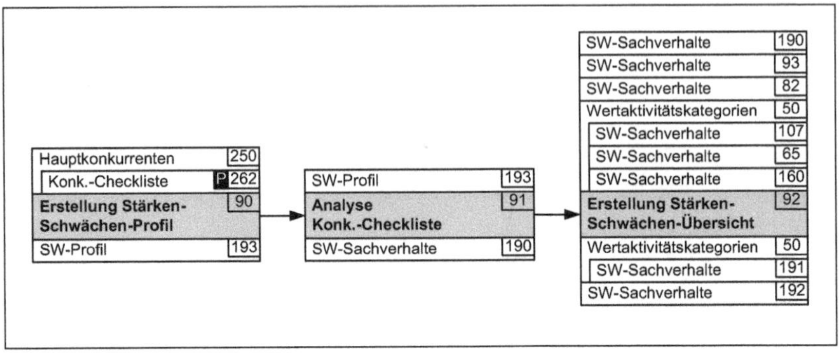

Abb. 44: Stärken-Schwächen-Übersicht

In Aktivität 90 wird aus den bewerteten Konkurrenz-Checklisten ein Stärken-Schwächen-Profil (ähnlich der Abbildung 42) erstellt. Input-Informationen sind die mit den Hauptkonkurrenten assoziierten Konkurrenz-Checklisten (assoziierte Informationen 250 und 262), Output-Information ist das Stärken-Schwächen-Profil (Information 193). Das Stärken-Schwächen-Profil (Input-Information 193) wird in Aktivität 91 auf Stärken und Schwächen des Unternehmens (Output-Information 190) analysiert. Die Erstellung der Stärken-Schwächen-Übersicht erfolgt in Aktivität 92. Hier werden alle zuvor generierten Stärken-Schwächen-Sachverhalte erfasst und falls möglich den Wertaktivitätskategorien der Wertkette zugeordnet. Input-Informationen dieser Aktivität sind die Informationen 190, 93 und 82 sowie die assoziierten Informationen 50, 107, 65 und 160. Die Input-Informationen 93 und 82 beziehen sich auf Abhängigkeiten zwischen Wertaktivitäten bzw. organisatorische Verknüpfungen. Sowohl die Abhängigkeiten als auch die organisatorischen Verknüpfungen von Wertaktivitäten können wertaktivitätskategorieübergreifende Stärken-Schwächen-Sachverhalte darstellen und sind daher originär nicht mit einer Wertaktivitätskategorie verknüpft. Information 190 umfasst Stärken-Schwächen-Sachverhalte die aus der Analyse des Stärken-Schwächen-Profils (Information 193) resultieren – auch hier besteht originär keine Verbindung zu Wertaktivitätskategorien. Um die Modellierung übersichtlich zu halten, wurden die Input-Informationen der Aktivität 92 zu zwei Informationsmengen zusammengefasst. Information 191 enthält alle Stärken-Schwächen-Sachverhalte, die einer Wertaktivitätskategorie zugeordnet werden können. Information 192 beinhaltet alle Stärken-

Schwächen-Sachverhalte, die keiner Wertaktivitätskategorie zugeordnet werden können und in der Stärken-Schwächen-Übersicht separat erfasst werden müssen.

Output-Informationen der Aktivität 92 sind demnach die mit den Wertaktivitätskategorien assoziierten Stärken-Schwächen-Sachverhalte (assoziierte Informationen 50 und 191) sowie die Information 192.

3.2.3.11 SWOT-Analyse

Die SWOT-Analyse[471] dient der integrierten Betrachtung unternehmensexterner und unternehmensinterner Sachverhalte und ist der Phase Strategieformulierung, -auswahl und -bewertung zuzuordnen.[472] Durch die Gegenüberstellung von Chancen, Risiken (Chancen-Risiken-Übersicht), Stärken und Schwächen (Stärken-Schwächen-Übersicht) ergeben sich Handlungsoptionen[473], die sich in Form von Instrumentalzielen formulieren lassen.[474] Die Gegenüberstellung führt zu insgesamt vier Kombinationsmöglichkeiten und Normstrategien. Abbildung 45 zeigt die resultierenden Kombinationsmöglichkeiten.

	Stärken (S)	**Schwächen (W)**
Chancen (O)	**SO-Strategien** Stärken einsetzen, um Chancen zu nutzen	**WO-Strategien** Ausnutzen von Chancen, um Schwächen zu umgehen
Risiken (T)	**ST-Strategien** Stärken einsetzen, um Risiken zu minimieren	**WT-Strategien** Schwächen reduzieren, um Risiken zu minimieren

Abb. 45: Normstrategien der SWOT-Analyse[475]

---

471 Die Bezeichnung *SWOT* geht auf die Begriffe *Strenghts*, *Weaknesses*, *Opportunities* und *Threats* zurück, vgl. PEARCE / ROBINSON (2007), S. 153; LYNCH (2003), S. 464.

472 Vgl. HATTEN / HATTEN (1988), S. 141 f; MÜLLER-STEWENS / LECHNER (2005), S. 224 ff; HOMBURG (2000), S. 134.

473 Vgl. MÜLLER-STEWENS / LECHNER (2005), S. 224; JOHNSON / SCHOLES / WHITTINGTON (2006), S. 347.

474 Ähnlich HAMMER, der aus dem Chancen-Risiko-Profil und dem Stärken-Schwächen-Profil *mögliche realisierbare Ziele* ableitet, vgl. HAMMER (1998), S. 167.

475 Quelle: JOHNSON / SCHOLES / WHITTINGTON (2006), S. 347.

SO-Strategien zielen darauf ab, Chancen durch den gezielten Einsatz vorhandener Stärken zu nutzen.[476] Bei WO-Strategien werden Chancen ausgenutzt, um bestehende Schwächen zu umgehen oder in ihrer Relevanz herabzusetzen. Der Einsatz von Stärken zur Minimierung von Risiken erfolgt bei ST-Strategien. WT-Strategien intendieren den Abbau von Schwächen, um Risiken zu minimieren. Ein grundlegendes Konzept des strategischen Managements - die Verbesserung des System-Umwelt-Fit[477] - spiegelt sich besonders deutlich in dieser Methode wider. Abbildung 46 zeigt das Informationsprozessmodell der SWOT-Analyse.

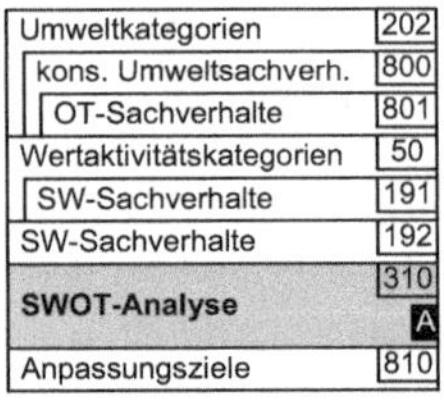

Abb. 46: SWOT-Analyse

Die SWOT-Analyse lässt sich als Informationsprozessmodell mit nur einer Aktivität modellieren (Aktivität 310). Input-Informationen sind die Chancen-Risiken-Übersicht (assoziierte Informationen 202, 800 und 801) und die Stärken-Schwächen-Übersicht (assoziierte Informationen 50 und 191 sowie Information 192). Ergebnis der SWOT-Analyse sind formulierte Anpassungsziele[478] (Information 810).

Die SWOT-Analyse sollte arbeitsteilig durchgeführt werden. Es ist davon auszugehen, dass mehrere Planungssubjekte in den vielfältigen Kombinationsmöglichkeiten der Umwelt- und Unternehmensachverhalte mehr Handlungsoptionen erkennen werden als ein einziges Planungssubjekt.

---

476 Vgl. hierzu und zu den folgenden Strategien MÜLLER-STEWENS / LECHNER (2005), S. 225; ähnlich auch PEARCE / ROBINSON (2007), S. 155 ff.

477 Vgl. GRANT (2008), S. 13; BEA / HAAS (2005), S. 19 f.

478 Der Begriff *Anpassungsziel* wurde gewählt, weil ein Unternehmen sich der Umwelt in der Regel anpassen wird, sie aber nicht in großem Umfang beeinflussen kann. GAITANIDES spricht von *Anpassungsstrategien* und *Autonomiestrategien*, je nachdem ob sich das Unternehmen an Chancen und Risiken (Anpassungsstrategien) oder an Stärken und Schwächen (Autonomiestrategien) orientiert, vgl. GAITANIDES (1989), Sp. 1330.

3.2.3.12 McKinsey-Portfolio

Die grundlegende Idee von Portfolioanalysen ist es, Erfolgsobjekte anhand einer unternehmensinternen (beeinflussbaren) und einer unternehmensexternen (nicht beeinflussbaren) Dimension zu bewerten.[479] Typischerweise werden die Dimensionen in zwei, drei oder vier Abschnitte unterteilt, so dass die resultierenden Portfolios aus 4, 9 oder 16 Feldern bestehen.[480] Aus der Positionierung der Erfolgsobjekte wird zum einen die aktuelle Zusammensetzung des Portfolios ersichtlich, zum anderen sind mit der Positionierung üblicherweise Handlungsempfehlungen zur Portfolio-Optimierung verbunden.

Im Rahmen der strategischen Planung kann heute auf eine Vielzahl unterschiedlicher Portfolioanalysen zurückgegriffen werden.[481] So sind beispielsweise absatzmarkt-, beschaffungsmarkt-, ressourcen-, unternehmenswert- und technologieorientierte Portfolioanalysen entwickelt worden.[482] Das Marktwachstums-/Marktanteils-Portfolio der BOSTON CONSULTING GROUP (BCG-Portfolio) stellt zweifelsfrei das bekannteste absatzmarktorientierte Portfolio dar.[483] Die Marktattraktivitäts-Geschäftsfeldstärken-Matrix von MCKINSEY & COMPANY kann als Nachfolger[484] des BCG-Portfolios betrachtet werden und ist ebenfalls den absatzmarktorientierten Portfolio-Konzepten zuzurechnen.[485] Es basiert auf den zwei Dimensionen *Marktattraktivität* (unternehmensexterne Dimension) und *Geschäftsfeldstärke* (unternehmensinterne Dimension). Im Unterschied zum BCG-Portfolio setzt sich jede Dimension aus mehreren Kriterien zusammen, die zu einer einzigen Dimensionsausprägung aggregiert werden.[486] Beispiele

---

479 Vgl. HAMMER (1998), S. 179; MÜLLER-STEWENS / LECHNER (2005), S. 300; HUNGENBERG (2006), S. 454; KREIKEBAUM (1997), S. 75.

480 Vgl. HAMMER (1998), S. 179.

481 Vgl. BÖHLER (1989); MÜLLER-STEWENS / LECHNER (2005), S. 304.

482 Vgl. WELGE / AL-LAHAM (2003), S. 343.

483 Vgl. HENDERSON (1979), S. 163 ff; GRÜNIG / KÜHN (2006), S. 207 f und S. 10 ff; GÖTZE / RUDOLPH (1994), S. 32 ff; HAX / MAJLUF (1991), S. 152 ff; MÜLLER-STEWENS / LECHNER (2005), S. 300; HUNGENBERG (2006), S. 455; BEA / HAAS (2005), S. 149 f; SHRIVASTAVA (1994), S. 95 ff; PEARCE / ROBINSON (2007), S. 264 f; LYNCH (2003), S. 140 f; STEINMANN / SCHREYÖGG (2005), S. 244 ff.

484 Vgl. BEA / HAAS (2005), S. 150; HAX / MAJLUF (1991), S. 180; KREIKEBAUM (1997), S. 77 f.

485 Vgl. grundlegend HAX / MAJLUF (1983); darüber hinaus HAX / MAJLUF (1991), S. 180 ff; GRÜNIG / KÜHN (2006), S. 223 ff; MÜLLER-STEWENS / LECHNER (2005), S. 303 f.

486 Vgl. GÖTZE / RUDOLPH (1994), S. 34; MÜLLER-STEWENS / LECHNER (2005), S. 303; PEARCE / ROBINSON (2007), S. 265.

für Kriterien zur Bestimmung der Marktattraktivität sind das Marktwachstum, die Marktgröße und die Wettbewerbsintensität. Exemplarische Geschäftsfeldstärke-Kriterien sind der relative Marktanteil, die Kundenbindung oder die Lieferzeit. Des Weiteren werden die beiden Dimensionen in jeweils drei Abschnitte unterteilt, so dass sich eine 9-Felder-Matrix ergibt.[487] Abbildung 47 visualisiert das McKinsey-Portfolio und zeigt die zugehörigen Normstrategien.

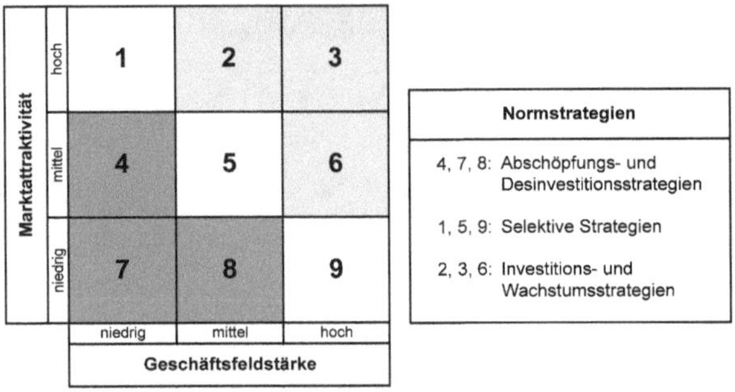

Abb. 47: Normstrategien des McKinsey-Portfolios[488]

Produkte, die in den Feldern 4, 7 und 8 positioniert sind, weisen nur ein geringes Erfolgspotenzial auf, da sich die Marktattraktivität und die Geschäftsfeldstärke nur auf einem geringen bis mittleren Niveau bewegt. Hier bieten sich Abschöpfungsstrategien zwecks Cashflow-Maximierung und Desinvestitionsstrategien an.[489] Investitions- und Wachstumsstrategien werden für Produkte mit mittlerer bis hoher Marktattraktivität und Geschäftsfeldstärke empfohlen (Felder 2, 3 und 6).[490] Mit diesen Produkten wird die Zukunft des Unternehmens gesichert. Die Investitionen und das Wachstum werden im Idealfall aus den Cash-generierenden Produkten der Felder 4, 7 und 8 finanziert. Keine eindeutige Handlungsempfehlung kann für Produkte der Felder 1, 5 und 9 gegeben

487 Vgl. Götze / Rudolph (1994), S. 35; Müller-Stewens / Lechner (2005), S. 303.

488 Quelle: In Anlehung an Bea / Haas (2005), S. 152 und Hinterhuber (2004), S. 148.

489 Vgl. Hinterhuber (2004), S. 168 f.

490 Vgl. Hinterhuber (2004), S. 167.

werden.[491] Bei Produkten im Feld 1 wird geprüft, ob die Geschäftsfeldstärke mit vertretbarem Aufwand gesteigert werden kann. Produkte im Feld 9 tendieren aufgrund der hohen Geschäftsfeldstärke zu Abschöpfungsstrategien. Abbildung 48 zeigt das Informationsprozessmodell des McKINSEY-Portfolios.

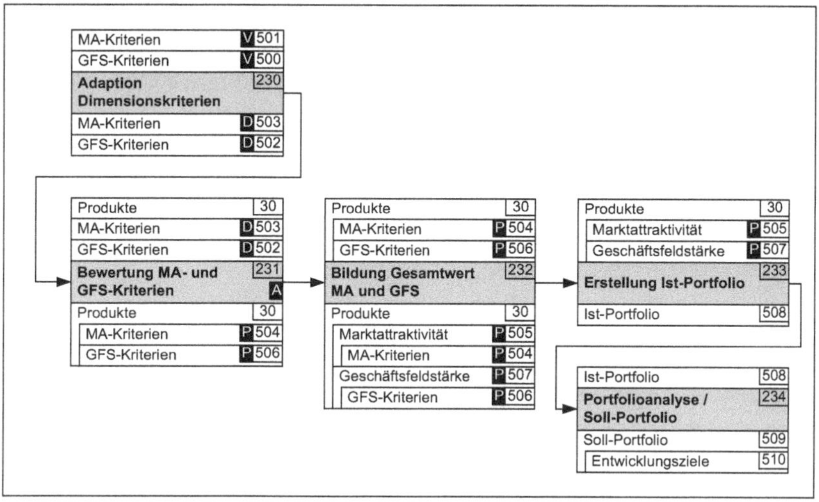

Abb. 48: McKinsey-Portfolio

Vor Beginn der Portfolioanalyse müssen die Planungssubjekte zunächst die Bewertungskriterien festlegen, aus denen die Geschäftsfeldstärke und die Marktattraktivität bestimmt werden. Hilfestellung bieten Kriterienkataloge wie sie beispielsweise HINTERHUBER[492] zu finden sind. Diese Kataloge können den Planungssubjekten als Input-Informationen mit Vorlagecharakter in Aktivität 230 zur Verfügung gestellt werden (Informationen 500 und 501). Nach der unternehmensspezifischen Ergänzung und Adaption der Kriterien (Output-Informationen 502 und 503 der Aktivität 230) kann in der Aktivität 231 darauf (als Input-Information) zurückgegriffen werden. In Aktivität 231 findet die Bewertung der Produkte anhand der adaptierten Marktattraktivitätskriterien (MA-Kriterien) und Geschäftsfeldstärkekriterien (GFS-Kriterien)

491 Vgl. HINTERHUBER (2004), S. 169 ff; HINTERHUBER differenziert die selektiven Strategien in Offensiv-, Defensiv- und Übergangsstrategien.

492 Vgl. HINTERHUBER (2004), S. 150 ff.

statt. Input-Informationen sind die Produkte sowie die MA- und GFS-Kriterien (Informationen 30, 503 und 502). Ergebnis der Aktivität 231 sind die produktbezogenen, aktuellen Ausprägungen der MA- und GFS-Kriterien (assoziierte Output-Informationen 30, 504 und 506). Es ist denkbar, neben der aktuellen Ausprägung auch die zukünftigen Ausprägungen der Kriterien zu ermitteln. Daher wurden die Informationen 504 und 506 als prognostizierbare Informationen modelliert. In Aktivität 232 wird der Gesamtwert der Marktattraktivität und der Geschäftsfeldstärke gebildet. Input-Informationen sind die produktbezogenen, bewerteten MA- und GFS-Kriterien (assoziierte Informationen 30, 504 und 506). Die MA- und GFS-Gesamtwerte wurden durch die Output-Informationen 505 (Markattraktivität) und 507 (Geschäftsfeldstärke) modelliert. Sie stehen mit den Produkten sowie den MA- und GFS-Kriterien in Beziehung (assoziierte Output-Informationen 30, 505, 504, 507 und 506). In Aktivität 233 wird das Ist-Portfolio erstellt. Input-Informationen sind die Produkte und deren Ausprägungen in den beiden Portfoliodimensionen Marktattraktivität und Geschäftsfeldstärke (assoziierte Informationen 30, 505 und 507). Das Ist-Portfolio (Information 508) stellt die Output-Information dieser Aktivität dar.[493] Die Analyse des Ist-Portfolios geschieht in Aktivität 233. Ausgehend vom Ist-Portfolio (Input-Information 508) entwickeln die Planungssubjekte ein Soll-Portfolio. Soll-Portfolios beschreiben erwünschte Zielpositionen[494] der Produkte, die im Modell als Entwicklungsziele (Information 510) bezeichnet werden. Ergebnis der Aktivität 233 sind die assoziierten Output-Informationen 509 und 510)

Die Bewertung der Marktattraktivitäts- und Geschäftsfeldstärkekriterien in Aktivität 231 kann arbeitsteilig durchgeführt werden. Insbesondere bei einer breiten Produktpalette erscheint es sinnvoll, die Bewertung auf produktkompetente Planungssubjekte (beispielsweise Produktmanager) zu verteilen.

3.2.3.13 Formulierung einer Wettbewerbsstrategie

Die Formulierung einer Wettbewerbsstrategie ist auf der Planungsebene strategischer Geschäftseinheiten Kernbestandteil der Phase *Strategieformulierung, -bewertung und*

---

493 Vgl. HAMMER (1998), S. 183.

494 Vgl. HAMMER (1998), S. 183 und S. 186.

Auswahl. Eine Wettbewerbsstrategie soll eine strategische Geschäftseinheit möglichst vorteilhaft und wettbewerbsfähig in der Branche gegenüber Konkurrenten positionieren.[495] Den *generischen Wettbewerbsstrategien* nach PORTER wird in der Literatur besondere Relevanz beigemessen.[496] PORTER unterscheidet die Strategie der *Kostenführerschaft*, die Strategie der *Differenzierung* und die Strategie der *Konzentration auf Schwerpunkte*.[497]

Strategie der Kostenführerschaft

Die Strategie der Kostenführerschaft zielt darauf ab, die eigenen Produkte und Dienstleistungen im Vergleich zur Konkurrenz zu dauerhaft niedrigeren Preisen anbieten zu können.[498] Die Qualität der angebotenen Produkte oder Dienstleistungen muss sich auf einem vom Kunden akzeptierten Niveau befinden und darf im Vergleich zur Konkurrenz keine wesentlichen Mängel aufweisen.[499]

Die Strategie der Kostenführerschaft beruht auf Kostenvorteilen. In der Phase Unternehmensanalyse wurde die Wertkette des Unternehmens bereits speziell im Hinblick auf Kostensenkungspotenziale untersucht. Insbesondere durch eine zielgerichtete Beeinflussung bekannter Kostentreiber lassen sich Kosten kontrollieren und senken.[500] PORTER unterscheidet insgesamt zehn Kostentreiber, wie bspw. größenbedingte Kostendegression oder Lerneffekte.[501] Des Weiteren kann die Wertkette so konfiguriert werden, dass Kostenvorteile entstehen.[502]

---

495 Vgl. HITT / IRELAND / HOSKISSON (2007), S. 114.

496 Vgl. PEARCE / ROBINSON (2007), S. 195 ff; WELGE / AL-LAHAM (2003), S. 383 ff; SHRIVASTAVA (1994), S. 102 f; HUNGENBERG (2006), S. 188 ff; BEA / HAAS (2005), S. 184 ff; MÜLLER-STEWENS / LECHNER (2005), S. 263 ff; GRANT (2008), S. 218 ff; BESANKO ET AL. (2007); 363 ff; THOMPSON / STRICKLAND (2003), S. 150 ff; JOHNSON / SCHOLES / WHITTINGTON (2006), S. 242 ff.

497 Vgl. PORTER (2000), S. 37.

498 Vgl. PORTER (2000), S. 38.

499 Vgl. PORTER (2000), S. 39.

500 Vgl. PORTER (2000), S. 106 und S. 144 ff.

501 Vgl. zu den Kostentreibern im Detail PORTER (2000), S. 107 ff.

502 Vgl. PORTER (2000), S. 143 und S. 153 ff.

Strategie der Differenzierung

Die Strategie der Differenzierung zielt darauf ab, in einem oder mehreren kaufentscheidenden Kriterien[503] einmalig zu sein.[504] Die Abnehmer sind bereit, für einzigartige Leistungen einen höheren Preis zu bezahlen.[505] Dabei muss das Unternehmen die zusätzlichen Kosten der Differenzierung beachten: Die Zusatzkosten der Einmaligkeit dürfen nicht größer sein als die dadurch erzielbare Preisdifferenz.[506] Ein Unternehmen kann sich sowohl in den Produkten und Dienstleistungen, als auch in den Wertaktivitäten von der Konkurrenz differenzieren.[507] Differenzierungsvorteile können aufgebaut werden, indem ein Unternehmen die Beiträge seiner Wertaktivitäten zu einzelnen Kaufkriterien gezielt erhöht.[508]. Darüber hinaus kann eine Umstrukturierung der Wertkette – beispielsweise durch Vorwärts- oder Rückwärtsintegration – zur Differenzierung beitragen.[509]

Strategie der Konzentration auf Schwerpunkte

Bei der Formulierung einer Wettbewerbsstrategie ist zu entscheiden, ob der gesamte Markt oder nur ein bestimmtes Marktsegment (Nische) bearbeitet werden soll. Es wird unterstellt, dass die Bedürfnisse der Abnehmer in einem einzelnen Marktsegment effizienter befriedigt werden können, wenn alle Geschäftsaktivitäten konsequent auf dieses Segment ausgerichtet sind. Innerhalb der Nische wird dann entweder die Strategie der Kostenführerschaft oder die Strategie der Differenzierung verfolgt.[510]

Voraussetzung für die Nischenstrategie sind Märkte und Produkte, die ein hohes Differenzierungspotenzial bieten. Standardisierte Naturprodukte sind beispielsweise wenig zur Nischenbildung geeignet. Da ein Marktsegment mit begrenztem Absatz-

---

503 Vgl. zu den Kaufkriterien des Abnehmers PORTER (2000), S. 194 ff.

504 Vgl. PORTER (2000), S. 40 f.

505 Vgl. PORTER (2000), S. 41 und S. 169.

506 Vgl. HUNGENBERG (2006), S. 41.

507 Vgl. PORTER (2000), S. 168.

508 Vgl. PORTER (2000), S. 205 und S. 209.

509 Vgl. PORTER (2000), S. 214.

510 Vgl. PORTER (2000), S. 42.

potenzial einhergeht, ist die Strategie der Nischenbildung vor allem für kleine und mittelgroße Unternehmen geeignet.[511]

Hybride Wettbewerbsstrategien

Für PORTER schließen sich die Strategie der Kostenführerschaft und die Strategie der Differenzierung gegenseitig aus. Unternehmen, die keine der beiden Strategien konsequent und ausschließlich verfolgen, können keine Wettbewerbsvorteile erreichen.[512] Empirische Untersuchungen widerlegen die Ausschließlichkeit der beiden Wettbewerbsstrategien.[513] Mit *sequentiellen hybriden Strategien*[514] und *simultanen hybriden Strategien*[515] existieren zwei Erklärungsansätze für hybride Wettbewerbsstrategien. Abbildung 49 zeigt das Informationsprozessmodell zur Formulierung von Wettbewerbsstrategien.

Abb. 49: Formulierung einer Wettbewerbsstrategie

511 Vgl. zur Abhängigkeit der Wettbewerbsstrategie von der Unternehmensgröße WRIGHT (1987).

512 Vgl. PORTER (2000), S. 44 f.

513 Vgl. dazu FLECK (1995), S. 32 und S. 34.

514 Vgl. FLECK (1995), S. 62 ff.

515 Vgl. FLECK (1995), S. 84 ff; JOHNSON / SCHOLES / WHITTINGTON (2006), S. 248.

Generische und hybride Wettbewerbsstrategien stellen letztendlich nur Positionierungsalternativen dar. Sie eröffnen den Planungssubjekten ein Spektrum von Möglichkeiten. Im Gegensatz zu den bisher behandelten Planungsmethoden lässt sich bei der Formulierung der Wettbewerbsstrategien kein Prozess oder eine sinnvolle Abfolge einzelner Teilaktivitäten identifizieren. Das Informationsprozessmodell besteht daher nur aus einer einzigen Aktivität (Aktivität 320). Im Rahmen dieser Aktivität verarbeiten die Planungssubjekte alle Informationen, die bei der Eingrenzung möglicher Strategien hilfreich sind und dazu beitragen, eine begründete Auswahl zu treffen.

Den Planungssubjekten werden dazu in erster Linie Ergebnisse der Wertkettenanalyse zur Verfügung gestellt. Die Kostenanalyse der Wertkette liefert Informationen zu Kostensenkungspotenzialen, eventuell verbunden mit konkreten Kostenbeträgen, falls den Planungssubjekten deren Ermittlung oder Schätzung möglich war (assoziierte Input-Informationen 50, 56 und 54). Kostensenkungspotenziale sind bislang ungenutzte Möglichkeiten zu Kostenreduktion. Des Weiteren kann auf die kostenbezogenen Stärken-Schwächen-Sachverhalte der Kostenanalyse zurückgegriffen werden (assoziierte Input-Informationen 50 und 65). Sie zeigen den Planungssubjekten, welche Kostenvorteile und Kostennachteile das Unternehmen gegenüber Hauptkonkurrenten aktuell aufweist. Die Analyse der Differenzierungspotenziale der Wertkette macht noch nicht realisierte Differenzierungsmöglichkeiten inklusive der damit verbundenen Differenzierungskosten transparent und zeigt, welche bestehenden Differenzierungsvorteile und Differenzierungsnachteile das Unternehmen im Vergleich zu Hauptkonkurrenten aufweist (assoziierte Input-Informationen 50, 106, 109 und 107). Durch eine Gegenüberstellung der genannten Informationen können die Planungssubjekte Entscheidungen für oder gegen eine Wettbewerbsstrategie plausibilisieren. Um die Vollständigkeit des Modells zu gewährleisten, wurden die Strategiealternativen ebenfalls als Input-Informationen (Informationen 850 und 852 mit Vorlagecharakter) in das Modell integriert. Der Bezug der genannten Informationen zu Wertaktivitätskategorien (Information 50) ermöglicht die Lokalisierung der Vor- und Nachteile sowie der Potenziale in der Wertkette des Unternehmens. Informationen über attraktive Marktsegmente (Input-Informationen 100 und 941) unterstützen die Entscheidung über die Ausrichtung des Unternehmens auf den Gesamtmarkt oder bestimmte Marktsegmente. Des Weiteren sollte die Formulierung einer Wettbewerbsstrategie nicht ohne wettbewerbsrelevante Informationen über Hauptkonkurrenten (assoziierte Informationen 250, 257, 258, 253, 264) erfolgen. Nach der Analyse aller Informationen formulieren die Planungssubjekte ein Bündel von Positionierungszielen (Output-Information 851). Diese Ziele legen beispielsweise fest, dass bestimmte Kostensenkungspotenziale im Beschaffungsbereich ausgenutzt und/oder ein bestehender Differenzierungsvorteil im Vertrieb aktiver im Wettbewerb eingesetzt werden soll.

3.2.3.14 Formulierung einer Wachstumsstrategie

Die Analysen absatzmarktorientierter Portfolios finden im Rahmen bestehender Märkte und bestehender Produkte statt. Speziell für das im Rahmen der Unternehmensentwicklung typischerweise angestrebte Unternehmenswachstum stehen außerhalb bestehender Produkt-Markt-Kombinationen zwei zusätzliche strategische Optionen zur Verfügung: Die Entwicklung oder Variation von Produkten und die Erschließung neuer Märkte. Eine Systematisierung der Produkt-Markt-bezogenen Wachstumsoptionen wurde von ANSOFF mit der Produkt-Markt-Matrix vorgelegt.[516] Abbildung 50 zeigt diese Matrix und die resultierenden Wachstumsstrategien.

	bestehende Produkte	neue Produkte
bestehende Märkte	Marktdurchdringung	Produktentwicklung
neue Märkte	Marktentwicklung	Diversifikation

Abb. 50: Produkt-Markt-Matrix[517]

Bei einer *Marktdurchdringung* soll das Wachstum mit bestehenden Produkten in bestehenden Märkten forciert werden.[518] Generelles Ziel der Marktdurchdringung ist die

[516] Vgl. ANSOFF (1965), S. 109; unter einer *Mission* versteht ANSOFF „[...] an existing product need [...]“, ANSOFF (1965), S. 106.

[517] Quelle: ANSOFF (1965), S. 109, leicht modifiziert. Für eine Anwendung der Produkt-Markt-Matrix auf SGE-Ebene vgl. MÜLLER-STEWENS / LECHNER (2005), S. 256 ff.

[518] Vgl. ANSOFF (1965), S. 109 f.

Steigerung des relativen Marktanteils. Das Spektrum der *Produktentwicklung* reicht von einer leichten Modifikation bestehender Produkte bis zur Entwicklung vollständig neuer Produkte. Modifizierte oder neue Produkte werden auf bestehenden Märkten angeboten. Diese Wachstumsoption umfasst auch die Substitution alter Produkte durch verbesserte oder neue Produkte.[519] Bei der *Marktentwicklung* werden bestehende Produkte auf neuen Märkten angeboten, bzw. es werden neue Märkte für bestehende Produkte gesucht. Die gezielte Ansprache neuer Kundengruppen und die Erschließung neuer Distributionskanäle charakterisieren diese Wachstumsoption. Das Anbieten neuer Produkte in neuen Märkten wird als *Diversifikation* bezeichnet.

Bei der strategischen Planung auf Ebene strategischer Geschäftseinheiten erscheint es sinnvoll, den Begriff *Markt* der Produkt-Markt-Matrix auf *Marktsegmente* einzuschränken.[520] Abbildung 51 zeigt das Informationsprozessmodell zur Formulierung einer Wachstumsstrategie.

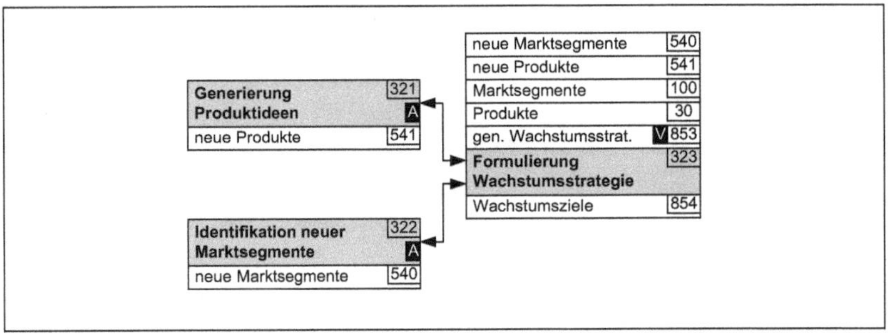

Abb. 51: Formulierung einer Wachstumsstrategie

Die Modellierung der Produkt-Markt-Matrix wird durch die Tatsache erschwert, dass üblicherweise nur Informationen zu den bestehenden Produkten und Marktsegmenten vorliegen. Nun sind es aber gerade *neue* Produkte und *neue* Marktsegmente, die als mögliche Wachstumsoptionen im Rahmen der strategischen Planung evaluiert werden sollen. Aus diesem Grund wurde eine Aktivität zur Generierung neuer Produktideen (Aktivität 321) und eine Aktivität zur Identifikation neuer Marktsegmente

519 Vgl. hierzu und zum Folgenden ANSOFF (1965), S. 110.

520 Vgl. MÜLLER-STEWENS / LECHNER (2005), S. 256 f.

(Aktivität 322) modelliert, die der eigentlichen Analyse strategischer Wachstumsoptionen in Aktivität 323 vorgelagert sind. Für beide Aktivitäten (321 und 322) können keine Input-Informationen benannt werden, da diese Tätigkeiten in hohem Maße von der Kreativität der Planungssubjekte abhängig sind. Output-Informationen der beiden Aktivitäten sind neue Produkte bzw. neue Marktsegmente (Informationen 541 und 540). Die Formulierung einer Wachstumsstrategie erfolgt in Aktivität 323. Input-Informationen für diese Aktivität sind potenzielle neue Marktsegmente (Information 540) und Produkte (Information 541), bestehende Marktsegmente (Information 100) und Produkte (Aktivität 30) sowie die generischen Wachstumsstrategien als Spektrum verfügbarer Möglichkeiten (Information 853 mit Vorlagecharakter). Das Ergebnis der Aktivität 323 sind formulierte Wachstumsziele (Output-Information 854), die sich auf bestimmte Produkt-Marktsegment-Kombinationen beziehen. Es ist auch denkbar, dass Aktivität 323 die Suche nach neuen Produktideen oder neuen Marktsegmenten (erneut) anstößt. Aus diesem Grund wurden die Vorgänger-Nachfolger-Beziehungen zwischen den Aktivitäten in beide Richtungen modelliert.

Die Aktivitäten 321 und 322 können arbeitsteilig durchgeführt werden. Beide Aktivitäten erfordern ein hohes Maß an Kreativität und sollten zwecks Ideensammlung auf möglichst viele Köpfe verteilt werden. Es ist davon auszugehen, dass insbesondere Planungssubjekte mit intensivem Kundenkontakt neue Produktideen und neue Marktsegmente generieren bzw. erfassen werden. Aber auch Planungssubjekte aus der Forschungs- und Entwicklungsabteilung sind Quellen für Produktideen.

3.2.3.15 Strategiebewertung und Strategieauswahl

Die Phasen der Umwelt- und Unternehmensanalyse liefern die Informationsgrundlage zur Erarbeitung und Formulierung von Instrumentalzielen. Instrumentalziele (Anpassungsziele, Entwicklungsziele, Positionierungsziele, Wachstumsziele) sind das Mittel zur Erreichung der Fundamentalziele des Unternehmens und konkretisieren den Weg der Fundamentalzielerreichung. Jedes Instrumentalziel wird im Kontext einer bestimmten Planungsmethode formuliert. Planungsmethoden reduzieren einerseits die Komplexität des gesamten strategischen Planungsproblems in handhabbare

Teilprobleme,[521] andererseits ist die Komplexitätsreduktion stets mit einer begrenzten Perspektive verbunden. Daher ist es für die endgültige Formulierung der Strategie erforderlich, die separat erarbeiteten Instrumentalziele zu integrieren. Den Planungssubjekten muss es gelingen, von den hilfreichen aber limitierenden Perspektiven einzelner Planungsmethoden zu abstrahieren und den Blick auf das Ganze zu richten. Am Ende des Planungsprozesses sollte sich die Strategie als konsistentes System aus Fundamental- und Instrumentalzielen präsentieren.

Zwei Gründe bewirken, dass sich die Strategie nicht aus der einfachen Kombination aller formulierten Ziele ergibt. Zum einen können die in separaten Planungsmethoden formulierten Instrumentalziele Widersprüche aufweisen. Beispielsweise harmoniert eine finanziell belastende Marktentwicklung (Wachstumsziel aus der Produkt-Markt-Matrix) nicht mit einer beabsichtigten Entlastung der Finanzsituation (Anpassungsziel resultierend aus der SWOT-Analyse, da der Zugang zu Kapitalmärkten erschwert wurde). Zum anderen wird es aufgrund begrenzter Ressourcen in den wenigsten Fällen möglich sein, alle formulierten Instrumentalziele durch Maßnahmen zu hinterlegen und umzusetzen. Die Menge der formulierten Instrumentalziele muss daher priorisiert und begrenzt werden. Aufgabe der Planungssubjekte ist es, die Instrumentalziele selektiv mit den Fundamentalzielen zu alternativen Zielsystemen zu verknüpfen. Jedes Zielsystem stellt eine alternative Strategie für das Unternehmen dar. Die Menge der erarbeiteten Strategiealternativen muss im Rahmen einer Bewertung priorisiert werden.[522] Zur Auswahl einer Strategie wird ein zweistufiges Bewertungs- und Auswahlverfahren vorgeschlagen.[523]

Im ersten Schritt werden die alternativen Strategien mit qualitativen Kriterien bewertet. Beispiele für qualitative Kriterien sind Konsistenz[524], Plausibilität und Durchführbarkeit[525]. Mit dem Kriterium der Konsistenz wird überprüft, ob die Strategie in sich

---

521 Vgl. GRÜNIG / KÜHN (2006), S. 56; BEIERSDORF (1995), S. 44.

522 Vgl. PFOHL / STÖLZLE (1997), S. 107; LÖFFLER (1995), S. 86.

523 Vgl. HUNGENBERG (2006), S. 266 und S. 268.

524 Vgl. HATTEN / HATTEN (1988), S. 133 ff; WELGE / AL-LAHAM (2003), S. 494 ff; HINTERHUBER (2004), S. 187; LYNCH (2003), S. 511; HOMBURG (2000), S. 191.

525 Vgl. KREIKEBAUM (1997), S. 87; WELGE / AL-LAHAM (2003), S. 494; HOMBURG (2000), S. 191 f.

schlüssig ist und keine Widersprüche enthält.[526] Die Menge der konfliktären Ziele soll minimal sein. Bei der Überprüfung der Plausibilität werden die Annahmen (Planungsprämissen) der Strategie kritisch hinterfragt.[527] Beispielsweise wird überprüft, inwiefern das geschätzte Marktpotenzial für ein neues Produkt tatsächlich realistisch ist. Mit dem Kriterium der Durchführbarkeit wird geprüft, ob die erforderlichen Ressourcen vorhanden sind.[528]. Anhand dieser Kriterien kann eine Vorauswahl getroffen werden.[529]

Im zweiten Schritt werden die verbleibenden Strategiealternativen quantitativ bewertet.[530] Im Rahmen der quantitativen Strategiebewertung werden üblicherweise unternehmenswertorientierte Zielgrößen wie der Discounted Cash-flow[531] (DCF) oder der Economic Value Added[532] (EVA) berechnet.[533] Häufig werden diese von den Shareholdern als Zielgröße für das Unternehmen formuliert und sind damit ein wichtiger Bestandteil des Fundamentalzielsystems. Die Berechnung dieser Zielgrößen setzt jedoch voraus, dass die Strategie in monetäre Größen übersetzt wird. Dazu ist es erforderlich, Maßnahmen zu bestimmen, mit denen die Instrumentalziele realisiert werden sollen.[534] Beispielsweise soll das Instrumentalziel *Verbesserung der Liquidität* durch eine Maßnahme realisiert werden, bei der ein Sale-and-lease-back-Geschäft[535] mit einer Unternehmensimmobilie durchgeführt wird. Ein anderes Beispiel ist der Aufbau einer neuen Produktionsstraße (Maßnahme) zur Realisierung des Instrumentalziels

---

526 Vgl. HATTEN / HATTEN (1988), S. 132.

527 Vgl. KREIKEBAUM (1997), S. 88; LYNCH (2003), S. 511 f.

528 Vgl. WELGE / AL-LAHAM (2003), S. 494; KREIKEBAUM (1997), S. 88; LYNCH (2003), S. 512 ff; JOHNSON / SCHOLES / WHITTINGTON (2006), S. 371 f.

529 STEINMANN / SCHREYÖGG sprechen von einer *Grobprüfung*, vgl. STEINMANN / SCHREYÖGG (2005), S. 263 f.

530 Vgl. PFOHL / STÖLZLE (1997), S. 125; HUNGENBERG (2006), S. 268; LYNCH (2003), S. 520 ff.

531 Vgl. zur Berechnung des Discounted Cash-Flow COPELAND / KOLLER / MURRIN (1990), S. 97 ff.

532 Vgl. zum Economic Value Added grundlegend STEWART (1991).

533 Vgl. HUNGENBERG (2006), S. 268 f; JOHNSON / SCHOLES / WHITTINGTON (2006), S. 364.

534 Nach HUNGENBERG / WULF scheitert die Implementierung von Strategien häufig daran, dass Strategien "[...] zu abstrakt bleiben, d. h. nicht auf die Maßnahmenebene heruntergebrochen werden [...]", HUNGENBERG / WULF (2003), S. 256. Diesem Defizit an der Schnittstelle zwischen strategischer Planung und operativer Planung kann durch eine Konkretisierung der Instrumentalziele in Maßnahmen entgegengewirkt werden.

535 Bei einem *Sale-and-lease-back-Geschäft* wird ein Vermögensgegenstand verkauft und gleichzeitig ein Leasing-Vertrag mit dem Käufer des Vermögensgegenstandes abgeschlossen, so dass die (langfristige) Nutzung des veräußerten Gegenstandes weiterhin möglich ist.

Erhöhung der Produktionskapazität. Da die Kompetenz zur Definition und Detaillierung zielwirksamer Maßnahmen vor allem in den mittleren und unteren Management-Ebenen lokalisiert ist,[536] bietet sich eine dezentrale Maßnahmenplanung an. Im Anschluss an eine dezentrale strategische Maßnahmenplanung wird es erforderlich, die Maßnahmen aufeinander abzustimmen. Die koordinierten Maßnahmen werden wertmäßig operationalisiert und in Bezug auf ihre Erfolgswirkung (Erlöse und Kosten / Erträge und Aufwände) und Finanzwirkung (Einzahlungen und Auszahlungen / Einnahmen und Ausgaben) im Rahmen der strategischen Budgetierung[537] bewertet.[538] Dazu erfolgt eine getrennte Berücksichtigung strategischer Maßnahmen im integrierten System der operativen Pläne.[539]

Durch die Budgetierung der mit den Strategiealternativen assoziierten Maßnahmenbündel wird es möglich, die oben genannten Zielgrößen wie Cash-flow oder Economic Value Added zu berechnen und eine Vorschau auf das Unternehmensergebnis zu erhalten.[540] Die Strategiealternativen lassen sich anhand dieser Zielgrößen miteinander vergleichen. Des Weiteren wird bei der Budgetierung transparent, ob eine Strategiealternative wirklich realisierbar ist.[541] Wenn die Maßnahmenbündel nicht finanzierbar sind oder sich die unsichere Erfolgswirkung einer Strategie erst nach einer verlustintensiven Anlaufphase zeigt, muss die Strategie modifiziert oder verworfen werden. Durch die Budgetierung von Maßnahmen wird zudem das Commitment zu

---

536 Vgl. RIEG (2004), S. 475.

537 *Strategische Budgetierung* bezeichnet im Folgenden einen Budgetierungsprozess, der explizit die aus der Strategie abgeleiteten Maßnahmen und deren Auswirkungen auf das operative Geschäft berücksichtigt. Von der operativen Budgetierung grenzt sich die strategische Budgetierung durch die Betrachtung längerer Zeiträume und einen geringeren Detaillierungsgrad ab. Das Ergebnis der strategischen Budgetierung – das strategische Budget – ist "[...] in Form von Eckwerten der Ausgangspunkt für die taktische und für die operative Budgetierung.", HORVÁTH (2006), S. 217; siehe dazu auch HUNGENBERG (1993), S. 234 f.

538 Vgl. PFOHL / STÖLZLE (1997), S. 136 f; NAUMANN (1982), S. 199; RIEG (2004), S. 474.

539 Vgl. HAX / MAJLUF (1991), S. 86 und S. 377; BEA / HAAS (2005), S. 199. GREINER gibt die Gestaltungsempfehlung, dass Budgets für bedeutende strategierelevante Investitionen, Projekte oder Programme nicht mit den operativen Budgets vermengt werden sollten, vgl. GREINER (2004), S. 92. Eine Trennung von strategischem und operativem Budget wird von Ansoff unter dem Begriff *Dual Budgeting* vorgeschlagen, vgl. ANSOFF (1984), S. 443 ff.

540 Vgl. RIEG (2004), S. 474. GREINER spricht von der *Prognosefunktion* der Budgetierung, vgl. GREINER (2004), S. 61 und S. 75.

541 Vgl. BOLLMANN (1983), S. 219; BEA / HAAS (2005), S. 199.

strategischem Wandel signalisiert und untermauert.[542] Die strategische Budgetierung kann mit einer Szenarioanalyse[543] kombiniert werden. Szenarien stellen alternative Zukunftsbilder dar, die auf in sich konsistenten Annahmenbündeln beruhen. Typischerweise wird ein Best-Case, ein Worst-Case und ein Standard-Szenario entworfen. Mit Hilfe der Szenario-Analyse ist es möglich zu analysieren, wie sich verschiedene Szenarien auf den Erfolg einer Strategie auswirken. Im Allgemeinen ist es wünschenswert, dass Strategien auch im Worst-Case-Szenario noch zu akzeptablen Erfolgen führen. Abbildung 52 zeigt das Informationsprozessmodell der Strategiebewertung und Strategieauswahl.

542 Vgl. THOMPSON / STRICKLAND (2003), S. 390; GREINER (2004), S. 95. THOMPSON / STRICKLAND weisen darauf hin, dass eine mangelhafte Budgetierung strategischer Maßnahmen die Strategieimplementierung gefährdet: "Underfunding organisational units and activities pivotal to strategic success can defeat the whole implementation process.", THOMPSON / STRICKLAND (2003), S. 390.

543 Vgl. zur Szenario-Analyse VON REIBNITZ (1989).

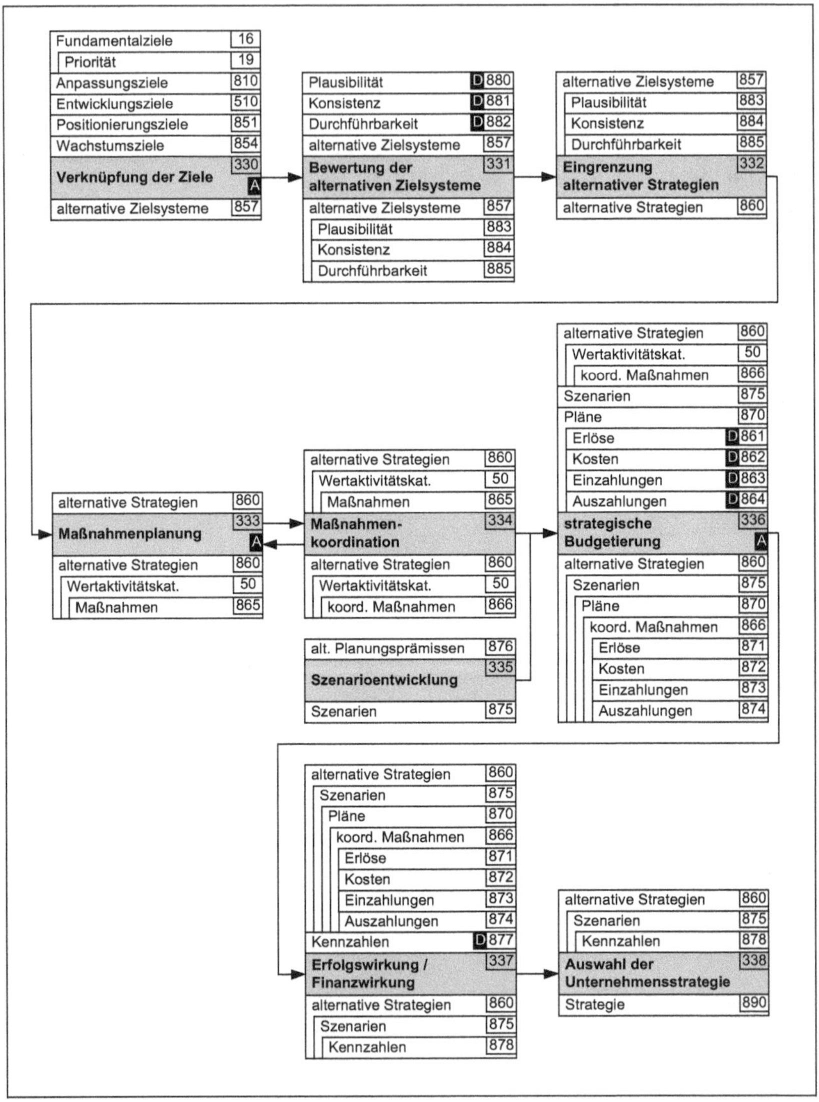

Abb. 52: Strategiebewertung und Strategieauswahl

In Aktivität 330 erfolgt die selektive Verknüpfung der separat formulierten Ziele zu alternativen Zielsystemen. Input-Informationen sind Fundamentalziele (assoziierte

Informationen 16 und 19) und Instrumentalziele (Informationen 810, 510, 851 und 854). Ergebnis der Aktivität sind alternative Zielsysteme (Output-Information 857). Die erarbeiteten alternativen Zielsysteme (Information 857) sind zusammen mit den qualitativen Kriterien zur Strategiebewertung (Informationen 880 bis 882 mit Definitionscharakter) die Input-Informationen für die nächste Aktivität 331 zur Bewertung der alternativen Zielsysteme. Im Rahmen dieser Bewertung werden für jedes Zielsystem die Ausprägungen der einzelnen Kriterien ermittelt. Die Assoziation der Output-Informationen 883, 884 und 885 mit Information 857 bringt dies zum Ausdruck. In der folgenden Aktivität 332 wird auf diese Informationen zurückgegriffen. Zielsysteme, die bereits der ersten qualitativen Überprüfung auf Plausibilität, Konsistenz und Durchführbarkeit nicht Stand halten, scheiden als Strategien für das Unternehmen aus. Output-Information der Aktivität 332 ist die Teilmenge der Zielsysteme, die den genannten qualitativen Kriterien genüge leistet (Information 860). Sie wurde im Modell zur besseren Unterscheidung als *alternative Strategien* bezeichnet.

Die Maßnahmenplanung wurde mit den beiden Aktivitäten 333 und 334 modelliert. Aktivität 333 zeigt die dezentrale Planung der Maßnahmen. Das bereichsspezifische Wissen der Planungssubjekte wird genutzt, um effektive Maßnahmen zur Realisierung der alternativen Strategien zu generieren. Input-Information sind die alternativen Strategien (Information 860), Output-Informationen sind Maßnahmen, die über Wertaktivitätskategorien mit den alternativen Strategien assoziiert sind (assoziierte Informationen 860, 50 und 865). Die Wertaktivitätskategorien verdeutlichen, dass die Maßnahmen dezentral in verschiedenen Unternehmensbereichen erarbeitet werden. Eine dezentrale Maßnahmenplanung erfordert eine Koordination, um zu verhindern, dass Maßnahmen doppelt durchgeführt werden. Sofern die alternativen Strategien einen hohen Grad interner Konsistenz aufweisen, ist davon auszugehen, dass keine konkurrierenden Maßnahmen erarbeitet werden. Dennoch ist dies nicht vollkommen auszuschließen. Daher umfasst die Koordination auch das Eliminieren konkurrierender Maßnahmen. Die Koordination der Maßnahmen findet in Aktivität 334 statt. Input-Informationen sind die dezentral geplanten Maßnahmen (assoziierte Informationen 860, 50 und 865). Output-Information ist die Informationsmenge *koordinierte Maßnahmen* (koord. Maßnahmen, Information 866). Die Assoziation der Maßnahmen mit den Wertaktivitäten sollte nach Möglichkeit erhalten bleiben, denn dies wird die nachfolgende strategische Budgetierung erleichtern. Zwischen den Aktivitäten 333 und 334 wurde in beide Richtungen eine Vorgänger-Nachfolger-Beziehung modelliert, da die Aktivität der Maßnahmenkoordination die Aktivität der Maßnahmenplanung erneut initiieren kann.

Aktivität 335 zeigt die Entwicklung alternativer Szenarien. Input-Information sind alternative Planungsprämissen (Information 876), Output-Information sind verschiedene Szenarien (Information 875).[544]

Das Budgetieren der koordinierten Maßnahmen erfolgt in Aktivität 336. Ziel dieser Aktivität ist es, die Maßnahmen hinsichtlich ihrer Erfolgswirkung und Finanzwirkung zu beurteilen und sie in das System der betrieblichen Teilpläne zu integrieren. Input-Informationen dieser Aktivität sind die koordinierten Maßnahmen (assoziierte Informationen 860, 50, 866), die Szenarien (Information 875) und das System betrieblicher Pläne mit den zugehörigen Planungsgrößen (Informationen 861 bis 864 mit Definitionscharakter, assoziiert mit Information 870). Im Rahmen der Budgetierung werden die Input-Informationen neu assoziiert und die Planungsgrößen mit konkreten Ausprägungen versehen. Die komplexe Assoziation der Output-Informationen 860, 875, 870, 866, 871 bis 874 ist wie folgt zu interpretieren: Jede alternative Strategie wird vor dem Hintergrund der erarbeiteten Szenarien budgetiert (assoziierte Informationen 860 und 875). Zu jeder Strategie-Szenario-Kombination wird ein integrierter Gesamtplan erstellt (assoziierte Informationen 860, 875 und 870). In jedem dieser Gesamtpläne wurden die (mit den alternativen Strategien korrespondierenden) koordinierten Maßnahmen in Bezug auf die Planungsgrößen Erlöse, Kosten, Einzahlungen und Auszahlungen budgetiert (assoziierte Informationen 870, 866, 871 bis 874). Die Assoziation zwischen koordinierten Maßnahmen und Wertaktivitäten (Input-Informationen 50 und 866) kann den Planungssubjekten die Zuordnung der Maßnahmen zu Teilplänen erleichtern (assoziierte Output-Informationen 870 und 866), denn das System der betrieblichen Teilpläne (Absatzplan, Beschaffungsplan, Produktionsplan etc., Information 870) wird häufig eine wertkettenähnliche Grundstruktur aufweisen.

---

[544] Für die Szenarioentwicklung wurde bewusst eine sehr kompakte Modellierung mit nur einer einzigen Aktivität gewählt. Es soll in erster Linie gezeigt werden, dass in diesem Informationsprozessmodell die Möglichkeit besteht, mit verschiedenen Szenarien zu arbeiten.

Auf Grundlage der strategischen Budgetierung wird es grundsätzlich möglich, Kennzahlen für zukünftige Perioden zu berechnen. Dies geschieht in Aktivität 337. Durch die Resultate der strategischen Budgetierung wird ersichtlich, welche Erfolgs- und Finanzwirkung mit jeder alternativen Strategie vor dem Hintergrund verschiedener Szenarien einhergeht. Damit lassen sich Strategien identifizieren, die finanziell nicht tragbar sind oder nur eine unbefriedigende Verbesserung der Erfolgssituation bewirken. Die strategische Budgetierung stellt damit eine weitere und wesentlich präzisere Prüfung auf *Durchführbarkeit* dar. Des Weiteren ist es erst nach der strategischen Budgetierung möglich, wertorientierte Kennzahlen wie etwa EVA oder DCF zu berechnen. Input-Informationen der Aktivität 337 sind folglich die Ergebnisse der strategischen Budgetierung (assoziierte Informationen 860, 875, 870, 866, 871 bis 874) sowie unternehmenskritische (Bsp.: Liquidität) oder wertorientierte Kennzahlen (Information 877 mit Definitionscharakter). Output-Information sind berechnete Kennzahlen, die sich stets auf eine Strategie-Szenario-Kombination beziehen (assoziierte Informationen 860, 875 und 878). Mit Hilfe dieser Kennzahlen entscheiden sich die Planungssubjekte in Aktivität 338 für eine Strategie (Output-Information 890).

Eine arbeitsteilige Durchführung ist bei den Aktivitäten 330, 333 und 336 möglich bzw. sinnvoll. Die Generierung von Strategien (das selektive Verknüpfen von verteilt[545] formulierten Zielen zu in sich stimmigen Zielsystemen) profitiert davon, wenn die Kreativität, Erfahrung und Kompetenz von mehreren Planungssubjekten genutzt wird. Auch die Tatsache, dass jedes Individuum eine unterschiedliche Sichtweise auf das gleiche strategische Planungsproblem haben wird, spricht für eine arbeitsteilige Durchführung der Strategieformulierung. Denn dadurch lässt sich die potenzielle Gefahr der Einseitigkeit einer sehr kleinen Gruppe von Planungssubjekten überwinden. Auch der Gedanke einer bewusst herbeigeführten Ideenkonkurrenz kann eine arbeitsteilige Durchführung sinnvoll erscheinen lassen. Die Aktivitäten 333 und 336 planen und budgetieren Maßnahmen. Dabei sollte das Fachwissen der mittleren Management-Ebene genutzt werden, um wirksame Maßnahmen zu benennen und zu quantifizieren.

---

545 Der Aspekt der *Verteilung* bezieht sich hierbei auf den Umstand, dass die Ziele in verschiedenen Planungsmethoden (isoliert voneinander) formuliert wurden. Im jeweiligen Kontext der Planungsmethode erscheint jedes Ziel zunächst plausibel; die Integration der Ziele zu einem Zielsystem kann jedoch zu Inkonsistenzen führen.

3.2.4 Methodenübergreifender Informationsaustausch

Mit der methodenspezifischen Informationsprozessmodellierung in Abschnitt 3.2.3 wurde die Informationsverarbeitung innerhalb einzelner Planungsmethoden herausgearbeitet. Informationen werden jedoch auch zwischen den Methoden ausgetauscht, denn Output-Informationen einer Methode können notwendige Input-Informationen für eine andere Methode darstellen. Abbildung 53 zeigt, welche Informationen zwischen den Methoden ausgetauscht werden. Die dargestellte Matrix ist das Ergebnis einer methodenübergreifenden Input-Output-Analyse.

Infomationsempfänger \ Infomationslieferanten			FZ: Stakeholderanalyse	Umweltanalyse: Analyse der Makroumwelt	Branchenstrukturanalyse: Kundenmacht	Branchenstrukturanalyse: Lieferantenmacht	Branchenstrukturanalyse: Rivalitätsgrad	Branchenstrukturanalyse: Ersatzprodukte	Branchenstrukturanalyse: Eintrittsbarrieren	Umweltanalyse: Absatzmarktanalyse	Umweltanalyse: Analyse der strat. Gruppen	Umweltanalyse: Konkurrenzanalyse	Umweltanalyse: Chancen-Risiken-Übersicht	Wertkettenanalyse: Definition der Wertkette	Wertkettenanalyse: Analyse der org. Verknüpfungen	Wertkettenanalyse: Verknüpfungen in der Wertkette	Wertkettenanalyse: Kostenanalyse	Wertkettenanalyse: Analyse von Diff.-Schwerpunkten	Unternehmensanalyse: Analyse strat. rel. Ressourcen	Unternehmensanalyse: Stärken-Schwächen-Übersicht	Strategieformulierung, -bewertung und -auswahl: SWOT-Analyse	Strategieformulierung, -bewertung und -auswahl: Portfolioanalyse	Strategieformulierung, -bewertung und -auswahl: Wachstumsstrategie	Strategieformulierung, -bewertung und -auswahl: Wettbewerbsstrategie	Strategieformulierung, -bewertung und -auswahl: Strategiebewertung und -auswahl
FZ		Stakeholderanalyse																							
Umweltanalyse		Analyse der Makroumwelt			271	302					250			50 52					141						
Umweltanalyse	Branchenstrukturanalyse	Kundenmacht		202																					
Umweltanalyse	Branchenstrukturanalyse	Lieferantenmacht		202																					
Umweltanalyse	Branchenstrukturanalyse	Rivalitätsgrad		202																					
Umweltanalyse	Branchenstrukturanalyse	Ersatzprodukte		202																					
Umweltanalyse	Branchenstrukturanalyse	Eintrittsbarrieren		202																					
Umweltanalyse		Absatzmarktanalyse		202																					
Umweltanalyse		Analyse der strategischen Gruppen		202																					
Umweltanalyse		Konkurrenzanalyse		202							250			50 52											
Umweltanalyse		Chancen-Risiken-Übersicht		202 209	290	321	416	354	464	940 937	233	255													
Unternehmensanalyse	Wertkettenanalyse	Definition der Wertkette																							
Unternehmensanalyse	Wertkettenanalyse	Analyse der organisatorischen Verknüpfungen												50 52											
Unternehmensanalyse	Wertkettenanalyse	Analyse von Verknüpfungen in der Wertkette												50 52											
Unternehmensanalyse	Wertkettenanalyse	Kostenanalyse										250 258 263		50 52											
Unternehmensanalyse	Wertkettenanalyse	Analyse von Differenzierungs-schwerpunkten								100		250 258 263		50 52			64 67								
Unternehmensanalyse		Analyse strat. relevanter Ressourcen												50 52											
Unternehmensanalyse		Stärken-Schwächen-Übersicht										250 262		50	82	93	65	107	160						
Strategieformulierung, -bewertung und -auswahl		SWOT-Analyse		202									800 801	50						191 192					
Strategieformulierung, -bewertung und -auswahl		Portfolioanalyse																							
Strategieformulierung, -bewertung und -auswahl		Wachstumsstrategie								100															
Strategieformulierung, -bewertung und -auswahl		Wettbewerbsstrategie								100 941	250	257 258 253 264		50			65 56 54	106 109 107							
Strategieformulierung, -bewertung und -auswahl		Strategiebewertung und Strategieauswahl	16 19											50							810	510	854	851	

Abb. 53: Methodenübergreifende Input-Output-Analyse

Abbildung 53 zeigt auf beiden Achsen die in dieser Arbeit betrachteten Planungsmethoden. Dabei entspricht die vertikale und horizontale Anordnung der Methoden dem idealtypischen Prozess der strategischen Planung. Die Methoden auf der vertikalen Achse sind Informationsempfänger. Sie beziehen Informationen von den Methoden, die auf der horizontalen Achse (Informationslieferanten) abgebildet sind. Die Felder der Matrix enthalten die ID's der Informationen, die zwischen den Planungsmethoden ausgetauscht werden. Es ist auffällig, dass die Methoden *Analyse der Makroumwelt* und *Definition der Wertkette* (siehe gleichnamige Spalten) viele Methoden mit denselben Informationen beliefern. Bei Information 202 handelt es sich um die Struktur der Umweltkategorien. Sie wird bei der Analyse der Makroumwelt definiert. Alle anderen Methoden aus der Phase der Umweltanalyse greifen darauf zurück, um die relevanten Umweltsachverhalte mit dieser Struktur zu assoziieren. In ähnlicher Weise verhält es sich mit der Wertkette (assoziierte Informationen 50 und 52, siehe Spalte *Definition der Wertkette*). Die Struktur der Wertkette wird in der Phase der Unternehmensanalyse dazu verwendet, die unternehmensinternen (Stärken-Schwächen-) Sachverhalte dieser Struktur zuzuordnen. Abbildung 53 zeigt auch, dass die Chancen-Risiken-Übersicht und die Stärken-Schwächen-Übersicht eine Sammelfunktion übernehmen (siehe die Zeilen *Chancen-Risiken-Übersicht* und *Stärken-Schwächen-Übersicht*). Trotz des Umstandes, dass sich hinter den einzelnen Informations-ID's umfangreiche Informations*mengen* verbergen können, überrascht es, dass zwischen den Planungsmethoden nicht mehr Informationen ausgetauscht werden.

3.3 Zwischenfazit

Ausgangspunkt der Informationsprozessmodellierung waren ausgewählte Methoden der strategischen Planung. Die Informationsverarbeitung innerhalb der Methoden wurde mit Hilfe der verwendeten Modellierungstechnik detailliert erarbeitet, so dass der planungsmethodeninduzierte objektive Informationsbedarf offengelegt werden konnte. Der objektive Informationsbedarf ist die Menge aller Input-Informationen. Durch die Trennung von Input- und Output-Informationen ist es möglich, den objektiven Informationsbedarf in einen methoden-externen und einen methoden-internen Informationsbedarf zu differenzieren. Der methoden-externe Informationsbedarf umfasst alle Input-Informationen, die nicht durch die Methoden selbst generiert werden.

Hier ist im Hinblick auf ein Data-Warehouse-System zu prüfen, aus welchen Quellsystemen sich diese Informationen möglicherweise extrahieren lassen. Der methoden-interne Informationsbedarf umfasst alle Input-Informationen, die durch Aktivitäten innerhalb der Methoden selbst generiert werden. Diese Informationen werden sich in der Regel[546] nicht aus Quellsystemen extrahieren lassen, da sie das Einwirken der Planungssubjekte erfordern und Zwischenergebnisse des Planungsprozesses darstellen.

Informationen mit Definitions- und Vorlagecharakter sind Teil des explizierbaren planungsmethodenspezifischen Wissens. Beispiele sind die Wertaktivitätskategorien der Wertkette (Information 45 mit Vorlagecharakter) oder die Kriterien zur Identifikation strategisch relevanter Ressourcen (Informationen 161 bis 164 mit Definitionscharakter). Diese Informationen können den Planungssubjekten per Data-Warehouse-System zur Verfügung gestellt werden.

Prognosen sind theoretisch überall dort möglich, wo prognostizierbare Informationen erzeugt werden (in den Informationsprozessmodellen mit dem Deskriptor (P) gekennzeichnet). Durch die Informationsprozessmodelle wird offensichtlich, dass fast in jeder Planungsmethode Prognosen getätigt werden können. Die Tätigkeit der *Prognose* ist damit als Querschnittsfunktion der strategischen Planung einzuordnen. Data-Warehouse-Systeme können den Planungssubjekten historische Daten zur Verfügung stellen, um Prognosen zu unterstützen.

Beziehungen (Assoziationen) zwischen Informationen wurden mit Hilfe von (mehrstufigen) Verschachtelungen in den Informationsprozessmodellen visualisiert. Obwohl die Art der Assoziation nicht definiert wird, ist es mit Hilfe domänenspezifischen Wissens möglich, die Assoziationen auf sinnvolle Weise zu interpretieren.

Ganz allgemein wird durch die Informationsprozessmodelle transparent, *welche* Informationen benötigt werden. Darüber hinaus war es möglich, erste Beziehungs-

---

546 Als Beispiel sollen hier die Umweltindikatoren (Information 204, Methode: Analyse der Makroumwelt) genannt werden. Umweltindikatoren wie *Wechselkurse* oder *Zinssätze* sind möglicherweise aus (externen) Quellsystemen zu extrahieren. Im Gegensatz dazu werden die *Preise von Konkurrenzprodukten*, die *Anzahl der Patentanmeldungen* (in einem bestimmten Technologiebereich) oder das geschätzte *Volumen verfügbarer Rohstoffe* sicherlich nur nach einer manuellen Aufbereitung zur Verfügung stehen.

strukturen (Assoziationen) zu identifizieren. Beides erleichtert den Einstieg in die Datenmodellierung, da relevante Informationselemente erkannt und deren Zusammenwirken transparent gemacht werden konnte.

In den Informationsprozessmodellen stellen *Aktivitäten* die kleinsten informationsverarbeitenden Einheiten dar. Der Versuch einer Typisierung zeigt, dass sich folgende Aktivitätstypen unterscheiden lassen:

- *Erfassen*: Diese Aktivitäten beabsichtigen die vollständige Erfassung einer Informationsmenge. Die Informationen sind bereits vorhanden, liegen aber nicht in strukturierter Form vor. Häufig müssen die Planungssubjekte auf mehrere Quellen zurückgreifen, um diese Informationen zu erfassen (Beispiele: Erfassung der Umweltereignisse in Aktivität 101).
- *Generieren*: Der weitaus größte Teil der Aktivitäten generiert vollständig neue Informationen, die bislang noch nicht existierten (Beispiel: Die Formulierung von Anpassungszielen in Aktivität 310). In den meisten Fällen sind diese neuen Informationen das Ergebnis analytischer Tätigkeiten.
- *Bewerten*: In viele Aktivitäten werden Planungssachverhalte anhand von Kriterien bewertet (Beispiel: Die Bewertung der Ressourcen mit den Kriterien Kundennutzen, Nicht-Imitierbarkeit, Nicht-Substituierbarkeit und Seltenheit in Aktivität 77).
- *Assoziieren*: Nach der Erfassung und Generierung von Informationen werden sie oftmals zueinander in Beziehung gesetzt. Bei einer kategoriegeleiteten Erfassung von Informationen war es naheliegend, das Erfassen und Assoziieren in einer Aktivität zu modellieren. (Beispiel: Die Erfassung und Zuordnung von Unternehmensaktivitäten in Aktivität 26).
- *Adaptieren*: Informationen mit Vorlagecharakter unterstützen die Planungssubjekte indem sie einen Ausgangspunkt und eine Orientierungshilfe bieten. Diese Informationen werden an die Besonderheiten des Unternehmens angepasst (Beispiel: Adaption der generischen Wertaktivitätskategorien in Aktivität 45).
- *Priorisieren*: Häufig sind in der strategischen Planung große Informationsmengen zu verarbeiten. Um die Komplexität der Planung auf ein handhabbares

Maß zu reduzieren ist es erforderlich, umfangreiche Informationsmengen zu priorisieren (Beispiel: Die Relevanzbewertung der Umweltsachverhalte in Aktivität 106). Dadurch kann die Aufmerksamkeit auf wichtige Planungssachverhalte fokussiert werden.

- *Segmentieren*: Das Einteilen von Informationsobjekten in verschiedene Segmente, Gruppen, Klassen oder Kategorien führt zu einer Strukturierung der Objekte. Dies ermöglicht eine differenziertere Bearbeitung des Gesamtvolumens aller Informationsobjekte oder ein Abstrahieren von Details einzelner Informationsobjekte (Beispiel: Bildung von Konkurrenzgruppen in Aktivität 122).

Zwischen den Aktivitäten wurden Vorgänger-Nachfolger-Beziehungen definiert. Nur dadurch ist es möglich, den Prozess der Informationsverarbeitung innerhalb der Methoden nachzuvollziehen. Bei einigen Aktivitäten innerhalb der Methoden ist eine arbeitsteilige Durchführung möglich und sinnvoll. Insbesondere bei der Verarbeitung (Erfassung, Bewertung, Priorisierung) umfangreicher Informationsmengen, wie beispielsweise Ressourcen, Kunden oder Stakeholder, bietet sich eine Verteilung der Informationsverarbeitung auf mehrere Planungssubjekte an.

Aus der Analyse der Informationsflüsse innerhalb und zwischen den Planungsmethoden können wichtige Erkenntnisse zur Gestaltung einer geeigneten Benutzungsschnittstelle und Benutzerführung (Workflow) gewonnen werden. Es ist bereits an dieser Stelle klar, dass die primär auf den Abruf multidimensionaler Daten ausgerichteten Benutzungsschnittstellen eines Data-Warehouse-Systems erweitert werden müssen. Sowohl das Erfassen, Generieren, Assoziieren, Bewerten und Adaptieren von Informationen, als auch die Abbildung von Planungsprozessen stellen neue Anforderungen an die Benutzungsschnittstelle.

Bei der Betrachtung der Gesamtheit aller Informationsprozessmodelle fällt auf, dass nur in sehr geringem Umfang quantitative Informationen verarbeitet werden. Dies bestätigt die allgemein vertretene These, dass in der strategischen Planung primär qualitative Informationen verarbeitet werden. Weiterhin sind kriteriengestützte Bewertungen ein wichtiger Bestandteil vieler Planungsmethoden. Es muss beachtet werden, dass die meisten Bewertungen auf den persönlichen Einschätzungen der Planungssubjekte beruhen.[547] Die hohe Subjektivität dieser Bewertungen kann dazu führen, dass ein Planungssachverhalt von zwei Planungssubjekten vollkommen unterschiedlich bewertet wird. Das Problem kann abgeschwächt werden, indem ein Planungssachverhalt von mehreren - voneinander unabhängigen - Planungssubjekten bewertet wird. Sofern große Unterschiede bei den Bewertungen auftreten, ist der entsprechende Planungssachverhalt zu diskutieren, damit die Ursachen für die differierenden Bewertungen aufgedeckt werden. Speziell bei arbeitsteilig durchgeführten Bewertungsaktivitäten besteht die Gefahr, dass sich die Ergebnisse der Bewertungen nicht miteinander vergleichen lassen; die involvierten Planungssubjekte anhand eines exemplarischen Planungssachverhaltes zu kalibrieren erscheint wünschenswert und praxisfern zugleich.

In Abschnitt 2.4 wurde der Balanced Scorecard die Funktion des Bindeglieds zur strategischen Planung zugesprochen. Daher soll hier überprüft werden, ob sich dies im Rahmen der Informationsprozessmodellierung nachvollziehen lässt. Abbildung 54 zeigt das Informationsprozessmodell zum Entwurf einer Balanced Scorecard.

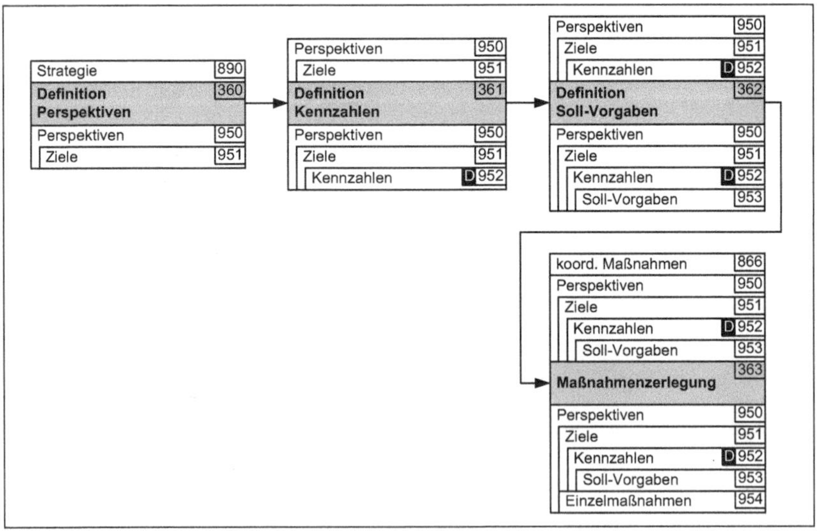

Abb. 54: Entwurf einer Balanced Scorecard

---

547 Vgl. HESSE (1995), S. 37; SHRIVASTAVA (1985), S. 97.

In Aktivität 360 werden auf Grundlage der Strategie (Input-Information 890) die Perspektiven der BSC definiert. Je nach Schwerpunkt der Strategie[548], werden sich unterschiedliche Perspektiven für die BSC herausbilden.

Da die Strategie bereits in Form eines Zielsystems vorliegt, ist es möglich, die einzelnen Ziele der Strategie den definierten BSC-Perspektiven zuzuordnen. Die assoziierten Output-Informationen der Aktivität 360 stellen die Strategy-Map als ein in Perspektiven gruppiertes Zielsystem dar (assoziierte Informationen 950 und 951). Kennzahlen zur Messung der Ziele werden in Aktivität 361 definiert. Input-Information ist die Strategy-Map (assoziierte Informationen 950 und 951), Output-Informationen sind Kennzahlen mit Zielbezug (assoziierte Informationen 950, 951 und 952). Die Definition konkreter Soll-Vorgaben für die einzelnen Kennzahlen erfolgt in Aktivität 362. Der letzte Schritt beim Entwurf einer BSC sieht die Definition von Maßnahmen vor, um die Strategie in operative Handlungen umzusetzen. Da im Rahmen der strategischen Budgetierung bereits Maßnahmen geplant und koordiniert wurden, erscheint es wenig sinnvoll beim Entwurf einer BSC erneut Maßnahmen zu definieren. Die Herausforderung besteht eher darin, die bereits koordinierten Maßnahmen in Einzelmaßnahmen zu zerlegen und sie den einzelnen Perspektiven der BSC zuzuordnen. Folglich wird in Aktivität 363 auf die koordinierten Maßnahmen der strategischen Budgetierung zurückgegriffen (Input-Information 866), um sie in Einzelmaßnahmen zu zerlegen (assoziierte Output-Informationen 950 und 954). Das Ergebnis der Aktivtität 363 stellt schließlich die Balanced Scorecard dar (assoziierte Informationen 950, 951, 952, 953 und 954). Das Informationsprozessmodell zum Entwurf einer BSC zeigt durch den Rückgriff auf die *Strategie* (Information 890) und die *koordinierten Maßnahmen* (Information 866) eine direkte Verbindung zur strategischen Planung auf.

Informationsprozessmodelle stoßen dort an Grenzen, wo von den Planungssubjekten ein hohes Maß an Kreativität eingefordert wird. Sowohl die Formulierung der Vision (Aktivität 6), als auch der Entwurf alternativer Zielsysteme (Aktivität 330) werden mit nur einer Aktivität modelliert. Dies wirkt angesichts der Komplexität kreativer

548 Strategien können unterschiedlich fokussiert sein. Wenn eine Strategie beispielsweise sehr viele absatzmarktbezogene Ziele enthält, dann kann sie als absatzmarkt- oder kundenfokussiert bezeichnet werden.

Tätigkeiten unbefriedigend. Strategisch relevante Aspekte wie die Rekonfiguration der Wertkette, Kooperationen oder (kurzfristige) Wettbewerbsmanöver wurden mangels verfügbarer Planungsmethoden nicht durch die Informationsprozessmodellierung erfasst.

Trotz der genannten Kritikpunkte kann ein positives Zwischenfazit gezogen werden. Mit Hilfe der Informationsprozessmodellierung ist es gelungen, etablierte strategische Planungsmethoden in einer Modellierungssprache allgemeingültig zu beschreiben. Das gesetzte Erkenntnisziel, den objektiven Informationsbedarf der Planungsmethoden zu ermitteln, wurde erreicht. Im Folgenden Kapitel können die Anforderungen an Data-Warehouse-Systeme zur informationstechnischen Unterstützung des strategischen Planungsprozesses auf Grundlage der Informationsprozessmodelle präzisiert werden.

4 Anforderungen an Data-Warehouse-Systeme zur Unterstützung der strategischen Planung

Nach der Analyse des objektiven Informationsbedarfs der strategischen Planung in Kapitel 3 wird im Folgenden untersucht, wie dieser Informationsbedarf mit Hilfe von Data-Warehouse-Systemen gedeckt werden kann und welche besonderen Anforderungen sich daraus für die Elemente der Data-Warehouse-System-Referenzarchitektur ergeben. Für die Strukturierung der weiteren Ausführungen wurden die Elemente der Referenzarchitektur in die drei Bereiche *Datenquellen und Datenintegration*, *Datenhaltung* und *Benutzungsschnittstelle* unterteilt. Diese Unterteilung ist in Abbildung 4 (siehe Abschnitt 2.2) visualisiert. Die Zielsetzung dieses Kapitels besteht darin, anforderungsgerechte Gestaltungsempfehlungen für die Unterstützung der strategischen Planung in diesen drei Bereichen der Data-Warehouse-System-Referenzarchitektur zu erarbeiten. Das Kapitel 4 adressiert damit das Gestaltungsziel dieser Arbeit. Dazu werden in Abschnitt 4.1 zunächst potenzielle Quellsysteme und deren Spezifika in Bezug auf Extraktions-, Transformations- und Ladeprozesse betrachtet. Abschnitt 4.2 thematisiert die im Rahmen der Datenhaltung relevanten Aspekte der Datenbanktechnologie und Datenmodellierung. Einen besonderen Stellenwert nimmt die Konzeption eines Datenmodells für die strategische Planung auf Basis der Informationsprozessmodelle ein. Die Anforderungen der strategischen Planung an die Benutzungsschnittstelle eines Data-Warehouse-Systems werden in Abschnitt 4.3 erörtert und exemplarisch in einem konzeptionellen Prototyp umgesetzt. In Abschnitt 4.4 erfolgt die Integration der erarbeiteten Gestaltungsempfehlungen aus den Abschnitten 4.1 bis 4.3 in einem Data-Warehouse-System-Architekturmodell. Anhand des Architekturmodells werden die Datenflüsse zwischen den Architekturelementen erläutert und deren Besonderheiten herausgestellt. Das entwickelte Gesamtkonzept für ein Data-Warehouse-System zur strategischen Planung wird in Abschnitt 4.5 einer kritischen Bewertung unterzogen.

4.1 Datenquellen und Datenintegration

Die Informationsprozessmodelle sind das Ergebnis der Informationsbedarfsanalyse und geben Aufschluss darüber, welche Informationen in der strategischen Planung verarbeitet werden. Darauf aufbauend wird im Folgenden der Frage nachgegangen, aus welchen Datenquellen sich die Input-Informationen der Informationsprozessmodelle extrahieren lassen. Enterprise-Resource-Planning-Systeme (ERP-Systeme), Customer-Relationship-Management-Systeme (CRM-Systeme), Konkurrenzinformationsysteme, Stakeholderinformationssysteme, das Internet und die Planungssubjekte werden näher charakterisiert und auf Besonderheiten hinsichtlich ihrer Anbindung an ein Data-Warehouse-System untersucht.

4.1.1 Enterprise-Resource-Planning-Systeme

Enterprise-Resource-Planning-Systeme (ERP-Systeme) zielen auf eine ganzheitliche Unterstützung operativer Geschäftsprozesse.[549] Die horizontale Integration entlang der Wertschöpfungskette im Unternehmen ist ein tragendes Konzept von ERP-Systemen. Alle wesentlichen Funktionsbereiche wie Finanz- und Rechnungswesen, Personalwirtschaft, Materialwirtschaft, Produktion und Vertrieb werden unterstützt. ERP-Systeme sind üblicherweise modular aufgebaut. Dabei greifen alle Module auf eine zentrale Datenbank zu, so dass eine modulübergreifende und redundanzfreie Datenhaltung möglich ist.[550] Die Module sind aufeinander abgestimmt und verfügen über eine einheitlich gestaltete Benutzungsschnittstelle. Das wohl bekannteste Produkt dieser System-Kategorie ist das R/3-System der SAP AG.[551]

In Tabelle 3 wird aufgelistet, welche Daten aus dem Datenpool eines ERP-Systems genutzt werden können, um den objektiven Informationsbedarf der strategischen Planung zu decken.

---

549 Vgl. LASSMANN (2006), S. 489.

550 Vgl. LASSMANN (2006), S. 490.

551 Das aktuelle ERP-Produkt von SAP trägt die Bezeichnung *mySAP ERP*.

Information (ID)	Bezeichnung	Erläuterung
3	Stakeholder	Kunden (Vertrieb / Auftragsabwicklung), Lieferanten (Bestellwesen), Fremdkapitalgeber (Kreditoren aus der Buchhaltung / Bilanz), Eigenkapitalgeber (Buchhaltung / Bilanz) sowie Mitarbeiter (Lohn- und Gehaltsabrechnung) sind Stakeholder.
30	Produkte	Produkte sind Stammdaten, die zur Auftrags-abwicklung in ERP-Systemen benötigt werden.
32	Kunden	Kunden sind Stammdaten, die zur Auftrags-abwicklung in ERP-Systemen benötigt werden.
270	Umsatz	Umsatzerlöse gehen direkt aus den Buchhaltungsdaten hervor (Rechnungen).
300	Lieferanten	Lieferanten sind Stammdaten in einem ERP-System (Bestellwesen)
301	Einkaufsvolumen	Sowohl über das Bestellwesen als auch über die Buchhaltung (Lieferantenrechnungen) kann das Einkaufsvolumen bei Lieferanten ermittelt werden.
61	Kostenarten	Kostenarten können aus dem Bereich / Modul *Kostenrechnung* des ERP-Systems extrahiert werden.
100	Marktsegmente	Aus den transaktionsbezogenen Daten eines ERP-Systems können per Data Mining Marktsegmente ermittelt werden.
934	Profitabilität	Mit Umsatzerlösen und Kosten können Kennzahlen zur Profitabilität berechnet werden.
132	Ressourcen	Ein Teil der materiellen Ressourcen (bspw. Anlagen, Fuhrpark) wird in der Anlagenbuchhaltung erfasst.
870	Pläne	Sofern das ERP-System über Planungsfunktionen verfügt und im Rahmen einer integrierten Planung benutzt wird, können (operative) Plandaten in das Data-Warehouse-System geladen werden.

Tab. 3: Quelldaten ERP-System

Datenintegration

Die Daten moderner ERP-Systeme werden in relationalen Datenbanken gespeichert.[552] Insbesondere Oracle Database[553], IBM DB2[554] und Microsoft SQL-Server[555] sind hier als Beispiele etablierter Datenbankprodukte zu nennen. Der Zugriff auf relationale Datenbanken erfolgt über die (standardisierte) ODBC-Schnittstelle[556]. Durch die normalisierte Speicherung von Relationen (mindestens in der dritten Normalform) liegen die Daten in einer redundanzfreien Struktur vor, die es erlaubt, gezielt auf einzelne Datenelemente (Tupel, Attributwerte) zuzugreifen. Dies ist Voraussetzung für eine Extraktion, Transformation und das Laden der Daten in ein Data-Warehouse-System, denn je strukturierter und atomarer die Daten vorliegen, desto unproblematischer gestaltet sich im Allgemeinen die Datenintegration. Dennoch werden insbesondere Schematransformationen[557] notwendig sein, da die Datenstrukturen von ERP-Systemen und Data-Warehouse-Systemen unterschiedlichen Anforderungen genügen müssen. Eine weitere typische Art der Transformation im Kontext von ERP-Systemen ist die Aggregation quantitativer Daten. Das Monitoring relationaler Datenbanken gestaltet sich unproblematisch, da jedes Tupel mit Zeitstempeln versehen wird. Neue oder geänderte Daten können mit Hilfe des Zeitstempels identifiziert werden, um ein inkrementelles Update des Data-Warehouse-Systems durchzuführen und nur diejenigen Daten zu laden, die sich geändert haben.

Das ERP-System eines Unternehmens wird in der Regel eine der wichtigsten Datenquellen eines Data-Warehouse-Systems darstellen. Insbesondere *Kunden* und *Produkte* sowie die damit assoziierten Kennzahlen *Verkaufsmengen* und *Verkaufserlöse* sind Basisdaten für vertriebsorientierte analytische Anwendungen von Data-Warehouse-Systemen. Diese Daten sind auch die Grundlage einer strategisch motivierten Absatz-

---

552 Vereinzelt kann es vorkommen, dass sogenannte *Legacy-Systeme* existieren, die noch auf hierarchischen Datenbanken basieren.

553 Oracle Database ist ein Datenbankprodukt der Oracle Corporation.

554 DB2 ist ein Datenbankprodukt der International Business Machines Corporation (IBM).

555 SQL Server ist ein Datenbankprodukt der Microsoft Corporation.

556 Open Database Connectivity.

557 Die Datenschemata der Quellsysteme werden auf das Datenschema des Data Warehouse transformiert.

marktanalyse. Durch die Speicherung der Daten in einer relationalen Datenbank lassen sich ERP-Systeme meist problemlos an Data-Warehouse-Systeme anbinden.

4.1.2 Customer-Relationship-Management-Systeme

Das Konzept des Customer Relationship Management (CRM) erhebt die Kundenbeziehung zum zentralen Gestaltungsparameter unternehmerischen Handelns.[558] Ein wichtiges Element ist das Zusammenführen sämtlicher Informationen zu einem Kunden, damit einem Mitarbeiter beim Kundenkontakt alle relevanten Informationen zur Verfügung stehen.[559] Es wird zwischen operativem und analytischem CRM differenziert.[560]

Data-Warehouse-Systeme unterstützen beziehungsweise ermöglichen analytisches CRM.[561] Die multidimensionale Analyse von Umsatzerlösen mit Hilfe von OLAP[562] oder die Segmentierung und Klassifikation von Kunden mittels Data Mining[563] auf Grundlage eines integrierten Datenbestandes sind Beispiele für originäre Data-Warehouse-Anwendungen.[564] Die Daten und Ergebnisse des analytischen CRM sind dann bereits Bestandteile eines Data-Warehouse-Systems, so dass für diese Daten keine neuen ETL-Prozesse aufgesetzt werden müssen.

Operatives CRM umfasst die Bereiche Marketing-, Sales- und Service-Automation sowie die Koordination der Kommunikationskanäle in einem Customer Interaction Center (CIC)[565].[566] Kern der *Marketing Automation* ist das Kampagnen-Management mit den Prozessphasen Kampagnenplanung, Kampagnensteuerung und

---

558 Einen guten Überblick über das CRM-Konzept bietet HIPPNER (2006).

559 Vgl. HIPPNER / WILDE (2003), S. 6 und S. 12 f.

560 Vgl. HIPPNER / RENTZMANN / WILDE (2006), S. 48 f.

561 Vgl. BECKER / KNACKSTEDT (2002), S. 165; auf den Bezug zwischen CRM und dem Data-Warehouse-Konzept geht auch WEHRMEISTER ein, vgl. WEHRMEISTER (2001), S. 246 ff.

562 Vgl. HIPPNER / RENTZMANN / WILDE (2006), S. 49 ff.

563 Vgl. HIPPNER / RENTZMANN / WILDE (2006), S. 51 ff.

564 Vgl. HIPPNER / WILDE (2003), S. 15 ff.

565 Alle CRM-Tätigkeiten, die mit der Kunden-Kommunikation im Zusammenhang stehen, werden auch unter dem Begriff des *kommunikativen CRM* subsumiert, vgl. HIPPNER / WILDE (2003), S. 29 ff.

566 Vgl. HIPPNER / RENTZMANN / WILDE (2006), S. 54 ff.

Kampagnenauswertung.[567] Darüber hinaus kommt der Marketing Automation eine Kontaktunterstützende Aufgabe durch die Erstellung, Verwaltung und Bereitstellung von Marketingmaterialien zu, die häufig mit Hilfe von Content-Management-Systemen durchgeführt wird.[568] Ziel der *Sales Automation* ist es, Vertriebstätigkeiten wie bspw. Termin- und Routenplanung, Spesenabrechnung, Kundenbesuchsberichterfassung, Angebotserstellung, Zielplanung und Budgetierung, sowie die Kundendatenverwaltung[569] zu unterstützen.[570] Die Vertriebsmitarbeiter haben in einem Unternehmen in der Regel den engsten Kontakt zum Kunden und sind dadurch in der Lage, viele Detail-Informationen zu erfassen. So können die Vertriebsmitarbeiter beispielsweise Informationen über Bedürfnisse, Anforderungen und Erwartungen des Kunden sowie Informationen über relevante Konkurrenten und deren Angebote systematisch in einem CRM-System dokumentieren. Die *Service Automation* umfasst neben der Unterstützung administrativer Aufgaben wie bspw. die Termin- und Routenplanung insbesondere den Bereich des Beschwerdemanagements[571].[572]

In einem CRM-System steht die optimale Ausgestaltung der Kundenbeziehung im Mittelpunkt. Daher sind CRM-Systeme als diejenige Datenquelle anzusehen, die ein Maximum an kundenbezogenen Informationen liefern kann und eine ganzheitliche Sicht auf den Kunden ermöglicht.[573] Der Kunde wird in einem CRM-System neben den für die Geschäftsabwicklung notwendigen Informationen (Attributen) mit zusätzlichen Informationen wie bspw. Kaufverhalten, Anwendungs- und Bedarfsfelder, Bestellgewohnheiten, bevorzugte Vertriebskanäle, Zahlungsmoral, Kundenzufriedenheit, Segmentzugehörigkeit, Zielumsätze, Hauptkonkurrenten, Beschwerden und Serviceansprüche geführt. Diese Informationen sind strategisch relevant.

---

567 Vgl. HIPPNER / RENTZMANN / WILDE (2004), S. 22 ff; HIPPNER / WILDE (2003), S. 20 ff; HIPPNER / RENTZMANN / WILDE (2006), S. 54 ff.

568 Vgl. HIPPNER / RENTZMANN / WILDE (2004), S. 26; HIPPNER / RENTZMANN / WILDE (2006), S. 58.

569 Vgl. SCHULZE (2002), S. 17.

570 Vgl. HIPPNER / RENTZMANN / WILDE (2004), S. 27; HIPPNER / WILDE (2003), S. 25 ff; HIPPNER / RENTZMANN / WILDE (2006), S. 58 ff.

571 Vgl. TÖPFER (2006); SCHWETZ (2000), S. 117.

572 Vgl. HIPPNER / RENTZMANN / WILDE (2004), S. 29 ff; HIPPNER / WILDE (2003), S. 27 ff; HIPPNER / RENTZMANN / WILDE (2006), S. 61 ff.

573 Vgl. HIPPNER / WILDE (2003), S. 13.

In Tabelle 4 wurden die Daten eines CRM-Systems den Informationen der Informationsbedarfsanalyse zugeordnet.

Information (ID)	Bezeichnung	Erläuterung
3	Stakeholder	Kunden sind eine wichtige marktbezogene Stakeholder-Gruppe
32	Kunden	Kunden sind das zentrale Datenobjekt in einem CRM-System.
234	Branchenanbieter	Nach einem Kundenkontakt können Informationen zu konkurrierenden Branchenanbietern von den Vertriebsmitarbeitern erfasst werden.[574]
264	SW-Sachverhalte Konk.	Nach einem Kundenkontakt können Informationen zu (Haupt-) Konkurrenten von den Vertriebsmitarbeitern erfasst werden. Dazu zählen auch Informationen über die besonderen Stärken und Schwächen eines Konkurrenten.[575]
280	Produktabhängigkeit (eines Kunden)	Nach einem Kundenkontakt können Informationen zur Produktabhängigkeit des Kunden von den Vertriebsmitarbeitern erfasst werden.
281	Anteil am Einkaufsbudget (eines Kunden)	Nach einem Kundenkontakt können Informationen zum (geschätzten) Anteil am Einkaufsbudget des Kunden von den Vertriebsmitarbeitern erfasst werden.
350	(Produkt-) Funktionen	Informationen zu den Funktionen der eigenen Produkte können in Produktkatalogen innerhalb des CRM-Systems (speziell im Content-Management-System) hinterlegt sein.
351	Ersatzprodukte	Nach einem Kundenkontakt können Informationen zu existierenden Ersatzprodukten von den Vertriebsmitarbeitern erfasst werden.
355	Kundenbedürfnisse	Nach einem Kundenkontakt können Informationen zu den grundlegenden Kundenbedürfnissen von den Vertriebsmitarbeitern erfasst werden.[576]
100	Marktsegmente	Marktsegmente sind ein Ergebnis des analytischen CRM.[577]
102	Kaufkriterien	Informationen über Kaufkriterien können ebenfalls in einem CRM-System erfasst werden. Dabei handelt es sich um Aspekte, auf die ein Kunde besonderen Wert legt.

Tab. 4: Quelldaten CRM-System

574 Vgl. WIMMER / GÖB (2006), S. 408.

575 Vgl. WIMMER / GÖB (2006), S. 408.

576 Vgl. RAPP (2005), S. 61.

577 Vgl. WIMMER / GÖB (2006), S. 408.

Datenintegration

Es wird unterstellt, dass ein Großteil der Daten in einem professionellen CRM-System in einer relationalen Datenbank gespeichert wird.[578] Dies trifft vor allem auf Daten mit operativem Charakter wie beispielsweise Terminplanung, Spesenabrechnung, Kundendaten- und Auftragsverwaltung zu. Der Monitor des Data-Warehouse-Systems kann auf die Zeitstempel in der Datenbank zurückgreifen. Problematischer gestaltet sich die Extraktion von kundenbezogenen Informationen wie Bedürfnisse, Anforderungen und Erwartungen sowie wichtige Wettbewerber und deren konkurrierende Angebote. Es ist davon auszugehen, dass diese Informationen in einem freien Kommentarfeld gespeichert werden und damit nicht in atomarer Form vorliegen. Ein Kommentarfeld kann eine Mischung aus den oben genannten kundenbezogenen Informationen beinhalten. Im Rahmen des ETL-Prozesses wäre es nicht möglich, diese Informationen präzise einem differenzierten Zieldatenmodell der strategischen Planung zuzuordnen. Beispielsweise könnten Daten zur Produktabhängigkeit eines Kunden nicht von den Daten zu Ersatzprodukten oder relevanten Kundenbedürfnissen getrennt werden. Eine Möglichkeit dieses Problem zu lösen besteht darin, das Datenmodell des CRM-Systems so zu erweitern, dass sich die Daten atomar speichern lassen. Dem Vorteil der besseren und präziseren Nutzung dieser Daten zu Zwecken der strategischen Planung stehen mehrere Nachteile gegenüber. Generell wird durch die Erweiterung das Datenmodell des CRM-Systems komplexer und das CRM-System muss modifiziert werden. Nicht alle strategisch relevanten Attribute werden sich mit Daten füllen lassen. Viele Attribute werden aufgrund mangelnder Informationsverfügbarkeit leer bleiben, denn die überwiegende Zahl der oben genannten strategisch relevanten Informationen ist von der Auskunftsbereitschaft des Kunden abhängig. Eine Erweiterung des Datenmodells zieht eine komplexitätserhöhende Anpassung der Benutzungsschnittstelle des CRM-Systems nach sich. Dies kann dazu führen, dass die Mitarbeiter aufgrund der größeren Komplexität der Benutzungsschnittstelle und dem damit verbundenen Mehraufwand bei der Datenerfassung weniger Daten eingeben als zuvor.

---

578 Beispielsweise *mySAP CRM* oder *Microsoft CRM.* Einen Überblick über die Umsetzung des CRM-Konzeptes im Produkt *mySAP CRM* geben HIPPNER ET AL. (2006).

Daten, die in einem Content-Management-System innerhalb des CRM-Systems gespeichert werden, liegen häufig in vielfältigen, unstrukturierten Formaten vor.[579] Ein Beispiel sind Produktkataloge, die den Vertriebsmitarbeitern alle notwendigen Informationen bei ihren Vertriebstätigkeiten zur Verfügung stellen.[580] Denkbar sind hier Dateien im PDF-, Word-[581] und PowerPoint[582]-Format, ebenso wie multimediale Präsentationen in Form von (Produkt-) Videos. Diese Informationen lassen sich nicht in eine relationale Zieldatenstruktur innerhalb eines Data-Warehouse-Systems laden. Um diese Informationen dennoch in ein Data-Warehouse-System zu überführen, wird der Einsatz objekt-relationaler Datenbanktechnologie erforderlich. Daten beliebigen Formates können als *binary large object* (BLOB) in der Datenbank gespeichert werden. Auch wenn die Speicherung dieser Daten durch Verwendung objekt-relationaler Datenbanken grundsätzlich möglich ist, so treten bei der Nutzung dieser Daten Einschränkungen auf. In erster Linie können die Inhalte der binary large objects nicht durch SQL-Befehle adressiert werden. Ein binary large object kann zwar angezeigt werden, aber das Filtern dieser Objekte nach bestimmten Eigenschaften ist nur mit Hilfe von Metadaten zu diesen Objekten möglich. Sofern es sich um textbasierte Daten im PDF-, Word-, oder auch PowerPoint-Format handelt, kann das beschriebene Problem durch eine Indizierung dieser Dokumente gelöst werden. Über einen Schlagwort-Index (in Form einer Relation) können passende Dokumente per SQL-Statement herausgefiltert werden. Multimediale Daten wie beispielsweise Videos, entziehen sich vollständig einer (automatisierten) Verschlagwortung. Vor allem in Bezug auf die teilweise sehr hohen Datenvolumina multimedialer Daten ist zu überlegen, ob die Integration dieser Daten in ein Data-Warehouse-System grundsätzlich sinnvoll ist.

CRM-Systeme beinhalten viele Daten, die strategische Relevanz besitzen und im Rahmen der strategischen Planung verwendet werden können. Im Allgemeinen kann davon ausgegangen werden, dass ein Großteil der Daten eines CRM-Systems in einer

---

579 Vgl. Hippner / Rentzmann / Wilde (2004), S. 37; Hippner / Rentzmann / Wilde (2006), S. 69. Zu den Einsatzmöglichkeiten von Content-Management-Systemen im Kontext von CRM-Systemen, vgl. Berchtenbreiter (2004).

580 Vgl. Berchtenbreiter (2004), S. 233.

581 Word ist ein Produkt der Microsoft Corporation.

582 PowerPoint ist ein Produkt der Microsoft Corporation.

relationalen Datenbank gespeichert wird. Trotz dieser günstigen Ausgangslage im Hinblick auf die Datenintegration ist fraglich, ob strategisch relevante Datenelemente hinreichend atomar gespeichert werden. Die Integration von Daten aus einem Content-Management-System (als Teil eines CRM-Systems) erfordert eine objekt-relationale Datenbanktechnologie des Data-Warehouse-Systems, um Daten in beliebigen (unstrukturierten) Formaten speichern zu können.

4.1.3 Konkurrenz-Informationssysteme

Unter der Bezeichnung *Competitive Intelligence* verbirgt sich die systematische Suche, Aufbereitung und Speicherung von Informationen über die (Haupt-) Konkurrenten des eigenen Unternehmens.[583] Es liegt nahe, diesen Prozess durch Informationssysteme (Konkurrenz-Informationssysteme) zu unterstützen.[584] Ziel einer Konkurrenzanalyse ist es im Allgemeinen, möglichst umfassende Informationen im Hinblick auf Ziele, Annahmen, Strategien und Fähigkeiten eines Konkurrenten zu erlangen. In der Literatur sind viele Checklisten zur Konkurrenzanalyse zu finden, die eine vollständige und strukturierte Analyse von Konkurrenten unterstützen sollen.[585]

Speziell zu Konkurrenz-Informationssystemen (Architektur, Datenmodell) finden sich nicht viele Beiträge in der Literatur.[586] Darüber hinaus ist die Verbreitung spezieller Softwareprodukte[587] für die Unterstützung der Konkurrenzanalyse als gering einzustufen.[588]

Informationen zu Konkurrenzunternehmen finden sich vereinzelt in den von Vertriebsmitarbeitern erfassten Kundenaussagen in einem CRM-System.[589] Diese Aussagen (von Kunden) können interessante Hinweise geben, unterliegen aber

---

583 Vgl. dazu grundlegend WEST (2001); MICHAELI (2006); ROMPPEL (2006).

584 Vgl. SHRIVASTAVA (1994), S. 36.

585 Vgl. WEST (2001), S. 222 ff; ROMPPEL (2006), S. 77 ff; MICHAELI (2006), S. 294 f sowie JOAS (1990), S. 116 und die dort aufgeführten Quellen.

586 Hervorzuheben ist die Dissertation von BLOHN, vgl. BLOHN (2005).

587 Vgl. MICHAELI (2006), S. 590.

588 Vgl. BLOHN (2005), S. 80; MICHAELI (2006), S. 474.

589 Vgl. JOAS (1990), S. 161.

möglicherweise einer kundenverzerrten Perspektive.[590] Darüber hinaus stehen die Vertriebsmitarbeiter gelegentlich in direktem oder indirektem Kontakt zu den Vertriebsmitarbeitern von konkurrierenden Unternehmen. Das Sales Reporting kann daher als Quelle für konkurrenzbezogene Informationen dienen.[591] Eine unternehmensexterne Informationsquelle stellt das Internet dar.[592] Die Internetpräsenz eines Konkurrenten stellt häufig viele Informationen bereit. Insbesondere Informationen zu Produkten und Dienstleistungen, sowie deren Vorteile werden (potenziellen) Kunden und gleichzeitig den Wettbewerbern zur Verfügung gestellt. Im Falle eines börsennotierten Konkurrenten sind in der Regel auch kapitalmarktrelevante Informationen zur Finanz- und Vermögenslage für potenzielle Investoren und Aktionäre verfügbar.[593] Des Weiteren finden sich im Internet eventuell Berichte von Kapitalmarktanalysten, die ein Konkurrenzunternehmen einer detaillierten Analyse unterzogen haben.[594] Eine weitere internetbasierte Quelle für konkurrenzbezogene Informationen sind (branchenspezialisierte) Informationsdienstleister. Sie pflegen Datenbanken mit detaillierten Informationen zu einzelnen Unternehmen in einer Branche.[595] Die allgemeine Wirtschaftspresse liefert (typischerweise ereignisinduziert) ebenfalls Informationen zu einzelnen Konkurrenten. Die meisten dieser Informationen des Internet liegen im HTML- oder PDF-Format vor. Aufgrund der Vielzahl und Heterogenität der Internetquellen und den unstrukturierten Formaten erscheint es problematisch, diese Informationen vollständig automatisiert in ein Konkurrenz-Informationssystem zu überführen. Vielmehr wird ein Teil der Informationsbeschaffung nur mit manuellem Rechercheaufwand zu realisieren sein.

---

590 Ein Kunde wird die Fähigkeiten eines Konkurrenten häufig übertrieben positiv darstellen, um in aller Deutlichkeit auf Verbesserungspotenziale aufmerksam zu machen.

591 Vgl. WEST (2001), S. 59.

592 Vgl. WEST (2001), S. 74 ff; BEA / HAAS (2005), S. 119. Nutzenpotenziale von Textmining im Kontext internetbasierter Informationsrecherchen für die Konkurrenzanalyse werden bei MICHAELI thematisiert, vgl. MICHAELI (2006), S. 362 ff.

593 Vgl. WEST (2001), S. 60.

594 Vgl. WEST (2001), S. 64.

595 Vgl. WEST (2001), S. 21.

Datenintegration

Die gespeicherten Informationen in einem Konkurrenz-Informationssystem werden typischerweise in Form von (unstrukturierten) Dokumenten vorliegen.[596] Es wird davon ausgegangen, dass die Dokumente mindestens anhand der Dimension *Konkurrenten* klassifiziert worden sind, damit alle Dokumente zu einem Konkurrenten selektiert werden können. Diese Klassifikation kann im Rahmen des ETL-Prozesses dazu benutzt werden, die Dokumente mit der Information *Hauptkonkurrenten* (Information 250) oder *Branchenanbieter* (Information 234) in Beziehung zu setzen. Es bleibt die Aufgabe der Planungssubjekte, aus der Menge der Dokumente zu einem Konkurrenten diejenigen zu finden, die den spezifischen Informationsbedarf der Konkurrenzanalyse[597] decken.

Um die Planungssubjekte bei der Konkurrenzanalyse im Rahmen der strategischen Planung besser zu unterstützen, ist es erforderlich, die Dokumente im Konkurrenz-Informationssystem präziser zu klassifizieren. Die Klassifizierung richtet sich dabei am Informationsbedarf der Konkurrenzanalyse aus. Beispielsweise werden die Dokumente einer Wertaktivitätskategorie (Information 50), Annahmen, Strategien, Ressourcen und SW-Sachverhalten (Informationen 257, 258, 253 und 264) oder einzelnen Elementen einer Konkurrenten-Checkliste (Information 261) zugeordnet. Je besser die Vorselektion der Dokumente mit Hilfe einer adäquaten Klassifikation erfolgt, desto gezielter können die Planungssubjekte die Dokumente im Rahmen der Planung verarbeiten.

Für die Speicherung der Dokumente im Data-Warehouse-System ist der Datentyp Binary Large Object erforderlich. Die Daten in einem Konkurrenz-Informationssystem führen einen Zeitstempel[598], so dass sich darüber das Monitoring und inkrementelle Ladevorgänge realisieren lassen.

4.1.4 Stakeholder-Informationssysteme

Stakeholder Relationship Management umfasst die anspruchsgruppenspezifische Unternehmenskommunikation mit dem Ziel, Beziehungen zu den Anspruchsgruppen aufzu-

---

596 Vgl. MICHAELI (2006), S. 474.

597 Vgl. in Abschnitt 3.2.3.6 das Informationsprozessmodell zur Konkurrenzanalyse.

598 Vgl. BLOHN (2005), S. 113.

bauen und zu pflegen.[599] Die Informationslogistik des Stakeholder Relationship Management wird durch Stakeholder-Informationssysteme unterstützt.[600] Im Gegensatz zu anderen betrieblichen Informationssystemen befindet sich die Mehrzahl der Adressaten *außerhalb* des Unternehmens.[601] Mögliche Komponenten eines Stakeholder-Informations-Systems sind:

- Stakeholder-Kontaktverwaltung[602]: Hier werden die Stammdaten der Stakeholder erfasst und gepflegt sowie die Zugehörigkeit zu bestimmten Stakeholdergruppen oder -kategorien festgelegt.
- Stakeholder-Portal[603]: Über ein Webportal werden den Stakeholdergruppen gezielt Informationen (Pull-Prinzip) zur Verfügung gestellt. Des Weiteren kann ein Portal dazu verwendet werden, Informationen von den Stakeholdern über Web-Fragebögen einzuholen.[604]
- Stakeholder-Kommunikationssystem[605]: Diese Komponente dient der aktiven Informationsversorgung (Push-Prinzip) von Stakeholdern. Aktuelle Ereignisse können den Stakeholdern ohne zeitlichen Verzug zur Verfügung gestellt werden.
- Event-Management[606]: Veranstaltungen wie beispielsweise die Jahreshauptversammlung können in dieser Komponente geplant und den Stakeholdergruppen zugeordnet werden.
- Dokumenten-Verwaltung[607]: Über ein Content-Management-System lassen sich stakeholder-relevante Dokumente verwalten.

In Tabelle 5 wurden die potenziell verfügbaren Daten eines Stakeholder-Informations-Systems den Informationen der Informationsbedarfsanalyse zugeordnet.

---

599 Vgl. MERTENS / STÖßLEIN (2004), S. 87; MERTENS / STÖßLEIN (2003), S. 237.

600 Vgl. MERTENS / STÖßLEIN (2004), S. 87.

601 Vgl. MERTENS / STÖßLEIN (2003), S. 235.

602 Vgl. MEIER / SINZIG / MERTENS (2004), S. 137 f.

603 Vgl. MEIER / SINZIG / MERTENS (2004), S. 139 f.

604 Vgl. MEIER / SINZIG / MERTENS (2004), S. 142; MERTENS / STÖßLEIN (2004), S. 101.

605 Vgl. MEIER / SINZIG / MERTENS (2004), S. 140 ff; MERTENS / STÖßLEIN (2004), S. 99.

606 Vgl. MEIER / SINZIG / MERTENS (2004), S. 140.

607 Vgl. MEIER / SINZIG / MERTENS (2004), S. 142 f.

Information (ID)	Bezeichnung	Erläuterung
2	Stakeholder-Kategorien	Die einzelnen Stakeholder lassen sich in einem Stakeholder-Informationssystem Stakeholder-Kategorien[608] zuordnen
3	Stakeholder	Stakeholder sind das zentrale Datenobjekt in einem Stakeholder-Informationssystem
17	Interessen und Ziele	Aus der Erwartungshaltung[609], den Zielen und Interessen der Stakeholder können die Fundamentalziele des Unternehmens erschlossen werden.

Tab. 5: Quelldaten Stakeholder-Informationssystem

Stakeholder-Informations-Systeme eignen sich in erster Linie für die Extraktion der Stakeholder und Stakeholder-Kategorien. Im Zusammenhang mit der strategischen Planung lassen sich diese Daten für die Stakeholder-Analyse nutzen. Zusätzlich gespeicherte Eigenschaften der Stakeholder, wie z. B. die Erwartungshaltung gegenüber dem Unternehmen, können sich bei der Stakeholderanalyse als hilfreich erweisen.

Datenintegration

Für die Verwaltung der Stakeholder-Stammdaten und Stakeholder-Kategorien bieten sich relationale Datenbanken an. Auch die Daten von Web-Fragebögen können direkt in einer relationalen Datenbank gespeichert werden. Das Content-Management-System eines Stakeholder-Informationssystems enthält primär Dokumente und Daten *für* die Stakeholder. Da diese Dokumente vom Unternehmen selbst erstellt wurden, ist davon auszugehen, dass sich daraus keine neuen Erkenntnisse im Rahmen der strategischen Planung ergeben werden.

4.1.5 Internet

Das Internet[610] bietet als weltumspannendes öffentliches Netzwerk eine unüberschaubare Menge an Informationen. Der größte Teil der Informationen ist jedem Teilnehmer frei zugänglich. Des Weiteren finden sich im Internet kommerzielle Angebote von

---

608 Vgl. MERTENS / STÖßLEIN (2004), S. 94; MERTENS / STÖßLEIN (2003), S. 242.

609 Vgl. MEIER / SINZIG / MERTENS (2004), S. 143.

610 Das Internet ist das weltweit größte Computernetzwerk. Es besteht aus mehreren miteinander verbundenen Teilnetzen und ist dezentral organisiert, vgl. LASSMANN (2006), S. 208 ff.

Informationsdienstleistern.[611] Im Kontext der strategischen Planung bietet sich das Internet insbesondere für die Analyse der Makroumwelt, die Branchenstrukturanalyse, die Absatzmarktanalyse und die Konkurrenzanalyse[612] als Datenquelle an.[613]

In Tabelle 6 wurden die potenziell verfügbaren Daten des Internet den Informationen der Informationsbedarfsanalyse zugeordnet.

Information (ID)	**Bezeichnung**	**Erläuterung**
204	Umweltindikatoren	Umweltindikatoren sind genau spezifizierte Kennzahlen der Umwelt, die kontinuierlich beobachtet werden sollen.[614]
205	Umweltereignisse	Umweltereignisse sind Geschehnisse in der Unternehmensumwelt.
250	Hauptkonkurrenten	Hauptkonkurrenten können im Internet recherchiert werden.
234	Branchenanbieter	Über Branchenverzeichnisse lassen sich Branchenanbieter recherchieren.
258	Strategie Konk.	Die grobe Richtung der Strategie eines Konkurrenten wird teilweise im Jahresbericht enthalten sein, da diese Information für (potenzielle) Investoren interessant ist.
264	SW-Sachverhalte	Einzelne Stärken eines Konkurrenten lassen sich evtl. aus dessen Selbstbeschreibung im Internet (Homepage / Firmenbroschüre) entnehmen. Dabei muss beachtet werden, dass jedes Unternehmen die Absicht hat, sich möglichst positiv zu präsentieren.
253	Ressourcen Konk.	(Kundenrelevante) Ressourcen oder Kompetenzen eines Konkurrenten lassen sich evtl. aus dessen Selbstbeschreibung im Internet (Homepage / Firmenbroschüre) entnehmen. Dabei muss beachtet werden, dass jedes Unternehmen die Absicht hat, sich möglichst positiv zu präsentieren.
262	Konkurrenten-Checkliste	Einige Punkte einer Konkurrentencheckliste werden sich mit Hilfe von Informationen aus dem Internet beantworten lassen.

Tab. 6: Quelldaten Internet

611 Vgl. MUCKSCH / BEHME (2001), S. 61; UHR / KOSILEK (1999), S. 462.

612 Vgl. MERTENS (1999), S. 17 ff.

613 Vgl. MUCKSCH / BEHME (2001), S. 73 f.

614 Beispielsweise Konjukturindikatoren des ifo-Institutes, vgl. LINDLBAUER / NERB (1998).

Bei der Analyse der Makroumwelt steht die Analyse und Bewertung von Umweltindikatoren und Umweltereignissen im Vordergrund. Es existieren zahlreiche (kommerzielle) Webseiten, die den Informationsbedarf der strategischen Planung in diesem Bereich decken können. Neben den Informationen für die Analyse der Makroumwelt, können dem Internet eine Reihe von Informationen für die Konkurrenzanalyse entnommen werden. Während die Informationen für die Analyse der Makroumwelt von Informationsdienstleistern bereitgestellt werden, sind die Informationen zur Konkurrenzanalyse oft nicht vorhanden oder mit intensiven manuellen Recherchen verbunden.

Datenintegration

Wie oben angedeutet, existieren bereits Konzepte zur Integration externer unstrukturierter Informationen in Data-Warehouse-Systeme. Zu nennen sind das *Webfarming*[615] von HACKATHORN, der *Redaktionsleitstand*[616] von MEIER und das *Marktdateninformationssystem*[617] von FELDEN. Alle drei Konzepte weisen ähnliche Prozess-Schritte auf:

1. Der Informationsbedarf der Informationsempfänger wird aus kritischen externen Faktoren[618] abgeleitet, als (Informationsbedarfs-) Profil modelliert[619] oder auf Grundlage der Metadaten[620] definiert. Ergebnis der Informationsbedarfsanalyse sind Suchbegriffe, die für Suchmaschinen oder die Abfrage von Content-Providern genutzt werden können.

2. Die per Suchbegriff angeforderten Dokumente werden aus dem Internet in einen Arbeitsbereich[621] extrahiert.

---

615 Vgl. HACKATHORN (1998).

616 Vgl. MEIER (2000).

617 Vgl. FELDEN (2002).

618 Vgl. HACKATHORN (1998), S. 101.

619 Vgl. MEIER (2000), S. 22 ff.

620 Vgl. FELDEN (2002), S. 125 und S. 157 f.

621 Die Autoren verwenden für diesen Arbeitsbereich unterschiedliche Begriffe. FELDEN: *Veranda* und *Silo*, vgl. FELDEN (2002), S. 159 f; HACKATHORN: *Staging Area*, vgl. HACKATHORN (1998), S. 130; MEIER spricht von einer Zwischenspeicherung der Rohdaten, vgl. MEIER (1998), S. 108.

3. Im Arbeitsbereich werden die Dokumente manuell oder filterbasiert auf Relevanz geprüft und im Rahmen der Transformation bereinigt, aufbereitet, indiziert und klassifiziert[622].

4. Relevante Dokumente werden in die Basisdatenbank geladen, soweit möglich mit existierenden Datenstrukturen verknüpft[623] und dauerhaft gespeichert.

5. Abschließend wird der Zugriff auf die Dokumente über eine adäquate Benutzungsschnittstelle ermöglicht.

Das Data-Warehouse-System muss gemäß diesen Konzepten um spezielle Metadaten und Architekturelemente erweitert werden, um die Integration externer (unstrukturierter) Daten zu ermöglichen. Folgende Aspekte erfordern zusätzliche Metadaten:

- *Suchbegriffe*: Bei der Nutzung des Internet besteht das Problem, geeignete Suchbegriffe oder Suchphrasen (für Suchmaschinen) zu definieren, um die Informationsmenge bereits bei der Extraktion sinnvoll einzuschränken. Aber auch auf das Informationsangebot spezialisierter Content-Provider kann durch die Verwendung von Suchbegriffen präziser zugegriffen werden. Über ein Thesaurus lassen sich die Suchbegriffe um synonyme Begriffe, (eng) verwandte Begriffe und fremdsprachige Begriffe erweitern.[624] Aus Suchbegriffen können individuelle oder rollenspezifische Informationsbedarfsprofile gebildet werden, die ebenfalls zu den Metadaten zählen.

- *Quellenverzeichnis*: Das Quellenverzeichnis beinhaltet alle notwendigen Zugriffsdaten präferierter Internet-Ressourcen.[625] Des Weiteren können die Quellen näher charakterisiert werden, um beispielsweise im Rahmen einer manuellen Recherche thematisch und qualitativ passende Internet -Ressourcen auszuwählen.

---

622 Vgl. dazu auch HOLTEN / EHLERS (1998), S. 127. Zu Klassifizierungsmöglichkeiten externer Informationen vgl. grundlegend MUCKSCH / BEHME (2001) sowie BEHME / MUCKSCH (1999).

623 Vgl. HACKATHORN (1998), S. 115 und S. 129; FELDEN (2002), S. 160; MEIER (2000), S. 73; MEIER / FÜLLEBORN (1999), S. 455.

624 Vgl. MEIER (1998), S. 113.

625 URL, gegebenenfalls erforderliche Zugangsdaten.

- *Regelbibliothek*: Trotz Vorselektion über geeignete Suchbegriffe wird die Ergebnismenge einer Suchanfrage grundsätzlich irrelevante Dokumente beinhalten. Die Regelbibliothek versorgt die Filterkomponente mit Regeln, um die Ergebnismenge auf relevante Dokumente einzuschränken.[626]

Das Filter ist dem Architekturelement *Transformation* der Data-Warehouse-System-Referenzarchitektur zuzuordnen. Es führt eine Bereinigung der Ergebnismenge durch. Ein zentraler Architekturbestandteil des Redaktionsleitstandes ist die Redaktionskomponente (Editorial Toolkit[627]).[628] Sie stellt dem Benutzer Funktionen zur redaktionellen Aufbereitung und Veredelung der Rohdaten zur Verfügung.[629] Die Administration aller mit dem Datenbeschaffungsvorgang assoziierten Metadaten und das Anstoßen manueller Internet-Recherchen erfolgt im *Retrieval Cockpit*. Dieses ist eine weitere datenquellenspezifische Architekturkomponente.

Viele Informationen des Internet liegen im Portable Document Format (PDF) vor. Zudem werden mit steigenden Netzbandbreiten auch immer häufiger Informationen in multimedialer Form - wie beispielsweise Videoclips - publiziert. Die Speicherung von Informationen in diesen Formaten erfordert den Datentyp Binary Large Objekt im Datenbanksystem des Data-Warehouse-Systems.

4.1.6 Planungssubjekte

Die meisten Methoden der strategischen Planung verlangen den Planungssubjekten eine Einschätzung, Bewertung oder Beurteilung von (Planungs-) Sachverhalten ab.[630] Des Weiteren ist es im Rahmen der Planung notwendig, neue Datenobjekte zu erstellen und bestehende Datenobjekte zu adaptieren oder zu assoziieren. Die Planungssubjekte sind in diesem Fall als (menschliche) Datenquelle anzusehen. Die Extraktion und Transformation dieser Daten muss über eine Benutzungsschnittstelle mit komfortablen Eingabemöglichkeiten erfolgen.

---

626 Vgl. FELDEN (2002), S. 143.

627 Vgl. MEIER (1998), S. 109; ähnlich auch das *Redaktionssystem*, vgl. HOLTEN / EHLERS (1998), S. 131.

628 Vgl. MEIER (2000), S. 85.

629 Vgl. MEIER (1998), S. 115.

630 In diesem Zusammenhang wird auf die Vagheit strategischer qualitativ-verbaler Informationen verwiesen, vgl. HESSE (1995), S. 37.

Datenintegration

Der ETL-Prozess der Datenquelle *Planungssubjekt* weist erwartungsgemäß erhebliche Unterschiede zu anderen Datenquellen auf.

Die Extraktion der Einschätzungen, Bewertungen oder Beurteilungen der Planungssubjekte wird grundsätzlich durch geeignete Eingabemöglichkeiten auf der Benutzungsschnittstelle des Data-Warehouse-Systems realisiert. Dabei ist die Vollständigkeit der Extraktion durch entsprechende Mechanismen auf der Benutzungsschnittstelle sicherzustellen. Zum einen besteht durch die verschiedenen Abhängigkeiten zwischen den Methoden der strategischen Planung die Notwendigkeit, Planungssachverhalte einer Methode vollständig zu bewerten, damit eine nachfolgende Methode darauf aufbauen kann. Zum anderen ist es sinnvoll, alle wesentlichen Planungssachverhalte zu erfassen und zu bewerten, um die Vollständigkeit der Planung zu gewährleisten. Bei einigen Methoden sind die Planungssachverhalte (bspw. Kunden) bereits in vollem Umfang vorhanden und die Planungssubjekte müssen diese Sachverhalte anhand einer vorgegebenen Anzahl an Kriterien bewerten. In diesem Fall ist eine systemgestützte Prüfung auf Vollständigkeit problemlos möglich. Andere Methoden (bspw. die Methoden der Umweltanalyse) erfordern das Anlegen von neuen Datenobjekten oder die Adaption bestehender Datenobjekte. Wie viele Datenobjekte erstellt werden müssen (bspw. Umweltsachverhalte) oder wann eine Adaption bestehender Datenobjekte abgeschlossen ist, liegt im individuellen Ermessen der Planungssubjekte. Eine systemgestützte Prüfung auf Vollständigkeit kann nicht stattfinden.

Datenobjekte, die im Rahmen der Planung neu erfasst werden, befinden sich nach der Extraktion (Erfassung / Eingabe) direkt in der gewünschten Form, so dass keine Transformation dieser Daten notwendig ist. Auch das Adaptieren von Datenobjekten, die bereits im System existieren, erfordert keine gesonderte Transformation. Die Eingabemöglichkeiten der Benutzungsschnittstelle stellen dies sicher.

Eine Transformation ist jedoch bei der Bewertung von Planungssachverhalten nach vorgegebenen Kriterien notwendig. Hier stellt sich die Frage, wie die Einschätzungen, Bewertungen und Beurteilungen in möglichst aussagekräftiger, vergleichbarer und nachvollziehbarer Form erfasst werden können. Dabei sind unterschiedlich stark strukturierte Formen der Extraktion denkbar, die gleichzeitig eine Transformationsleistung beinhalten. Extraktion und Transformation geschieht bei der Erfassung von Einschätzungen, Bewertungen und Beurteilungen in einem einzigen Schritt.

- Planungssachverhalte lassen sich auf einer (stetigen oder diskreten) ordinalen oder kardinalen Skala bewerten. Die Bewertungen und Einschätzungen der Planungssubjekte werden auf diese Weise in eine vorgegebene Skala mit einem definierten Wertebereich transformiert. Diese Form der Extraktion und Transformation weist den höchsten Grad der Strukturiertheit auf und ermöglicht es, die Werte zu einem späteren Zeitpunkt weiterzuverarbeiten. Bei arbeitsteilig durchgeführten Planungsaktivitäten wird durch die Verwendung einheitlicher Bewertungsskalen die Vergleichbarkeit der Einschätzungen verschiedener Planungssubjekte angestrebt. Nachteil dieser Transformation ist, dass nicht mehr nachzuvollziehen ist, warum, auf welcher Grundlage und aus welchen Gründen es zu dieser Bewertung kam. Dem Vorteil der strukturierten Erfassung mittels Skalen steht ein Informationsverlust als Nachteil gegenüber.
- Die Bewertung von Planungssachverhalten lässt sich auch durch einen kurzen Textkommentar erfassen. Der Vorteil ist, dass ein Kommentar Aufschluss darüber geben kann, warum es zu dieser Bewertung kam. Der Nachteil ist, dass Textkommentare sich nicht wie numerische Daten weiterverarbeiten lassen und nicht in grafischer Form visualisiert werden können. Diese Form der Extraktion weist einen weitaus geringeren Grad an Strukturiertheit auf, denn nur die maximale Kommentarlänge und das Format werden vorgegeben, der Kommentar selbst ist jedoch in die Klasse der unstrukturierten Daten einzuordnen.

Zur Erfassung der Bewertungen von Planungssachverhalten wird hier empfohlen, beide Formen der Extraktion und Transformation in Kombination zu nutzen. Die Bewertungen und Einschätzungen der Planungssachverhalte werden in Skalen transformiert und mit einem Kommentar versehen. Zusätzlich sollte die Benutzungsschnittstelle die Möglichkeit bieten, beliebige Dokumente (PDF, DOC, XLS, etc.) oder Referenzen (Intranet / Internet) mit dem Bewertungssachverhalt zu verknüpfen. So kann zu einem späteren Zeitpunkt im Detail nachvollzogen werden, auf Basis welcher Grundlage es zu dieser Bewertung kam.

Für die Extraktion und Transformation von Bewertungssachverhalten wird hier ein dreistufiges Konzept für die Benutzungsschnittstelle vorgeschlagen:

1. (ordinale oder kardinale) Bewertungsskala
2. (Kurz-) Kommentar
3. Optionale Verknüpfungen mit Dokumenten[631] oder Referenzen, aus denen Detailinformationen in Bezug auf die getätigte Bewertung hervorgehen

Die Verknüpfung mit Dokumenten kann sich auf Dokumente beziehen, die bereits im Data-Warehouse-System gespeichert sind. Es ist jedoch denkbar, dass persönlich erstellte Dokumente, die sich nur lokal auf dem Arbeitsplatz-PC der Planungssubjekte befinden, mit einem Bewertungssachverhalt verknüpft werden sollen. Hierfür muss die Möglichkeit geboten werden, Dokumente direkt in das Data-Warehouse-System zu laden. Dies entspricht einem manuell angestoßenen Extraktionsvorgang.

4.2 Datenhaltung

Die Operanden *Basisdatenbank* und *Data Warehouse* der Data-Warehouse-System-Referenzarchitektur dienen der dauerhaften Speicherung von Daten.[632] Als zentrales Element der Referenzarchitektur stellt die Basisdatenbank integrierte Daten für spezifische Analysen in Data Warehouses bereit. Beim Laden der Daten von der Basisdatenbank in ein Data Warehouse erfolgt die Transformation in ein Datenmodell, das auf den spezifischen Analysebedarf einer Benutzergruppe zugeschnitten ist. Um die Antwortzeiten des Data-Warehouse-Systems bei analytischen Anfragen so gering wie möglich zu halten, wird teilweise auch ein Technologiewechsel zwischen Basisdatenbank und Data Warehouse vollzogen. Ausgehend von der relationalen Datenbanktechnologie als De-facto-Standard für die Basisdatenbank eines Data-Warehouse-Systems zeigt der folgende Abschnitt 4.2.1 auf, welche Restriktionen mit dieser Technologie im Rahmen der strategischen Planung zu beachten sind und welche Möglichkeiten bestehen, diese Restriktionen durch einen Technologiewechsel zu umgehen. Der Entwurf eines geeigneten Datenmodells, das die notwendige Flexibilität

---

631 Vgl. MERTENS (1999), S. 24.

632 Vgl. dazu im Detail Abschnitt 2.2.

zur Verknüpfung und Analyse der Daten gewährleistet, gehört zu den wichtigsten Aufgaben bei der Konzeption eines Data-Warehouse-Systems.[633] Nach einer kurzen Einführung in die Notationselemente des UML-Klassendiagramms in Abschnitt 4.2.2 folgt in Abschnitt 4.2.3 der Entwurf von Datenmodellen für die in dieser Arbeit betrachteten Planungsmethoden. Abschnitt 4.2.4 stellt im Anschluss daran ein Modellierungskonzept vor, mit dessen Hilfe sich eine flexible Verknüpfung beliebiger Planungsdaten realisieren lässt.

4.2.1 Datenbanktechnologie

Die Analyse potenzieller Datenquellen hat gezeigt, dass im Rahmen der strategischen Planung das Erfordernis besteht, unstrukturierte Daten – speziell in Form von Dokumenten – einer Datenintegration zugänglich zu machen. Des Weiteren sollte es den Planungssubjekten möglich sein, beliebige Planungssachverhalte mit Dokumenten zu verknüpfen, aus denen detailliertere Informationen hervorgehen. Sowohl die Integration unstrukturierter Daten als auch das flexible Verknüpfen beliebiger Datenbankinhalte zeigen die Grenzen der relationalen Datenbanktechnologie auf.

Das Konzept relationaler Datenbanken zielt darauf ab, Daten in atomarer Form zu speichern.[634] Atomar bedeutet in diesem Zusammenhang, dass die zu speichernden Daten in möglichst kleine Datenelemente zerlegt werden. Dadurch wird es möglich, die Datenelemente durch eine überschaubare Menge von Basisdatentypen wie beispielsweise ganze Zahlen, Fließkommazahlen, Zeittypen, alphanumerische und Zeichenketten abzubilden.[635] Nur strukturierte oder semi-strukturierte Dokumente (z. B. XML-Dokumente), die sich mit Hilfe der Basisdatentypen repräsentieren lassen, können in relationalen Datenbanken gespeichert werden. Bereits Dokumente, die einfache Grafiken beinhalten, entziehen sich einer Speicherung in relationalen Datenbanken. In objektrelationalen Datenbanken existiert der Datentyp *Large Object* (LOB).[636] Damit

---

633 Vgl. JUNG / WINTER (2000), S. 16.

634 Vgl. HEUER / SAAKE (2000), S. 107; MEIER / WÜST (2003), S. 87. Zum relationalen Datenmodell vgl. grundlegend CODD (1970).

635 Vgl. HEUER / SAAKE (2000), S. 106.

636 Vgl. HEUER / SAAKE (2000), S. 287; TÜRKER / SAAKE (2006), S. 143; MEIER / WÜST (2003), S. 148; TÜRKER (2003), S. 42 f; PETKOVIĆ (2003), S. 57 ff. Standard-SQL unterstützt *Character Large Objects* (CLOB), *National Character Large Objects* (NCLOB) und *Binary Large Objects* (BLOB).

können binäre oder alphanumerische Zeichenketten beliebiger Länge gespeichert werden.[637] Über sogenannte *Lokatoren* lassen sich Large Objects auch partiell auslesen.[638] Der LOB-Datentyp objektrelationaler Datenbanken löst das Problem der stark strukturierten, atomaren Speicherung von Daten und ermöglicht es, komplexe und unstrukturierte Datenobjekte wie beispielsweise typische Office[639]-Dokumente (DOC, XLS, PPT, PDF etc.) in die Datenbank zu integrieren und sie mit anderen Daten in Beziehung zu setzen.

Die Verknüpfung von Daten in einer relationalen Datenbank wird über Fremdschlüssel realisiert. Pro Beziehung entsteht ein neues Fremdschlüssel-Attribut in einer existierenden Relation (einfach-komplexe Beziehung) oder eine neue Beziehungsrelation (komplex-komplexe Beziehung). Das Verknüpfen einer Relation *Dokumente*[640] mit allen anderen Relationen über komplex-komplexe Beziehungen führt fast zu einer Verdoppelung der Relationenanzahl im Datenmodell.[641] Eine darüber hinausgehende Flexibilität, die es ermöglichen würde, die Planungssachverhalte auch untereinander beliebig zu verknüpfen, resultiert in einem hochkomplexen und unüberschaubaren Datenmodell.[642] In objektrelationalen Datenbanken kann die geforderte Flexibilität mit Hilfe des Konzeptes der *Spezialisierung*[643] über Typ- und Tabellenhierarchien realisiert

---

637 Vgl. TÜRKER / SAAKE (2006), S. 100.

638 Vgl. HEUER / SAAKE (2000), S. 287; TÜRKER / SAAKE (2006), S. 101; MEIER / WÜST (2003), S. 148; PETKOVIĆ (2003), S. 63 f.

639 Office ist ein Produkt der Microsoft Corporation.

640 Von dem Umstand, dass sich beispielsweise PDF-Dokumente nicht in relationalen Datenbanken speichern lassen, soll hier abstrahiert werden. Die Relation *Dokumente* kann beispielsweise Metadaten zu Dokumenten enthalten, wie etwa eine Dokumentenarchiv-Referenz, eine Dokumentenbezeichnung oder Schlagwörter.

641 Enthält das Datenmodell 20 Relationen und eine Relation davon bezieht sich auf Dokumente, dann werden 19 zusätzliche Beziehungsrelationen notwendig, um die 19 nicht-Dokument-Relationen mit der Dokument-Relation über komplex-komplexe-Beziehungen zu verknüpfen.

642 Das Maximum an Verknüpfungsflexibilität kann in relationalen Datenbanken erreicht werden, indem n Relationen über $\frac{n!}{2!(n-2)!}$ Beziehungsrelationen miteinander verknüpft werden. Bei 20 Relationen sind beispielsweise 190 Beziehungsrelationen notwendig, um alle Relationen mit allen anderen Relationen in Beziehung zu setzen (komplex-komplexe Beziehungen).

643 *Spezialisierung* ist ein fundamentales Konzept objektrelationaler Datenbanken, vgl. TÜRKER / SAAKE (2006), S. 111.

werden.[644] Sämtliche Informationsobjekte der strategischen Planung, wie beispielsweise Marktsegmente, Lieferanten, Produkte oder Ressourcen, lassen sich als *spezialisierte Planungssachverhalte* betrachten. Durch eine Abstraktion von den Details spezialisierter Planungssachverhalte wird es möglich, Planungssachverhalte auf einer abstrakteren Ebene miteinander zu verknüpfen.[645] So kann beispielsweise der *Planungssachverhalt* Lieferant A mit dem *Planungssachverhalt* Ressource B in Beziehung gesetzt werden. Eine Verknüpfung zwischen Planungssachverhalten auf dieser abstrakten Betrachtungsebene stellt einen Selbstbezug dar, der sich in objektrelationalen Datenbanken durch maximal zwei Referenzattribute abbilden lässt.[646]

Die Ausführungen zeigen, dass die Anforderungen der strategischen Planung in Bezug auf die Datenhaltung nicht (Integration beliebiger Dokumente) oder nur sehr aufwändig (flexible Verknüpfungen) mit relationaler Datenbanktechnologie gedeckt werden können. Objektrelationale Datenbanktechnologie bietet mit dem Datentyp *Large Object* und der Realisierung des *Spezialisierungskonzeptes* über Typ- und Tabellenhierarchien anforderungsgerechte Konzepte an.

Objektrelationale Datenbanken erweitern relationale Datenbanken um objektorientierte Konzepte[647]. Sie stellen im Vergleich zu relationalen Datenbanken eine mächtigere SQL-Schnittstelle bereit, die zentrale Konzepte der Objektorientierung unterstützt und deren Vorteile daher insbesondere im Kontext objektorientiert implementierter Applikationen greifen.[648] Den Vorteilen stehen jedoch auch Nachteile gegenüber:[649]

---

644 Vgl. TÜRKER (2003), S. 52 ff und S. 72 ff; HEUER / SAAKE (2000), S. 149 f; PETKOVIĆ (2003), S. 90 ff und S. 113 ff; TÜRKER / SAAKE (2006), S. 126 ff. Eine rein relationale Abbildung von Spezialisierungshierarchien ist über virtuelle, vertikale und horizontale Fragmentierung einer Universaltabelle möglich. Alle drei Alternativen weisen jedoch erhebliche Nachteile auf, vgl. dazu TÜRKER / SAAKE (2006), S. 280 ff, insbesondere S. 309 f.

645 Siehe dazu im Detail Abschnitt 4.2.4.

646 Ob ein oder zwei Referenzattribute benötigt werden ist davon abhängig, ob der Selbstbezug unidirektional (ein Referenzattribut) oder bidirektional (zwei Referenzattribute) ist. Vgl. TÜRKER / SAAKE (2006), S. 241.

647 Vgl. HEUER / SAAKE (2000), S. 141.

648 Vgl. MEIER / WÜST (2003), S. 187.

649 Vgl. TÜRKER / SAAKE (2006), S. 527 f.

- Die Konzepte objektrelationaler Datenbanktechnologie[650] stellen höhere Anforderungen an die Qualifikation der Anwendungsentwickler und Datenbankadministratoren als das Relationenmodell und die Relationenalgebra.
- Kommerziell etablierte Datenbankprodukte – insbesondere IBM DB2 und Oracle Database – weisen heterogene SQL-Dialekte auf. Auch bezüglich der Umsetzung objektrelationaler Konzepte zeigen sich herstellerspezifische Unterschiede. Dies hat negative Auswirkungen auf die Portabilität objektrelationaler Datenbanken und bedingt eine relativ starke Herstellerbindung[651].

„Das Schöne an objektrelationalen Datenbanken ist, dass sie auch als relationale Datenbanken eingesetzt werden können, indem die objektrelationalen Erweiterungen einfach nicht genutzt werden."[652] Die selektive Nutzung objektrelationaler Erweiterungen erleichtert den Einsatz objektrelationaler Datenbanktechnologie im Kontext von Data-Warehouse-Systemen, da der Arbeitsbereich und die Basisdatenbank weiterhin als relationale Datenbank betrieben werden können. Lediglich der Datentyp *Large Object* wird hier genutzt, um Dokumente speichern zu können. Für die strategische Planung wird ein Data Warehouse aufgebaut, das darüber hinaus weitere Konzepte objektrelationaler Datenbanktechnologie nutzt. Erst an der Schnittstelle zwischen Basisdatenbank und Data Warehouse findet ein Technologiewechsel statt, ein komplettes Redesign eines bestehenden Data-Warehouse-Systems ist nicht notwendig.

4.2.2 Datenmodellierung

Für die Datenmodellierung wird auf das *Klassendiagramm* der Unified Modeling Language (UML)[653] zurückgegriffen, da es die Konzepte der Objektorientierung

---

650 TÜRKER / SAAKE zählen dazu im einzelnen: Typkonstruktoren, benutzerdefinierte Datentypen, Typhierarchien, Methoden, Objektidentifikatoren und Referenzen, benutzerdefinierte Ordnungen, typisierte Tabellen / Objekttabellen, Tabellenhierarchien, typisierte Sichten / Objektsichten und Sichtenhierarchien; vgl. TÜRKER / SAAKE (2006), S. 99.

651 Vgl. TÜRKER / SAAKE (2006), S. 139.

652 TÜRKER / SAAKE (2006), S. 528.

653 "The Unified Modeling Language (UML) is a general-purpose visual modeling language that is used to specify, visualize, construct, and document the artifacts of a software system.", RUMBAUGH / JACOBSON / BOOCH (2005), S. 3. Das Metamodell dieser Modellierungssprache kann unter O. V. (2007B) abgerufen werden.

abbilden kann. Das Klassendiagramm gehört zur Gruppe der UML-Strukturdiagramme und bildet die statischen Strukturbestandteile eines Systems, deren Eigenschaften und Beziehungen ab.[654]

Das namensgebende Element von Klassendiagrammen ist die *Klasse*. Eine Klasse beschreibt eine Menge von Objekten, die sich durch gleiche Merkmale, Beziehungen sowie gleiches Verhalten auszeichnen.[655] Mindestens der Name einer Klasse muss in einem Klassendiagramm angegeben werden[656] und innerhalb eines Namensraums eindeutig sein.[657] *Attribute* und *Operationen* sind optionale Bestandteile bei der Darstellung einer Klasse.[658] Attribute beschreiben die strukturellen Eigenschaften einer Klasse, Operationen die von einer Klasse angebotenen Dienstleistungen.[659] Ein *Klassenattribut* wird modelliert, wenn ein Attributwert für alle Objekte einer Klasse gilt.[660] Da im Folgenden der konzeptionelle Entwurf eines Datenmodells im Vordergrund steht, wird auf die Spezifizierung von Operationen verzichtet.[661] Beziehungen zwischen zwei Klassen werden durch *binäre Assoziationen* abgebildet.[662] Durch die optionale Angabe eines *Assoziationsnamens*[663] und der *Leserichtung* sowie der *Multiplizitäten* werden Assoziationen genauer spezifiziert.[664] Multiplizitäten definieren, wie viele Instanzen der assoziierten Klasse mit einer Instanz der betrachteten Klasse verknüpft sein können.[665] Eine Multiplizität, die genau aus einer Zahl besteht, definiert die minimale und

---

654 Vgl. KECHER (2005), S. 21 und S. 29.

655 Vgl. RUMBAUGH / JACOBSON / BOOCH (2005), S. 50; SEEMANN / WOLFF VON GUDENBERG (2006), S. 44; BALZERT (2005), S. 23; OESTEREICH (2005), S. 242.

656 Vgl. SEEMANN / WOLFF VON GUDENBERG (2006), S. 44.

657 Vgl. KECHER (2005), S. 32; RUMBAUGH / JACOBSON / BOOCH (2005), S. 50.

658 Vgl. BALZERT (2005), S. 23 f.

659 Vgl. KECHER (2005), S. 34 und S. 41.

660 Vgl. BALZERT (2005), S. 30.

661 Eine Ausnahme bildet das Klassendiagramm in Abschnitt 4.2.4.

662 Vgl. KECHER (2005), S. 50; SEEMANN / WOLFF VON GUDENBERG (2006), S. 51; BALZERT (2005), S. 42 f.

663 Vgl. BALZERT (2005), S. 44.

664 Vgl. KECHER (2005), S. 50; SEEMANN / WOLFF VON GUDENBERG (2006), S. 53 f und S. 59; OESTEREICH (2005), S. 273.

665 Vgl. SEEMANN / WOLFF VON GUDENBERG (2006), S. 59; RUMBAUGH / JACOBSON / BOOCH (2005), S. 53; BALZERT (2005), S. 43; OESTEREICH (2005), S. 273.

maximale Anzahl der Verknüpfungen.[666] Bei einer Multiplizität die aus zwei Zahlen besteht, definiert die linke Zahl die minimale und die rechte Zahl die maximale Anzahl der Verknüpfungen.[667] Ein Stern (*) bedeutet *null oder beliebig viele*.[668] Über die XOR-Spezifikation kann definiert werden, dass eine Klasse nur an einer von mehreren Assoziationen gleichzeitig teilnehmen darf.[669] Die Beziehung einer Klasse zu sich selbst lässt sich durch eine *reflexive Assoziation* modellieren.[670] Wenn sich Attribute keiner der beiden assoziierten Klassen eindeutig zuordnen lassen, besteht die Möglichkeit zur Bildung einer *Assoziationsklasse*. Sie vereint die Eigenschaften einer Assoziation und einer Klasse.[671] Mit der *Aggregation* und der *Komposition* existieren zwei spezielle Formen der binären Assoziation.[672] Sie beschreiben Ganzes-Teile-Beziehungen.[673] Im Unterschied zur Aggregation sind die Klassen bei einer Komposition existenziell voneinander abhängig.[674] Die Verknüpfung von mehr als zwei Klassen kann über mehrgliedrige Assoziationen modelliert werden.[675] *Generalisierung* beziehungsweise *Spezialisierung* beschreiben die Konzepte zur Modellierung unterschiedlich allgemeiner Klassen.[676] Superklassen generalisieren Subklassen, Subklassen spezialisieren eine Superklasse.[677] Zwischen einer Superklasse und ihren Subklassen bestehen

---

666 Vgl. BALZERT (2005), S. 29.

667 Vgl. BALZERT (2005), S. 29 und S. 43; OESTEREICH (2005), S. 274; BORN / HOLZ / KATH (2004), S. 46.

668 Vgl. OESTEREICH (2005), S. 274.

669 Vgl. KECHER (2005), S. 52; SEEMANN / WOLFF VON GUDENBERG (2006), S. 75; RUMBAUGH / JACOBSON / BOOCH (2005), S. 65; BALZERT (2005), S. 46.

670 Vgl. KECHER (2005), S. 57; SEEMANN / WOLFF VON GUDENBERG (2006), S. 54 f; RUMBAUGH / JACOBSON / BOOCH (2005), S. 54; BALZERT (2005), S. 42 f.

671 Vgl. KECHER (2005), S. 64; RUMBAUGH / JACOBSON / BOOCH (2005), S. 54; LARMAN (2005), S. 266; BALZERT (2005), S. 47; OESTEREICH (2005), S. 277.

672 Vgl. BORN / HOLZ / KATH (2004), S. 47.

673 Vgl. RUMBAUGH / JACOBSON / BOOCH (2005), S. 56; BALZERT (2005), S. 48; OESTEREICH (2005), S. 283.

674 Vgl. KECHER (2005), S. 70; SEEMANN / WOLFF VON GUDENBERG (2006), S. 57; BALZERT (2005), S. 49; OESTEREICH (2005), S. 285.

675 Vgl. OESTEREICH (2005), S. 282; SEEMANN / WOLFF VON GUDENBERG (2006), S. 62 f; BALZERT (2005), S. 50.

676 Vgl. SEEMANN / WOLFF VON GUDENBERG (2006), S. 65; RUMBAUGH / JACOBSON / BOOCH (2005), S. 57; BALZERT (2005), S. 52; OESTEREICH (2005), S. 268; BORN / HOLZ / KATH (2004), S. 34.

677 Vgl. KECHER (2005), S. 76.

Generalisierungsbeziehungen.[678] Subklassen erben alle Attribute, Operationen und Assoziationen von der Superklasse.[679] Eine *abstrakte Klasse* wird modelliert, wenn die Eigenschaften einer Superklasse an Subklassen vererbt werden sollen, aus der Superklasse selbst jedoch keine Objekte erzeugt werden sollen.[680] In diesem Zusammenhang werden auch häufig *abstrakte Operationen* modelliert.[681] Sie bestehen nur aus einer Signatur, die an Subklassen vererbt wird. Neben der Vererbung kann Spezialisierung auch zur Klassifikation verwendet werden.[682] Mehrere Generalisierungsbeziehungen können zu einer *Generalisierungsmenge* zusammengefasst werden.[683] Eine Generalisierungsmenge kann durch Angabe der folgenden Eigenschaftspaare näher spezifiziert werden:[684]

- {complete, disjoint} / {c,d}: Alle (complete) Instanzen der Superklasse lassen sich genau einer (disjoint) Subklasse der Generalisierungsmenge zuordnen.
- {complete, overlapping} / {c,o}: Alle (complete) Instanzen der Superklasse lassen sich einer Subklasse der Generalisierungsmenge zuordnen. Eine Instanz der Superklasse kann in mehreren Subklassen der Generalisierungsmenge enthalten sein (overlapping).
- {incomplete, disjoint} / {i,d}: Nicht alle (incomplete) Instanzen der Superklasse lassen sich einer Subklasse der Generalisierungsmenge zuordnen. Eine Instanz der Superklasse kann maximal einer Subklasse der Generalisierungsmenge zugeordnet werden (disjoint).
- {incomplete, overlapping} / {i,o}: Nicht alle (incomplete) Instanzen der Superklasse lassen sich einer Subklasse der Generalisierungsmenge zuordnen. Eine Instanz der Superklasse kann mehreren Subklassen der Generalisierungsmenge zugeordnet werden (overlapping).

---

678 Vgl. RUMBAUGH / JACOBSON / BOOCH (2005), S. 57; KECHER (2005), S. 76; BALZERT (2005), S. 52.

679 Vgl. SEEMANN / WOLFF VON GUDENBERG (2006), S. 65; RUMBAUGH / JACOBSON / BOOCH (2005), S. 57; OESTEREICH (2005), S. 268.

680 Vgl. BALZERT (2005), S. 52 und S. 304; OESTEREICH (2005), S. 246.

681 Vgl. BALZERT (2005), S. 35.

682 Vgl. SEEMANN / WOLFF VON GUDENBERG (2006), S. 67; BALZERT (2005), S. 302.

683 Vgl. BALZERT (2005), S. 54; HITZ ET AL. (2005), S. 80 f.

684 Vgl. BALZERT (2005), S. 302 f; BORN / HOLZ / KATH (2004), S. 92.

Abbildung 55 zeigt die UML-Notationselemente, die im Folgenden verwendet werden.

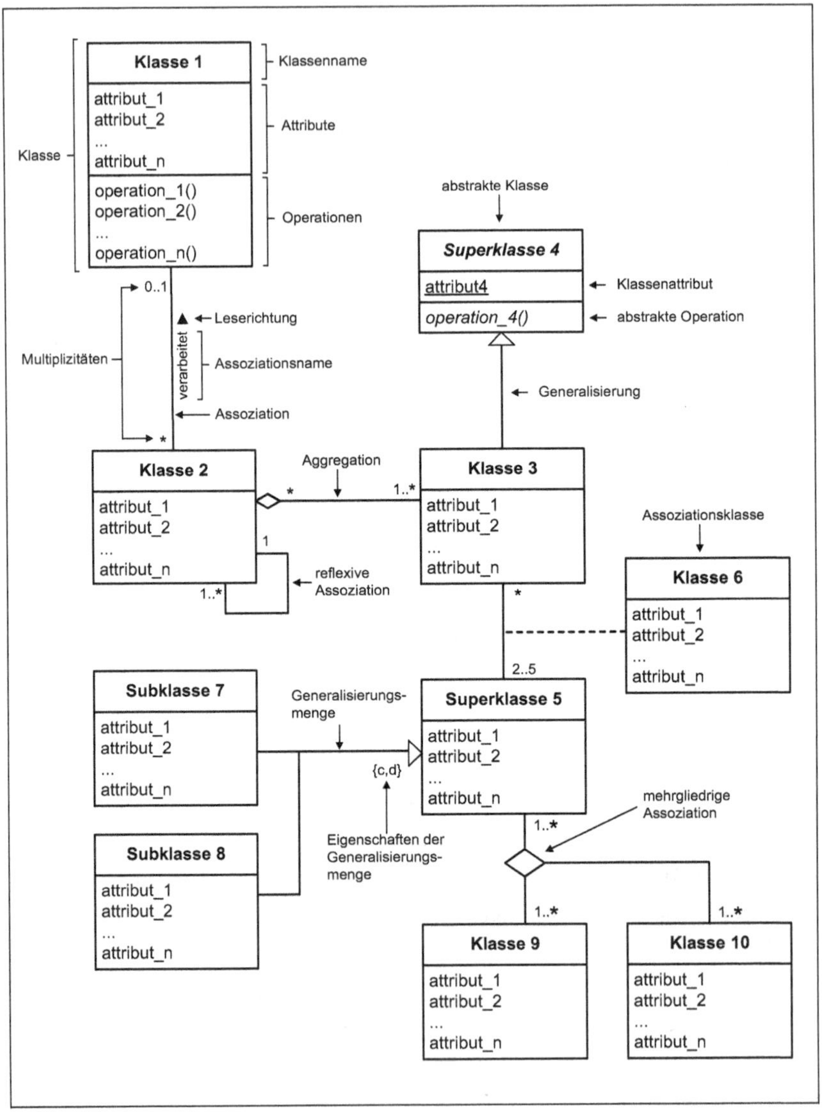

Abb. 55: UML-Notationselemente des Klassendiagramms

In Abschnitt 3.2.3 wurden zu ausgewählten Methoden der strategischen Planung Informationsprozessmodelle erstellt. Anhand dieser Modelle konnte der objektive Informationsbedarf der Planungsmethoden analysiert werden. Im Folgenden dienen diese Informationsprozessmodelle als Grundlage für die Datenmodellierung. Innerhalb der Informationsprozessmodelle wurden die Informationen durch die dargestellte Verschachtelung bereits miteinander verknüpft (assoziierte Informationen). Im Rahmen der Datenmodellierung wird die Beziehung zwischen den assoziierten Informationen der Informationsprozessmodelle in die Modellierungskonzepte des UML-Klassendiagramms übersetzt.

In Abschnitt 4.2.3 wird ein Klassendiagramm zu jeder Planungsmethode modelliert. Dabei können Abhängigkeiten oder Zusammenhänge zwischen verschiedenen Informationsprozessmodellen eine Modellierung in einem Klassendiagramm sinnvoll erscheinen lassen. Der Fokus der Modellierung liegt insbesondere auf einer adäquaten Modellierung der Klassen und deren Beziehungen zueinander. Die detaillierte Modellierung aller denkbaren Klassenattribute steht nicht im Vordergrund und erfolgt typischerweise erst in einer implementierungsnahen Systementwicklungsphase. In Abhängigkeit von den Informationspräferenzen der Anwender können die Klassen um weitere Attribute ergänzt werden, ohne das Datenmodell in seiner Grundstruktur zu verändern.

4.2.3 Methodenspezifische UML Klassendiagramme

In den folgenden Abschnitten wird für jede der betrachteten Planungsmethoden ein Datenmodell entworfen. Die Modellierung setzt auf den assoziierten Informationen der Informationsprozessmodelle aus Abschnitt 3.2.3 auf und überführt sie in Klassendiagramme der Unified Modeling Language. Die Modellierung findet in einem Namensraum statt, so dass jedes Klassendiagramm einen (planungsmethodenspezifischen) Ausschnitt aus dem Gesamtmodell zeigt. Aus Gründen der Übersichtlichkeit wäre es wünschenswert das Modell zu modularisieren und in einzelne Pakete aufzuteilen. Aufgrund der vielfältigen Zusammenhänge und Abhängigkeiten der methodenspezifischen Klassendiagramme untereinander ist eine Modularisiung des Gesamtmodells in Pakete (mittels UML Paketdiagramm[685]) nicht sinnvoll. Klassen, die in mehr als einem Klassendiagramm vorkommen, existieren nicht mehrfach; sie werden nur in mehreren Klassendiagrammen gezeigt, um die Zusammenhänge zu verdeutlichen. Eine Klasse, die ohne Attribute modelliert wird, ist originärer Bestandteil eines vorhergehend oder nachfolgend erläuterten Klassendiagramms. Diese Vorgehensweise erhöht die Übersichtlichkeit und Lesbarkeit der Klassendiagramme und trägt dazu bei, die aus dem Zusammenhang einzelner Klassendiagramme entstehende Redundanz zu minimieren. Analog zu den Informationsprozessmodellen soll auch hier durch detaillierte Erläuterungen ein möglichst hohes Maß an Nachvollziehbarkeit im Kontext der Modellierung gewährleistet werden. Die Abfolge der einzelnen Abschnitte orientiert sich konsequent an dem in Abschnitt 3.1.2 skizzierten strategischen Planungsprozess.

4.2.3.1 Stakeholderanalyse

Abbildung 56 zeigt das Klassendiagramm zur Stakeholderanalyse.

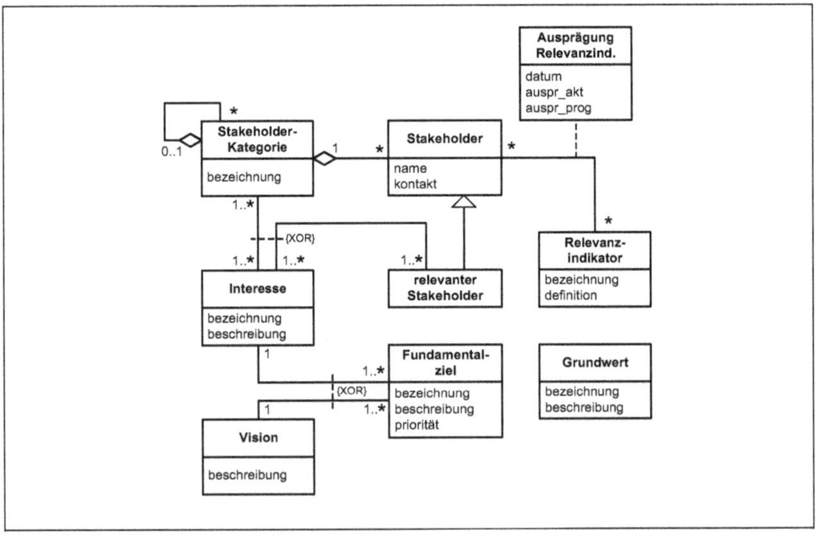

Abb. 56: Klassendiagramm Stakeholderanalyse

685 Vgl. Rumbaugh / Jacobson / Booch (2005), S. 111 ff; Oestereich (2005), S. 297 ff; Jeckle et al. (2004), S. 101 ff; Kecher (2005), S. 173 ff; Born / Holz / Kath (2004), S. 54 ff; Hitz et al. (2005), S. 120 ff.

Die Klasse *Stakeholder* ist mit der Klasse *Stakeholder-Kategorie* in Form einer Aggregation [*:1]-assoziiert, denn Stakeholder-Kategorien bestehen aus Stakeholdern. Jeder Stakeholder-Kategorie lassen sich beliebig viele Stakeholder zuordnen. Dies erlaubt die Definition von Stakeholderkategorien, die aktuell keine Stakeholder beinhalten. Dadurch können Stakeholder-Kategorien als Vorlageinformation verwendet werden, anhand derer die Planungssubjekte zu einer vollständigen Erfassung der Stakeholder angehalten werden. Die Klasse *Stakeholder-Kategorie* weist eine reflexive [0..1:*]-Aggregation auf, damit sich die Stakeholderkategorien hierarchisch verknüpfen lassen. Stakeholder werden in jedem Planungszyklus mit Relevanzindikatoren bewertet, um die relevanten Stakeholder des Unternehmens zu identifizieren. Dazu wurde die Assoziationsklasse *Ausprägung Relevanzind.* (Ausprägung Relevanzindikator) mit den Attributen *auspr_akt* (aktuelle Ausprägung) und *auspr_prog* (prognostizierte Ausprägung) der Assoziation zwischen den Klassen *Stakeholder* und *Relevanzindikator* modelliert. Jeder Stakeholder sollte mit jedem Relevanzindikator bewertet werden. Es kann das Problem auftreten, dass eine große Menge einzelner Stakeholder (beispielsweise Mitarbeiter) bewertet werden muss. Dieses Problem lässt sich lösen, indem die Benutzungsschnittstelle eine Funktion zur (einheitlichen) Bewertung aller Stakeholder einer Kategorie bereitstellt.

Nach der Bewertung der Stakeholder anhand von Relevanzindikatoren ist es möglich, die relevanten Stakeholder zu identifizieren. Dies wurde durch eine Spezialisierung der Superklasse *Stakeholder* in die Subklasse *relevanter Stakeholder* zum Ausdruck gebracht. Zur Erfassung der Interessen der relevanten Stakeholder existiert die Klasse *Interesse.* Die [1..*:1..*]-Assoziation zwischen den Klassen *Interesse* und *relevanter Stakeholder* verdeutlicht, dass relevante Stakeholder mehrere Interessen in Bezug auf das Unternehmen haben können und es durchaus vorkommen kann, dass mehrere Stakeholder die gleichen Interessen verfolgen. Das mehrfache Erfassen inhaltlich gleicher Interessen soll vermieden werden. Darüber hinaus muss es möglich sein, Interessen stakeholderkategoriespezifisch zu erfassen. Dies wurde durch die [1..*:1..*]-Assoziation zwischen den Klassen *Interesse* und *Stakeholderkategorie* modelliert. Die beiden letztgenannten Assoziationen werden über eine XOR-Bedingung eingeschränkt, denn Interessen werden entweder stakeholderspezifisch oder stakeholderkategoriespezifisch erfasst. Diese Modellierung wird dem Umstand gerecht, dass sowohl große (interessenhomogene) Stakeholdergruppen, als auch einzelne sehr einflussreiche Stakeholder existieren.[686] Aus den Interessen der relevanten Stakeholder oder Stakeholdergruppen werden die Fundamentalziele (Klasse *Fundamentalziel*) für das Unternehmen abgeleitet. Die Fundamentalziele können mit verschiedenen Prioritäten (Attribut *priorität*) versehen werden. Es wird unterstellt, dass zu einem Interesse eines relevanten Stakeholders oder einer Stakeholdergruppe in der Regel ein korrespondierendes Fundamentalziel für das Unternehmen formuliert wird.

Durch die [1:1..*]-Assoziation zwischen den Klassen *Interesse* und *Fundamentalziel* besteht die Möglichkeit, ein Interesse in mehrere Fundamentalziele zu zerlegen. Der größte Teil der Fundamentalziele wird sicherlich aus den Interessen der zahlreichen Stakeholder abgeleitet. Dennoch sollte auch die Vision des Unternehmens Bestandteil des Fundamentalzielsystems werden. Daher wurde die Klasse *Vision* modelliert und über eine [1:1..*]-Assoziation mit der Klasse *Fundamentalziel* in Beziehung gesetzt. Es ist davon auszugehen, dass sich aus der Vision mehrere Fundamentalziele ableiten lassen. Über die XOR-Einschränkung wird die Unabhängigkeit der Vision und der Stakeholderinteressen in Bezug auf die Formulierung der Fundamentalziele gewährleistet. Generell darf kein Fundamentalziel gegen die Grundwerte[687] (Klasse *Grundwert*) des Unternehmens verstoßen. Bei der Formulierung der Fundamentalziele ist den Planungssubjekten daher ein Abgleich mit den Grundwerten zu ermöglichen. Eine Assoziation zwischen den Klassen Fundamentalziel und Grundwert erscheint wenig sinnvoll, da alle Fundamentalziele stets mit allen Grundwerten in einer nicht-konfliktären Beziehung zu stehen haben.

4.2.3.2 Analyse der Makroumwelt

Abbildung 57 zeigt das Klassendiagramm zur Analyse der Makroumwelt.

---

686 Vgl. JOHNSON / SCHOLES / WHITTINGTON (2006), S. 183.

687 Die Grundwerte des Unternehmens werden im Rahmen des normativen Managements festgelegt.

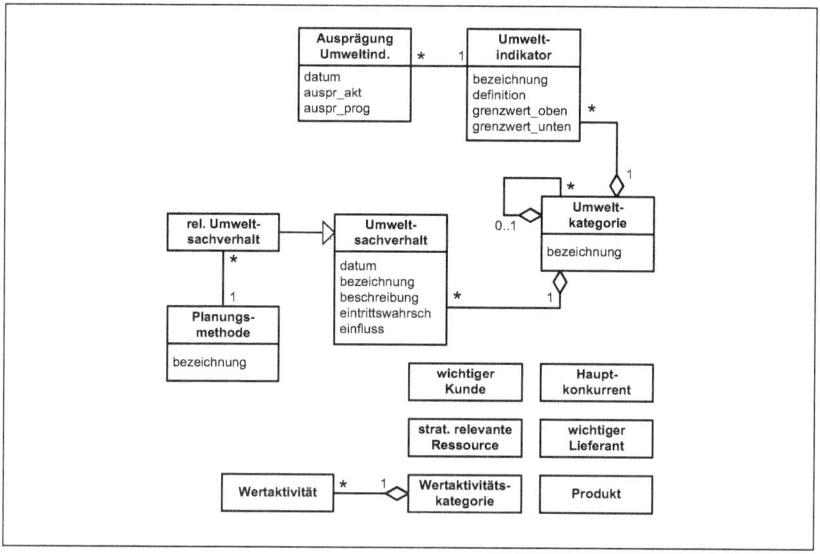

Abb. 57: Klassendiagramm Analyse der Makroumwelt

Bei der Analyse der Makroumwelt sind zunächst Umweltkategorien mittels der Klasse *Umweltkategorie* zu definieren. Die Klasse *Umweltkategorie* wurde mit einer reflexiven [0..1:*]-Aggregation modelliert, denn eine Umweltkategorie kann aus weiteren Unterkategorien bestehen. Die Multiplizitäten dieser Aggregation erlauben eine hierarchische Verknüpfung von Umweltkategorien. Umweltindikatoren (Klasse *Umweltindikator*) stehen in einer [*:1]-Aggregation zur Klasse Umweltkategorie und weisen als Besonderheit die Attribute *grenzwert_oben* und *grenzwert_unten* auf. Für die Ausprägungen der Umweltindikatoren wurde eine eigene Klasse *Ausprägung Umweltind.* modelliert, die in einer [*:1]-Assoziation zur Klasse *Umweltindikator* steht. Zu jedem Zeitpunkt (Attribut *datum*) wird eine aktuelle Ausprägung (Attribut *auspr_akt*) und optional eine prognostizierte Ausprägung (Attribut *auspr_prog*) erfasst. Das Über- oder Unterschreiten eines Umweltindikator-Grenzwertes führt zur Instanziierung eines Umweltsachverhaltes (Klasse *Umweltsachverhalt*). Aber auch Umweltereignisse (beispielsweise aus der Wirtschaftspresse) stellen Umweltsachverhalte dar. Sie werden stets einer Umweltkategorie zugeordnet, was durch die [*:1]-Aggregation zwischen den Klassen *Umweltsachverhalt* und *Umweltkategorie* modelliert wurde. Die Attribute *eintrittswahrsch* und *einfluss* der Klasse *Umweltsachverhalt* stellen die beiden Bewertungsdimensionen für die Issues priorities matrix dar. Die Klassen *wichtiger Kunde, wichtiger Lieferant, Produkt, Hauptkonkurrent, strat. relevante Ressource, Wertaktivitätskategorie* und *Wertaktivität* sollen die Planungssubjekte bei der Bewertung des Einflusses von Umweltsachverhalten auf das Unternehmen unterstützen. Umweltsachverhalte mit hoher Eintrittswahrscheinlichkeit und hohem Einfluss auf das Unternehmen sind relevante Umweltsachverhalte, die im weiteren Verlauf der Planung berücksichtigt werden. Die Subklasse *rel. Umweltsachverhalt* ist als priorisierte Teilmenge (extensionale Spezialisierung) der Superklasse *Umweltsachverhalt* zu verstehen. In den noch folgenden Methoden der Umweltanalyse werden ebenfalls relevante Umweltsachverhalte erfasst. Damit später nachvollzogen werden kann, in welcher Planungsmethode ein relevanter Umweltsachverhalt erfasst wurde, besteht eine [*:1]-Assoziation zwischen den Klassen *rel. Umweltsachverhalt* und *Planungsmethode*.[688]

4.2.3.3 Branchenstrukturanalyse

Aus Gründen der Übersichtlichkeit wird im Folgenden ein separates Klassendiagramm zu jeder Wettbewerbskraft einer Branche erstellt und erläutert.

Analyse der Kundenmacht

Abbildung 58 zeigt das Klassendiagramm zur Analyse der Kundenmacht.

688 Diese Assoziation wird in den folgenden Modellen nicht mehr explizit modelliert.

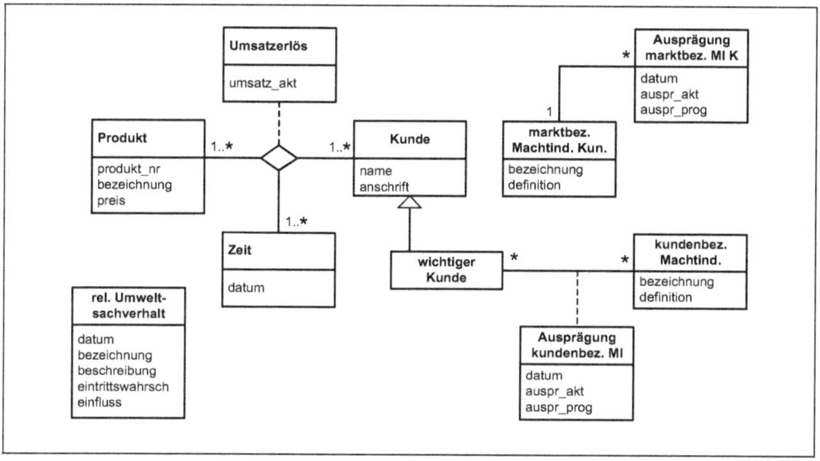

Abb. 58: Klassendiagramm Analyse der Kundenmacht

Die Analyse der Kundenmacht erfolgt mit Hilfe markt- und kundenbezogener Machtindikatoren. Um die Menge der zu bewertenden Kunden (Klasse *Kunde*) im Rahmen der Planung überschaubar zu halten, sollte die Bewertung auf wichtige Kunden beschränkt werden. Dies erfolgt hier durch eine Auswertung der Umsatzerlöse (Assoziationsklasse *Umsatzerlös*) und die Selektion umsatzstarker Kunden. Die ternäre Assoziation zwischen den Klassen *Kunde, Produkt* und *Zeit* ist als multidimensionale Analyse der Umsatzerlöse zu interpretieren. Die Subklasse *wichtiger Kunde* ist die priorisierte Teilmenge (extensionale Spezialisierung) der Superklasse *Kunde*. Alle wichtigen Kunden werden mit kundenbezogenen Machtindikatoren (Klasse *kundenbez. Machtind.*) bewertet. Die Assoziationsklasse *Ausprägung kundenbez. MI* bildet die zeitpunktabhängigen (Attribut *datum*) aktuellen (Attribut *auspr_akt*) und prognostizierten Ausprägungen (Attribut *auspr_prog*) ab. Alle wichtigen Kunden sollten nach Möglichkeit mit allen kundenbezogenen Machtindikatoren bewertet werden. Dennoch kann es vorkommen, dass aufgrund mangelnder Informationen bestimmte Kombinationen nicht bewertet werden können. Die Bewertung der marktbezogenen Machtindikatoren wurde mit den zwei [1:*]-assoziierten Klassen *marktbez. Machtind. Kun.* und *Ausprägung marktbez. MI K* modelliert. Die Klasse *Ausprägung marktbez. MI K* erlaubt das Erfassen beliebig vieler zeitpunktbezogener (Attribut *datum*) aktueller (Attribut *auspr_akt*) oder prognostizierter (Attribut *auspr_prog*) Ausprägungen eines

Machtindikators. Durch Zugriff auf historische Bewertungsdaten lassen sich Veränderungen und Trends bezüglich der Kundenmacht erkennen. Derartige Veränderungen aber auch extreme Ausprägungen bei einzelnen Machtindikatoren stellen relevante Umweltsachverhalte für das Unternehmen dar und werden über die Klasse *rel. Umweltsachverhalt* erfasst.

Analyse der Lieferantenmacht

Abbildung 59 zeigt das Klassendiagramm zur Analyse der Lieferantenmacht.

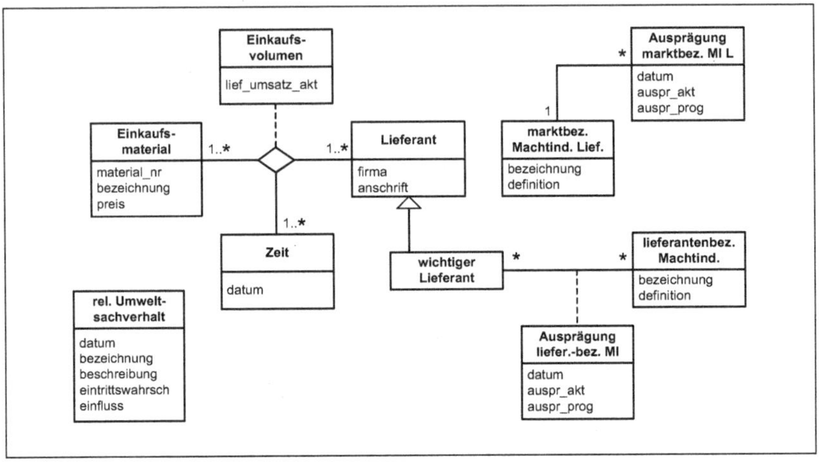

Abb. 59: Klassendiagramm Analyse der Lieferantenmacht

Die Analyse der Lieferantenmacht ist das Spiegelbild zur Analyse der Kundenmacht. Zunächst werden die Lieferanten (Klasse *Lieferant*) anhand des Einkaufsvolumens (Assoziationsklasse *Einkaufsvolumen*) priorisiert. Die ternäre Assoziation zwischen den Klassen *Lieferant, Einkaufsmaterial* und *Zeit* ist als multidimensionale Analyse des Einkaufsvolumens zu verstehen und soll dazu beitragen, die Lieferanten zu priorisieren (Subklasse *wichtiger Lieferant*). Die Priorisierung anhand des Einkaufsvolumens berücksichtigt jedoch keine Lieferanten, die kleine Mengen kritischer Materialien liefern. Daher sollte die extensionale Spezialisierung der Subklasse *wichtiger Lieferant* nicht ausschließlich auf dem Einkaufsvolumen beruhen. Jeder wichtige Lieferant wird mit lieferantenbezogenen Machtindikatoren bewertet (Klasse *lieferantenbez. Machtind.*). Zeitabhängige aktuelle und prognostizierte Ausprägungen werden mit den

Attributen *datum*, *auspr_akt* und *auspr_prog* der Assoziationsklasse *Ausprägung liefer.-bez. MI* erfasst. Neben den lieferantenbezogenen Machtindikatoren werden auch marktbezogene Machtindikatoren bewertet. Dies findet über die [*:1]-assoziierten Klassen *marktbez. Machtind. Lief.* und *Ausprägung marktbez. MI L* statt. Relevante Umweltsachverhalte resultieren insbesondere aus Veränderungen oder extremen Ausprägungen einzelner Machtindikatoren und werden über die Klasse *rel. Umweltsachverhalt* erfasst.

Analyse der Eintrittsbarrieren

Abbildung 60 zeigt das Klassendiagramm zur Analyse der Eintrittsbarrieren.

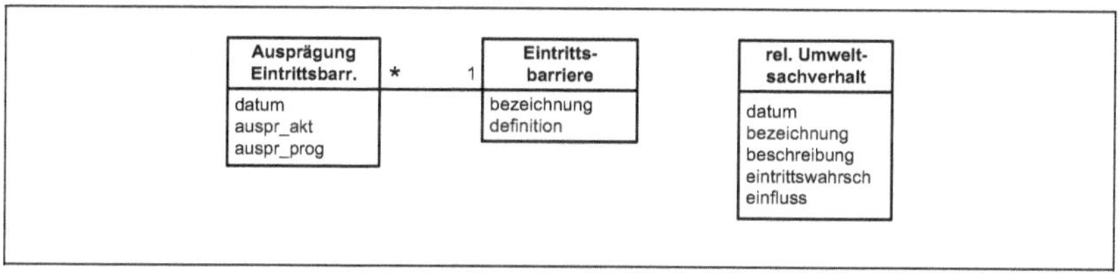

Abb. 60: Klassendiagramm Analyse der Eintrittsbarrieren

Aus der Klasse *Eintrittsbarriere* werden die Kriterien zur Bewertung der Eintrittsbarrieren instanziiert. Sie steht in einer [1:*]-Assoziation zur Klasse *Ausprägung Eintrittsbarr.* Die aktuellen (Attribut *auspr_akt*) und prognostizierten (Attribut *auspr_prog*) Ausprägungen beziehen sich stets auf einen Zeitpunkt (Attribut *datum*). Durch die Multiplizitäten der Assoziation ist es möglich, jedem Kriterium beliebig viele Ausprägungen zuzuordnen. Mit der Klasse *rel. Umweltsachverhalt* werden Auffälligkeiten, insbesondere Veränderungen bezüglich der Eintrittsbarrieren erfasst.

Analyse des Rivalitätsgrades

Abbildung 61 zeigt das Klassendiagramm zur Analyse des Rivalitätsgrades.

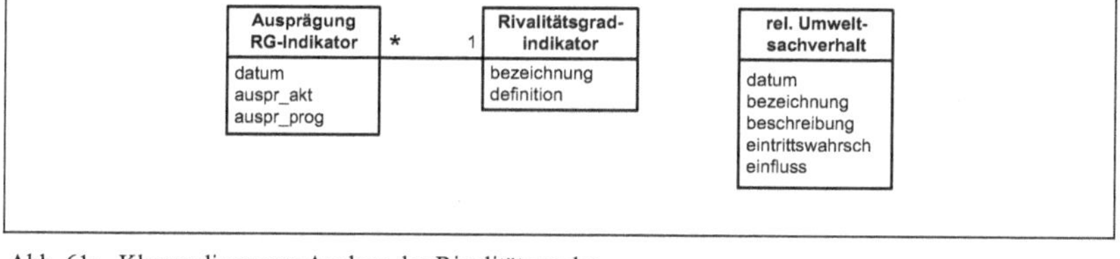

Abb. 61: Klassendiagramm Analyse des Rivalitätsgrades

Die Analyse des Rivalitätsgrades verläuft analog zur Analyse der Eintrittsbarrieren mit dem Unterschied, dass andere Kriterien bewertet werden. Bewertungskriterien sind hierbei die Rivalitätsgradindikatoren (Klasse *Rivalitätsgradindikator*). Über die [1:*]-assoziierte Klasse *Ausprägung RG-Indikator* werden die zeitpunktbezogenen aktuellen und prognostizierten Ausprägungen erfasst. Auffällige Veränderungen von Rivalitätsgradindikatoren werden mit Hilfe der Klasse *rel. Umweltsachverhalt* erfasst.

Analyse der Ersatzprodukte

Abbildung 62 zeigt das Klassendiagramm zur Analyse der Ersatzprodukte.

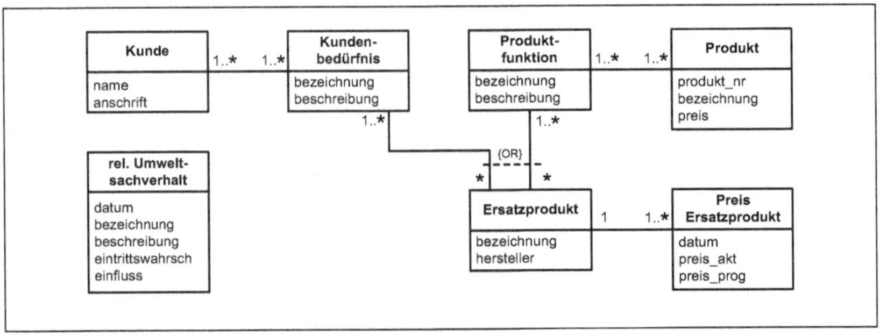

Abb. 62: Klassendiagramm Analyse der Ersatzprodukte

Die Klasse *Produkt* steht in einer [1..*:1..*]-Assoziation zur Klasse *Produktfunktion*, da jedes Produkt mindestens eine Produktfunktion aufweist und jede Produktfunktion mindestens einem Produkt zugeordnet werden kann. Produkte anderer Branchen, die gleiche oder ähnliche Produktfunktionen bieten, können als Ersatzprodukte (Klasse *Ersatzprodukt*) angesehen werden. Jedem Ersatzprodukt kann mindestens eine Produktfunktion eines eigenen Produktes zugeordnet werden. Ferner ist es möglich, dass die eigenen Produkte Funktionen bieten, die in keinem oder in mehreren Ersatzprodukten vorzufinden sind. Dies erklärt die Multiplizitäten der [1..*:*]-Assoziation zwischen den Klassen *Produktfunktion* und *Ersatzprodukt*. Eine andere Möglichkeit zur Identifikation von Ersatzprodukten besteht in der Analyse der Kundenbedürfnisse. Die [1..*:1..*]-Assoziation zwischen den Klassen *Kunde* und *Kundenbedürfnis* bringt zum Ausdruck, dass jeder Kunde mindestens ein Kundenbedürfnis hat und sich ein Kundenbedürfnis mindestens einem Kunden zuordnen lässt. Mit der [*:1..*]-Assoziation zwischen den Klassen *Ersatzprodukt* und *Kundenbedürfnis* wird zum Ausdruck gebracht, dass jedes

Ersatzprodukt mindestens ein Kundenbedürfnis adressiert und ein Kundenbedürfnis von keinem oder mehreren Ersatzprodukten gedeckt wird. Die OR-Bedingung der Assoziationen zwischen den Klassen *Ersatzprodukt*, *Produktfunktion* und *Kundenbedürfnis* sagt aus, dass ein branchenfremdes Produkt ein Kundenbedürfnis erfüllen oder eine Funktion des Branchenproduktes bieten muss, um als Ersatzprodukt zu gelten. Neben der Identifikation von Ersatzprodukten ist das Beobachten der Preisentwicklung von Ersatzprodukten strategisch relevant, da sich aus Preisänderungen Chancen oder Risiken für das eigene Unternehmen ergeben. Ersatzprodukte, deren Preis kontinuierlich sinkt, bedrohen den Absatz der eigenen Produkte. Aber auch Preiserhöhungen bei Ersatzprodukten können strategisch relevant sein, da in diesem Fall das eigene Produkt möglicherweise eine günstigere Alternative für die Käufer des Ersatzproduktes darstellen kann. Mit der Klasse *Preis Ersatzprodukt* und den Attributen *datum* und *preis_akt* kann die Preisentwicklung von Ersatzprodukten abgebildet und historisiert werden. Darüber hinaus ist es mittels des Attributes *preis_prog* möglich, zu jedem Zeitpunkt einen prognostizierten Preis eines Ersatzproduktes zu erfassen. Auffällige Preisveränderungen oder neu identifizierte Ersatzprodukte stellen relevante Umweltsachverhalte dar. Sie werden über die Klasse *rel. Umweltsachverhalte* erfasst.

4.2.3.4 Absatzmarktanalyse

Abbildung 63 zeigt das Klassendiagramm zur Absatzmarktanalyse.

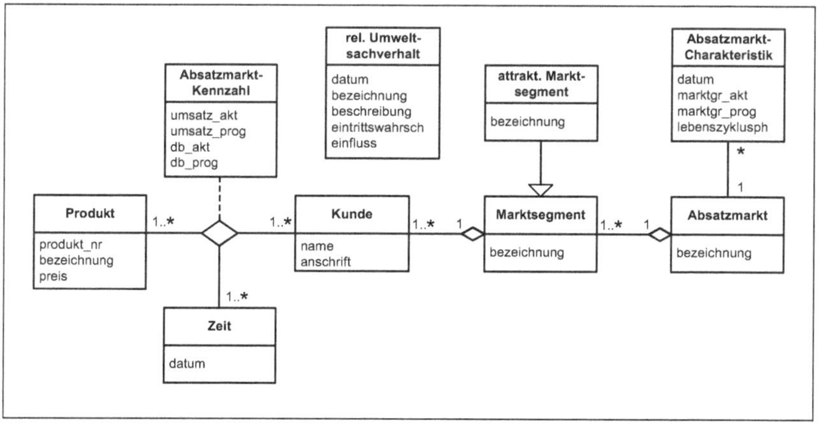

Abb. 63: Klassendiagramm Absatzmarktanalyse

Beim Klassendiagramm in Abbildung 63 wurde unterstellt, dass die Kunden mittels Data-Mining-Verfahren segmentiert werden.[689] Ergebnis der Segmentierung sind Marktsegmente (Klasse *Marktsegment*). Die Klasse *Kunde* steht in einer [1..*:1]-Aggregation zur Klasse *Marktsegment*, da jedes Marktsegment aus mindestens einem Kunden besteht.[690] Die ternäre Assoziation zwischen den Klassen *Kunde*, *Produkt* und *Zeit* bildet die multidimensionale Sicht auf absatzmarktbezogene Kennzahlen ab (Assoziationsklasse *Absatzmarktkennzahl*).[691] Durch die Aggregation der Kunden zu Marktsegmenten ist es möglich, die Kennzahlen marktsegmentspezifisch auszuwerten. Insbesondere attraktive Marktsegmente sollen im Rahmen der Marktanalyse identifiziert werden. Die Subklasse *attrak. Marktsegment* stellt die Teilmenge (extensionale Spezialisierung) der attraktiven Marktsegmente dar. Ein Absatzmarkt besteht aus mehreren Marktsegmenten. Dies wird durch die [1..*:1]-Aggregation zwischen den Klassen *Marktsegment* und *Absatzmarkt* modelliert.

Aktuelle und prognostizierte Ausprägungen der Marktcharakteristika (wie beispielsweise die Marktgröße) werden über die Klasse *Absatzmarkt-Charakteristik* abgebildet. Relevante Umweltsachverhalte (Klasse *rel. Umweltsachverhalt*) werden in dieser Planungsmethode durch Entwicklungen in Marktsegmenten oder Veränderungen der Absatzmarktcharakteristika begründet.

4.2.3.5 Analyse der strategischen Gruppen

Abbildung 64 zeigt das Klassendiagramm zur Analyse der strategischen Gruppen.

---

689 Vgl. zum Data Mining die Ausführungen in Abschnitt 2.3.2.

690 In der Praxis werden Marktsegmente immer eine kritische Masse an Kunden umfassen.

691 Der SQL:1999-Standard enthält im Zusatzpaket PKG003 OLAP-Erweiterungen. Die zusätzlichen Group-by-Konstrukte ROLLUP, CUBE und GROUPING SETS erleichtern das Formulieren von SQL-Statements für relationales OLAP, vgl. TÜRKER (2003), S. 204 ff.

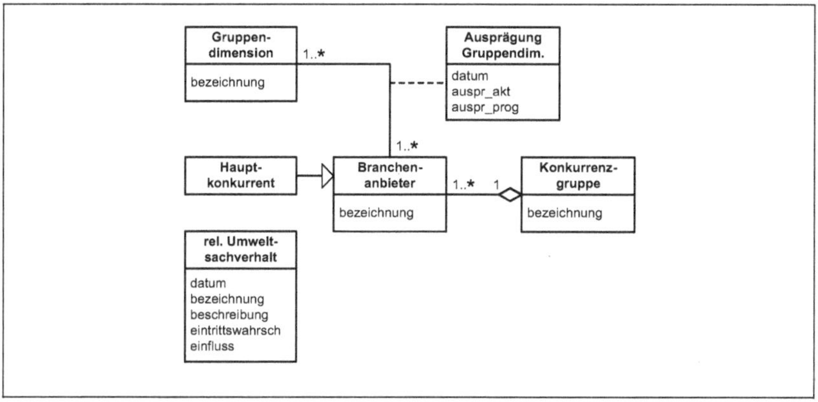

Abb. 64: Klassendiagramm Analyse der strategischen Gruppen

Zu Beginn der Analyse der strategischen Gruppen werden zunächst Gruppendimensionen (Klasse *Gruppendimension*) definiert. Da alle existierenden Anbieter der Branche (Klasse *Branchenanbieter*) anhand der Gruppendimensionen bewertet werden sollten, wurde eine [1..*:1..*]-Assoziation zwischen den beiden Klassen modelliert. Die aktuellen und prognostizierten Ausprägungen dieser Bewertungen werden über die Assoziationsklasse *Ausprägung Gruppendim.* erfasst. Nach der Bewertung der Branchenanbieter werden Konkurrenzgruppen gebildet, die in sich möglichst homogen und untereinander möglichst heterogen sind (Klasse *Konkurrenzgruppe*). Die [1..*:1]-Aggregation zwischen den Klassen *Branchenanbieter* und *Konkurrenzgruppe* bedeutet, das jeder Branchenanbieter genau einer Konkurrenzgruppe zugeordnet wird und eine Konkurrenzgruppe aus mindestens einem Branchenanbieter besteht. Die konkurrierenden Branchenanbieter der eigenen Konkurrenzgruppe sind als Hauptkonkurrenten des eigenen Unternehmens zu betrachten (extensional spezialisierte Subklasse *Hauptkonkurrenten*). Die Bewegungen einzelner Konkurrenten zwischen verschiedenen Gruppen sind strategisch relevant. Beispielsweise kann eine neue strategische Ausrichtung eines Konkurrenten in der eigenen Gruppe langfristig zu einem Austritt aus der Gruppe führen. Oder ein Konkurrent einer anderen Gruppe entwickelt sich in Richtung der eigenen Gruppe, so dass aus einem ehemaligen Nebenkonkurrenten ein neuer Hauptkonkurrent wird. Durch die Auswertung historischer Bewertungen der Gruppendimensionen können Veränderungen in den Gruppenkonstellationen beobachtet werden. Die beschriebenen Veränderungen sind relevante Umweltsachverhalte (Klasse *rel. Umweltsachverhalt*), die bei der strategischen Planung zu berücksichtigen sind.

4.2.3.6 Konkurrenzanalyse

Abbildung 65 zeigt das Klassendiagramm zur Konkurrenzanalyse.

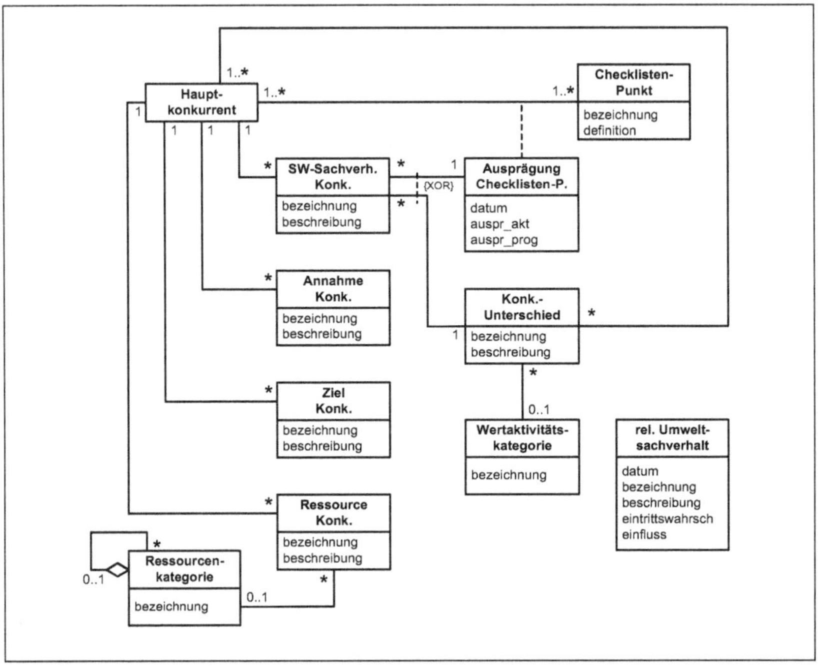

Abb. 65: Klassendiagramm Konkurrenzanalyse

Zur Analyse der Konkurrenz kann auf eine Checkliste zurückgegriffen werden, die unternehmensspezifisch angepasst wurde (Klasse *Checklistenpunkt*). Mit der [1..*:1..*]-Assoziation zwischen den Klassen *Hauptkonkurrent* und *Checklistenpunkt* wird modelliert, dass jeder Hauptkonkurrent anhand jedes Checklistenpunktes bewertet werden soll. Die Ausprägung der Bewertung wird über die Assoziationsklasse *Ausprägung Checklisten-P.* erfasst. Jede Bewertung bezieht sich auf einen Zeitpunkt (Attribut *datum*) und umfasst neben der aktuellen Ausprägung (Attribut *auspr_akt*) auch optional eine prognostizierte Ausprägung (Attribut *auspr_prog*). Bei der Konkurrenzanalyse sind insbesondere die wertkettenbezogenen Unterschiede in der Leistungserstellung von strategischer Relevanz. Diese werden über die Klasse *Konk.-Unterschied* erfasst. Um ein doppeltes Erfassen gleichartiger Unterschiede (Beispiel: größere Fertigungskapazität) zu vermeiden, kann ein Unterschied mehreren Hauptkonkurrenten zugeordnet werden. Des Weiteren weist ein Hauptkonkurrent beliebig viele Unterschiede gegenüber dem eigenen Unternehmen auf. Diese Beziehung wurde durch die [1..*:*]-Assoziation zwischen den Klassen *Konk.-Unterschied* und *Hauptkonkurrent* modelliert. Es wird unterstellt, dass sich die meisten Unterschiede zur Konkurrenz einer bestimmten Wertaktivitätskategorie (Klasse *Wertaktivitätskategorie*) zuordnen lassen. Da jedoch auch Unterschiede denkbar sind, die sich keiner Wertaktivitätskategorie zuordnen lassen, ist die [*:0..1]-Assoziation zwischen den Klassen *Konk.-Unterschied* und *Wertaktivitätskategorie* optional. Bei der Analyse der Konkurrenzunterschiede und der Auswertung der checklistengestützten Konkurrenzbewertung werden Stärken und Schwächen der Konkurrenten transparent. Die Klasse *SW-Sachverhalte Konk.* dient der Erfassung dieser Sachverhalte und ist mit den Klassen *Ausprägung Checklisten-P.* und *Konk.-Unterschied* assoziiert. Die Exklusivität dieser [*:1]-Assoziationen ist darauf zurückzuführen, dass eine Stärke oder Schwäche eines Konkurrenten entweder durch einen Konkurrenzunterschied oder durch eine Ausprägung eines Checklistenpunktes begründet wird. Neben der Verwendung von Checklisten und der Ermittlung von Konkurrenzunterschieden sind die Ziele, Annahmen und Ressourcen der Konkurrenten zu eruieren. Für jeden der genannten Aspekte wurde eine Klasse modelliert, die in einer [*:1]-Assoziation zur Klasse *Hauptkonkurrent* steht. Die Erfassung der Ressourcen von Konkurrenten kann mit Hilfe von Ressourcenkategorien (Klasse *Ressourcenkategorie*) systematisiert und unterstützt werden. Auf Grundlage der Objekte der Klassen *SW-Sachverh. Konk.*, *Annahme Konk.*, *Ziel Konk.*, und *Ressource Konk.* lässt sich ein Profil zu jedem Konkurrenten (in Form eines komplexen Dokumentes) erstellen. Ergebnis der Analyse der Hauptkonkurrenten ist die Identifikation von relevanten Umweltsachverhalten (Klasse *rel. Umweltsachverhalt*), die in der strategischen Planung zu berücksichtigen sind. Dies können beispielsweise bestimmte Stärken oder Schwächen einzelner Konkurrenten sein oder spezielle Ressourcen über die ein Konkurrent verfügt und die ihm Wettbewerbsvorteile verschaffen.

4.2.3.7 Chancen-Risiken-Übersicht

Abbildung 66 zeigt das Klassendiagramm zur Chancen-Risiken-Übersicht.

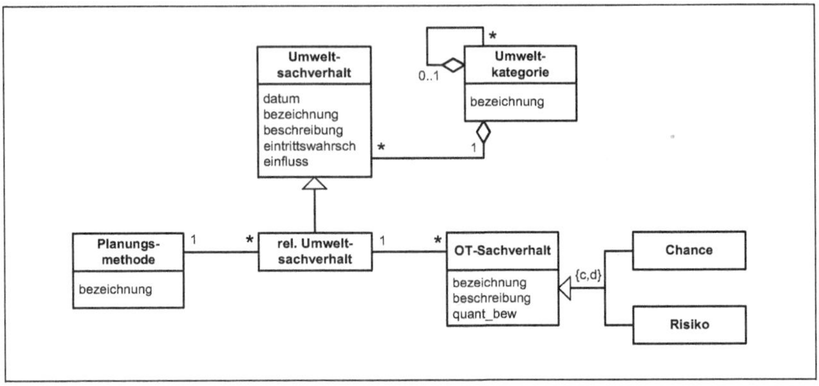

Abb. 66: Klassendiagramm Chancen-Risiken-Übersicht

In der Chancen-Risiken-Übersicht werden die in den einzelnen Methoden der Umweltanalyse erfassten relevanten Umweltsachverhalte zusammengetragen. Jeder relevante Umweltsachverhalt ist über die Superklasse *Umweltsachverhalt* mit einer Umweltkategorie assoziiert. Die [*:1]-Aggregation zwischen den Klassen *Umweltsachverhalt* und *Umweltkategorie* setzt voraus, dass jeder relevante Umweltsachverhalt einer Umweltkategorie zugeordnet werden kann. Bei der Analyse der Makroumwelt sind mit Blick auf die anderen Methoden der Umweltanalyse folglich adäquate Umweltkategorien zu definieren. Daraus ergibt sich der Vorteil, dass sich alle relevanten Umweltsachverhalte in einer einheitlichen Struktur analysieren lassen. Während eine methodenübergreifende Strukturierung relevanter Umweltsachverhalte inhaltliche Zusammenhänge herstellt, zielen die Verweise zu den Planungsmethoden (Klasse *Planungsmethode*) auf eine erhöhte Transparenz der Planungsergebnisse. So kann jederzeit nachvollzogen werden, in welcher Planungsmethode ein relevanter Umweltsachverhalt erfasst wurde.

Das Ziel dieser Methode ist es, Chancen und Risiken zu identifizieren die sich aus den relevanten Umweltsachverhalten ergeben. Dazu wurde die Klasse *OT-Sachverhalt* modelliert.[692] Sie steht über eine [*:1]-Assoziation mit der Klasse *rel. Umweltsachverhalt* in Beziehung. Es ist durchaus möglich, dass ein relevanter Umweltsachverhalt mehrere Chancen und Risiken beinhaltet; ein OT-Sachverhalt bezieht sich jedoch immer auf einen relevanten Umweltsachverhalt. Das Attribut *quant_bew* dient der quantitativen Bewertung eines OT-Sachverhaltes. Hierüber soll in geeigneter Form kodiert werden, ob ein OT-Sachverhalt eine Chance oder ein Risiko für das Unternehmen darstellt und wie bedeutsam der Sachverhalt von den Planungssubjekten eingeschätzt wird. Dies erleichtert eine spätere Auswertung der OT-Sacherverhalte. Mit der extensionalen Spezialisierung der Superklasse *OT-Sachverhalt* in die Subklassen *Chance* und *Risiko* wird zum Ausdruck gebracht, dass ein OT-Sachverhalt entweder als Chance oder als Risiko aufzufassen ist.

4.2.3.8 Wertkettenanalyse

Aus Gründen der Übersichtlichkeit wird die Methode der Wertkettenanalyse in separaten Klassendiagrammen modelliert und erläutert.

Definition der Wertkette

In Abbildung 67 wurde die Definition der Wertkette sowie die Analyse der organisatorischen Verknüpfungen und Abhängigkeiten in einem Klassendiagramm modelliert.

692 Die Bezeichnung *OT*-Sachverhalt geht auf die Begriffe *Opportunities* und *Threats* zurück.

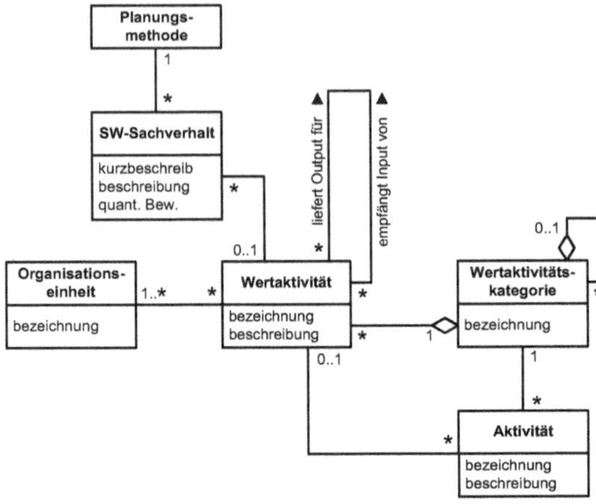

Abb. 67: Klassendiagramm Definition der Wertkette

Zu Beginn der Wertkettenanalyse muss zunächst die Struktur der Wertkette definiert werden. Die primären und unterstützenden Wertaktivitätskategorien werden über die Klasse *Wertaktivitätskategorie* modelliert. Sie weist eine reflexive [0..1:*]-Aggregation auf, um hierarchische Beziehungen zwischen einzelnen Wertaktivitätskategorien abbilden zu können. Eine Wertaktivitätskategorie kann einer übergeordneten Wertaktivitätskategorie zugeordnet werden und hat beliebig viele untergeordnete Wertaktivitätskategorien. Die Klasse *Aktivität* steht in einer [*:1]-Assoziation zur Klasse *Wertaktivitätskategorie*, denn es sollte aus Gründen der Flexibilität möglich sein, Wertaktivitäten direkt zu definieren, ohne zunächst Aktivitäten zu erfassen. Die Bildung von Wertaktivitäten (Klasse *Wertaktivität*) kann folglich direkt oder indirekt auf Grundlage zuvor erfasster Aktivitäten erfolgen. Um die Stringenz der Modellierung diesbezüglich sicherzustellen, wurde die Assoziation zwischen den Klassen *Wertaktivität* und *Aktivität* mit [*:0..1]-Multiplizitäten modelliert. Die Klasse *Wertaktivität* steht in einer [*:1]-Aggregation zur Klasse *Wertaktivitätskategorie*, denn jede Wertaktivität gehört zu genau einer Wertaktivitätskategorie. Mit den drei Klassen *Wertaktivtätskategorie*, *Wertaktivität* und *Aktivität* sowie den erläuterten Beziehungen zueinander wird die Definition der Wertkette abgebildet.

Verknüpfungen zwischen Wertaktivitäten

Verknüpfungen zwischen Wertaktivitäten lassen sich durch eine reflexive [*:*]-Assoziation der Klasse *Wertaktivität* modellieren. Über die Richtung der reflexiven Assoziation kann spezifiziert werden, ob eine Wertaktivität Output generiert oder Input von einer anderen Wertaktivität empfängt.

Analyse der organisatorischen Verknüpfungen

Über die Klasse *Organisationseinheit* und deren [1..*:*]-Assoziation zur Klasse *Wertaktivität* wird jeder Wertaktivität mindestens eine Organisationseinheit zugeordnet. Es wird davon ausgegangen, dass die Klasse *Organisationseinheit* alle Organisationseinheiten des Unternehmens abbildet; auch diejenigen, die sich möglicherweise keiner Wertaktivität zuordnen lassen. Mit Hilfe dieser Assoziation kann analysiert werden, welche Organisationseinheiten an einer Wertaktivität beteiligt sind.

Die Analyse der Abhängigkeiten zwischen den Wertaktivitäten und die Analyse der organisatorischen Verknüpfungen können Schwachstellen offenlegen. Beispielsweise führt die Abhängigkeit einer Wertaktivität von einer anderen zu Wartezeiten, oder die Kommunikation und Zusammenarbeit zwischen Organisationseinheiten ist mit (Schnittstellen-) Problemen behaftet. Diese Schwachstellen stellen SW-Sachverhalte (Klasse *SW-Sachverhalt*[693]) dar, die zu einem späteren Zeitpunkt in der SWOT-Analyse die Formulierung von Anpassungszielen ermöglichen sollen. In der Regel lassen sich die in dieser Planungsmethode erfassten SW-Sachverhalte einer Wertaktivität zuordnen ([*:0..1]-Assoziation zwischen den Klassen *SW-Sachverhalt* und *Wertaktivität*).

Analog zur Phase der Umweltanalyse soll auch in der Phase der Unternehmensanalyse jederzeit transparent bleiben, in welcher Planungsmethode ein Planungsergebnis erarbeitet wurde. Daher wurde die Klasse *Planungsmethode* in dieses Klassendiagramm integriert und mit der Klasse *SW-Sachverhalt* über eine [1:*]-Assoziation in Beziehung gesetzt.

[693] Das Akronym der Bezeichnung *SW*-Sachverhalt geht auf die englischen Begriffe *Strenghts* und *Weaknesses* zurück.

Kostenanalyse der Wertkette

Abbildung 68 zeigt das Klassendiagramm zur Kostenanalyse der Wertkette.

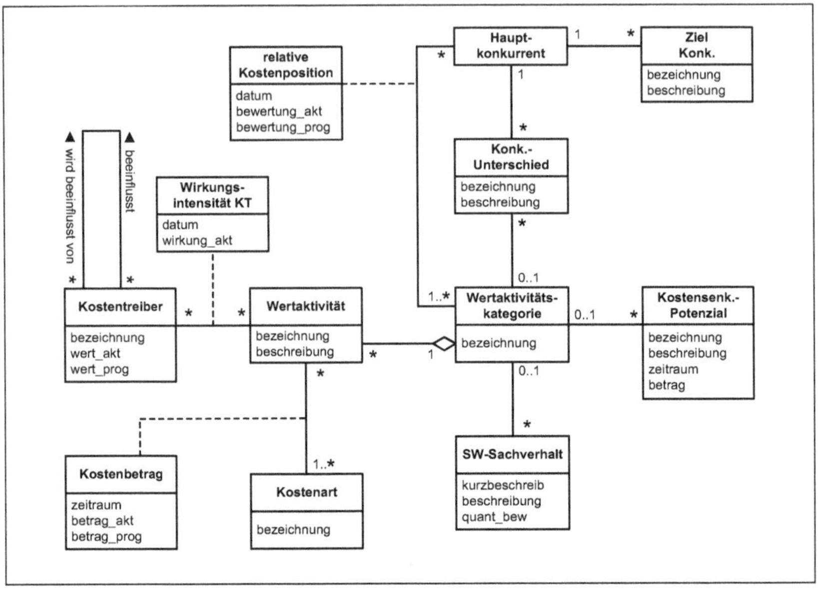

Abb. 68: Klassendiagramm Kostenanalyse der Wertkette

Bei der Kostenanalyse der Wertkette werden den Wertaktivitäten (Klasse *Wertaktivität*) die Kosten differenziert nach Kostenarten zugeordnet. Hierzu wurde die Klasse *Kostenart* modelliert, die eine [1..*:*]-Assoziation zur Klasse *Wertaktivität* aufweist. Jede Wertaktivität wird mindestens eine Kostenart verursachen, aber nicht jede Kostenart wird sich einer Wertaktivität zuweisen lassen.[694] Die Kostenbeträge werden über die Assoziationsklasse *Kostenbetrag* erfasst. Jeder Kostenbetrag bezieht sich auf einen bestimmten Zeitraum (Attribut *zeitraum*). Neben den tatsächlich angefallenen Kosten (Attribut *betrag_akt*) sollte es auch möglich sein Kosten zu prognostizieren (Attribut *betrag_akt*).

694 Ein Beispiel sind Gemeinkosten, die möglicherweise keiner Wertaktivität zugeordnet werden können.

Im Rahmen der Kostenanalyse sind auch die Kostentreiber zu berücksichtigen (Klasse *Kostentreiber*). Über die Attribute *wert_akt* und *wert_prog* werden die Kostentreiber bewertet und prognostiziert. Jede Wertaktivität kann durch beliebig viele Kostentreiber beeinflusst werden und jeder Kostentreiber kann beliebig viele Wertaktivitäten beeinflussen. Dieser Zusammenhang wurde durch die [*:*]-Assoziation zwischen den Klassen *Wertaktivität* und *Kostentreiber* modelliert. Optional ist die Bewertung eines Wirkungsgrades denkbar, da ein Kostentreiber in unterschiedlicher Stärke auf verschiedene Wertaktivitäten wirken kann (Klasse *Wirkungsintensität KT*). Kostentreiberwechselwirkungen lassen sich durch eine [*:*]-Assoziaton der Klasse Kostentreiber zu sich selbst modellieren. Die bisher erläuterten Modellelemente bilden eine ausschließlich interne Sicht auf die Kostensituation des Unternehmens ab. Dennoch können auf Grundlage dieser Daten sicherlich auch Kostensenkungspotenziale identifiziert werden (Klasse *Kostensenk.-Potenzial*).

Die interne Sicht auf die Kostensituation des Unternehmens muss in jedem Falle durch eine externe Sicht ergänzt werden. Ziel ist es, die relative Kostenposition (Assoziationsklasse *relative Kostenposition*) gegenüber den Hauptkonkurrenten (Klasse *Hauptkonkurrent*) zu ermitteln. Grundlage dafür sind die in der Konkurrenzanalyse erfassten Unterschiede (Klasse *Konk.-Unterschied*) zu Hauptkonkurrenten. Sie werden daraufhin untersucht, inwiefern sie zu Kostenvorteilen oder Kostennachteilen gegenüber Hauptkonkurrenten führen. Die Bewertung der relativen Kostenposition mittels der Assoziationsklasse *relative Kostenposition* bezieht sich grundsätzlich auf einen Zeitpunkt (Attribut *datum*) und soll neben der aktuellen Bewertung (Attribut *bewertung _akt*) auch Prognosen (Attribut *bewertung _prog*) bezüglich der Kostenposition erlauben. Falls einzelne (strategische) Ziele eines Hauptkonkurrenten bekannt sind (Klasse *Ziel Konk.*), können sie den Planungssubjekten bei der Prognose zukünftiger relativer Kostenpositionen zur Verfügung gestellt werden. Die Analyse aller relativen Kostenpositionen zeigt, ob das eigene Unternehmen gegenüber Hauptkonkurrenten Kostenvorteile oder Kostennachteile in bestimmten Wertaktivitätskategorien (Klasse *Wertaktivitätskategorie*) aufweist. Eine vorteilhafte Kostenposition gegenüber allen Hauptkonkurrenten ist als Stärke, eine nachteilige Kostenposition ist als Schwäche zu interpretieren. Die Klasse *SW-Sachverhalt* dient zur Erfassung dieser kostenbezogenen Stärken oder Schwächen. Während sie die aktuelle oder prognostizierte Kostensituation widerspiegeln, dient die Klasse *Kostensenk.-Potenzial* der Erfassung möglicher Ansatzpunkte zur Kostensenkung.

Jedes Kostensenkungspotenzial bezieht sich auf einen spezifischen Zeitraum (Attribut *zeitraum*) und wird über das Attribut *betrag* quantifiziert.

Analyse der Differenzierungspotenziale

Abbildung 69 zeigt das Klassendiagramm zur Analyse der Differenzierungspotenziale.

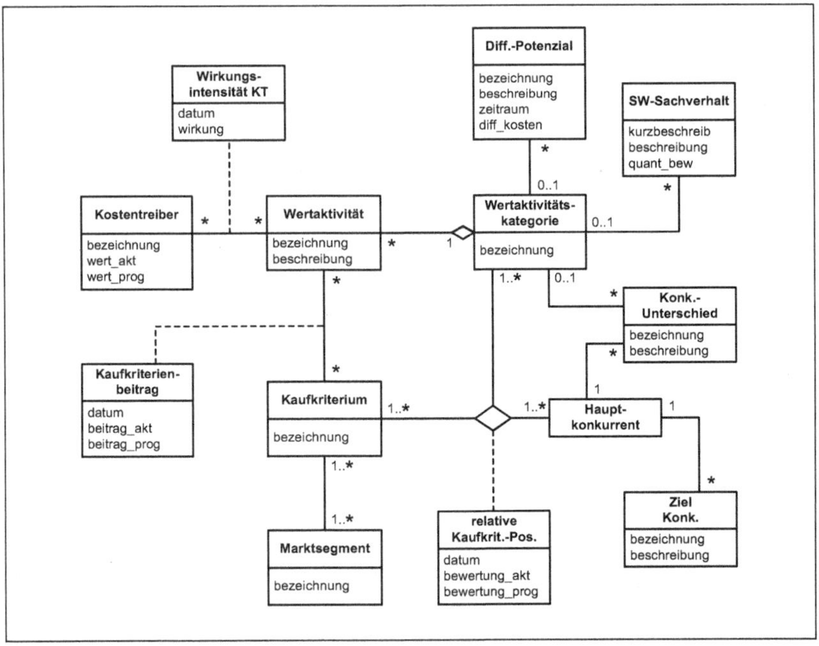

Abb. 69: Klassendiagramm Analyse der Differenzierungspotenziale

Der Kundennutzen steht bei der Analyse der Differenzierungspotenziale im Mittelpunkt und kann in mehrere Kriterien differenziert werden (Klasse *Kaufkriterium*). Über die [1..*:1..*]-Assoziation zwischen den Klassen *Kaufkriterium* und *Marktsegment* wird später eine segmentspezifische Analyse der Kaufkriterien ermöglicht. Mit der Assoziationsklasse *Kaufkriterienbeitrag* wird erfasst, in welchem Umfang Wertaktivitäten (Klasse *Wertaktivität*) einen Beitrag zu Kaufkriterien leisten. Neben der Ermittlung des aktuellen Beitrags einer Wertaktivität (Attribute *datum* und *beitrag_akt*) sollten die Planungssubjekte auch versuchen die zukünftige Entwicklung zu prognostizieren (Attribut *beitrag_prog*). Mit den bisher erläuterten Modellelementen kann analysiert werden, welche Wertaktivitäten einen Beitrag zu bestimmten Kaufkriterien liefern und welche Kaufkriterien primär adressiert werden. Darüber hinaus ist eine Marktsegmentspezifische Analyse der Kaufkriterienbeiträge möglich. Differenzierungspotenziale (Klasse *Diff.-Potenzial*) ergeben sich vor allem in Bezug auf Wertaktivitäten, die aktuell keine oder nur geringe Kaufkriterienbeiträge generieren. Differenzierungsbemühungen gehen in der Regel mit höheren Kosten einher, daher besteht über die Attribute *zeitraum* und *diff_kosten* der Klasse *Diff.-Potenzial* die Möglichkeit, die zusätzlichen (zeitraumbezogenen) Kosten einer Differenzierung zu erfassen. Die in der Kostenanalyse der Wertkette bereits identifizierten Kostentreiber und Wirkungsintensitäten (Klassen *Kostentreiber* und *Wirkungsintensität KT*) unterstützen die Planungssubjekte bei der Ermittlung der Differenzierungskosten.

Unterschiede zu Hauptkonkurrenten können daraufhin untersucht werden, welche Auswirkungen sie auf die Kaufkriterien haben. Ziel dieser Analyse ist die Bestimmung relativer Kaufkriterienpositionen. Es wird auf die in der Konkurrenzanalyse bereits erfassten Konkurrenzunterschiede (Klasse *Konk.-Unterschied*) zurückgegriffen. Die relativen Kaufkriterienpositionen (Assoziationsklasse *relative Kaufkrit.-Pos.*) ergeben sich aus einer summarischen Bewertung aller Unterschiede eines Hauptkonkurrenten (Klasse *Hauptkonkurrent*) in Bezug auf eine Wertaktivitätskategorie und ein Kaufkriterium. Dies wurde durch die ternäre Assoziation zwischen den drei Klassen *Wertaktivitätskategorie*, *Kaufkriterium* und *Hauptkonkurrent* modelliert. Im Gegensatz zu Kostenarten können Kaufkriterien nicht gegeneinander verrechnet werden. Die Ziele eines Hauptkonkurrenten (Klasse *Ziel Konk.*) unterstützen die Planungssubjekte bei der Prognose relativer Kaufkriterienpositionen (Attribut *bewertung_prog* der Klasse *relative Kaufkrit.-Pos.*). Zeigt sich, dass das eigene Unternehmen gegenüber allen Hauptkonkurrenten eine vorteilhafte relative Kaufkriterienposition in einer Wertaktivitätskategorie aufweist, so ist dies als Stärke zu werten - nachteilige Kaufkriterienpositionen stellen eine Schwäche dar. Die Erfassung von kaufkriterienbezogenen Stärken und Schwächen erfolgt über die Klasse *SW-Sachverhalt*. Die Analyse der relativen Kaufkriterienpositionen dient auch dem Erkennen von Wertaktivitäten, die in Zukunft zu einer besseren Differenzierung gegenüber Hauptkonkurrenten beitragen können. Sowohl der Ausbau bereits existierender Differenzierungsvorteile, als auch die Kompensation bestehender Differenzierungsnachteile stehen im Fokus der strategischen Planung und werden als Differenzierungspotenziale erfasst.

4.2.3.9 Analyse strategisch relevanter Ressourcen

Abbildung 70 zeigt das Klassendiagramm zur Analyse strategisch relevanter Ressourcen.

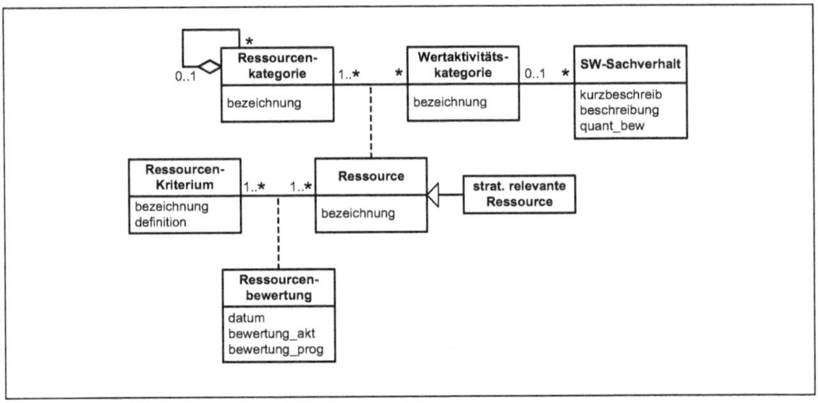

Abb. 70: Klassendiagramm Analyse strategisch relevanter Ressourcen

Zur Ermittlung strategisch relevanter Ressourcen sind zunächst alle betrieblichen Ressourcen systematisch zu erfassen. Die Klasse *Ressourcenkategorie* und deren reflexive [*:0..1]-Aggregation ermöglichen die Abbildung eines hierarchisch aufgebauten Ressourcenkataloges. Um die Quellen ressourcenbasierter Wettbewerbsvorteile oder Wettbewerbsnachteile lokalisieren zu können, erfolgt die Erfassung und Analyse von Ressourcen wertaktivitätskategoriespezifisch. Mit der [1..*:*]-Assoziation zwischen den Klassen *Ressourcenkategorie* und *Wertaktivitätskategorie* wurde modelliert, dass jede Wertaktivitätskategorie auf mindestens eine Ressourcenkategorie angewiesen ist. Es sind jedoch Ressourcenkategorien denkbar, die aktuell von keiner Wertaktivitätskategorie beansprucht werden. Ressourcen werden über die Assoziationsklasse *Ressource* erfasst. Jede erfasste Ressource wird anhand mehrerer Kriterien hinsichtlich ihrer strategischen Relevanz bewertet. Die Klasse *Ressourcen-Kriterium* beinhaltet die Bezeichnung und Definition dieser Kriterien. Die [1..*:1..*]-Assoziation zwischen den Klassen *Ressourcen-Kriterium* und *Ressource* bringt zum Ausdruck, dass jede Ressource mit allen Kriterien zu bewerten ist. Jede Bewertung bezieht sich auf einen Zeitpunkt (Attribut *datum*) und umfasst mindestens die aktuelle Ausprägung (Attribut *bewertung_akt*). Optional sollten die Planungssubjekte die Möglichkeit haben, die Bewertungen zu prognostizieren (Attribut *bewertung_prog*). Als Ergebnis dieser kriteriengeleiteten Ressourcenbewertung können die strategisch relevanten Ressourcen des Unternehmens identifiziert werden. Dies wurde durch die extensional spezialisierte Subklasse *strat. relevante Ressource* modelliert. Stärken korrespondieren in dieser Planungsmethode mit Ressourcen, die alle Kriterien (bspw. Nicht-Substituierbarkeit, Nicht-Imitierbarkeit etc.) in hohem Maße erfüllen. Mangelnde Ressourcenverfügbarkeit oder Ressourcen, deren strategische Relevanz zu schwach ausgeprägt ist, sind Beispiele für Sachverhalte, die als Schwächen interpretiert werden können. Über die Klasse *SW-Sachverhalt* werden die ressourcenbezogenen Stärken und Schwächen erfasst.

4.2.3.10 Stärken-Schwächen-Übersicht

Abbildung 71 zeigt das Klassendiagramm der Stärken-Schwächen-Übersicht.

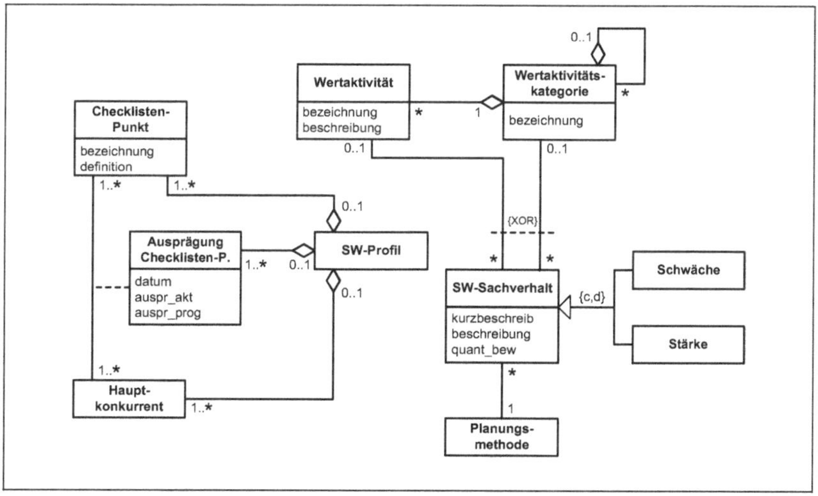

Abb. 71: Klassendiagramm Stärken-Schwächen-Übersicht

Die Stärken-Schwächen-Übersicht dient der methodenübergreifenden und strukturierten Darstellung und Auswertung aller erfassten Stärken-Schwächen-Sachverhalte (Klasse

SW-Sachverhalt). Die Superklasse *SW-Sachverhalt* wird extensional in die beiden Subklassen *Stärke* und *Schwäche* spezialisiert. Alle SW-Sachverhalte stehen grundsätzlich mit der Planungsmethode in Beziehung, in der sie erfasst wurden. Dieser Zusammenhang wurde durch die [*:1]-Assoziation zwischen den Klassen *SW-Sachverhalt* und *Planungsmethode* modelliert. Der Großteil der Stärken-Schwächen-Sachverhalte ist darüber hinaus entweder mit einer Wertaktivität oder mit einer Wertaktivitätskategorie verknüpft (exklusive [*:0..1]-Assoziationen der Klasse *SW-Sachverhalt* zu den Klassen *Wertaktivität* und *Wertaktivitätskategorie*), so dass die meisten Stärken und Schwächen in der Wertkette des Unternehmens lokalisiert werden können. Dadurch lässt sich beispielsweise auch auswerten, welche Wertaktivitätskategorie in besonderem Maße stärken- oder schwächenbehaftet ist. Dennoch ist es auch denkbar, dass sich Stärken oder Schwächen eines Unternehmens keinem Wertkettenelement zuordnen lassen. Dies wurde durch die [0..1]-Multiplizität zum Ausdruck gebracht.

Bei der Konkurrenzanalyse[695] wurden die Stärken und Schwächen einzelner Hauptkonkurrenten ermittelt (Klasse *SW-Sachverh. Konk.*). Die checklistenbasierten Bewertungen der Hauptkonkurrenten über die assoziierten Klassen *Checklisten-Punkt*, *Hauptkonkurrent* und *Ausprägung Checklisten-P.* lassen sich zu einem Stärken-Schwächen-Profil (Klasse *SW-Profil*) zusammenführen. Checklistenpunkte in denen das Unternehmen gegenüber *allen* Hauptkonkurrenten einen Vorteil bzw. Nachteil aufweist sind als Stärke bzw. Schwäche zu interpretieren und werden in dieser Methode als SW-Sachverhalt erfasst.

4.2.3.11 SWOT-Analyse

Abbildung 72 zeigt das Klassendiagramm der SWOT-Analyse.

695 In der Phase *Umweltanalyse*.

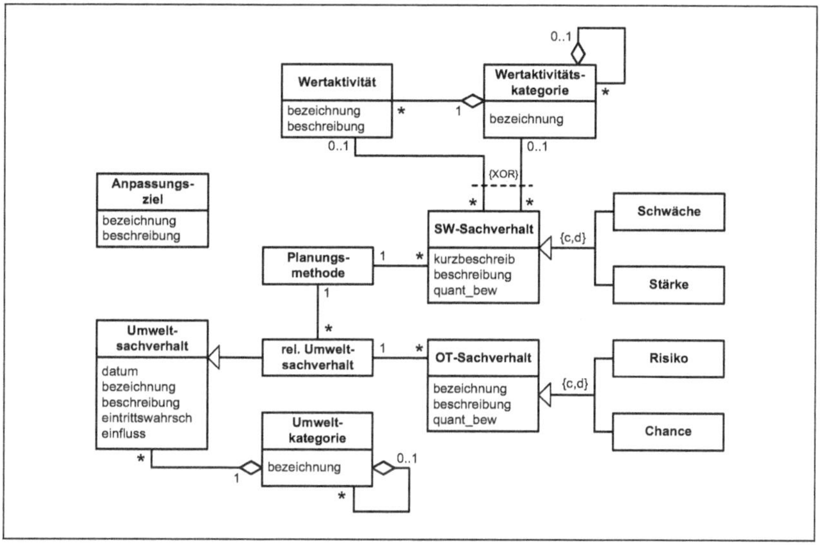

Abb. 72: Klassendiagramm SWOT-Analyse

In der SWOT-Analyse werden die Stärken und Schwächen der Stärken-Schwächen-Übersicht sowie die Chancen und Risiken der Chancen-Risiken-Übersicht *methodenübergreifend* gegenüber gestellt. Ziel dieser Gegenüberstellung ist die Formulierung von Anpassungszielen (Klasse *Anpassungsziel*). Durch die Formulierung von Anpassungszielen soll der strategische Fit[696] zwischen Unternehmen und Umwelt verbessert werden. Stärken und Schwächen (Subklassen *Stärke* und *Schwäche*) können über ihre Superklasse *SW-Sachverhalt* zum überwiegenden Teil Wertaktivitäten (Klasse *Wertaktivität*) oder Wertaktivitätskategorien (Klasse *Wertaktivitätskategorie*) zugeordnet werden. Chancen und Risiken (Subklassen *Chance* und *Risiko*) sind über die Superklasse *OT-Sachverhalt* immer mit einem relevanten Umweltsachverhalt (Subklasse *rel. Umweltsachverhalt*) assoziiert. Des Weiteren können durch die [*:1]-Aggregation zwischen den Klassen *Umweltsachverhalt* und *Umweltkategorie* alle OT-Sachverhalte gemäß der Umweltkategorien strukturiert werden.

---

696 Vgl. GRANT (2008), S. 13.

Durch die [1:*]-Assoziation der Klasse *Planungsmethode* zu den Klassen *SW-Sachverhalt* und *rel. Umweltsachverhalt* kann bei Bedarf jederzeit nachvollzogen werden, in welcher Planungsmethode die Sachverhalte erfasst wurden. Dies erleichtert Plausibilitätskontrollen ihm Rahmen des Planungsprozesses.

4.2.3.12 McKinsey-Portfolio

Abbildung 73 zeigt das Klassendiagramm des McKinsey-Portfolios.

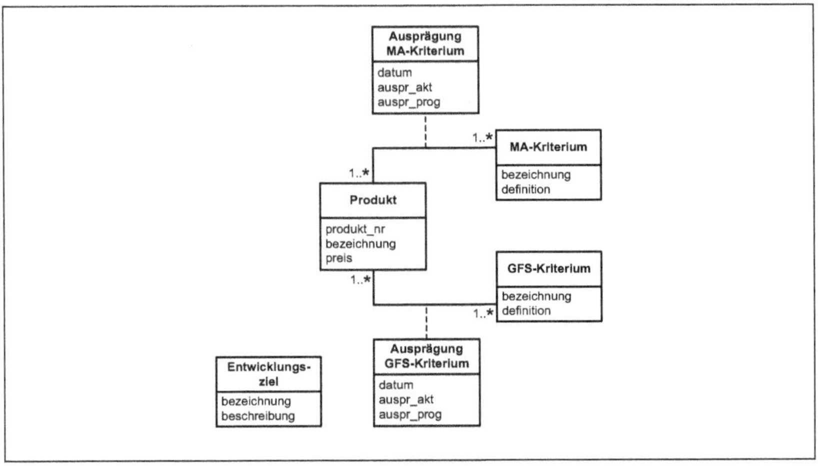

Abb. 73: Klassendiagramm McKinsey-Portfolio

Beim Marktattraktivitäts-Geschäftsfeldstärken-Portfolio werden die Produkte (Klasse *Produkt*) des Unternehmens anhand von Marktattraktivitäts- (Klasse *MA-Kriterium*) und Geschäftsfeldstärke-Kriterien (Klasse *GFS-Kriterium*) bewertet. Im Rahmen einer vollständigen Planung sollte jedes Produkt mit jedem Kriterium bewertet werden. Dies wurde durch die [1..*:1..*]-Assoziationen zwischen der Klasse *Produkt* und den Klassen *MA-Kriterium* und *GFS-Kriterium* modelliert. Die Assoziationsklassen *Ausprägung MA-Kriterium* und *Ausprägung GFS-Kriterium* dienen der zeitpunktbezogenen (Attribut *datum*) Erfassung aktueller (Attribut *auspr_akt*) und prognostizierter (Attribut *auspr_prog*) Kriterienbewertungen. Durch die Aggregation der Kriterienbewertungen zu produktspezifischen Gesamtwerten für die Marktattraktivität und die Geschäftsfeldstärke wird die Repräsentation der Daten in Form eines zweidimensionalen Ist-Portfolios möglich. Aus der Analyse des Ist-Portfolios ergeben sich produktbezogene Entwicklungsziele (Klasse *Entwicklungsziel*). Beispiele für Entwicklungsziele sind die Investition in Produkte mit hoher Marktattraktivität und aktuell geringer Geschäftsfeldstärke oder die Desinvestition von Produkten mit geringer Marktattraktivität und Geschäftsfeldstärke.

4.2.3.13 Formulierung der Wettbewerbsstrategie

Abbildung 74 zeigt das Klassendiagramm zur Formulierung der Wettbewerbsstrategie.

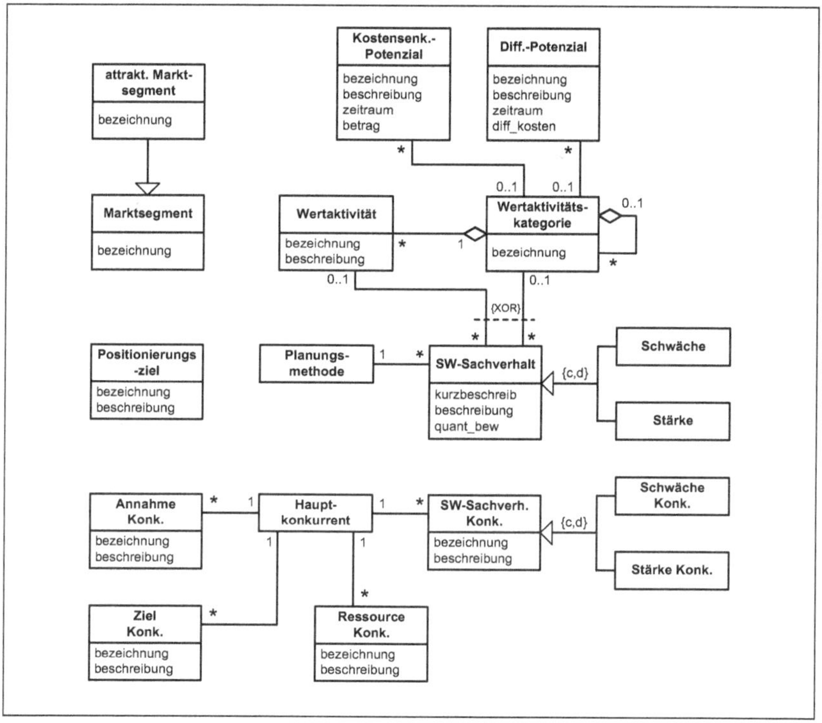

Abb. 74: Klassendiagramm Formulierung der Wettbewerbsstrategie

Die Formulierung einer Wettbewerbsstrategie dient einer vorteilhaften Positionierung gegenüber Wettbewerbern. Das Ergebnis dieser Planungsmethode ist ein Bündel von Positionierungszielen (Klasse *Positionierungsziel*). Im Rahmen der Unternehmens-analyse wurden Stärken-Schwächen-Sachverhalte (Superklasse *SW-Sachverhalt* mit den Subklassen *Stärke* und *Schwäche*) des Unternehmens herausgearbeitet. Bei der

Formulierung der Wettbewerbsstrategie kommt den SW-Sachverhalten, die aus der Kostenanalyse der Wertkette und der Analyse der Differenzierungspotenziale resultieren, besondere Bedeutung zu, da sie aufzeigen, in welchen Wertaktivitätskategorien das Unternehmen aktuell bereits über Kostenvorteile oder Differenzierungsvorteile gegenüber Hauptkonkurrenten verfügt. Auch die Analyse des Stärken-Schwächen-Profils liefert Hinweise auf Sachverhalte, in denen das Unternehmen über Vorteile oder Nachteile gegenüber Hauptkonkurrenten verfügt. Durch die [*:1]-Assoziation der Klassen *SW-Sachverhalt* und *Planungsmethode* lassen sich die genannten Sachverhalte aus den unterschiedlichen Planungsmethoden den Planungssubjekten präzise bereitstellen. Die erfassten Kostensenkungs- und Differenzierungspotenziale (Klassen *Kostensenk.-Potenzial* und *Diff.-Potenzial*) sind als Handlungsoptionen zu betrachten, die ausgehend von der aktuellen Situation die Kosten- oder Kaufkriterienposition des Unternehmens verbessern können. In der Konkurrenzanalyse wurden Informationen über die Stärken und Schwächen (Superklasse *SW-Sachverh. Konk.* mit den Subklassen *Schwäche Konk.* und *Stärke Konk.*), Annahmen (Klasse *Annahme Konk.*), Ziele (Klasse *Ziel Konk.*) und Ressourcen (Klasse *Ressource Konk.*) von Hauptkonkurrenten erfasst. Sie können hier genutzt werden, um sich im Wettbewerb gezielt gegenüber einzelnen Hauptkonkurrenten zu positionieren. Die Klassen *Marktsegment* und *attrakt. Marktsegment* wurden in der Absatzmarktanalyse modelliert – sie können die Planungssubjekte bei der Entscheidung für oder gegen eine Strategie der Konzentration auf Schwerpunkte unterstützen.

4.2.3.14 Formulierung einer Wachstumsstrategie

Abbildung 75 zeigt das Klassendiagramm zur Formulierung einer Wachstumsstrategie.

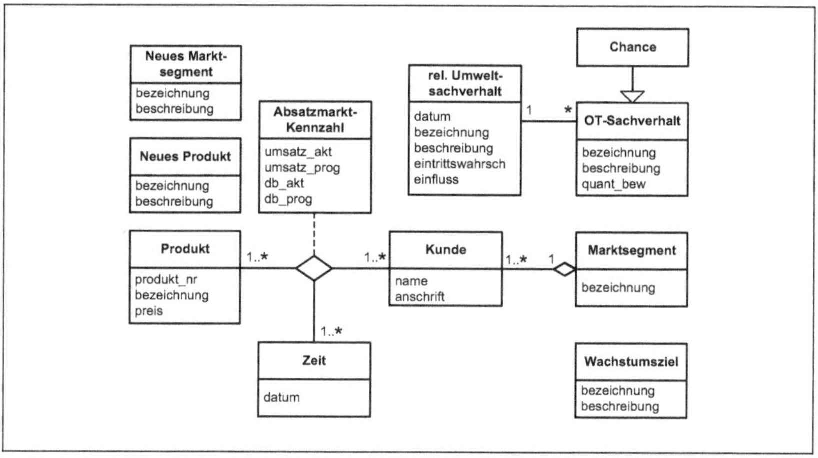

Abb. 75: Klassendiagramm Formulierung einer Wachstumsstrategie

Die Grundidee der Ansoff-Matrix ist es, Wachstumsoptionen für das Unternehmen aufzuzeigen. Als *Marktdurchdringung* wird das Anbieten bestehender Produkte auf bestehenden Märkten oder Marktsegmenten bezeichnet. Hierzu kann auf die bereits in der Absatzmarktanalyse modellierten Klassen *Produkt*, *Kunde*, *Marktsegment*, *Zeit* und *Absatzmarktkennzahl* zurückgegriffen werden. Ziel der Absatzmarktanalyse war es, relevante Umweltsachverhalte (Klasse *rel. Umweltsachverhalt*) zu erfassen. Nach einer Evaluation der relevanten Umweltsachverhalte in der Chancen-Risiken-Übersicht sind möglicherweise bereits Chancen (Subklasse *Chance* der Superklasse *OT-Sachverhalt*) identifiziert worden, die sich auf relevante Umweltsachverhalte aus der Absatzmarkt-analyse beziehen. Basierend auf diesen absatzmarktbezogenen Chancen können hier Wachstumsziele (Klasse *Wachstumsziel*) im Sinne einer Marktdurchdringung formuliert werden. Problematisch gestaltet sich die Formulierung von Wachstumszielen, die auf neue Produkte (Produktentwicklung) oder neue Marktsegmente (Marktentwicklung) abstellen. Es ist zwar möglich, Ideen zu neuen Produkten oder Marktsegmenten in der Datenbank zu erfassen (Klassen *Neues Produkt* und *Neues Marktsegment*), dennoch wird sich der kreative Prozess der Produkt- oder Marktentwicklung nur schwer durch vordefinierte Datenstrukturen und eine darauf aufbauende Planungsapplikation unterstützen lassen.

4.2.3.15 Strategiebewertung und Strategieauswahl

Abbildung 76 zeigt das Klassendiagramm zur Strategiebewertung und Strategieauswahl.

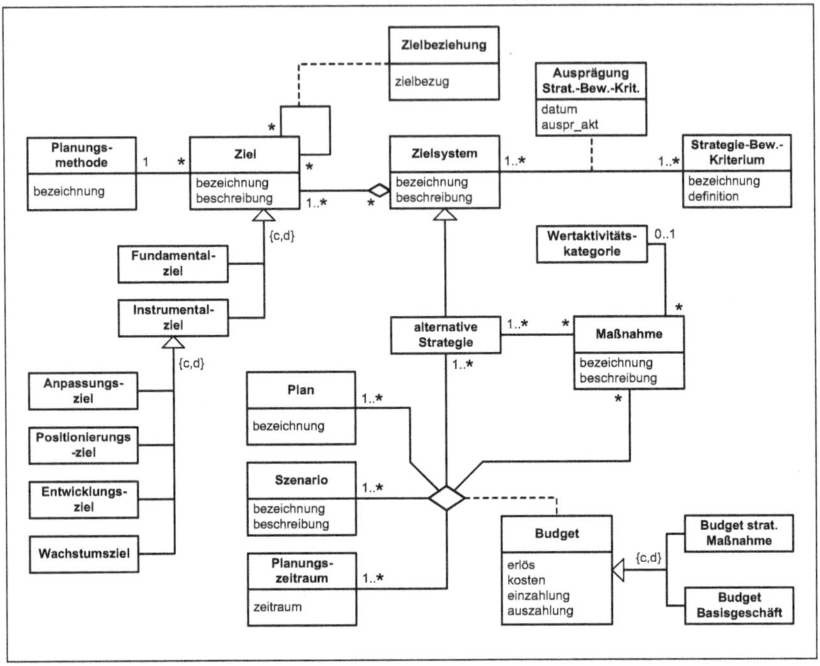

Abb. 76: Klassendiagramm Strategiebewertung und Strategieauswahl

Die Klassen *Anpassungsziel*, *Positionierungsziel*, *Entwicklungsziel* und *Wachstumsziel* sind extensional spezialisierte Subklassen der Superklasse *Instrumentalziel*. Instrumentalziele und Fundamentalziele (Klasse *Fundamentalziel*) lassen sich zur Superklasse *Ziel* generalisieren. Jedes Ziel wurde in einer bestimmten Planungsmethode formuliert, dies wurde durch die [1:*]-Assoziation zwischen den Klassen *Planungsmethode* und *Ziel* modelliert. Mit Hilfe der reflexiven [*:*]-Assoziation der Klasse *Ziel* ist es möglich, Ziele miteinander zu verknüpfen. Über die Assoziationsklasse *Zielbeziehung* kann das Verhältnis zweier Ziele zueinander (wie beispielsweise Zielkomplementarität oder Zielkonkurrenz) näher spezifiziert werden. Aus den in verschiedenen Planungsmethoden unabhängig voneinander formulierten Zielen werden durch die Planungssubjekte zunächst alternative Zielsysteme (Klasse *Zielsystem*) entworfen, die bestimmte Ziele oder Zielbündel akzentuieren und in den Vordergrund stellen. Die Herausforderung liegt darin, aus der Gesamtmenge bereits formulierter Ziele möglichst widerspruchsfreie Zielsysteme zu konstruieren, die einen Großteil der Ziele beinhalten. Die [1..*:*]-Aggregation zwischen den Klassen *Ziel* und *Zielsystem* bringt zum Ausdruck, dass ein Zielsystem aus mindestens einem Ziel besteht[697] und ein Ziel in mehreren Zielsystemen enthalten sein kann.

Die erarbeiteten Zielsysteme werden mittels verschiedener Kriterien bewertet, um eine Vorauswahl zu treffen. Mit der Klasse *Strategie-Bew.-Kriterium* werden die Bewertungskriterien abgebildet. Die Assoziationsklasse *Ausprägung Strat.-Bew.-Krit.* erfasst die zielsystemspezifischen Ausprägungen der Bewertungskriterien. Die Zielsysteme mit den insgesamt besten Bewertungen werden selektiert und als alternative Strategien (extensional spezialisierte Subklasse *alternative Strategie*) dem weiteren Bewertungs- und Auswahlprozess zugeführt.

Zu jeder alternativen Strategie wird ein Bündel von Maßnahmen definiert (Klasse *Maßnahme*). Da diese Maßnahmenplanung üblicherweise verteilt in verschiedenen Unternehmensbereichen durchgeführt wird, besteht die Möglichkeit, Maßnahmen einzelnen Wertaktivitätskategorien zuzuordnen ([*:0..1]-Assoziation zwischen den Klassen *Maßnahme* und *Wertaktivitätskategorie*). Des Weiteren ist davon auszugehen, dass die alternativen Strategien zum Teil identische Ziele beinhalten. Um die Doppelerfassung von Maßnahmen zu vermeiden, kann eine Maßnahme mehr als einer alternativen Strategie zugeordnet werden. Dies wurde durch die [*:1..*]-Multiplizitäten der Assoziation zwischen den Klassen *Maßnahme* und *alternative Strategie* modelliert.

Die Erfolgs- und Finanzauswirkungen alternativer Strategien werden im Rahmen der strategischen Budgetierung ermittelt. Erst die Quantifizierung alternativer Strategien zeigt, ob eine Strategie auch finanziell realisierbar ist. Die strategische Budgetierung wurde hier mit einer Szenarioanalyse kombiniert. Dadurch ist es möglich, die Erfolgs- und Finanzauswirkungen alternativer Strategien auch vor dem Hintergrund alternativer Zukunftsbilder zu berechnen. Die Klasse *Szenario* dient dazu, verschiedene Planungsszenarien zu definieren. Die betrieblichen Teilpläne (bspw. Absatzplan,

---

[697] Eine Strategie besteht typischerweise aus mehreren Zielen.

Beschaffungsplan, Produktionsplan etc.) wurden mit der Klasse *Plan* modelliert. Alle Planzahlen beziehen sich grundsätzlich auf einen bestimmten Zeitraum (Klasse *Planungszeitraum*). Das strategische Budget ist schließlich als multidimensionales Konstrukt zu verstehen, das im Modell als n-äre Assoziation zwischen den Klassen *alternative Strategie*, *Maßnahme*, *Plan*, *Szenario* und *Planungszeitraum* dargestellt wird. Die Planungskennzahlen werden mit der Assoziationsklasse *Budget* modelliert (Attribute *erlös*, *kosten*, *einzahlung* und *auszahlung*). Um eine getrennte Budgetierung des Basisgeschäfts und der strategischen Maßnahmen zu ermöglichen, nimmt die Klasse *Maßnahme* an der n-ären Assoziation mit der Multiplizität [*] teil. Die Superklasse *Budget* wurde folglich in die Subklassen *Budget Basisgeschäft* und *Budget strat. Maßnahme* spezialisiert. Im Anschluss an die strategische Budgetierung werden typischerweise unternehmenswertorientierte Kennzahlen pro Alternativstrategie und Planungszenario berechnet. Durch einen Vergleich der (Gesamt-) Budgets hinsichtlich der Erfolgs- und Finanzwirkungen alternativer Strategien können die Planungssubjekte die Auswahl einer Strategie - unter zusätzlicher Berücksichtigung verschiedener Szenarien - plausibilisieren.

4.2.4 Flexible Verknüpfung von Planungssachverhalten

In Abschnitt 4.2.3 wurden methodenspezifische Klassendiagramme entwickelt, die dem Informationsgeflecht der Planungsmethoden gerecht werden. Mit den modellierten Assoziationen zwischen den Klassen können typische und sinnvolle Beziehungen zwischen den Planungsinformationen abgebildet werden. Den Planungssubjekten ist jedoch aufgrund der generellen Komplexität der strategischen Planung auch die Möglichkeit einzuräumen, Informationen unabhängig von vorgedachten Beziehungen zu verknüpfen.[698] Eine Anforderung, auf die in Abschnitt 4.2.1 im Kontext der Datenbanktechnologie bereits hingewiesen wurde und die nachfolgend bezüglich der Datenmodellierung präzisiert wird.

Über das Konzept der Generalisierung können sämtliche Klassen des Datenmodells zu einer abstrakten Superklasse *Planungssachverhalt* generalisiert werden. Beispielsweise stellen die Klassen *Kunde*, *Wertaktivitätskategorie*, *Konkurrenzgruppe* und

---

698 Vgl. dazu auch HESSE (1995), S. 78.

Umweltsachverhalt Planungssachverhalte dar. Die Klasse *Planungssachverhalt* wird als abstrakte Klasse modelliert, weil aus ihr direkt keine Objekte erzeugt werden sollen – alle Attribute, Operationen und Assoziationen dieser Superklasse werden jedoch an deren Subklassen vererbt. Das Problem der flexiblen Verknüpfung beliebiger Planungssachverhalte wird durch eine reflexive [*:*]-Assoziation der abstrakten Superklasse *Planungssachverhalt* gelöst.[699] Damit wird zum Ausdruck gebracht, dass ein Planungssachverhalt mit einer beliebigen Anzahl anderer Planungssachverhalte in Beziehung stehen kann. Dabei kann es sich um Planungssachverhalte unterschiedlichen Typs (Subklassen) handeln. Die einheitliche Darstellung unterschiedlicher Typen stellt in zweifacher Hinsicht ein Problem dar. Den Planungssubjekten muss mindestens der Objekttyp (die Klasse) und eine Bezeichnung zur Verfügung gestellt werden, damit sie die Information verarbeiten und zuordnen können.

Das erste Problem bezieht sich auf die Typidentifikation eines Objektes. Während die Objekte einer Klasse stets über dieselben Attribute verfügen und sich beispielsweise in einer Tabelle darstellen lassen, deren Spalten mit einer Teilmenge der Attribute korrespondieren, ist dies bei Objekten unterschiedlichen Typs aufgrund unterschiedlicher Attribute nicht ohne weiteres möglich. Aus diesem Grund wurde in der abstrakten Superklasse *Planungssachverhalt* das Klassenattribut[700] *sachverhaltstyp* modelliert. Durch die Vererbung des Klassenattributes trägt jedes erzeugte Objekt einer Subklasse eine Information über den eigenen Typ in sich. Sinnvollerweise korrespondiert die Ausprägung des Klassenattributes mit der Bezeichnung der Subklasse.

Das zweite Problem resultiert daraus, dass nicht alle Planungssachverhalte über ein klassenübergreifend einheitliches Attribut zur Bezeichnung verfügen. Die Bezeichnung eines Privatkunden setzt sich beispielsweise aus den Attributen *vorname* und *nachname* zusammen, während die Bezeichnung eines Umweltsachverhalts in der Regel über einen kurzen Satz (beispielsweise *Anbieter XY beschleunigt eigenes UMTS-Netz*) erfolgt. Mit Hilfe des Konzepts der *Polymorphie*[701] kann dieses Problem gelöst werden.

---

699 Ähnlich HOLTEN / EHLERS (1998), S. 125.

700 Die Ausprägung eines Klassenattributes gilt für alle Objekte einer Klasse. Vgl. KECHER (2005), S. 34; HEUER / SAAKE (2000), S. 97; BALZERT (2005), S. 30; OESTEREICH (2005), S. 251.

701 Synonym wird der Begriff *Polymorphismus* verwendet. Vgl. BALZERT (2005), S. 293 ff; MEIER / WÜST (2003), S. 9; PETKOVIĆ (2003), S. 52.

Dazu wird in der abstrakten Superklasse *Planungssachverhalt* die abstrakte Operation *createname()* modelliert. Diese Operation generiert beim Aufruf eine Bezeichnung für das Objekt. Die Implementierung der Operation ist abhängig von der Klassenzugehörigkeit des Objektes.[702]

Mit dem Klassenattribut *sachverhaltstyp* und der Operation *createname()* ist es möglich, jederzeit den Typ und die Bezeichnung eines beliebigen Planungssachverhaltes zu bestimmen. Das Klassendiagramm in Abbildung 77 visualisiert die erläuterten Aspekte.

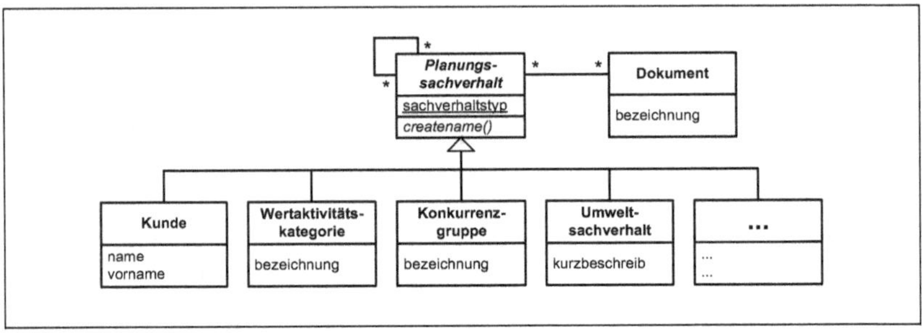

Abb. 77: Abstrakte Superklasse Planungssachverhalt

Die Modellierung der abstrakten Superklasse *Planungssachverhalt* erleichtert auch das Verknüpfen von Dokumenten mit beliebigen Planungssachverhalten in erheblichem Umfang: Anstatt die Klasse *Dokument* mit jeder einzelnen Klasse separat zu assoziieren, reicht eine Assoziation zwischen den Klassen *Planungssachverhalt* und *Dokument* aus, um Dokumente und Planungssachverhalte flexibel miteinander zu verknüpfen (siehe dazu Abbildung 77).

4.3 Benutzungsschnittstelle

Die Interaktion zwischen Mensch und Informationssystem geschieht über die Benutzungsschnittstelle. Bezogen auf Data-Warehouse-Systeme besteht die Hardware der Benutzungsschnittstelle im Wesentlichen aus Bildschirm, Tastatur, Maus und Drucker. Die Informationen des Data-Warehouse-Systems werden über eine Software-Komponente – häufig als *Frontend* bezeichnet – auf dem Bildschirm visualisiert. Der

---

702 Vgl. MEIER / WÜST (2003), S. 33; PETKOVIĆ (2003), S. 106; BALZERT (2005), S. 268 f; OESTEREICH (2005), S. 253 f.

Erfolg eines Data-Warehouse-Systems hängt davon ab, wie benutzerfreundlich und ergonomisch das Frontend gestaltet ist. Aus diesem Grund werden in Abschnitt 4.3.1 die wichtigsten Grundlagen aus dem Bereich der Software-Ergonomie skizziert. Welche speziellen Anforderungen sich aus der Unterstützung der strategischen Planung für das Frontend ergeben, ist Gegenstand des Abschnittes 4.3.2. Darauf aufbauend wird in Abschnitt 4.3.3 ein konzeptioneller Prototyp für die Methode der Stakeholder-Analyse, der Strategiebewertung und -auswahl sowie für die flexible Verknüpfung von Planungssachverhalten entwickelt.

4.3.1 Software-Ergonomie

Die Analyse, Gestaltung und Evaluation interaktiver Komponenten softwarebasierter Informationssysteme ist Gegenstand der Software-Ergonomie.[703] Oberstes Ziel ist es, den Dialog zwischen Mensch und Informationssystem so benutzerfreundlich wie möglich zu gestalten. Um dieses Ziel zu erreichen, werden Erkenntnisse aus der Arbeitswissenschaft, Informatik, Psychologie[704] und Gestaltungswissenschaft integriert.[705] Der Benutzer steht mit seinen geistigen und körperlichen Fähigkeiten sowie seinen Anforderungen und Erwartungen im Vordergrund der Dialoggestaltung.[706]

Benutzerfreundlichkeit wird im anglo-amerikanischen Sprachraum unter dem Begriff *Usability* geführt.[707] PREECE / ROGERS / SHARP differenzieren Usability in die folgenden Teilziele:[708]

- effective to use (effectiveness): Ein System ist effektiv, wenn es die Ziele des Benutzers erfüllt.

---

703 Vgl. FÄHNRICH / ZIEGLER (1987), S. 9.

704 Vgl. zur menschlichen Informationsverarbeitung GLASER (1994).

705 Vgl. HERCZEG (2005), S. 9; PREECE / ROGERS / SHARP (2002), S. 8; FÄHNRICH / ZIEGLER (1987), S. 12; PREECE (1993), S. 20.

706 Vgl. ZEIDLER / ZELLNER (1994), S. 9 f.

707 Vgl. VOGT / HEINSEN (2003), S. 2. Eine Übersicht über alternative Begriffe zu diesem Thema gibt NIELSEN (1993) auf S. 23.

708 Vgl. PREECE / ROGERS / SHARP (2002), S. 14-17. VOGT / HEINSEN definieren *Usability* über die Anforderungen an die Gebrauchtauglichkeit der Norm DIN EN ISO 9241, Teil 11. In dieser Norm werden die Kriterien Effektivität, Effizienz und (Nutzer-) Zufriedenheit genannt. Vgl. VOGT / HEINSEN (2003), S. 3.

- efficient to use (efficiency): Effiziente Systeme ermöglichen dem Benutzer das Erreichen seiner Ziele mit geringem Bedienaufwand.
- safe to use (safety): Das System stellt sicher, das dem Benutzer keine schwerwiegenden Bedienfehler unterlaufen können. Des Weiteren werden Sicherheitsmechanismen bereitgestellt, die eine versehentlich ausgeführte Funktion – wie beispielsweise das Löschen von Daten – rückgängig machen können.
- have good utility (utility): Das System stellt die richtige Art von Funktionalität bereit und wird vom Benutzer als nützlich und brauchbar bewertet.
- easy to learn (learnability): Der Benutzer kann sich in kurzer Zeit mit der Bedienung des Systems vertraut machen und es schnell erlernen.
- easy to remember how to use (memorability): Dieses Teilziel ist in besonderem Maße für Systeme relevant, die nur unregelmäßig benutzt werden. Hierbei sollte die Systembedienung von den Benutzern leicht und problemlos erinnert werden können.

Eines der Hauptprobleme bei der Gestaltung ergonomischer Software sind nicht-kompatible *Modelle*. Modelle beziehen sich im hier diskutierten Kontext auf den Zweck des Anwendungssystems und das Anwendungsgebiet, die Arbeitsweise und die Arbeitsverfahren, die Funktionalität und die Arbeitsobjekte, die Regeln der Benutzungsschnittstelle, die verwendeten Zeichen sowie die Ein- und Ausgabemethoden.[709]

Jeder Benutzer verfügt über ein *mentales Modell* des Systems.[710] Es wird aus Schulungen, Handbüchern, Online-Tutorien, Online-Hilfen und nicht zuletzt aus der Erfahrung mit und den Erwartungen an das System konstruiert.[711] Der Designer entwirft ein *konzeptuelles Modell* des Systems.[712] Es ist typischerweise abstrakter und strukturierter als das mentale Modell des Benutzers.[713] Um ein ergonomisches und benutzerfreundliches System zu entwerfen, muss der Designer möglichst viele

---

709 Vgl. HERCZEG (2005), S. 39.

710 Vgl. NORMAN (1988), S. 189; HERCZEG (2005), S. 40 f.

711 Vgl. HERCZEG (2005), S. 40.

712 Vgl. NORMAN (1988), S. 189; HERCZEG (2005), S. 41.

713 Vgl. HERCZEG (2005), S. 41.

Informationen über die mentalen Modelle der Benutzer einholen. Benutzer und Designer kommunizieren primär über das System miteinander.[714] Diskrepanzen zwischen den mentalen Modellen der Benutzer und dem konzeptuellen Modell des Designers führen dazu, dass das System sich nicht so verhält wie es die Benutzer erwarten. Ziel ist es daher, eine maximale Kongruenz zwischen den mentalen Modellen der Benutzer und dem konzeptuellen Modell des Designers zu erreichen.[715]

Hilfestellung wird den Designern über sogenannte Usability- und Design-Prinzipien, sowie User-Interface-Guidelines[716] gegeben.[717] Dabei handelt es sich meist um einfache generische Regeln oder Heuristiken, die den Designern Orientierung und Hilfestellung bei der Entwicklung einer Benutzungsschnittstelle geben.[718] MANDEL führt die existierenden Usability-Prinzipien auf drei *Golden Rules of User Interface Design* zurück.[719]

- *Place Users in Control*:[720] Hierhinter verbergen sich Prinzipien, die dem Benutzer ein hohes Maß an Kontrolle über das System gewährleisten. Dazu zählt beispielsweise die freie Wahl des Eingabemediums oder die Anpassung des Systems an eigene Präferenzen.
- *Reduce User's Memory Load*:[721] Prinzipien dieser Klasse entlasten das menschliche Gedächtnis bei der Bedienung des Systems. Der Benutzer sollte sich beispielsweise nicht merken müssen, was ein bestimmtes System-Symbol bedeutet oder wo er sich gerade in dem System befindet.

---

714 Vgl. NORMAN (1988), S. 190.

715 Bei MANDEL (1997), S. 24 und ZEIDLER / ZELLNER (1994), S. 136 wird zwischen *Benutzer (User)*, *Dialog-Designer (Designer)* und *System-Designer (Programmer)* differenziert. Dabei ist es Aufgabe des Dialog-Designers, zwischen den Benutzern und den System-Designern / Programmierern zu vermitteln.

716 Vgl. BROWN (1987).

717 Einige davon haben Einzug in gesetzliche Normen gefunden, siehe DIN EN ISO 9241, insbesondere die Teile 110 und 11.

718 Vgl. PREECE / ROGERS / SHARP (2002), S. 20.

719 Vgl. MANDEL (1997), S. 47 ff. Für eine Diskussion einzelner Prinzipien vgl. beispielsweise NORMAN (1988), S. 9-28; NIELSEN (1993), S. 115-163; BAGGEN (2003), S. 82 f; SHNEIDERMAN (2002), S. 99-101.

720 Vgl. MANDEL (1997), S. 51-63.

721 Vgl. MANDEL (1997), S. 63-72.

- *Make the Interface Consistent*:[722] Konsistenz sorgt dafür, dass die Benutzungsschnittstelle es dem Benutzer erlaubt, bereits angeeignetes Bedienungswissen erfolgreich auf andere System-Bereiche zu übertragen. Das System zeigt beispielsweise immer die gleiche Reaktion auf identische benutzerinitiierte Aktionen und die Grundfunktionen (bspw. Drucken, Speichern, Navigieren, Öffnen) sind in jedem Systembereich gleich benannt und gleichartig positioniert.

Zum Entwicklungsprozess einer Benutzungsschnittstelle lassen sich in der Literatur unterschiedliche Phasenmodelle finden.[723] Im Folgenden wird der iterative Entwicklungsprozess nach MANDEL skizziert.[724] Er gliedert den Prozess in die vier Phasen *Analyze*, *Design*, *Construct* und *Validate*.[725]

- *Analyze*: In dieser Phase werden die Benutzer und Zielgruppen des Systems identifiziert[726], sowie eine Anforderungs-, Aufgaben-[727] und Benutzerprofilanalyse durchgeführt.[728]

- *Design*: Die Entwicklung des konzeptuellen Modells der Benutzungsschnittstelle findet in dieser Phase statt. Bezogen auf die Entwicklung eines Frontends, wird in dieser Phase – insbesondere im ersten Durchlauf[729] – ein einfacher konzeptioneller Prototyp entworfen, aus dem das grundsätzliche Bildschirm-Layout sowie die wichtigsten Funktionen und Bedienelemente hervorgehen.[730]

- *Construct*: Um die Akzeptanz und Ergonomie der Benutzungsschnittstelle optimal testen zu können, müssen Prototypen konstruiert werden, die eine möglichst große Ähnlichkeit zum Endprodukt aufweisen (sogenannte High-

---

722 Vgl. MANDEL (1997), S. 72-79.

723 Vgl. MANDEL (1997), S. 251; OLSEN (1998), S. 6; PREECE / ROGERS / SHARP (2002), S. 168 ff; ZEIDLER / ZELLNER (1994), S. 192; NIELSEN (1993), S. 71 ff; THALLER (2002), S. 70 ff.

724 Ein sehr ähnliches Vier-Phasen-Modell findet sich bei PREECE / ROGERS / SHARP (2002), S. 168 ff.

725 Vgl. MANDEL (1997), S. 251, sowie im Detail S. 255-284. Konzeptionell gleichartige Phasenmodelle finden sich bei PREECE / ROGERS / SHARP (2002), S. 168 ff und OLSEN (1998), S. 6.

726 Vgl. PREECE / ROGERS / SHARP (2002), S. 169; NOYES / BABER (1999), S. 18 ff.

727 Vgl. NOYES / BABER (1999), S. 125 ff; BROWN (1987), S. 175 f; NIELSEN (1993), S. 75 f.

728 Vgl. zur Benutzer- und Aufgabenanalyse grundlegend HACKOS / REDISH (1998).

729 Vgl. MANDEL (1997), S. 279.

730 Vgl. MANDEL (1997), S. 274 und S. 276; PREECE / ROGERS / SHARP (2002), S. 169 und S. 262 ff; HACKOS / REDISH (1998), S. 375-383; NIELSEN (1993), S. 93 ff.

Fidelity-Prototypen[731]). Die Entwicklung dieser Prototypen kann mit speziellen Prototyping-Tools oder mit Hilfe einer Software-Entwicklungs-Umgebung durchgeführt werden.[732]

- *Validate*: In dieser Phase wird der konstruierte High-Fidelity-Prototyp mit einer möglichst großen Anzahl potenzieller Benutzer getestet. Fehlbedienungen, Unzufriedenheit und Kritik der Benutzer werden ausgewertet, um das Konzept der Benutzungsschnittstelle im Sinne des Benutzers zu überarbeiten und zu verbessern.[733]

Anhand der erarbeiteten Informationsprozessmodelle ist ersichtlich, welche Aktivitäten in welcher Reihenfolge von den Benutzern – hier die Planungssubjekte – durchgeführt werden. Sie sind als eine Variante einer Task-Sequence-Analysis zu betrachten.[734] OLSEN misst der integrierten Betrachtung von Aktivitäten (Tasks) und Informationen eine essenzielle Bedeutung für die Entwicklung einer Benutzungschnittstelle bei.[735] Genau diese Integration ist ein Hauptcharakteristikum der Informationsprozessmodellierung. Die Informationsprozessmodelle bilden ein tragfähiges Fundament für die Phase *Analyze* im Rahmen der Entwicklung einer Benutzungsschnittstelle.

4.3.2 Anforderungen an das Frontend

Der komplexe und methodengestützte Prozess der strategischen Planung stellt eine Reihe neuer Anforderungen an das Frontend eines Data-Warehouse-Systems. Ziel der Abschnitte 4.3.2.1 bis 4.3.2.5 ist es, diese Anforderungen zu präzisieren. Im Prozess der Benutzungsschnittstellenentwicklung sind die nachfolgenden Ausführungen der Phase *Analyze* zuzuordnen.[736]

---

731 Vgl. PREECE / ROGERS / SHARP (2002), S. 245 f; HACKOS / REDISH (1998), S. 378 f.

732 Vgl. MANDEL (1997), S. 280.

733 Vgl. PREECE / ROGERS / SHARP (2002), S. 169 f.

734 Vgl. HACKOS / REDISH (1998), S. 69 ff.

735 Vgl. OLSEN (1998), S. 29 und S. 31.

736 Vgl. dazu Abschnitt 4.3.1.

4.3.2.1 Modularisierung

Jede Planungsmethode stellt ein informationsverarbeitendes Element des Planungsprozesses dar, mit dessen Hilfe ein Teilproblem der strategischen Planung bearbeitet wird. Auch wenn das entwickelte Datenmodell zeigt, dass die Planungsinformationen auf vielfältige Weise miteinander in Beziehung stehen, so ist es bereits aus Usability-Gründen sinnvoll, den Benutzer nicht mit der Komplexität des Gesamtproblems zu beaufschlagen. Da das Grundwissen zur strategischen Planung auch die Kenntnis der wichtigsten Planungsmethoden umfasst, ist davon auszugehen, dass mit einem planungsmethoden-orientierten konzeptuellen Modell des Frontends eine große Kompatibilität zu den mentalen Modellen der Planungssubjekte hergestellt werden kann.

Ein planungsmethoden-orientiertes konzeptuelles Modell lässt sich durch eine Modularisierung des Frontends umsetzen. Für jede Planungsmethode wird ein separates Modul angeboten, das methodenspezifische Informationen und Funktionen bereitstellt. Die Aktivitäts-Sequenzen der einzelnen Planungsmethoden können im Frontend über eine Abfolge von Bildschirmdialogen innerhalb der Module realisiert werden. Das Bereitstellen von Informationen mit Vorlagecharakter[737] in den Planungsmodulen erhöht die Usability, da sich die Planungssubjekte an diesen generischen Informationen orientieren können. Darüber hinaus können aus den Informationen mit Definitionscharakter[738] Feldbezeichnungen für die Dialoggestaltung abgeleitet werden. In Bezug auf die verfügbaren Funktionen der Planungsmodule besteht die Anforderung, die im Zwischenfazit[739] identifizierten Aktivitätstypen (erfassen, generieren, bewerten, priorisieren, segmentieren, adaptieren und assoziieren) abzubilden.

4.3.2.2 Dateneingabe

Bei informations- und analyseorientierten Anwendungen von Data-Warehouse-Systemen werden von den Benutzern Daten über das Frontend an das System übermittelt, die ausschließlich der Abfrage und Navigation dienen. Um in einem multidimensionalen Datenmodell navigieren zu können, muss es beispielsweise möglich sein,

---

737 Siehe Abschnitt 3.2.2.

738 Siehe Abschnitt 3.2.2.

739 Vgl. Abschnitt 3.3.

Elemente in einer Dimensionshierarchie zu selektieren – der Benutzer übermittelt Daten an das System, um die Präsentation und Ausgabe der Nutzdaten zu steuern.

Im Gegensatz dazu werden bei planungsorientierten Anwendungen nicht nur Steuerdaten, sondern auch Nutzdaten von den Benutzern an das System übermittelt. Im Kontext der strategischen Planung können fünf verschiedene Formen der Dateneingabe unterschieden werden.

- *Texte*: Planungssachverhalte sind im Frontend über eine Bezeichnung oder einen kurzen Satz zu visualisieren, damit sie sich übersichtlich in Form einer Liste oder Tabelle darstellen lassen. Die simultane Darstellung mehrerer Planungssachverhalte erleichtert das Erkennen von Zusammenhängen und fördert vernetztes Denken. Darüber hinaus muss die Möglichkeit bestehen, jeden Planungssachverhalt ausführlicher zu beschreiben und zu kommentieren. Einfache Möglichkeiten zur Hervorhebung besonders relevanter Textpassagen in einer Beschreibung können dazu beitragen, wesentliche Inhalte auf einen Blick zu erfassen.
- *Zahlen*: Die Eingabe von Zahlen ist insbesondere im Rahmen der strategischen Budgetierung notwendig. In der Unternehmenspraxis wird das Budget typischerweise mit einer lokal installierten Tabellenkalkulation vorbereitet und berechnet. Eine benutzerfreundliche Import-Schnittstelle verhindert, dass die Planungssubjekte das Zahlenmaterial manuell von der Tabellenkalkulation in das Data-Warehouse-System übertragen müssen. Dies verhindert Übertragungsfehler und reduziert die benötigte Zeit für die Dateneingabe.
- *Skalenbewertungen*: Aus den Informationsprozessmodellen ist ersichtlich, dass die Priorisierung und Segmentierung homogener Planungssachverhalte sehr häufig über eine multikriterielle Bewertung erfolgt. Für die Dateneingabe bietet sich die Verwendung diskreter Skalen in Kombination mit einem Kommentarfeld an. Der Bedienungsaufwand kann für den Benutzer dadurch auf einen Mausklick in der Skala reduziert werden. Gleichzeitig besteht die Möglichkeit, eine Bewertung ergänzend zu kommentieren.

- *Verknüpfungen*: Die Komplexität der strategischen Planung zeigt sich unter anderem im vielfältigen Zusammenwirken einer großen Anzahl von Planungssachverhalten und Dokumenten. Das Verknüpfen von Planungssachverhalten untereinander sowie das Verknüpfen von Planungssachverhalten mit Dokumenten erzeugen neue Daten und erfordern eine benutzerfreundliche Form der Dateneingabe. Mit *Drag & Drop* steht eine einfache und bekannte Basistechnik zur Dateneingabe bereit, die sich auch hier eignet. Planungssachverhalte und Dokumente die im System bereits gespeichert sind, können mit dieser Technik auf einfache Weise miteinander in Beziehung gesetzt werden.

- *Dokumenten-Upload*: Das Hochladen beliebiger Dokumente von den Arbeitsplatzrechnern der Planungssubjekte in das Data-Warehouse-System ist im weitesten Sinne ebenfalls als Dateneingabe zu interpretieren. Im Frontend ist für diesen Zweck eine Upload-Funktion bereitzustellen, die ein schnelles und komfortables Navigieren zum Ziel-Dokument auf dem Arbeitsplatzrechner ermöglicht.[740]

4.3.2.3 Prozesssteuerung

Prozesse können bei der strategischen Planung auf zwei Ebenen identifiziert werden. Zum einen wird der Gesamtablauf der strategischen Planung betrachtet, zum anderen die Aktivitätsabfolge innerhalb einzelner Planungsmethoden gemäß Informationsprozessmodell. Gerade bei komplexen Planungsprozessen mit vielen beteiligten Planungssubjekten, fordern die mit der Koordination des Planungsprozesses betrauten Mitarbeiter ein Maximum an Transparenz bezüglich des Planungsfortschrittes. Diesem Aspekt wird daher im Folgenden eine besondere Bedeutung beigemessen.

In Abschnitt 4.3.2.1 wurde im Zusammenhang mit einer komplexitätsreduzierenden Modularisierung bereits darauf hingewiesen, dass sich die Aktivitätsabfolge innerhalb der einzelnen Planungsmethoden durch eine entsprechende Abfolge von Bildschirmdialogen abbilden lässt. Das Frontend hat diese Abfolge für den Benutzer klar erkennbar zu visualisieren, um ihn durch den Prozess einer Planungsmethode zu führen und um zu

---

740 Das Ziel-Dokument kann sich dabei sowohl auf den Speichermedien des Arbeitsplatzrechners als auch im Netzwerk (beispielsweise auf einem Fileserver) befinden.

verhindern, dass er sich die Aktivitätsabfolge einprägen muss. Trotzdem sollte der Benutzer zwischen den verschiedenen Bildschirmdialogen frei navigieren können, damit Korrekturen und Ergänzungen jederzeit möglich sind. In Abhängigkeit von der Anzahl und Komplexität der zu bearbeitenden Planungssachverhalte können bereits einzelne Aktivitäten innerhalb einer Planungsmethode sehr viel Bearbeitungszeit beanspruchen. In der Praxis wird es während den Planungsaktivitäten immer wieder zu Unterbrechungen durch Anrufe, E-Mails oder Termine kommen. Daher sollte das Frontend die Möglichkeit bieten, zu jeder Planungsaktivität bzw. jedem Bildschirmdialog einen Bearbeitungsstatus zu hinterlegen. Neben den zwei Stati *unbearbeitet* und *vollständig bearbeitet* ist der Status *in Bearbeitung* denkbar. Letzterer sollte dem Benutzer eine optionale Kommentierung bieten, damit er nach einer Unterbrechung schneller in die unvollständig bearbeitete Aktivität zurückfinden kann.

Für viele Aktivitäten in den Informationsprozessmodellen ist eine arbeitsteilige Bearbeitung denkbar und sinnvoll.[741] Dadurch entsteht die Anforderung, einzelne Aktivitäten auf verschiedene Planungssubjekte zu verteilen und die darauf folgende (informationsbedingt abhängige) Aktivität erst dann für eine Bearbeitung freizugeben, wenn alle involvierten Planungssubjekte die arbeitsteilige Aktivität vollständig bearbeitet haben. Über ein Berechtigungssystem wird den Planungssubjekten die zu bearbeitende Menge an Planungssachverhalten zugewiesen. Insbesondere bei arbeitsteilig durchgeführten Planungsaktivitäten ist es wichtig, dass die Planungskoordinatoren über Stati Einblick in den Fortschritt des Prozesses erhalten, damit im Falle antizipierter Verzögerungen proaktiv eingegriffen werden kann.

Eine Besonderheit stellen Aktivitäten dar, die Datenstrukturen für nachfolgende Aktivitäten aufbauen. Als Beispiele sind hier die Struktur der Wertkette oder die der Konkurrenzcheckliste zu nennen. Diese Strukturen können zwar dezentral erarbeitet werden, letztendlich müssen jedoch alle Planungssubjekte mit einer (zentral) abgestimmten, konsensfähigen Version im System arbeiten. Die Integration und Konsolidierung von Planungssachverhalten würde unnötig erschwert, wenn die Planungssubjekte beispielsweise mit unterschiedlichen Wertketten oder Konkurrenz-

[741] Dies wurde in den Modellen durch den Deskriptor (A) gekennzeichnet. Siehe dazu Abschnitt 3.2.2.

checklisten arbeiten. Folglich wird neben den oben genannten Bearbeitungsstati ein weiterer Status benötigt, der den Planungskoordinatoren signalisiert, dass im Rahmen einer Aktivität eine zentrale Abstimmung und Festlegung von Datenstrukturen notwendig ist.

Bezüglich des Gesamtablaufs der strategischen Planung besteht die Anforderung, die einzelnen Planungsmethoden so zu durchlaufen, dass den informationsbedingten Abhängigkeiten Rechnung getragen wird. In Abbildung 53[742] ist zu erkennen, welche Informationen zwischen den einzelnen Planungsmethoden ausgetauscht werden. Innerhalb der Planungsphasen besteht bei einigen Planungsmethoden die Möglichkeit, die Reihenfolge zu variieren. So können beispielsweise die Branchenstrukturanalyse, die Absatzmarktanalyse und die Analyse der strategischen Gruppen in der Phase Umweltanalyse in beliebiger Reihenfolge durchgeführt werden, da zwischen diesen Methoden keine Informationen ausgetauscht werden. Dies gilt allgemein nicht für Planungsmethoden, die Informationen aus anderen Planungsmethoden zusammenführen, wie beispielsweise die Chancen-Risiken-Übersicht. In diesem Fall werden Informationen aus vorgelagerten Planungsmethoden benötigt. Um die Koordination und Steuerung des Gesamtprozesses der strategischen Planung zu unterstützen sollte es möglich sein, die aktivitätsbezogenen Bearbeitungsstati auf Methodenebene zu aggregieren, so dass pro Planungsmethode signalisiert werden kann, ob die Bearbeitung abgeschlossen ist oder nicht.

4.3.2.4 Dokumentenintegration

Viele Informationen, die in der strategischen Planung benötigt und verarbeitet werden, sind in elektronischen Dokumenten unternehmensexternen[743] oder unternehmensinternen[744] Ursprungs gespeichert.[745] Da sich Dokumente nur mit erheblichem Bedeutungs- und Informationsverlust in einzelne Elemente zerlegen lassen,[746] sind diese den Planungssubjekten als Ganzes zur Verfügung zu stellen. Insbesondere der Aufbau

---

742 Siehe Abschnitt 3.2.4.

743 Beispielsweise Marktanalysen und Wirtschaftsmeldungen.

744 Beispielsweise Kennzahlenberichte und Marketingkonzepte.

745 Der Begriff *Dokument* bezieht sich im Folgenden ausschließlich auf elektronische Dokumente.

746 Vgl. GÖTZER ET AL. (2004), S. 1 f.

einer data-warehouse-gestützten Informationsbasis im Rahmen der Umweltanalyse wird trotz Filtermechanismen zu einer großen Menge potenziell planungsrelevanter Dokumente führen. Damit die Planungssubjekte diese Informationsbasis effizient nutzen können, müssen geeignete Retrieval-Methoden angeboten werden. Folgende Möglichkeiten können realisiert werden:

- *Freie Suche*: Hierbei wird ein Dokumentenbestand nach frei formulierten Begriffen durchsucht. Dies setzt voraus, dass sich die Dokumente indizieren lassen.
- *Schlagwortindex*: Aus der Menge aller dokument-spezifischen Schlagwörter wird ein Index aufgebaut. Die Planungssubjekte können sich mit Hilfe dieses Index alle Dokumente zu einem bestimmten Schlagwort aufrufen.
- *Ähnlichkeitsmaße*: Mit Hilfe von Ähnlichkeitsmaßen[747] können die Benutzer ausgehend von einem als relevant eingestuften Dokument ähnliche Dokumente im Bestand ausfindig machen.
- *Thesauri*: Durch den Aufbau von planungsmethodenspezifischen Thesauri[748] kann das Auffinden relevanter Dokumente vereinfacht werden.

Des Weiteren ist es denkbar, dass im Falle delegierter Planungsaktivitäten bestimmte Dokumente als (methodenspezifische) Empfehlung oder Pflichtlektüre von übergeordneter Stelle für die Planungssubjekte gekennzeichnet werden. Dadurch wird sich jedoch immer nur auf einen relativ kleinen Teil der Informationsbasis gezielt zugreifen lassen. Bezüglich des Auffindens relevanter Dokumente muss das Frontend den Planungssubjekten ein Maximum an Flexibilität bieten.

Elektronische Dokumente können in vielfältigen Formaten vorliegen. PDF-, Word-, Powerpoint- und das Excel[749]-Format sind Beispiele etablierter – oftmals proprietärer – Dokumentenformate, in denen viele Informationen des Geschäftsalltags kodiert werden.

---

[747] Eines der bekanntesten Ähnlichkeitsmaße ist das Cosinus-Maß, vgl. BAEZA-YATES / RIBEIRO-NETO (1999), S. 27 f.

[748] Ein Thesaurus ist ein System von Begriffen, mit dessen Hilfe ein Themenbereich vollständig abgebildet werden soll.

[749] Excel ist ein Produkt der Microsoft Corporation.

Um diese Dokumente im Frontend darstellen zu können, bedarf es der entsprechenden Software.[750] Um die Usablility des Frontends zu steigern und die Nutzung der verfügbaren Dokumente so leicht wie möglich zu gestalten, sollte eine einfache Möglichkeit geschaffen werden, das gewünschte Dokument aus der Datenbank abzurufen und sofort in der passenden Software zu öffnen. Wenn der Zugriff auf Dokumente im Frontend nicht benutzerfreundlich und performant ausgestaltet wird, werden die Planungssubjekte die Dokumente und die darin enthaltenen Informationen nicht in maximalem Umfang für die strategische Planung nutzen.

Die Planungssubjekte werden sich häufig in einer Situation befinden, in der sie Planungssachverhalte im Frontend auf Grundlage von Informationen aus existierenden Dokumenten erstellen, bewerten und kommentieren.[751] Sofern das Planungssubjekt nur einen Bildschirm[752] zur Verfügung hat, ist ein (häufiges) Umschalten zwischen dem Frontend des Data-Warehouse-Systems und der Software die das Dokument visualisiert notwendig.[753] Für eine optimale Ergonomie bietet sich eine Hardware-Konfiguration mit zwei Bildschirmen an: Auf dem ersten Bildschirm kann das Frontend des Data-Warehouse-Systems, auf dem zweiten Bildschirm das elektronische Dokument visualisiert werden.

4.3.2.5 Erstellen und auswerten verknüpfter Planungssachverhalte

Wie in Abschnitt 4.3.2.1 dargelegt ist es sinnvoll, die Komplexität der strategischen Planung durch Modularisierung für die Planungssubjekte auf ein handhabbares Maß zu reduzieren. Dies darf jedoch nicht dazu führen, dass Zusammenhänge zwischen Planungssachverhalten aus verschiedenen Planungsmethoden nicht abgebildet werden können. Aus diesem Grund müssen im Frontend Möglichkeiten geschaffen werden, Planungssachverhalte methodenübergreifend miteinander zu verknüpfen und aus-

---

750 Für Microsoft-Produkte existieren kostenlose Viewer, mit denen Word,- Excel- und PowerPoint-Dokumente betrachtet werden können.

751 Dabei ist es unerheblich, ob das Dokument über das Data-Warehouse-System bereitgestellt wird oder sich nur auf der lokalen Arbeitsstation (PC / Laptop) des Planungssubjektes befindet.

752 Hier ist die *Hardware* gemeint. Bildschirm und Computermonitor werden hier als synonyme Begriffe verwendet.

753 Bei modernen Betriebssystemen besteht zwar in der Regel die Möglichkeit, mehrere Applikationsfenster auf einem Bildschirm anzuzeigen, aber dadurch wird der sichtbare Bereich einer Applikation mindestens halbiert.

zuwerten. Für die Erstellung einer methodenübergreifenden Verknüpfung werden im Folgenden zwei Konzepte vorgeschlagen.

Das erste Konzept sieht vor, dass ein Planungssubjekt in jedem Modul die Möglichkeit hat, Verweise auf beliebige Planungssachverhalte in einem persönlichen Arbeitsbereich zu speichern. Der Inhalt dieses Arbeitsbereichs ist unabhängig vom jeweiligen Planungsmodul, in dem der Benutzer sich gerade befindet. Verknüpfungen zwischen Planungssachverhalten lassen sich innerhalb des Arbeitsbereiches erstellen, indem zwei Verweise des Arbeitsbereiches in Beziehung gesetzt werden. Im Sinne einer hohen Benutzerfreundlichkeit sollte es darüber hinaus möglich sein, Verknüpfungen nicht nur innerhalb des Arbeitsbereiches zu erstellen, sondern auch zwischen Arbeitsbereich und dem Planungsmodul, in dem der Benutzer sich gerade befindet. Mit dem Konzept eines modulunabhängigen Arbeitsbereiches können Planungssachverhalte über die Grenzen eines Planungsmoduls transportiert werden.

Das zweite Konzept bietet den Planungssubjekten in jedem Planungsmodul einen hierarchischen Zugriff auf die Planungssachverhalte der anderen Planungsmodule. Die Hierarchie kann so aufgebaut werden, dass die erste Ebene aus Planungsphasen, die zweite Ebene aus Planungsmodulen, die dritte Ebene aus den Typen[754] der Planungssachverhalte und die vierte Ebene die konkreten Planungssachverhalte enthält. Abbildung 78 visualisiert den vorgeschlagenen Hierarchieaufbau und zeigt zwei Beispiele.

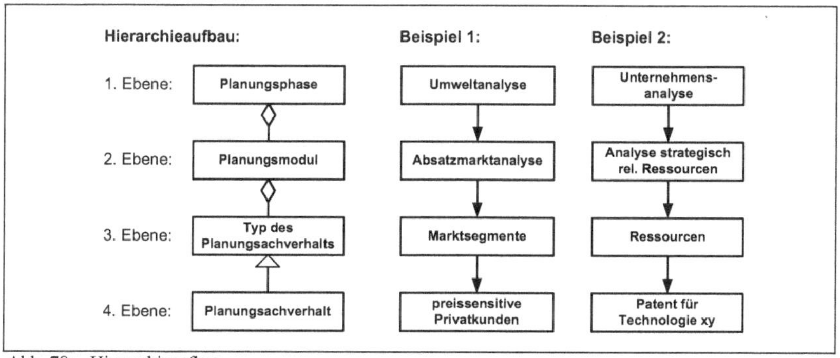

Abb. 78: Hierarchieaufbau

754 Der Begriff *Typ* entspricht hier dem Begriff der *Klasse* aus den UML-Klassendiagrammen.

Mit Hilfe dieser Hierarchie können die Planungssubjekte zu beliebigen bereits erfassten Planungssachverhalten navigieren, um sie mit einem Planungssachverhalt des gerade aktiven Planungsmoduls zu verknüpfen.

Der Vorteil des ersten Konzeptes ist darin zu sehen, dass die Planungssubjekte nicht nur Planungssachverhalte verknüpfen können, sondern den Arbeitsbereich auch als komfortable Speichermöglichkeit für besonders interessante oder problembehaftete Planungssachverhalte verwenden können. Von Nachteil ist, dass eine modulübergreifende Verknüpfung von Planungssachverhalten nur für Planungssachverhalte möglich ist, die bereits im Arbeitsbereich abgelegt wurden.

Dieser Nachteil kann jedoch durch das zweite Konzept kompensiert werden. Idealerweise stehen im Frontend beide Konzepte zur Verfügung.

Durch die freie Verknüpfung beliebiger Planungssachverhalte entsteht während des Planungsprozesses ein komplexes Netzwerk. Das gebildete Netzwerk der Planungssachverhalte wird jedoch nur dann von Nutzen sein, wenn das Frontend ein geeignetes Konzept zur Visualisierung, Navigation und Auswertung bereitstellt. Bei Selektion eines Planungssachverhaltes innerhalb eines Planungsmoduls können die unmittelbar damit verknüpften Planungssachverhalte (und Dokumente) in einer Tabelle visualisiert werden. Die Tabelle zeigt in zwei Spalten den *Typ* und die *Bezeichnung*[755] der Planungssachverhalte an. Sie sollte Funktionen bieten, auf Detailinformationen zuzugreifen und den Tabelleninhalt typspezifisch zu filtern und auszuwerten. Mit der typspezifischen Filterung ist es beispielsweise möglich, ausgehend von einem relevanten Umweltsachverhalt nur die damit verknüpften Planungssachverhalte des Typs *Ressource* anzuzeigen.

4.3.3 Konzeptioneller Prototyp der Benutzungsschnittstelle

Nach den Ausführungen zur Softwareergonomie im Allgemeinen und den Anforderungen der strategischen Planung an das Frontend im Speziellen, wird in diesem Abschnitt ein konzeptioneller Prototyp für die Benutzungsschnittstelle entworfen.

---

755 Die Bezeichnung wird über die Methode *create_name()* generiert. Siehe dazu Abschnitt 4.2.4.

Bezüglich des vorgestellten Entwicklungsprozesses für eine Benutzungsschnittstelle ist der Prototypen-Entwurf der Phase *Design* zuzuordnen.[756]

Der Entwurf eines Prototypen für alle Planungsmethoden würde den Umfang dieser Arbeit bei weitem übersteigen. Aus diesem Grund erfolgt der Entwurf exemplarisch für die Methoden *Stakeholderanalyse* (vollständig) sowie *Strategiebewertung und Strategieauswahl* (partiell). Darüber hinaus wurde ein Prototyp für die Verknüpfung von Planungssachverhalten entworfen. Ziel des Prototypen ist aufzuzeigen, dass es mit den heute verfügbaren grafischen Benutzungsschnittstellen-Elementen[757] möglich ist, eine Problemstellung aus der strategischen Planung auf den Bildschirm zu projizieren. Darüber hinaus soll insbesondere der Informationsfluss innerhalb und zwischen den ausgewählten Planungsmethoden visualisiert werden. Die Abfolge der Bildschirmmasken bezeihungsweise Reiter orientiert sich grundsätzlich an den Informationsprozessmodellen der zugrundeliegenden Planungsmethoden. Um bei den Erläuterungen präzise auf Details des Prototypen verweisen zu können, wurden Nummernsymbole (schwarze Kreise mit weißen Ziffern) in den Abbildungen verwendet – sie sind nicht Bestandteil des Prototypen.

4.3.3.1 Stakeholderanalyse

Im Folgenden wird ein Prototyp für die Stakeholderanalyse entworfen, der aus insgesamt vier Bildschirmmasken besteht. Ergebnis der Stakeholderanalyse sind die formulierten Fundamentalziele des Unternehmens. Auf sie wird in der letzten Phase der strategischen Planung bei der Formulierung alternativer Zielsysteme / Strategien zurückgegriffen. Abbildung 79 zeigt den Reiter *Stakeholder erfassen* des Prototypen *Stakeholderanalyse*.

---

[756] Siehe dazu Abschnitt 4.3.1.

[757] Vgl. zu den grafischen Elementen TIDWELL (2006), S. 210 ff.

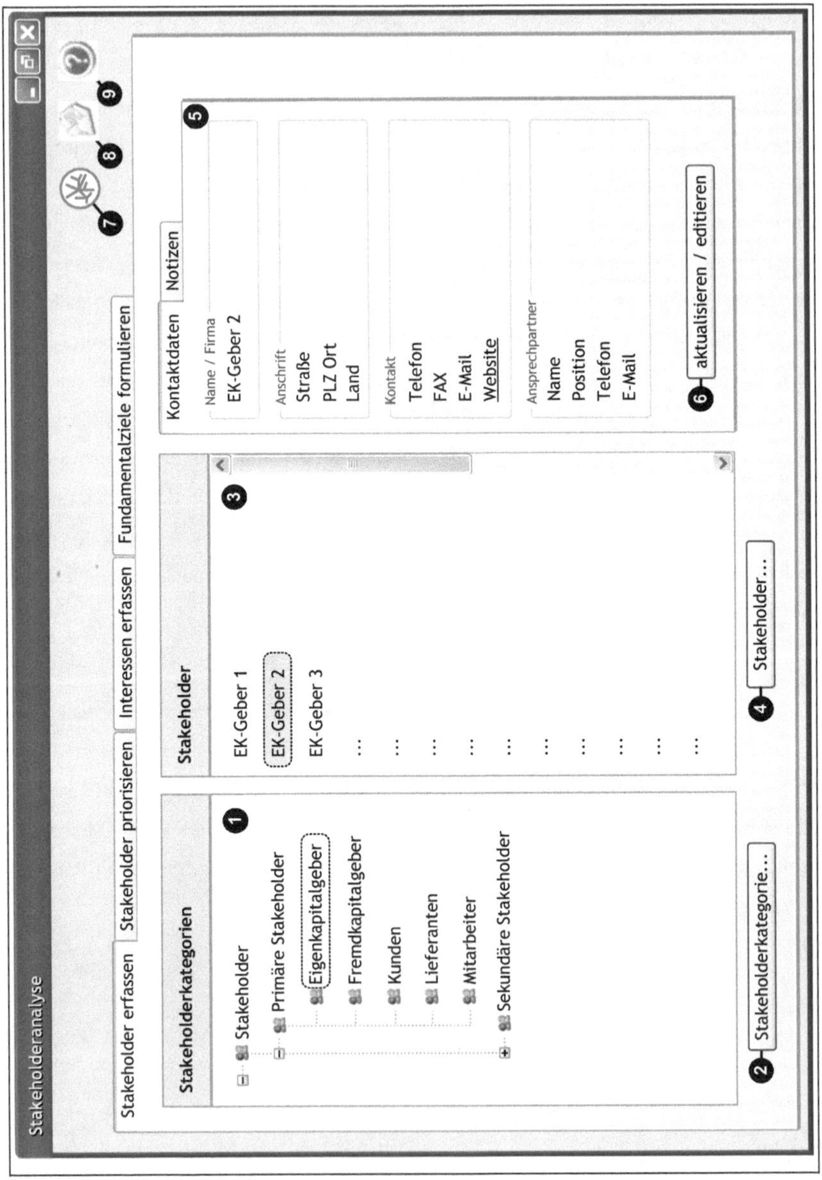

Abb. 79: Prototyp Stakeholderanalyse – Reiter *Stakeholder erfassen*

Der Workflow dieser Methode wurde in die vier Schritte *Stakeholder erfassen, Stakeholder priorisieren, Interessen erfassen* und *Fundamentalziele formulieren* zerlegt. Jedem Schritt entspricht ein sogenannter *Reiter*. In Abbildung 79 ist der Reiter *Stakeholder erfassen* aktiviert. Dieser soll eine möglichst vollständige Erfassung aller Stakeholder herbeizuführen. In Bereich (1) können die Planungssubjekte in einer Stakeholderkategorie-Hierarchie navigieren. Falls nötig wird in diesem ein Rollbalken eingeblendet. Über den Button (2) stehen in einem zusätzlichen Dialogfenster Funktionen zum Anlegen, Löschen und Umbenennen von Stakeholderkategorien bereit. Diese Funktionen beziehen sich auf die selektierte Stakeholderkategorie (hier: Eigenkapitalgeber). Die Struktur der Hierarchie lässt sich per Drag & Drop modifizieren. Bereich (3) zeigt in tabellarischer Form die bereits erfassten Stakeholder der in Bereich (1) selektierten Stakeholderkategorie an. Button (4) stellt Funktionen zum Anlegen, Löschen und Umbenennen von Stakeholdern in einem separaten Dialogfenster bereit. Per Drag & Drop von Bereich (3) in Bereich (1) können Stakeholder einer anderen Kategorie zugeordnet werden. Bereich (5) zeigt auf dem Reiter *Kontaktdaten* zu einem selektierten Stakeholder (hier: EK-Geber 2) die Kontaktdaten an. Sie können über den Button (6) aktualisiert und editiert werden. Der inaktive Reiter *Notizen* ermöglicht das Erfassen von Anmerkungen und Notizen zu einem Stakeholder und wurde hier nicht genauer spezifiziert. Ziel ist es, den Planungssubjekten zu Beginn der Planung bereits eine möglichst vollständige und kategorisierte Liste aller Stakeholder in Bereich (3) anzubieten. Hinter Symbol (9) verbirgt sich eine Hilfefunktion, die den Planungssubjekten bei Bedarf alle notwendigen Informationen zur aktuellen Methode sowie den Bereichen und Funktionen des aktivierten Reiters liefert. Der Zugriff auf planungsunterstützende Dokumente erfolgt über Symbol (8). Ein Klick auf dieses Symbol öffnet ein neues Dialogfenster, welches den Planungssubjekten das Auffinden und Öffnen von Dokumenten ermöglicht. Symbol (7) soll ein Netzwerk verknüpfter Planungssachverhalte visualisieren und stellt Funktionen zur benutzerspezifischen Übernahme und zum Verknüpfen besonders relevanter Planungssachverhalte bereit. Die Symbole (7), (8) und (9) sind Grundfunktionen, die in jeder Bildschirmmaske zur Verfügung stehen.

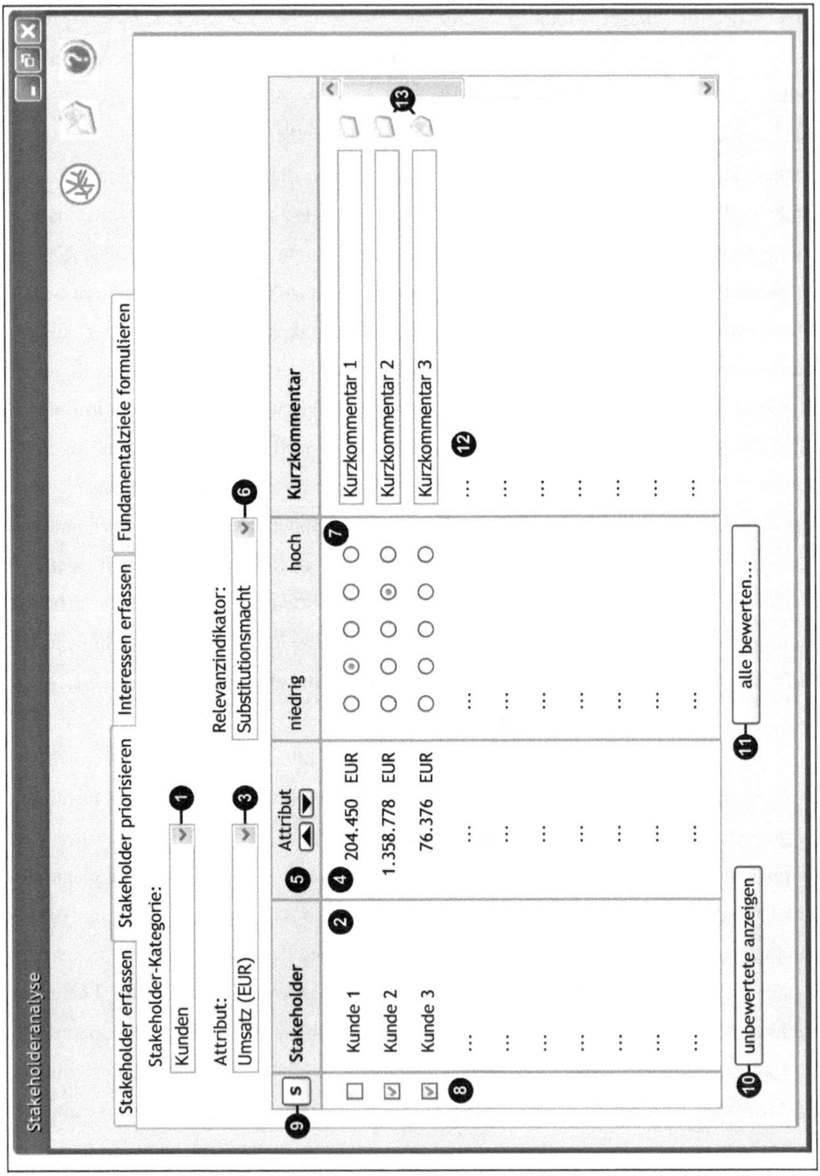

Abb. 80: Prototyp Stakeholderanalyse – Reiter *Stakeholder priorisieren*

Abbildung 80 zeigt den Reiter *Stakeholder priorisieren*. Ziel des Reiters ist es, die Stakeholder anhand von Relevanzindikatoren zu priorisieren. Der Zugriff auf die erfassten Stakeholder erfolgt auch hier über Stakeholderkategorien. Die hierarchische Struktur der Stakeholderkategorien wird den Planungssubjekten über das Auswahlfeld (1) zur Verfügung gestellt. Im Beispiel wurde die Stakeholderkategorie *Kunden* ausgewählt. Im Bereich (2) werden die Stakeholder der ausgewählten Stakeholderkategorie angezeigt. Bei einigen Stakeholdern ist es möglich, quantitative Attribute anzuzeigen. So können beispielsweise bei Kunden der Umsatz, bei Lieferanten das Einkaufsvolumen und bei Kapitalgebern der Kapitalbetrag angezeigt werden. Falls für die Stakeholder einer Kategorie quantitative Attribute verfügbar sind, können sie im Auswahlfeld (3) ausgewählt und im Bereich (4) angezeigt werden. Mittels der Buttons in Bereich (5) lässt sich die Liste der Stakeholder bezüglich des quantitativen Attributes absteigend oder aufsteigend sortieren. Zur Priorisierung werden die Stakeholder über Relevanzindikatoren bewertet. Sie lassen sich im Auswahlfeld (6) selektieren (hier ausgewählt: Substitutionsmacht). Im Bereich (7) können die Planungssubjekte den ausgewählten Indikator über eine fünfstufige Skala, die durch Radiobuttons visualisiert wird, bewerten. Muss eine große Anzahl Stakeholder bewertet werden, die sich in ihrer Ausprägung hinsichtlich des ausgewählten Relevanzindikators kaum unterscheiden, dann steht über den Button (11) eine Funktion bereit, alle Stakeholder zu bewerten. Ein Klick auf Button (11) öffnet ein zusätzliches Dialogfenster, in dem die Menge der zu bewertenden Stakeholder genau spezifiziert werden muss. Des Weiteren minimiert eine Sicherheitsabfrage das Risiko des versehentlichen Überschreibens bereits getätigter Bewertungen. Mit den Buttons (9) und (10) lässt sich die angezeigte Liste der Stakeholder in Bereich (2) konfigurieren. Button (9) dient dazu, mehrere Stakeholder direkt miteinander vergleichen zu können. Über die Checkboxen im Bereich (8) werden die Stakeholder selektiert, Button (9) zeigt dann nur noch die selektierten Stakeholder an. Ein weiterer Klick auf Button (9) zeigt wieder alle Stakeholder an. Diese Funktion ist nützlich, um Stakeholder in Relation zueinander bewerten zu können. Button (10) blendet die bereits bewerteten Stakeholder der Liste in Bereich (2) aus. Damit kann die Aufmerksamkeit der Benutzer ganz bewusst nur auf die Stakeholder gelenkt werden, die noch nicht bewertet wurden. Die Planungssubjekte haben in Bereich (12) die Möglichkeit, jede getätigte Bewertung des Bereichs (7) mit einem kurzen Kommentar zu versehen. Darüber hinaus besteht über die Buttons (13) die Möglichkeit, beliebige Dokumente mit einer Bewertung zu verknüpfen, aus denen weitere Details hervorgehen. Bereits existierende Dokument-Verknüpfungen werden durch ein leicht modifiziertes Symbol visualisiert. Die Bereiche (8), (2), (4), (7) und (12) lassen sich über den Rollbalken gemeinsam scrollen.

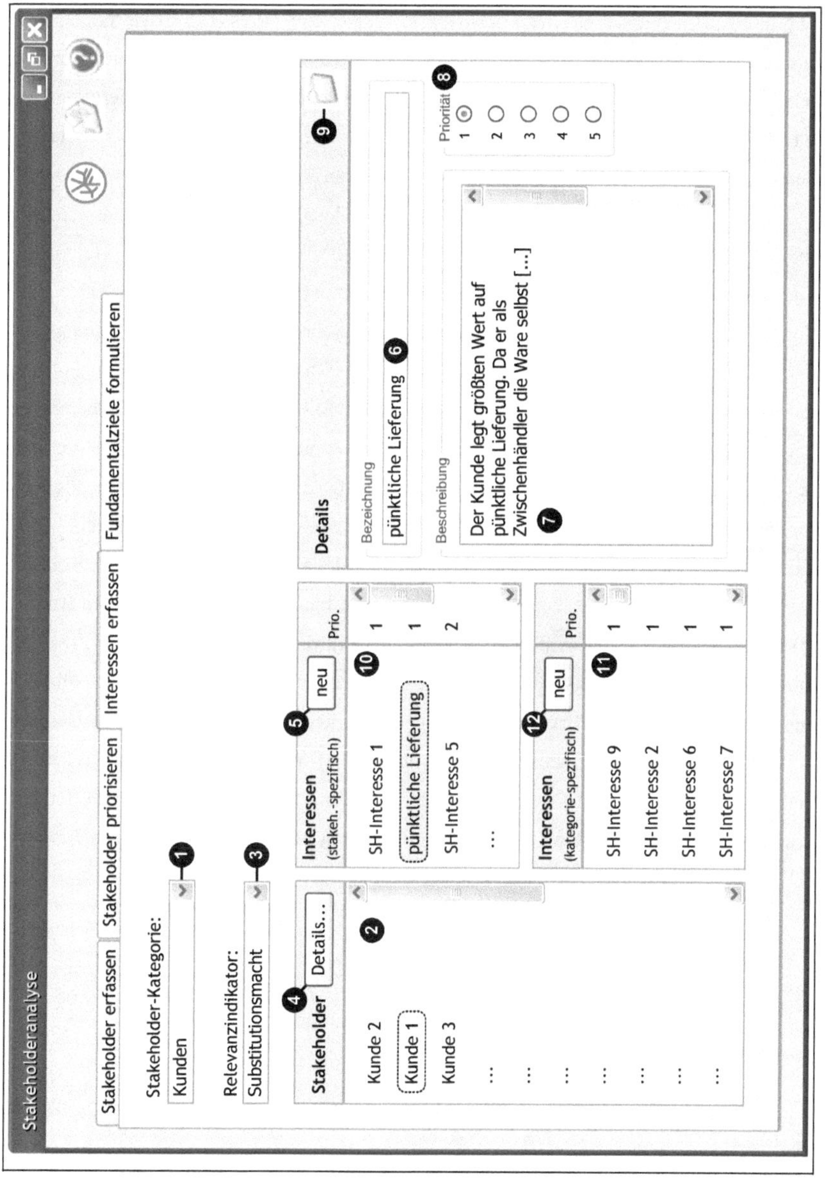

Abb. 81: Prototyp Stakeholderanalyse – Reiter *Interessen erfassen*

Abbildung 81 zeigt den Reiter *Interessen erfassen*. Ziel ist es, die Erwartungen und Interessen der Stakeholder an das Unternehmen zu erfassen. Analog zum vorhergehenden Reiter, kann in Auswahlfeld (1) eine Stakeholderkategorie selektiert werden, deren Stakeholder dann im Bereich (2) angezeigt werden. Die Stakeholder-Liste im Bereich (2) ist stets absteigend nach dem selektierten Relevanzindikator des Auswahlfeldes (3) sortiert. Auf diese Weise stehen die relevantesten Stakeholder immer im oberen Teil der Liste des Bereiches (2). Der Button (4) zeigt bei Bedarf Details zu einem Stakeholder an. Dabei handelt es sich in erster Linie um die Kontaktdaten und Notizen des Reiters *Stakeholder erfassen* aus Schritt 1 der Stakeholderanalyse. Bereich (10) zeigt die Bezeichnungen der bereits erfassten Interessen eines Stakeholders an. Sie sind absteigend nach Priorität sortiert. Die Selektion eines Listenelementes in Bereich (10) zeigt in den Bereichen (6), (7) und (8) neben der Bezeichnung und der Priorität auch die detaillierte Beschreibung an. Das Dokumenten-Symbol (9) ermöglicht das Anzeigen und Verknüpfen von Dokumenten zu einem Stakeholder-Interesse – ein Klick auf dieses Symbol öffnet ein separates Dialogfenster, das die entsprechenden Funktionen bereitstellt. Neue stakeholderspezifische Interessen können über den Button (5) erfasst werden. Der Benutzer füllt in diesem Fall die Bereiche (6), (7) und (8) mit Inhalt. Aufgrund der Tatsache, dass eine Menge gleichartiger Stakeholder oftmals dieselben Interessen und Erwartungen an das Unternehmen haben, besteht im Bereich (11) die Möglichkeit, stakeholder*kategorie*-spezifische Interessen zu erfassen. Stakeholderkategorie-spezifische Interessen haben für alle Stakeholder der betreffenden Kategorie Gültigkeit. Button (12) dient der Erfassung neuer Interessen für den Bereich (11).

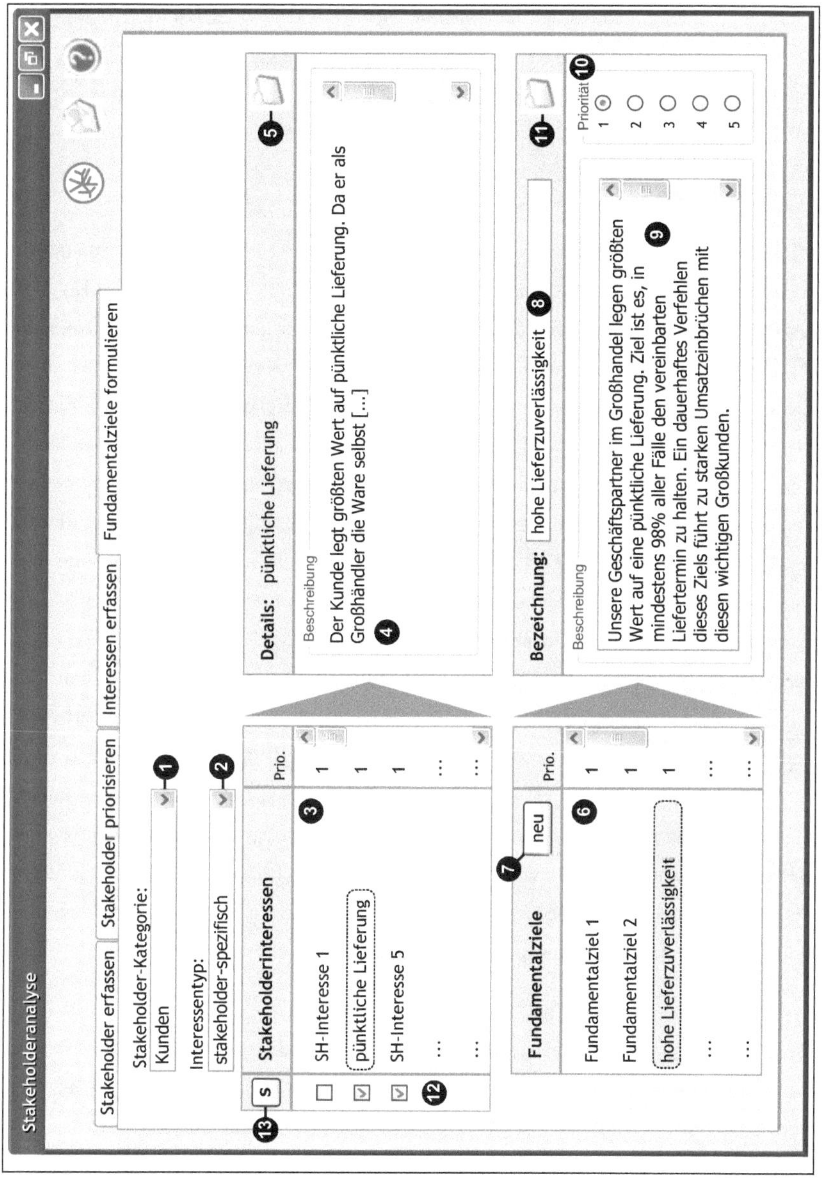

Abb. 82: Prototyp Stakeholderanalyse – Reiter *Fundamentalziele formulieren*

Abbildung 82 zeigt den Reiter *Fundamentalziele formulieren.* Ziel des Reiters ist es, die Planungssubjekte bei der Formulierung der Fundamentalziele zu unterstützen. Die Fundamentalziele des Unternehmens werden aus den Interessen der relevanten Stakeholder abgeleitet. Bereich (3) zeigt die Bezeichnungen der erfassten Stakeholderinteressen in Listenform. Er ist nach Interessenpriorität absteigend sortiert lässt sich bezüglich der angezeigten Elemente mit den Auswahlfeldern (1) und (2) an die Informationsbedürfnisse der Planungssubjekte anpassen. Auswahlfeld (1) schränkt die Anzeige im Bereich (3) auf eine Stakeholderkategorie ein. Mit Auswahlfeld (2) wird festgelegt, ob alle Interessen, nur die stakeholder-spezifischen Interessen, oder nur die stakeholderkategorie-spezifischen Interessen angezeigt werden. Bei Selektion eines Elementes in Bereich (3) wird in Bereich (4) die ausführliche Beschreibung zu diesem Element angezeigt. Symbol (5) dient dem Zugriff auf verknüpfte Dokumente. Bereich (6) zeigt in Listenform die (Bezeichnungen der) bereits formulierten Fundamentalziele an. Dieser Bereich ist standardmäßig absteigend nach der Zielpriorität sortiert. Die Selektion eines Listenelementes zeigt in Bereich (9) die ausführliche Beschreibung des Fundamentalzieles an. Button (7) ermöglicht das Anlegen und Formulieren eines neuen Fundamentalzieles. Dazu werden die Felder (8), (9) und (10) entsprechend ausgefüllt bzw. selektiert. Dokumente lassen sich über den Button (11) mit einem Fundamentalziel verknüpfen. Die Planungssubjekte können sich die erfassten und priorisierten Interessen in den Bereichen (3) und (4) anzeigen lassen, während sie in den Bereichen (8) und (9) zeitgleich ein Fundamentalziel formulieren können. Stakeholderinteressen, die Eingang in ein Fundamentalziel gefunden haben, können in Bereich (12) markiert werden. Über Button (13) lassen sich die markierten Stakeholderinteressen bei Bedarf ausblenden, damit die Aufmerksamkeit der Planungssubjekte automatisch auf die verbleibenden Stakeholderinteressen gelenkt wird.

4.3.3.2 Strategiebewertung und Strategieauswahl

Der Prototyp zur Strategiebewertung und Strategieauswahl ist nicht vollständig. Anhand dieses Prototypen wird aufgezeigt, wie die primären Output-Informationen aus der Stakeholderanalyse (Fundamentalziele) in dieser Methode weiterverarbeitet werden.

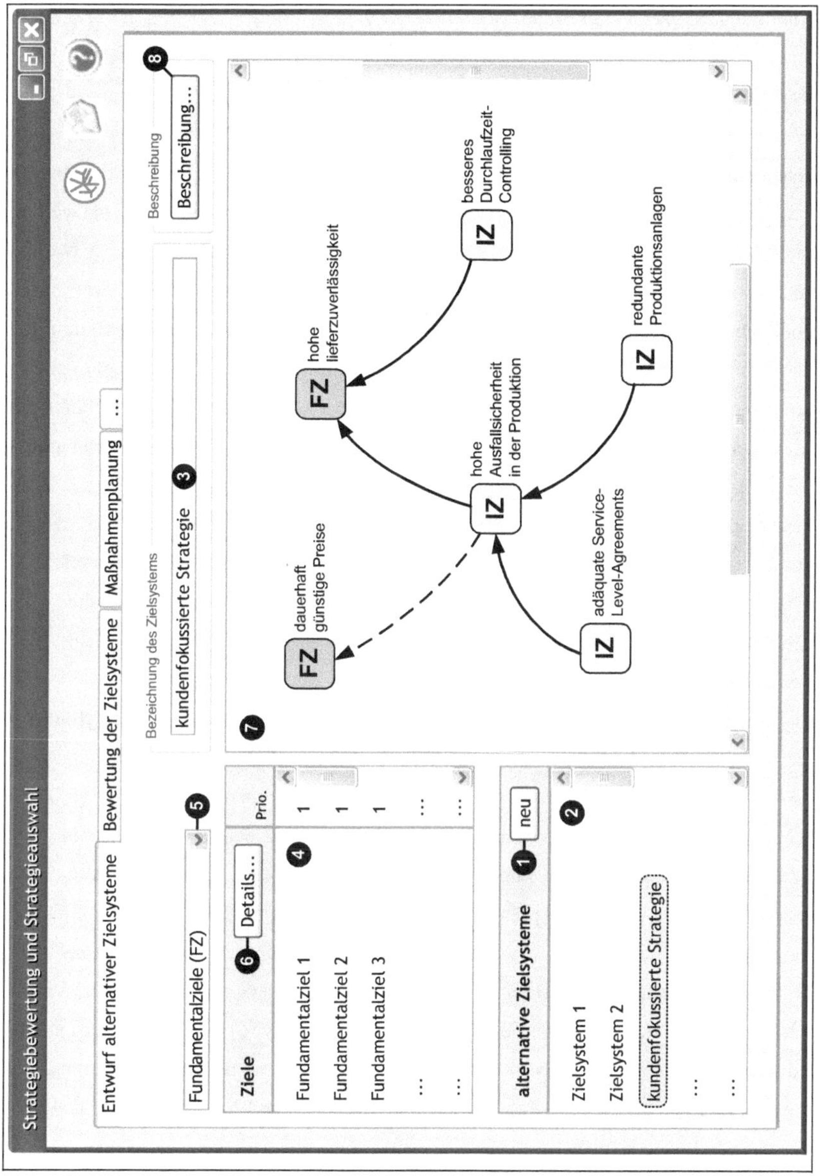

Abb. 83: Prototyp Strategiebewertung und Strategieauswahl – Reiter *Entwurf alternativer Zielsysteme*

Abbildung 83 zeigt den Reiter *Entwurf alternativer Zielsysteme* aus der Methode Strategiebewertung und Strategieauswahl. Ziel ist es, die Planungssubjekte beim Konstruieren konsistenter, alternativer Zielsysteme zu unterstützen. Ein neues Zielsystem kann mit einem Klick auf den Button (1) erstellt werden. Die Planungssubjekte geben eine Bezeichnung für das Zielsystem in Bereich (3) ein. Zeitgleich wird ein neues Listenelement in Bereich (2) erstellt, das diese Bezeichnung trägt. In Bereich (4) werden Ziele angezeigt, die in vorhergehenden Planungsmethoden bereits formuliert worden sind – so finden sich dort unter anderem die Fundamentalziele aus der Stakeholderanalyse. Sie sind nach ihrer Priorität absteigend sortiert. Der Zugriff auf die detaillierte Beschreibung sowie die verknüpften Dokumente eines Ziels erfolgt in einem separaten Dialogfenster bei Betätigung von Button (6). Auswahlfeld (5) schränkt die Liste der Ziele in Bereich (4) auf die gewünschte Zielkategorie ein. Die Planungssubjekte können einzelne Ziele zwischen den Bereichen (4) und (7) per Drag & Drop bewegen. Dabei wird das jeweilige Ziel in Abhängigkeit von der Richtung automatisch aus der Liste in Bereich (4) oder aus dem Zielsystem in Bereich (7) entfernt. Bereich (4) zeigt demnach immer die Menge der Ziele an, die noch nicht Bestandteil des Zielsystems in Bereich (7) sind. Dies soll den Planungssubjekten zeigen, welche Ziele noch nicht berücksichtigt worden sind. Jedes Ziel in Bereich (7) wird über ein Symbol visualisiert, das mit Hilfe eines Kürzels anzeigt, welcher Zielkategorie es angehört. Im Beispiel in Abbildung 83 existieren nur die beiden Zielkategorien *Fundamentalziele (FZ)* und *Instrumentalziele (IZ)*.[758] Durch die Kategoriekennzeichnung der Ziele wird schnell ersichtlich, ob bestimmte Kategorien das Zielsystem dominieren. Des Weiteren ist die Bezeichnung des Ziels als Text neben dem Symbol in Bereich (7) jederzeit sichtbar. Kurze und prägnante Zielbezeichnungen tragen zur Übersichtlichkeit bei. Um auch in Bereich (7) jederzeit auf die ausführliche Beschreibung oder Dokumente eines Ziels zugreifen zu können, kann per Doppelklick auf ein Zielsymbol das gleiche Dialogfenster wie bei Betätigung des Buttons (6) geöffnet werden. Ziele können mittels Drag & Drop verknüpft werden. Von dem Ziel das selektiert und auf ein anderes Ziel gezogen wird, geht eine positive oder negative Wirkung aus. Die Drag-&-

---

758 Insbesondere die Instrumentalziele lassen sich in weitere Unterkategorien zerlegen, wie beispielsweise Anpassungsziele, Positionierungsziele, Wachstumsziele oder Entwicklungsziele. Vgl. dazu Abschnitt 4.2.3.15.

Drop-Richtung legt die Wirkungsrichtung fest. Beim Herstellen einer Zielverknüpfung erscheint ein Dialog, der abfragt, ob eine positive (durchgezogene Verbindungslinie) oder negative (gestrichelte Verbindungslinie) Wirkung zu modellieren ist. Zum aktuell bearbeiteten Zielsystem kann über den Button (8) in einem separaten Dialogfenster eine Beschreibung erstellt und eingesehen werden. Um das zu beschreibende Zielsystem betrachten zu können, wird dieses Dialogfenster so auf dem Bildschirm positioniert, dass möglichst wenig von Bereich (7) verdeckt wird.

4.3.3.3 Flexible Verknüpfung von Planungssachverhalten

Der folgende Prototyp dient insbesondere dem flexiblen, methodenübergreifenden Verknüpfen von Planungssachverhalten. Daduch wird es möglich, Informationen auch außerhalb der im Datenmodell vorgedachten Verknüpfungen miteinander in Beziehung zu setzen. Abbildung 84 zeigt den Reiter *Planungssachverhalte übernehmen und verknüpfen* des Prototypen.

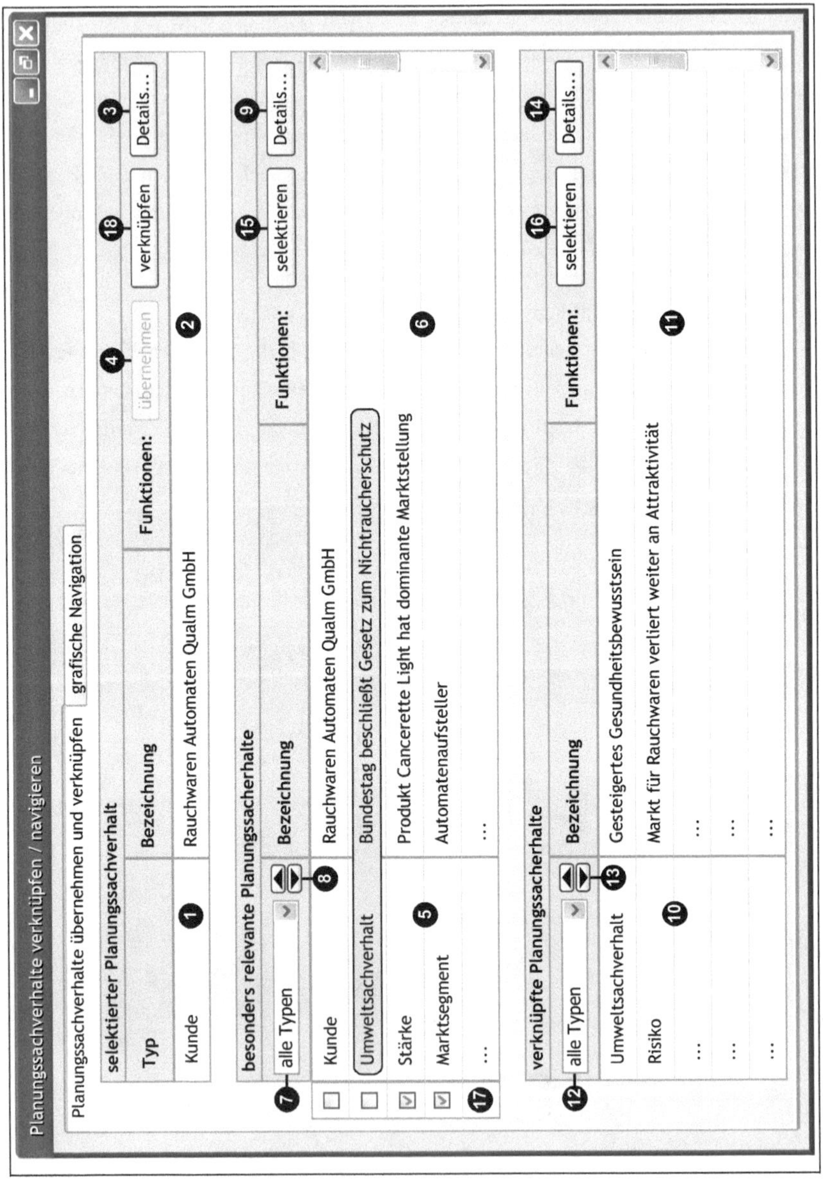

Abb. 84: Prototyp zur Funktion Planungssachverhalte verknüpfen – Reiter *Planungssachverhalte übernehmen und verknüpfen*

Planungssachverhalte, die den Planungssubjekten besonders bedeutsam erscheinen, können unabhängig aus der Methode in der sie generiert oder bearbeitet wurden, in einen separaten Bereich übernommen werden. Dazu wird in der aktuellen Bildschirmmaske ein Planungssachverhalt markiert und der Button zur Übernahme und Verknüpfung von Planungssachverhalten betätigt (siehe Abbildung 79, Nummernsymbol (7)). Der markierte Planungssachverhalt wird den Bereichen (1)/(2) mit Typ und Bezeichnung angezeigt. Er ist in diesem Reiter der aktuell selektierte Planungssachverhalt. Über Button (3) können Details zum selektierten Planungssachverhalt aufgerufen werden. Ein Klick auf Button (4) übernimmt den selektierten Planungssachverhalt in die Menge der besonders relevanten Planungssachverhalte (im Folgenden mit *brPS* abgekürzt). Im Beispiel der Abbildung 84 wurde dieser Button bereits betätigt. Da eine erneute Übernahme desselben Planungssachverhaltes nicht sinnvoll ist, wird der Button unmittelbar nach Betätigung deaktiviert. Der selektierte Planungssachverhalt wird als ein Element in den Bereichen (5)/(6) mit Typ und Bezeichnung angezeigt. Das Auswahlfeld (7) erlaubt es, die Liste der brPS auf bestimmte Sachverhaltstypen wie beispielsweise Kunden, Ressourcen oder Umweltsachverhalte einzuschränken. Sofern alle Sachverhaltstypen angezeigt werden (wie im Beispiel), ist mit den Buttons (8) eine aufsteigende oder absteigende Sortierung der Liste nach Typen möglich. Sobald ein Listenelement aus den Bereichen (5)/(6) markiert ist (hier: Umweltsachverhalt *Bundestag beschließt Gesetz zum Nichtraucherschutz*) werden die damit bereits verknüpften Planungssachverhalte in den Bereichen (10)/(11) angezeigt. Darüber hinaus ist es möglich, sich zu einem markierten Element über den Button (9) Details anzeigen zu lassen. Die Buttons (12), (13) und (14) erfüllen die gleiche Funktion wie die Buttons (7), (8) und (9) mit dem Unterschied, dass sie auf die Liste der verknüpften Planungssachverhalte angewendet werden. Die Anzeige verknüpfter Planungssachverhalte in den Bereichen (10)/(11) zu einem markierten Element aus den Bereichen (5)/(6) setzt voraus, dass bereits Verknüpfungen existieren. Neue Verknüpfungen können zwischen dem selektierten Planungssachverhalt (in den Bereichen (1)/(2)) und den Elementen der Liste in den Bereichen (5)/(6) erstellt werden. Dazu markiert der Benutzer in Bereich (17) diejenigen Planungssachverhalte, die mit dem selektierten Planungssachverhalt verknüpft werden sollen und betätigt den Button (18).

Um nicht nur den ursprünglich selektierten Planungssachverhalt (beim Erstaufruf dieses Reiters aus einer Methode) verknüpfen zu können, sondern auch Planungssachverhalte aus den Bereichen (5)/(6) sowie (10)/(11), existieren die Buttons (15) und (16). Mit diesen Buttons lässt sich ein Planungssachverhalt aus den Bereichen (5)/(6) sowie (10)/(11) als *selektierter Planungssachverhalt* (Bereich (1)/(2)) deklarieren.

Um den Planungssubjekten einen intuitiven Zugriff auf das potenziell komplexe Netzwerk verknüpfter Planungssachverhalte zu ermöglichen, muss eine leicht erfassbare und übersichtliche Form der Darstellung gewählt werden. Ausgangspunkt ist das Konzept des hyperbolischen Browsers zur Visualisierung komplexer hierarchisch-vernetzter Informationsstrukturen.[759] Dieses Konzept zielt darauf ab, dem Benutzer zu einer fokussierten Information eine maximale Menge an Kontextinformationen anzuzeigen. Elementarer Bestandteil ist ein komplexer Verzerrungsmechanismus, der die nicht-fokussierten Informationselemente mit steigender Entfernung vom fokussierten Informationselement in immer stärkerem Maße verkleinert. Die Fokussierung auf ein neues Informationselement bewirkt eine Zentrierung des gesamten Informationsnetzwerkes auf dieses Element. Im Rahmen der Prototypenkonzeption wird die grundsätzliche Idee des hyperbolischen Browsers aufgegriffen und problemadäquat modifiziert. Dem Informationsnetzwerk verknüpfter Planungssachverhalte liegt keine hierarchische Struktur zugrunde, denn die Sachverhalte können in beliebig komplexer Weise miteinander in Beziehung stehen.[760] Alleine deshalb wird sich eine übersichtliche Darstellung trotz leistungsfähiger optischer Verzerrungsmechanismen nicht realisieren lassen. Das hier vorgestellte Visualisierungskonzept zielt darauf ab, den Planungssubjekten ein fokussiertes Element (Fokuselement) des Informationsnetzwerkes inklusive aller *direkten* Nachbarelemente zu präsentieren. Aus Gründen der Übersichtlichkeit wird bewusst darauf verzichtet, Beziehungen zwischen den Nachbarelementen zu visualisieren.

---

759 Vgl. dazu grundlegend LAMPING / RAO (1999). Das Konzept des *Matrix Browsers* ist eine alternative Idee zur Visualisierung und Exploration vernetzter Informationsräume, die jedoch der hier betrachteten Problemstellung nicht gerecht wird, vgl. ZIEGLER / KUNZ / BOTSCH (2002).

760 Vgl. zur Visualisierung von Netzwerkdaten SHNEIDERMAN (2002), S. 609 ff.

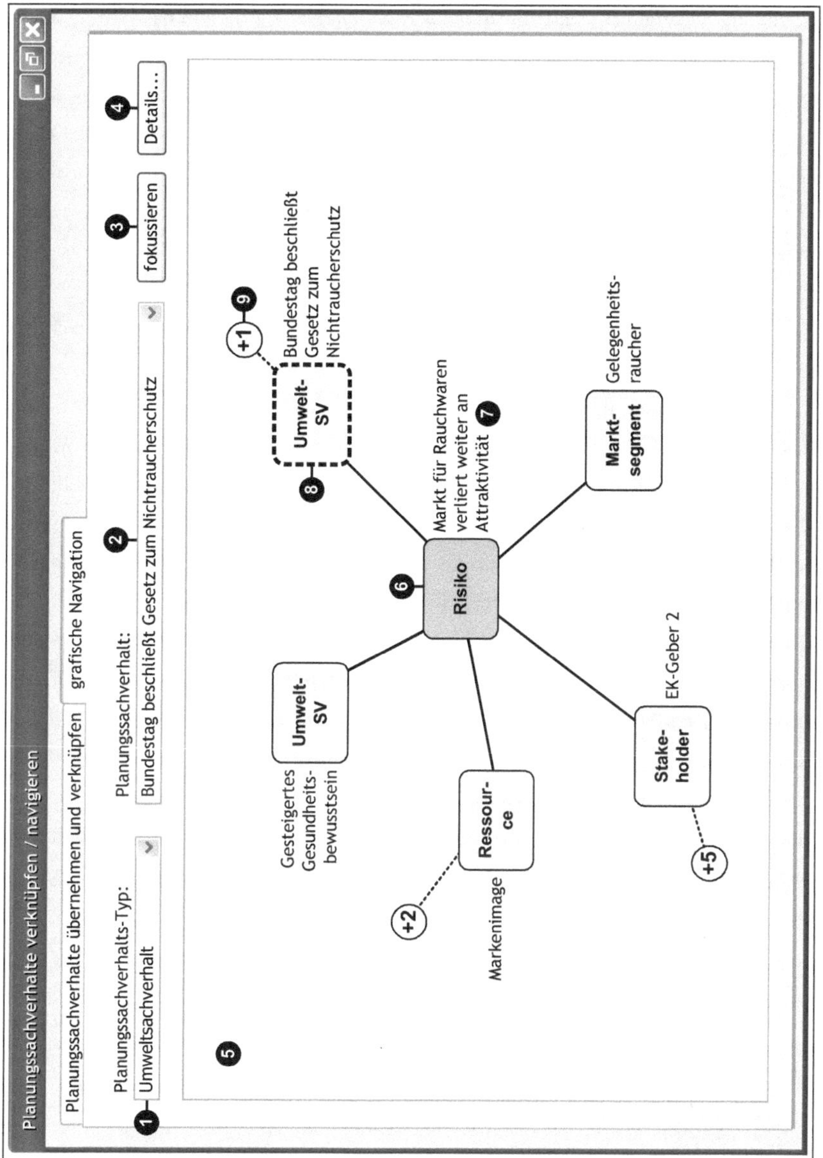

Abb. 85: Prototyp zur Funktion Planungssachverhalte verknüpfen – Reiter *grafische Navigation*

Abbildung 85 zeigt den Reiter *grafische Navigation*. Der Einstieg in das Informationsnetzwerk[761] verknüpfter Planungssachverhalte geschieht über die Auswahlfelder (1) und (2). Der selektierte Planungssachverhalt des Reiters *Planungssachverhalte übernehmen und verknüpfen* ist bereits voreingestellt. Die Benutzer können hier jedoch auch einen beliebigen anderen Planungssachverhalt als Einstiegspunkt auswählen. Auswahlfeld (1) legt einen Planungssachverhaltstyp fest und grenzt damit die Auswahlmöglichkeiten des Auswahlfeldes (2) ein. Button (4) zeigt bei Bedarf Details zum ausgewählten Planungssachverhalt in einem separaten Dialogfenster an.[762] Bei Betätigung des Buttons (3) wird der ausgewählte Planungssachverhalt im Bereich (5) als zentrales Element (Fokuselement) visualisiert. Die Visualisierung besteht aus einem Symbol, das über den Typ des Planungssachverhaltes Auskunft gibt. In der Abbildung 85 zeigt das stets dunkler abgesetzte Fokuselement (6) den Typ *Risiko*. Neben dem Symbol wird die Beschreibung des Planungssachverhaltes dargestellt (7). Der Benutzer kann ein Element markieren (siehe das gestrichelt umrandete Nachbarelement (8) in Abbildung 85). Die Auswahlfelder (1) und (2) korrespondieren immer mit dem markierten Element in Bereich (5), so dass die Buttons (3) und (4) auch für den Bereich (5) sinnvoll angewendet werden können.[763] Würde der Benutzer in der dargestellten Situation auf den Button (3) klicken oder einen Doppelklick auf das Element (8) ausführen, hätte dies die Fokussierung auf Element (8) und die Anzeige seiner *direkten* Nachbarelemente zur Folge. Auf diese Weise kann der Benutzer durch das Informationsnetzwerk navigieren. Das Kreissymbol (9) an einem Nachbarelement zeigt, wie viele zusätzliche Verknüpfungen[764] dieses Element aufweist und macht transparent, welche der Nachbarelemente weiterführende Navigationspfade bereitstellen. Der Nutzen dieser Visualisierung für die Planungssubjekte liegt darin, dass

---

761 Im Folgenden wird immer von *dem Informationsnetzwerk* (Singular) verknüpfter Planungssachverhalte gesprochen. Gleichwohl ist es denkbar, dass die Verknüpfung der Planungssachverhalte zu mehreren Netzwerk-Partitionen führt, die nicht miteinander verbunden sind. Aus diesem Grund besteht über die Auswahlfelder (1) und (2) der Abbildung 85 die Möglichkeit, einen beliebigen Planungssachverhalt innerhalb oder außerhalb der gerade angezeigten Netzwerk-Partition zu adressieren.

762 Vgl. SHNEIDERMAN (2002), S. 614.

763 Bei Betätigung eines der Auswahlfelder (1) oder (2) wird automatisch die Markierung aus Bereich (5) entfernt, damit es nicht zu Inkonsistenzen bezüglich der Buttons (3) und (4) kommt.

764 Zusätzlich zu der bestehenden Verknüpfung mit dem aktuellen Fokuselement.

ihnen ein explorativer Zugriff auf das Informationsnetzwerk der strategischen Planung geboten wird und zentrale (vielfältig verknüpfte) Planungssachverhalte lokalisiert werden können.

4.4 Architekturmodell

In den Abschnitten 4.1 bis 4.3 wurde die Data-Warehouse-System-Architektur grundsätzlich in die Bereiche *Datenquellen und Datenintegration*, *Datenhaltung* und *Benutzungsschnittstelle* unterteilt. In diesem Abschnitt werden die zuvor einzeln erörterten Bereiche und deren Architekturelemente auf die in Abschnitt 2.2 vorgestellte Referenzarchitektur projiziert. Ziel ist es, ein Data-Warehouse-System-Architekturmodell zu entwerfen, das den Anforderungen der strategischen Planung gerecht wird. Die Elemente Data-Warehouse-Manager, Metadatenmanager, Repository und Monitor sowie die mit ihnen assoziierten Kontrollflüsse sind implizite Bestandteile des vorgestellten Architekturmodells. Sie übernehmen ihre originären Funktionen innerhalb des Data-Warehouse-Systems zur Überwachung, Steuerung und Metadatenverwaltung. Um die teilweise mit identischen Bezeichnungen versehenen Elemente im Architekturmodell präzise erläutern zu können, wurde ein Großteil der Elemente mit Nummern-Symbolen (schwarze Kreise mit weißen Ziffern) versehen. Die Erläuterung des Architekturmodells beginnt bei den Quellsystemen und erfolgt datenflussorientiert in Richtung der Benutzungsschnittstelle. Abbildung 86 zeigt das Architekturmodell.

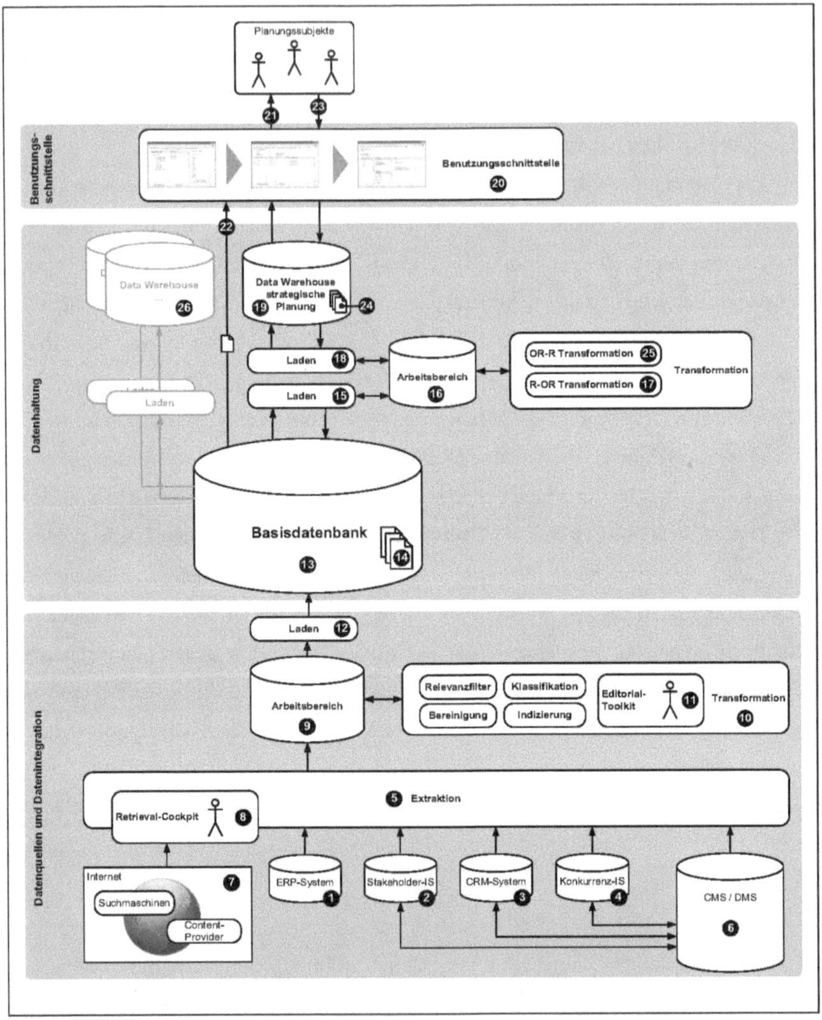

Abb. 86: Data-Warehouse-System-Architekturmodell zur Unterstützung der strategischen Planung

Das ERP-System (1) ist eine typische Datenquelle für Data-Warehouse-Systeme und enthält marktbezogene Basisdaten für die strategische Planung wie beispielsweise Daten über Kunden, Lieferanten, Materialien und Produkte. Aus Stakeholder-Informationssystemen (2), CRM-Systemen (3) und Konkurrenz-Informationssystemen (4) können

Daten zu Stakeholdern, Kunden und Konkurrenten extrahiert werden. Sie sind häufig direkt an ein Content- oder Dokumenten-Management-System (6) angeschlossen. Die Extraktion der genannten Quellsysteme erfolgt über die Extraktionskomponente (5). Das Internet (7) ist die primäre Datenquelle für unternehmensexterne Informationen. Der Zugriff auf die Informationen des Internet erfolgt über Suchmaschinen oder Content-Provider. Mit Hilfe von Suchmaschinen können nahezu alle frei zugänglichen Informationen des Internet erschlossen werden. Content-Provider sind Informationslieferanten, die Informationen zu definierten Themenbereichen liefern oder zum Download bereitstellen. Das Retrieval-Cockpit (8) ist ein Arbeitsplatz, der geeignete Werkzeuge und Konzepte für eine effiziente Extraktion von Informationen aus dem Internet bereitstellt. Über ein Thesaurus wird das Ansteuern von Suchmaschinen verbessert, indem ausgehend von einem originären Suchbegriff synonyme, übergeordnete und untergeordnete Suchbegriffe für Suchanfragen eingesetzt werden. Ein Quellenverzeichnis kann den Suchaufwand im Internet verringern, da für häufig angefragte Themengebiete ein passender Content-Provider ausgewählt werden kann. Darüber hinaus leisten benutzer- und planungsmethoden-spezifische Informationsprofile einen Beitrag zur Automation des Extraktionsvorgangs.

Im Arbeitsbereich (9) werden die Daten für Transformationsvorgänge zwischengespeichert. Um die temporäre Speicherung beliebiger Dokumente zu ermöglichen, muss im Arbeitsbereich der Datentyp *Binary Large Object* (BLOB) zur Verfügung stehen. Insbesondere für die – über das Retrieval-Cockpit extrahierten – unstrukturierten Daten des Internet müssen spezielle Komponenten für die Transformation (10) bereitgestellt werden: Ein *Relevanzfilter* reduziert die extrahierte Datenmenge. Die *Bereinigung* umfasst beispielsweise das Entfernen von HTML-Tags und Script-Code aus HTML-Dokumenten. Im Hinblick auf die spätere Verarbeitung (Berechnung von Ähnlichkeitsmaßen, Textmining) der Dokumente ist es sinnvoll, eine *Indizierung* durchzuführen. Eine erste *Klassifikation* der Dokumente – beispielsweise nach Themenbereichen oder Planungsmethoden – kann bereits im Rahmen der Transformation durchgeführt werden. Das *Editorial-Toolkit* (11) ist ein Arbeitsplatz im Transformationsbereich, der Funktionen zur redaktionellen Überarbeitung von Dokumenten zur Verfügung stellt. Des Weiteren können von dort aus die zuvor genannten Transformationskomponenten administriert werden. Eine Ladekomponente (12) transferiert die Daten des Arbeitsbereichs in die Basisdatenbank (13).

Innerhalb der Basisdatenbank wird ein separater Bereich (14) zur Speicherung von Dokumenten aufgebaut. Dort werden die Dokumente dauerhaft für die weitere Nutzung und Analyse bereitgestellt. Voraussetzung für die Speicherung beliebiger Dokumente in der Basisdatenbank ist der Datentyp *Binary Large Object*, der in etablierten Datenbanksystemen wie beispielsweise Oracle Database oder IBM DB2 zur Verfügung steht. Mit Ausnahme der Dokumente erfolgt die Speicherung in der Basisdatenbank in der etablierten relationalen Form, so dass sich bezüglich der Basisdatenbank keine wesentlichen Änderungen für die Unterstützung der strategischen Planung ergeben.

Für die strategische Planung wird ein Data Warehouse (19) aufgebaut, das vollständig auf objektrelationaler Datenbanktechnologie basiert. Das Datenmodell dieses Data Warehouse wurde in Abschnitt 4.2.3 modelliert und stellt aus Sicht der Basisdatenbank das Zieldatenmodell dar. Bevor die Daten der Basisdatenbank in das Data Warehouse (19) geladen werden können, muss eine Transformation vom relationalen Datenmodell in das objektrelationale Datenmodell durchgeführt werden. Nach einem Ladevorgang über Element (15) befinden sich die Daten zunächst im Arbeitsbereich (16). Die Transformation vom relationalen in das objektrelationale Datenmodell erfolgt mit Hilfe der Transformationskomponente (17). Hier werden beispielsweise Relationen in typisierte Tabellen und Primärschlüssel in Objektidentifikatoren transformiert.[765] Nach Abschluss der Transformation werden die Daten aus dem Arbeitsbereich (15) über die Komponente (18) in das Data Warehouse (19) geladen. Die Benutzungsschnittstelle (20) stellt den Planungssubjekten sämtliche Daten des Data Warehouse (19) zur Verfügung (Datenfluss (21)). Auf die in der Basisdatenbank gespeicherten Dokumente (14) können die Planungssubjekte ebenfalls über die Benutzungsschnittstelle zugreifen (Datenfluss (22)). Sobald ein Dokument aus der Basisdatenbank mit einem Planungssachverhalt im Data Warehouse (19) verknüpft wird und damit für die strategische Planung Relevanz erlangt, wird es in das Data Warehouse (19) über die Komponenten (15), (16) und (18) nachgeladen. Diese

765 Hierbei ist die herstellerspezifische Implementierung objektrelationaler Konzepte zu beachten.

Vorgehensweise bietet zwei Vorteile. Zum einen muss nicht der gesamte Dokumentenbestand (14) in das Data Warehouse geladen werden, obwohl nur ein kleiner Teil dieser Dokumente tatsächlich mit Planungssachverhalten verknüpft wird. Zum anderen lässt sich dadurch im Data Warehouse (19) eine von der Basisdatenbank unabhängige Historisierung durchführen.[766]

Datenfluss (23) beinhaltet neben den Daten zur Steuerung der Benutzungsschnittstelle (20) auch die von den Planungssubjekten generierten oder hochgeladenen Planungsdaten. Die Benutzungsschnittstelle übernimmt alle Extraktions- und Transformationsfunktionen, damit die Daten direkt im Zieldatenmodell des Data Warehouse (19) gespeichert und im Rahmen des Planungsprozesses weiterverwendet werden können. Die von den Planungssubjekten über den Datenfluss (23) hochgeladenen Dokumente (24) sind grundsätzlich planungsrelevant und werden im Data Warehouse (19) gespeichert. Neben der Planungsrelevanz sprechen vor allem eine flexible Verknüpfung mit Planungssachverhalten und die Vertraulichkeit für die Speicherung dieser Dokumente im Data Warehouse (19). Da ein großer Teil der Daten innerhalb des Data Warehouse (19) einer hohen Vertraulichkeit unterliegt, sind geeignete Verschlüsselungsmechanismen auf Datenbankebene einzusetzen.

Nach Abschluss des Planungsprozesses muss die Möglichkeit bestehen, ausgewählte Planungsergebnisse aus dem Data Warehouse (19) in die Basisdatenbank zu laden, damit diese Daten in andere Data Warehouses (26) integriert werden können. Hier ist insbesondere an die Strategie in Form eines Zielsystems (Strategy-Map) für Balanced-Scorecard-Anwendungen, grob definierte Maßnahmenpakete und quantitative Daten aus der strategischen Budgetierung als Rahmenvorgabe[767] für die operative Planung zu denken. Dazu werden diese Daten über die Ladekomponente (18) aus dem Data Warehouse (19) in den Arbeitsbereich (16) geladen. Das Transformationselement (25)

---

766 HOLTEN / EHLERS weisen darauf hin, dass entgegen der für Data-Warehouse-Systeme üblichen Historisierung von Daten das Speichern veralteter Internetdokumente mangels automatisierter Verarbeitung nicht sinnvoll ist; vgl. HOLTEN / EHLERS (1998), S. 134. Das hier vorgestellte Architekturmodell zielt aus Dokumentationsgründen darauf ab, alle Dokumente, die mit Planungssachverhalten verknüpft sind, im Data Warehouse für die strategische Planung dauerhaft zu speichern und zu historisieren. Davon losgelöst kann der Dokumentenbestand in der Basisdatenbank (periodisch) um veraltete Dokumente bereinigt werden.

767 Vgl. HUNGENBERG / WULF (2003), S. 249 f und S. 253.

führt die Transformation des objektrelationalen Datenmodells in das relationale Datenmodell durch. Im Vergleich zu Element (17) ist diese Transformation aufwändiger, da ein komplexeres Datenmodell in ein einfacheres Datenmodell überführt wird. Bereits aufgrund des Umstandes, dass nicht alle Verknüpfungen der Planungssachverhalte mit vertretbarer Komplexität im relationalen Datenmodell abgebildet werden können, geht diese Transformation grundsätzlich mit einem Informationsverlust einher. Nach Abschluss der Transformation werden die Daten über das Element (15) in die Basisdatenbank geladen. Von dort aus stehen sie für weitere Data Warehouses (26) und darauf basierende Anwendungen zur Verfügung.

4.5 Bewertung und Kritik

In den vorhergehenden Abschnitten wurden die Anforderungen der strategischen Planung an Data-Warehouse-Systeme bezüglich Datenquellen und Datenintegration, Datenhaltung sowie Benutzungsschnittstelle analysiert und in ein anforderungsgerechtes Architekturmodell überführt. In den folgenden Abschnitten 4.5.1 bis 4.5.4 werden die Gestaltungsvorschläge kritisch reflektiert und mit Blick auf die Umsetzbarkeit in der Praxis bewertet. Es ist zu beachten, dass eine empirisch fundierte Bewertung erst nach einer (prototypischen) Implementierung der hier vorgestellten Konzepte erfolgen kann.

4.5.1 Datenquellen und Datenintegration

ERP-Systeme sind ein klassisches Quellsystem für Data-Warehouse-Systeme, aus dem Daten der marktbezogenen Unternehmensumwelt extrahiert werden können. ERP-Systeme bieten nicht nur Kunden-, Lieferanten-, Produkt- und Material-Stammdaten, sondern auch transaktionsbezogene Bewegungsdaten als Basis für On-Line Analytical Processing. Diese Daten lassen sich in maximaler Weise für die strategische Planung nutzen. CRM-Systeme fokussieren auf die Beziehung des Unternehmens zum Kunden. Hier sind vor allem die operativen CRM-Systeme als neue Quelle für kundenbezogene Daten zu nennen, die im Rahmen der Vertriebsaktivitäten von Mitarbeitern erfasst werden. Diese Daten ergänzen die kundenbezogenen Daten eines ERP-Systems und lassen sich im Rahmen der strategischen Planung nutzen. Eine strukturierte Erfassung dieser Daten erleichtert deren spätere Nutzung und Auswertung, führt jedoch zu einem komplexeren Datenmodell im CRM-System. Zudem muss kritisch hinterfragt werden, ob die Vertriebsmitarbeiter im Tagesgeschäft über die Zeit verfügen, kundenbezogene Daten zeitaufwändig in einer differenzierten Datenstruktur zu erfassen. Die Kombination aus wenigen vordefinierten Datenelementen, die besondere Relevanz in der strategischen Planung aufweisen wie beispielsweise *Ersatzprodukte*, *primäre Kundenbedürfnisse* und *Hauptkonkurrent* mit einem freien Kommentarfeld stellt möglicherweise einen praxistauglichen Kompromiss dar. Im Unterschied zu ERP- und CRM-Systemen können Konkurrenz-Informationssysteme und Stakeholder-Informationssysteme aufgrund mangelnder kommerzieller Angebote nicht als etablierte Quellsystemkategorien betrachtet werden. Es ist davon auszugehen, dass diese Systeme in der Regel durch Eigenentwicklungen implementiert werden. Dies bedingt eine hochgradig unternehmensindividuelle Ausgestaltung dieser Systeme und erschwert Aussagen zur Datenverfügbarkeit. Des Weiteren sind sowohl Konkurrenz- als auch Stakeholder-Informationssysteme nicht wie ERP- oder CRM-Systeme unmittelbar in Geschäftsprozesse integriert: Sie sind dadurch nicht als geschäftskritische Systeme einzuordnen. Die Nutzung dieser Systeme ist im Vergleich zu ERP- oder CRM-Systemen tendenziell optionaler Natur mit der Folge, dass die Daten in diesen Systemen möglicherweise in höherem Maße unvollständig oder veraltet sind. Für die Phase der Umweltanalyse – speziell zur Analyse der Makroumwelt – bietet sich das Internet als Quellsystem an. Positiv ist hervorzuheben, dass bereits detaillierte Konzepte zur Anbindung des Internet an Data-Warehouse-Systeme erarbeitet worden sind. Jedes dieser Konzepte erfordert jedoch in unterschiedlichem Umfang manuelle Eingriffe, so dass keine vollständige Automation der Datenextraktion und Datenintegration realisiert werden kann. Um dennoch einen möglichst hohen Grad an Automation zu erreichen, erscheint es sinnvoll, auf Angebote von Content-Providern im Internet zurückzugreifen. Sie können auf regelmäßiger Basis vorselektierte Daten in definierten Formaten liefern und damit die Integration dieser Daten vereinfachen.

Der weitaus größte Teil der Daten wird durch die Planungssubjekte selbst erzeugt: Sie erstellen, bewerten, priorisieren, segmentieren und verknüpfen Planungssachverhalte und lassen sich in einer datenfokussierten Perspektive als Quellsystem begreifen. Die Extraktion der Daten erfolgt in diesem Fall über die Benutzungsschnittstelle direkt in das Zieldatenmodell. Der Umfang und die Qualität der eingegebenen Daten wird neben organisatorischen Rahmenbedingungen auch in hohem Maße von der Ergonomie der Benutzungsschnittstelle abhängen.

4.5.2 Datenhaltung

Die Basisdatenbank und das Data Warehouse sind gemäß der vorgestellten Referenzarchitektur die zentralen Elemente der Datenhaltung innerhalb des Data-Warehouse-Systems. In der Basisdatenbank wird ein separater Bereich für die Speicherung von Dokumenten aufgebaut, die aus dem Internet und unternehmenseigenen Content-Management-Systemen extrahiert werden. Einzige Voraussetzung dafür ist, dass in der Basisdatenbank der Datentyp Binary Large Object zur Verfügung steht. Alle übrigen Daten werden im etablierten relationalen Datenmodell gespeichert, so dass sich durch die strategische Planung keine wesentlichen Änderungen in der Basisdatenbank ergeben. Ein anderes Bild zeichnet sich für das Data Warehouse ab. Hier wird ein vollständiger Technologiewechsel zum objektrelationalen Datenmodell vollzogen. Die Konzepte *Generalisierung / Spezialisierung* und *Polymorphie* sind die Grundlage für eine handhabbare Realisierung hochflexibler Verknüpfungen zwischen den Sachverhalten und Dokumenten der strategischen Planung. Überdies erleichtert das objektrelationale Datenmodell die objektorientierte Implementierung der Benutzungsschnittstelle. Der Wechsel zum objektrelationalen Datenmodell bringt jedoch auch Nachteile mit sich. Zum einen muss für den Betrieb eines Data Warehouse zur strategischen Planung objektrelationales Datenbank-Know-how verfügbar sein. Gerade bei einem sensiblen und wettbewerbskritischen Thema wie der strategischen Planung ist es wünschenswert, dass die Pflege und Wartung des Data Warehouse vollständig von unternehmensinternen Personen durchgeführt wird. Zum anderen ist es nur in begrenztem Umfang möglich, Daten aus einem objektrelationalen Data Warehouse ohne Informationsverluste in eine relationale Datenbankumgebung zu laden. Dies geht auf den Umstand zurück, dass sich die erweiterten Möglichkeiten des objektrelationalen Datenmodells nicht oder nur sehr aufwändig im relationalen Datenmodell abbilden lassen.

Die bereits existierenden Daten und Datenstrukturen der Basisdatenbank können in vollem Umfang für das Data Warehouse zur strategischen Planung genutzt werden. So lassen sich beispielsweise absatzmarktbezogene Daten wie Umsatzerlöse ebenso nutzen und analysieren wie Daten aus der Kostenrechnung. Ein weiteres Beispiel ist der Rückgriff auf Marktsegmente, die im Rahmen von Data-Mining-Analysen ermittelt wurden. Konsistenzvorteile resultieren daraus, dass die strategische Planung auf denselben Daten und Strukturen aufsetzt, die dem (Ad-hoc-) Reporting zugrunde liegen. Dies bietet den Planungssubjekten eine strukturell gewohnte Repräsentation der Unternehmensrealität und führt zu einer widerspruchsfreien und managementzyklus-übergreifenden Informationsversorgung.

Das erarbeitete Datenhaltungskonzept zielt darauf ab, alle relevanten Daten der strategischen Planung in einem Data Warehouse dauerhaft zu speichern. Es beinhaltet neben den planungsrelevanten Daten der Basisdatenbank alle generierten Daten der Planungssubjekte inklusive der manuell hochgeladenen planungsergänzenden Dokumente. Anstelle einer auf mehrere Speicherorte und -formen verteilten Ablage strategisch relevanter Informationen steht mit dem Data Warehouse eine zentrale, datenbankbasierte Speichermöglichkeit bereit. Nach Abschluss eines Planungszyklus wird der aktuelle Datenbestand historisiert und es wird möglich, Zeitreihenanalysen auf den quantifizierbaren Teilen des historisierten Datenbestandes durchzuführen. Positiv ist auch zu bewerten, dass mit diesem Datenbestand alle Details der strategischen Planung dokumentiert werden. Vor dem Hintergrund der Corporate-Governance-Diskussion leistet eine derart umfassende Dokumentation einen Beitrag zu mehr Transparenz und Nachvollziehbarkeit der Unternehmensführung.[768]

4.5.3 Benutzungsschnittstelle

In Abschnitt 4.3.3 wurden konzeptionelle Benutzungsschnittstellen-Prototypen an den Beispielen *Stakeholderanalyse*, *Strategiebewertung und Strategieauswahl* und *Flexible Verknüpfung von Planungssachverhalten* entwickelt. Ein wesentlicher Unterschied zu den ausschließlich abfrageorientierten OLAP-Frontends eines Data-Warehouse-Systems liegt in der Bereitstellung von Dateneingabemöglichkeiten. Für den Benutzer muss stets transparent sein, welche Art von Eingabe von ihm erwartet wird. Der Ergonomie einer Benutzungsschnittstelle für die Unterstützung der strategischen Planung kommt tendenziell eine höhere Bedeutung zu als rein abfrageorientierten Schnittstellen. Solange der

---

768 Vgl. OEHLER (2006), S. 297.

Benutzer Gewissheit darüber hat, dass sein Informationsbedarf mit Hilfe des Systems gedeckt werden kann, wird er auch bereit sein, kleinere Unzulänglichkeiten der Benutzungsschnittstelle zu akzeptieren. Im Gegensatz dazu fordert die strategische Planung in vielen Methoden die Kreativität der Planungssubjekte. Es liegt beispielsweise vollständig im Ermessen der Planungssubjekte, wie viele Interessen zu einem Stakeholder erfasst werden und wie detailliert deren Beschreibung erfolgt. Eine schlechte Ergonomie der Benutzungsschnittstelle wird sich in hohem Maße auf die Bereitschaft der Planungssubjekte auswirken, Planungssachverhalte zu erfassen und sorgfältig zu bewerten. Folglich beeinflusst die Ergonomie der Benutzungsschnittstelle unmittelbar die Qualität einer Data-Warehouse-System-gestützten strategischen Planung.

Ein weiterer Unterschied liegt in der Art der verarbeiteten Daten: In der strategischen Planung werden primär qualitative Daten erzeugt und verarbeitet. Dies zeigt sich auch in der hohen Bedeutung, die der Integration von Dokumenten zukommt. Die Benutzungsschnittstelle ist im Idealfall so zu gestalten, dass elektronische Dokumente parallel zum Planungsfrontend betrachtet werden können, um die Verarbeitung der Informationen in den Dokumenten ohne Anzeigenwechsel zwischen Planungsfrontend und Dokument zu ermöglichen. Nicht zuletzt aus Kostengründen muss jedoch bezweifelt werden, dass ausschließlich für diese Anwendung in der Praxis eine Multi-Display-Konfiguration an den Arbeitsplatzrechnern der Planungssubjekte eingerichtet wird.

Der Entwurf der Prototypen hat gezeigt, dass viele Funktionen zur Eingabe und Visualisierung mit Hilfe von Standard-Elementen grafischer Benutzungsschnittstellen (wie z. B. Buttons, Texteingabefelder, Tabellen) umgesetzt werden können. Speziell die Darstellung verknüpfter Informationen erfordert jedoch neue Formen der Visualisierung, die sich nicht mit Standard-Elementen abbilden lassen. Da sich die strategische Planung in größeren Unternehmen als arbeitsteiliger Prozess mit vielen beteiligten Planungssubjekten darstellt, kann die Implementierung des Planungs-frontends als leicht verteilbare Webanwendung den Wartungsaufwand deutlich reduzieren. Hier muss im Einzelfall geprüft werden, ob zusätzliche Laufzeitumgebungen[769] für eine anforderungsgerechte Implementierung des Planungsfrontends notwendig sind.

4.5.4 Architekturmodell

In der Data-Warehouse-System-Referenzarchitektur[770] werden zwei Operanden für die dauerhafte, integrierte Datenhaltung vorgeschlagen: Die Basisdatenbank fungiert als zentrale, auswertungsneutrale Datenhaltungskomponente, während ein darauf basierendes Data Warehouse auf den spezifischen Informations- und Analysebedarf der Endanwender ausgerichtet ist. Das hier vorgestellte Architekturmodell zur Unterstützung der strategischen Planung legt zwar dieses Referenzdesign zugrunde, weist aber eine Besonderheit auf, die im Folgenden kritisch diskutiert werden soll.

Das objektrelationale Data Warehouse zur strategischen Planung wird zu Beginn des Planungsprozesses mit allen planungsrelevanten Daten der relationalen Basisdatenbank beladen.[771] Im Verlauf des Planungsprozesses wird das Data Warehouse sukzessive mit den generierten Daten der Planungssubjekte angereichert. Zentrale Ergebnisse der strategischen Planung sollen nachfolgend in die Basisdatenbank zurückgeführt werden, damit diese Daten zum Aufbau von Data Warehouses im Kontext anderer Anwendungen (beispielsweise Balanced-Scorecard-Systeme, operative Planungsapplikationen) genutzt werden können. Das vorgestellte Architekturmodell sieht vor, dass zu diesem Zweck nur ausgewählte Ergebnisdaten aus dem Data Warehouse in die Basisdatenbank geladen[772] werden, da sich insbesondere komplex verknüpfte Planungsdaten nicht mit vertretbarem Aufwand in der relationalen Basisdatenbank speichern lassen.

Nach Abschluss dieses Ladevorgangs kann der Datenbestand im Data Warehouse nicht mehr als Derivat der Basisdatenbank betrachtet werden, denn das Data Warehouse enthält zusätzlich zu den Ergebnisdaten sämtliche Daten und Dokumente, die im

---

769 Beispielsweise die *Java Virtual Machine* des Java Runtime Environment oder die *Common Language Runtime* des .net-Framework.

770 Siehe dazu Abschnitt 2.2.

771 Dem Ladevorgang geht die relational-objektrelationale Transformation in Element (17) des Gesamtarchitekturmodells voraus, vgl. Abschnitt 4.4.

772 Dieser Ladevorgang erfolgt nach Abschluss der objektrelational-relationalen Transformation in Element (25) des Gesamtarchitekturmodells, siehe dazu Abschnitt 4.4.

Verlauf des Planungsprozesses zur Strategieformulierung generiert und verwendet wurden. Kritik lässt sich nun auf Grundlage der Prämisse äußern, dass die Basisdatenbank stets den umfassendsten und detailreichsten Datenbestand in einem Data-Warehouse-System beinhalten sollte und Data Warehouses nur einen daraus abgeleiteten – in der Regel selektiv verdichteten – Datenbestand bereitstellen. Es kann argumentiert werden, dass die Basisdatenbank als Hub-Komponente[773] eines Data-Warehouse-Systems nach Abschluss des Planungsprozesses nicht mehr der Single Point of Truth ist, da im Data Warehouse darüber hinaus noch weitere Daten verfügbar sind.

Das vorgeschlagene Architekturmodell begegnet der Erosion des Single Point of Truth durch die gezielte Umsetzung der zwei Data-Warehouse-typischen Charakteristika *Historisierung* und *Beständigkeit*:[774] Nach Abschluss des Planungsprozesses wird der Datenbestand des aktuellen Planungszyklus im Data Warehouse als finale Version historisiert. Ausgewählte Planungsergebnisse werden in die Basisdatenbank übertragen und dort weiteren Anwendungen und einem breiteren Adressatenkreis zugänglich gemacht. Ausschließlich lesende Zugriffe auf die Planungsergebnisse in der Basisdatenbank stellen die Beständigkeit dieser Daten sicher. Durch diese beiden Mechanismen wird gewährleistet, dass sich die Datenbestände in der Basisdatenbank und im Data Warehouse stets konsistent zueinander verhalten. Das Data Warehouse enthält im Vergleich zur Basisdatenbank zwar zusätzliche, nicht jedoch widersprüchliche Planungsdaten. Die Basisdatenbank kann damit weiterhin als Single Point of Truth des Unternehmens genutzt werden.

Alternativ zum vorgeschlagenen Architekturmodell besteht die Möglichkeit, die strategische Planung direkt innerhalb der Basisdatenbank durchzuführen. Um die volle Flexibilität für die Verknüpfung und Analyse strategischer Planungsdaten zu bewahren, besteht dann jedoch das Erfordernis, nicht nur ein einzelnes Data Warehouse, sondern bereits die Basisdatenbank vollständig objektrelational zu modellieren. Dies erscheint zum heutigen Zeitpunkt aufgrund der ungebrochen großen Verbreitung und Popularität des relationalen Modells als (noch) nicht zeitgemäße Architekturalternative. Darüber

---

773 Siehe dazu die Ausführungen zur Nabe-Speiche-Architektur eines Data-Warehouse-Systems in Abschnitt 2.2.

774 Siehe dazu Abschnitt 2.1.

hinaus wird analog zu HESSE in dem vorgeschlagenen Architekturmodell (mit relationaler Basidatenbank) ein Vorteil darin gesehen, dass „[...] der Zugang zu anderen internen Datenbanken erleichtert [wird], da man sich innerhalb der gleichen Technologie bewegt.“[775]

Eine weitere Architekturalternative besteht darin, vollständig auf die objektrelationale Datenbanktechnologie zu verzichten. Dies hat jedoch den Verlust der hochflexiblen Verknüpfungsmöglichkeiten strategischer Planungsdaten zur Folge und würde verhindern, dass die Planungssubjekte sich in kreativ-analytischer Weise auch jenseits vordefinierter Datenbeziehungen bewegen dürfen.[776]

Nach Abschluss der kritischen Diskussion möglicher Architekturalternativen erscheint das hier vorgeschlagene Architekturmodell zum aktuellen Zeitpunkt als sinnvoller und akzeptabler Lösungsansatz auf dem visionären Weg zu vollständig objektrelationalen Data-Warehouse-Systemen.

---

775 HESSE (1995), S. 292.

776 Den Planungssubjekten muss trotz eines strukturierten und systematischen Planungsprozesses Raum für Ideen gegeben werden, vgl. DROSS (2002), S. 258.

5 Resümee und Ausblick

Nach der Einleitung in das Thema wurden in Kapitel 2 zunächst der Begriff Data Warehouse und die Referenzarchitektur von Data-Warehouse-Systemen erläutert. Bei der anschließenden Darstellung und Analyse der Anwendungsbereiche von Data-Warehouse-Systemen konnte deren existierender Strategiebezug herausgearbeitet werden. Es zeigt sich, dass Data-Warehouse-Systeme relevante Informationen zur Entscheidungsfindung auf strategischer Ebene liefern, eine umfassende Unterstützung des strategischen Planungsprozesses jedoch nicht gegeben ist. Speziell mit der Balanced Scorecard hat sich ein Controlling-Konzept im informationsorientierten Anwendungsbereich von Data-Warehouse-Systemen etabliert, das die Strategie in Form eines Zielsystems beinhaltet und damit das Ergebnis der strategischen Planung bereits innerhalb des Systems abbildet. Ausgehend von einem Verständnis der Balanced Scorecard als Bindeglied zum Prozess der strategischen Planung bestand die Zielsetzung dieser Arbeit darin, ein Konzept zu entwickeln, welches den planungsorientierten Anwendungsbereich von Data-Warehouse-Systemen auf eine umfassende informationstechnische Unterstützung des strategischen Planungsprozesses ausweitet. Diese Zielsetzung wurde durch die Formulierung eines Erkenntnisziels und eines Gestaltungsziels konkretisiert. Das Erkenntnisziel bestand in der Ermittlung des Informationsbedarfs der strategischen Planung. Die Erarbeitung anforderungsgerechter Gestaltungsempfehlungen zum Aufbau eines Data-Warehouse-Systems zur Unterstützung der strategischen Planung wurde als Gestaltungsziel formuliert.

Mit der Analyse des Informationsbedarfs ausgewählter Methoden der strategischen Planung widmete sich Kapitel 3 dem Erkenntnisziel dieser Arbeit. Dazu ist eine eigene Modellierungsmethode entwickelt worden, mit deren Hilfe die Informationsverarbeitung innerhalb und zwischen den Planungsmethoden repräsentiert werden konnte. Das Metamodell dieser Modellierungsmethode besteht aus den zwei Elementtypen *Aktivitäten* und *Informationen.* Während Aktivitäten durch Vorgänger-Nachfolger-Beziehungen miteinander verknüpft sind und die Sequenz einzelner Informationsverarbeitungsschritte offen legen, ermöglicht die Modellierung assoziierter Informationen die Abbildung von Beziehungen zwischen einzelnen Informationselementen. Ergebnis der Informationsbedarfsanalyse sind Informationsprozessmodelle, aus denen der objektive Informationsbedarf der untersuchten Planungsmethoden ersichtlich wird. Darüber hinaus konnten durch eine Analyse der Informationsprozessmodelle in Bezug auf den planungsmethodenübergreifenden Informationsaustausch auch die informationsbedingten Abhängigkeiten zwischen den Planungsmethoden identifiziert werden. Hochgradig kreative Planungstätigkeiten haben vereinzelt die Grenzen der Informationsprozessmodellierung aufgezeigt. Wie sich bei der nachfolgenden Datenmodellierung gezeigt hat, konnte der objektive Informationsbedarf der ausgewählten strategischen Planungsmethoden jedoch hinreichend genau und umfassend konkretisiert werden. Das Erkenntnisziel der Arbeit ist damit erreicht worden.

Aufbauend auf den Erkenntnissen der Informationsbedarfsanalyse wurde in Kapitel 4 im Rahmen des Gestaltungsziels untersucht, wie der objektive Informationsbedarf der strategischen Planung durch Data-Warehouse-Systeme gedeckt werden kann und welche Anforderungen sich daraus bezüglich Datenquellen, Datenintegration, Datenhaltung und Benutzungsschnittstelle ergeben. Neben ERP-Systemen, die als etablierte Datenquelle für Data-Warehouse-Systeme betrachtet werden können, sind CRM-Systeme, Konkurrenz-Informationssysteme, Stakeholder-Informationssysteme, Content-Management-Systeme, das Internet und die Planungssubjekte als zusätzliche Quellen strategisch relevanter Daten identifiziert worden. Für die Analyse der Unternehmensumwelt – insbesondere die Analyse der Makroumwelt – liegt eine große Herausforderung darin, das Internet und dessen Informationsangebot als Datenquelle nutzbar zu machen. Bestehende Konzepte und Gestaltungsempfehlungen zur informationstechnischen Erschließung des Internet wurden in das Data-Warehouse-System-Architekturmodell zur Unterstützung der strategischen Planung integriert. Obwohl keines der betrachteten Konzepte eine vollständig automatisierte Anbindung des Internet in Aussicht stellt, ist aufgrund der hohen Bedeutung unternehmensexterner Informationen für die strategische Planung eine konsequente Umsetzung dieser Konzepte anzustreben. Der weitaus größte Teil der Daten wird durch die Planungssubjekte selbst generiert. In einer datenflussorientierten Sichtweise übernimmt die Benutzungsschnittstelle die Extraktion der Datenquelle *Planungssubjekt*.

Die Datenhaltung verteilt sich auf die beiden Architekturelemente *Basisdatenbank* und *Data Warehouse*. Innerhalb der Basisdatenbank ist eine Dokumentenbasis aufzubauen, die in erster Linie eine Unterstützung der strategischen Planung intendiert, aber generell auch anderen Data-Warehouse-Anwendungen zur Verfügung steht. Mit Ausnahme dieser Besonderheit werden die Daten der Basisdatenbank in relationaler Form gespeichert. Die Daten der strategischen Planung werden in einem separaten Data Warehouse gespeichert, das auf objektrelationaler Datenbanktechnologie basiert. Dieser Technologiewechsel wurde empfohlen, um die Komplexität des Informationsgeflechts der strategischen Planung in handhabbarer Weise abzubilden. Im Rahmen dieser Arbeit ist für jede Planungsmethode ein Datenmodell entwickelt worden. Die methodenspezifischen Datenmodelle bilden ein Gesamtmodell, das deutlich über die bisher erarbeiteten Datenmodelle[777] zur strategischen Planung hinaus geht und insbesondere der Anforderung zur Speicherung und Analyse qualitativer Informationen gerecht wird. Nach Abschluss eines Planungszyklus besteht die Möglichkeit, bestimmte Daten aus dem Data Warehouse in die Basisdatenbank zu übertragen. Somit können auch andere Anwendungen auf zentrale Ergebnisse der strategischen Planung zurückgreifen.

Neue Anforderungen an die Benutzungsschnittstelle ergeben sich vor allem durch die Prozessunterstützung, die Möglichkeit zur Dateneingabe und die Dokumentenintegration. Mit Hilfe der Informationsprozessmodelle ist die grundsätzliche Abfolge der Planungsaktivitäten analysiert und dokumentiert worden. Sie dienen als Ausgangsbasis für die Gestaltung einer Benutzungsschnittstelle, die auf die Unterstützung des Planungsprozesses ausgerichtet ist.

Trotz der identifizierten Abfolge von Planungsaktivitäten muss die Benutzungsschnittstelle den Planungssubjekten die Möglichkeit einräumen, bei Bedarf Rücksprünge durchzuführen und bereits durchgeführte Planungsaktivitäten zu wiederholen. Im Kontext der Dateneingabe kommt der Ergonomie der Benutzungsschnittstelle besondere Relevanz zu. Die Quantität und Qualität der generierten Planungsdaten hängt davon ab, wie intuitiv sich der Umgang mit der Benutzungsschnittsstelle für die Planungssubjekte gestaltet. Die Dokumentenintegration zeigt sich zum einen darin, dass Planungssachverhalte durch das Hochladen und Verknüpfen mit Dokumenten um Detailinformationen ergänzt werden können. Zum anderen stellt die Benutzungs-

777 Vgl. dazu Abschnitt 1.2.

schnittstelle den Planungssubjekten Dokumente zur Verfügung, die sie bei der Planung unterstützen sollen. Mit dem Entwurf der Prototypen für die Stakeholderanalyse, die Strategiebewertung und Strategieauswahl sowie die Verknüpfung von Planungssachverhalten wurde ein Ausblick darauf gegeben, wie eine Benutzungsschnittstelle konkret gestaltet werden kann.

Die Anforderungen und Gestaltungsempfehlungen aus den Bereichen Datenquellen und Datenintegration, Datenhaltung sowie Benutzungsschnittstelle wurden in Abschnitt 4.4 in einem Data-Warehouse-System-Architekturmodell zur Unterstützung der strategischen Planung integriert. Dieses Architekturmodell bietet eine abstrahierende Gesamtsicht auf das System und zeigt insbesondere das Zusammenwirken der einzelnen Architekturelemente auf. Mit der Erarbeitung des Architekturmodells wird das Gestaltungsziel dieser Arbeit als erfüllt angesehen.

Zum Ende des Kapitels 4 erfolgt in Abschnitt 4.5 die Bewertung und Kritik der Ergebnisse. Dabei wurde eine praxisbezogene Perspektive eingenommen soweit dies möglich war. Auch wenn einige Aspekte zum heutigen Zeitpunkt noch mit informationstechnischen Herausforderungen behaftet sind, wie beispielsweise eine weitgehende Automatisierung bei der Extraktion von Daten aus dem Internet oder die Visualisierung komplex-verknüpfter Informationen, so kann doch insgesamt ein positives Fazit gezogen werden.

Abschließend wird mit dieser Arbeit ein Konzept zur Erschließung der strategischen Planung als neuem Anwendungsbereich von Data-Warehouse-Systemen vorgelegt. Die tragende Idee des Konzeptes ist es, Data-Warehouse-Systeme als Informationssysteme mit der qualitativ hochwertigsten Datenbasis in Unternehmen für die strategische Planung in maximalem Umfang zu nutzen und zielgerichtet zu erweitern. Der betriebswirtschaftliche Nutzen dieser Erweiterung ist eine verbesserte Integration von Strategieformulierung und Strategieimplementierung. Die Ergebnisse der Data-Warehouse-System-gestützten strategischen Planung können ohne Systembrüche für Balanced-Scorecard-Anwendungen bereitgestellt werden und bilden den Ausgangspunkt für den operativen Planungszyklus.

Zukünftiger Forschungsbedarf besteht in der Durchführung einer Machbarkeitsstudie, in deren Rahmen das erarbeitete Konzept implementiert wird. Darüber hinaus wurde in dieser Arbeit die strategische Planung ausschließlich auf der Ebene strategischer Geschäftseinheiten betrachtet. Für die strategische Planung auf Ebene eines Gesamtunternehmens existieren weitere Planungsmethoden, die zunächst konzeptionell zu erfassen sind. Insbesondere die Koordination des strategischen Planungsprozesses in einem diversifizierten Gesamtunternehmen wirft neue Fragen einer informationstechnischen Unterstützung auf.

Literaturverzeichnis

AGRAWAL / IMIELINSKI / SWAMI (1993)

Agrawal, Rakesh / Imielinski, Tomasz / Swami, Arun: Mining association rules between sets of items in large databases; in: Brunemann, Peter / Jajodia, Sushil (Hrsg.): Proceedings of the 1993 ACM SIGMOD international conference on management of data; Washington 1993, S. 207-216.

AGRAWAL ET AL. (1996)

Agrawal, Rakesh / Mannila, Heikki / Srikant, Ramakrishnan / Toivonen, Hannu / Verkamo, A. Inkeri: Fast discovery of association rules; in: Fayyad, Usama M. / Piatetsky-Shapiro, Gregory / Smyth, Padhraic / Uthurusamy, Ramasamy (Hrsg.): Advances in knowledge discovery and data Mining; Menlo Park et al. 1996, S. 307-328.

AMSHOFF (1994)

Amshoff, Bernhard: Controlling in deutschen Unternehmungen: Realtypen, Kontext und Effizienz; 2. Aufl., Wiesbaden 1994.

ANDREWS (1971)

Andrews, Kenneth R.: The concept of corporate strategy; Homewood 1971.

ANSOFF (1965)

Ansoff, H. Igor: Corporate strategy; an analytic approach to business policy for growth and expansion; New York 1965.

ANSOFF (1984)

Ansoff, H. Igor: Implanting strategic management; Englewood Cliffs 1984.

ARMSTRONG (1982)

Armstrong, J. Scott: The value of formal planning for strategic decisions: review of empirical research; in: Strategic Management Journal, Vol. 3 (1982), S. 197-211.

AUTH (2003)

Auth, Gunnar: Die organisatorische Dimension von Data Warehousing und Metadatenmanagement; in: von Maur, Eitel / Winter, Robert (Hrsg.): Data Warehouse Management. Das St. Galler Konzept zur ganzheitlichen Gesaltung der Informationslogistik; Berlin et al. 2003, S. 47-88.

AX / BÖRSIG (1979)

Ax, Antonius / Börsig, Clemens: Praxis der integrierten Unternehmensplanung – Planungsphilosophie und Planungssystem des Unternehmens Mannesmann; in: zfbf, 31. Jg. (1979), Heft 12, S. 894-925.

BAEZA-YATES / RIBEIRO-NETO (1999)

Baeza-Yates, Ricardo / Ribeiro-Neto, Berthier: Modern information retrieval; Harlow et al. 1999.

BAGGEN (2003)

Baggen, Robert: Normen und Zertifizierung; in: Heinsen, Sven / Vogt, Petra (Hrsg.): Usability praktisch umsetzen: Handbuch für Software, Web, Mobile Devices und andere Interaktive Produkte; München, Wien 2003, S. 79-95.

BAIN (1968)

Bain, Joe S.: Industrial organization; 2nd ed., New York, London, Sydney 1968.

BALZERT (2005)

Balzert, Heide: Lehrbuch der Objektmodellierung: Analyse und Entwurf mit der UML 2; 2. Aufl., Heidelberg, München 2005.

BAMBERGER / WRONA (2004)

Bamberger, Ingolf / Wrona, Thomas: Strategische Unternehmensführung: Strategien, Systeme, Prozesse; München 2004.

BANGE (2006)

Bange, Carsten: Werkzeuge für analytische Informationssysteme; in: Chamoni, Peter / Gluchowski, Peter (Hrsg.): Analytische Informationssysteme. Business Intelligence-Technologien und –Anwendungen; 3. Aufl., Berlin et al. 2006, S. 89-110.

Barney (1991)

Barney, Jay B.: Firm resources and sustained competitive advantage; in: Journal of Management, Vol. 17 (1991), No. 1, S. 99-120.

Barney (2001)

Barney, Jay B.: Resource-based theories of competitive advantage: A ten-year retrospective on the resource-based view; in: Journal of Management, Vol. 27 (2001), S. 643-650.

Barney (2002)

Barney, Jay B.: Gaining and sustaining competitive advantage; 2nd ed., Upper Saddle River 2002.

Barney (2007)

Barney, Jay B.: Gaining and sustaining competitive advantage; 3rd ed., Upper Saddle River 2007.

Bauer / Günzel (2004)

Bauer, Andreas / Günzel, Holger: Begriffliche Einordnung; in: Bauer, Andreas / Günzel, Holger (Hrsg.): Data-Warehouse-Systeme: Architektur, Entwicklung, Anwendung; 2. Aufl., Heidelberg 2004, S. 5-11.

Bauer et al. (2004)

Bauer, Andreas / Günzel, Holger / Vaduva, Anca / Zeh, Thomas: Aspekte einer Referenzarchitektur; in: Bauer, Andreas / Günzel, Holger (Hrsg.): Data-Warehouse-Systeme: Architektur, Entwicklung, Anwendung; 2. Aufl., Heidelberg 2004, S. 31-36.

Bea / Haas (2005)

Bea, Franz X. / Haas, Jürgen: Strategisches Management; 4. Aufl., Stuttgart 2005.

Becker / Knackstedt (2002)

Becker, Jörg / Knackstedt, Ralf: Prozess- und Informationsmanagement für das CRM; in: Ahlert, Dieter / Becker, Jörg / Knackstedt, Ralf / Wunderlich, Maren (Hrsg.): Customer Relationship Management im Handel; Berlin et al. 2002, S. 131-169.

Becker et al. (2004)

Becker, Jörg / Holten, Roland / Knackstedt, Ralf / Niehaves, Björn: Epistemologische Positionierung in der Wirtschaftsinformatik am Beispiel einer konsensorientierten Informationsmodellierung; in: Frank, Ulrich (Hrsg.): Wissenschaftstheorie in Ökonomie und Wirtschaftsinformatik: Theoriebildung und -bewertung, Ontologien, Wissensmanagement; Wiesbaden 2004, S. 335-366.

Beekmann / Chamoni (2006)

Beekmann, Frank / Chamoni, Peter: Verfahren des Data Mining; in: Chamoni, Peter / Gluchowski, Peter (Hrsg.): Analytische Informationssysteme. Business Intelligence-Technologien und -Anwendungen; 3. Aufl., Berlin et al. 2006, S. 263-282.

Behme / Mucksch (1999)

Behme, Wolfgang / Mucksch, Harry: Auswahl und Klassifizierung externer Informationen zur Integration in ein Data Warehouse; in: Wirtschaftsinformatik, 41. Jg. (1999), Heft 5, S. 443-448.

Beiersdorf (1995)

Beiersdorf, Holger: Informationsbedarf und Informationsbedarfsermittlung im Problemlösungsprozeß "Strategische Unternehmensplanung"; zugl. Diss. Univ. Hannover 1994; München 1995.

Berchtenbreiter (2004)

Berchtenbreiter, Ralph: Grundlagen von Content-Management-Systemen und Ansätze ihrer Bedeutung für das CRM; in: Hippner, Hajo / Wilde, Klaus D. (Hrsg.): IT-Systeme im CRM: Aufbau und Potenziale; Wiesbaden 2004, S. 209-240.

Berchtold (1985)

Berchtold, Rainer: Instrumente zur Umweltanalyse im Rahmen strategischer Unternehmensplanung; zugl. Diss. Univ. Augsburg 1985; Augsburg 1985.

Berry / Linoff (2004)

Berry, Michael J. A. / Linoff, Gordon S.: Data mining techniques: for marketing, sales, and customer relationship management; 2nd ed., Indianapolis 2004.

BERTHEL (1992)

Berthel, Jürgen: Informationsbedarf; in: Frese, Erich (Hrsg.): Handwörterbuch der Organisation, Band 2; 3. Aufl., Stuttgart 1992, Sp. 872-886.

BESANKO ET AL. (2007)

Besanko, David / Dranove, David / Shanley, Mark / Schaefer, Scott: Economics of strategy; 4th ed., Hoboken 2007.

BIDLINGMAIER (1964)

Bidlingmaier, Johannes: Unternehmerziele und Unternehmerstrategien; Wiesbaden 1964.

BIDLINGMAIER (1968)

Bidlingmaier, Johannes: Zielkonflikte und Zielkompromisse im unternehmerischen Entscheidungsprozess; Wiesbaden 1968.

BLOHN (2005)

Blohn, Matthias von: Systemunterstützung der Konkurrenzforschung: Referenzmodell eines Konkurrenzinformationssystems; zugl. Diss. European Business School Oestrich-Winkel 2005; Berlin 2005.

BÖHLER (1989)

Böhler, Heymo: Portfolio-Analysetechniken; in: Szyperski, Norbert (Hrsg.): Handwörterbuch der Planung; Stuttgart 1989, Sp. 1548-1559.

BOLLMANN (1983)

Bollmann, Peter: So werden strategische Pläne in Budgets umgesetzt; in: Management-Zeitschrift io, 52. Jg. (1983), Heft 6, S. 217-219.

BORN / HOLZ / KATH (2004)

Born, Marc / Holz, Eckhardt / Kath, Olaf: Softwareentwicklung mit UML 2: die "neuen" Entwurfstechniken UML 2, MOF 2 und MDA; München et al. 2004.

BOSEMAN / PHATAK (1989)

Boseman, Glenn / Phatak, Arvind: Strategic management: text and cases; 2nd ed., New York 1989.

Böttiger et al. (2001)

Böttiger, Werner / Chamoni, Peter / Gluchowski, Peter / Müller, Jochen: Ein Kriterienkatalog zur Beurteilung und Einordnung von Data Warehouse-Lösungen; in: Behme, Wolfgang / Mucksch, Harry (Hrsg.): Data Warehouse-gestützte Anwendungen. Theorie und Praxiserfahrungen in verschiedenen Branchen; Wiesbaden 2001, S. 33-58.

Brown (1987)

Brown, Marlin C.: Human-computer interface design guidelines; Norwood 1987.

Brunner / Sprich (1998)

Brunner, Jürgen / Sprich, Olaf: Performance Management und Balanced Scorecard: Zur Verbesserung wertschöpfungsorientierter Leistungs-Indikatoren; in: IO-Management, (1998), Heft 6, S. 30-36.

Bulos / Forsman (1998)

Bulos, Dan / Forsman, Sarah: Getting started with ADAPT. OLAP database design, White Paper; San Rafael 1998.

Burkert (2000)

Burkert, Herbert: Datenschutz; in: Jung, Reinhard / Winter, Robert (Hrsg.): Data Warehousing Strategie: Erfahrungen, Methoden, Visionen; Berlin et al. 2000, S. 117-125.

Chamoni / Gluchowski (1999)

Chamoni, Peter / Gluchowski, Peter: Entwicklungslinien und Architekturkonzepte des On-Line Analytical Processing; in: Chamoni, Peter / Gluchowski, Peter (Hrsg.): Analytische Informationssysteme: Data Warehouse, On-Line Analytical Processing, Data Mining; 2. Aufl., Berlin et al. 1999, S. 261-280.

Chamoni / Gluchowski (2000)

Chamoni, Peter / Gluchowski, Peter: On-Line Analytical Processing (OLAP); in: Mucksch, Harry / Behme, Wolfgang (Hrsg.): Das Data Warehouse-Konzept: Architektur – Datenmodelle – Anwendungen; 4. Aufl., Wiesbaden 2000, S. 333-376.

CHAMONI / GLUCHOWSKI (2004)

Chamoni, Peter / Gluchowski, Peter: Integrationstrends bei Business-Intelligence-Systemen. Empirische Untersuchung auf Basis des Business Intelligence Maturity Model; in: Wirtschaftsinformatik, 46. Jg. (2004), Heft 2, S. 119-128.

CHAMONI / GLUCHOWSKI (2006)

Chamoni, Peter / Gluchowski, Peter: Analytische Informationssysteme – Einordnung und Überblick; in: Chamoni, Peter / Gluchowski, Peter (Hrsg.): Analytische Informationssysteme. Business Intelligence-Technologien und -Anwendungen; 3. Aufl., Berlin et al. 2006, S. 3-22.

CHANDLER (1962)

Chandler, Alfred D.: Strategy and structure: chapters in the history of the industrial enterprise; Cambridge 1962.

CHAUDHURI / DAYAL (1997)

Chaudhuri, Surajit / Dayal, Umeshwar: An overview of data warehousing and OLAP technology; in: SIGMOD Record, Vol. 26 (1997), No. 1, S. 65-74.

CODD (1970)

Codd, Edgar F.: A relational model of data for large shared data banks; in: Communications of the ACM, Vol. 13 (1970), No. 6, S. 377-387.

CODD / CODD / SALLEY (1993)

Codd, Edgar F. / Codd, Sharon B. / Salley, Clynch T.: Providing OLAP to user-analysts: an IT-mandate, E. F. Codd & Associates, White Paper; o. O. 1993.

COLLIS / MONTGOMERY (1995)

Collis, David J. / Montgomery, Cynthia A.: Competing on resources: strategy in the 1990s; in: Havard Business Review, Vol. 73 (1995), July-August, S. 118-128.

COPELAND / KOLLER / MURRIN (1990)

Copeland, Tom / Koller, Tim / Murrin, Jack: Valuation: measuring and managing the value of companies; New York 1990.

DANNENBERG (1990)

Dannenberg, Jan: Mikrocomputergestützte Instrumente der strategischen Unternehmensplanung; zugl. Diss. Univ. Bamberg 1990; Wiesbaden 1990.

DEVLIN (1997)

Devlin, Barry: Data warehouse: from architecture to implementation; Reading et al. 1997.

DIEDERICHS / MÖLLER (2001)

Diederichs, Micharl / Möller, Michael: Von Management-Moden zum optimalen Methoden-Mix; in: Controller Magazin, 26. Jg. (2001), Heft 3, S. 289-293.

DRESBACH (1999)

Dresbach, Stefan: Epistemologische Überlegungen zu Modellen in der Wirtschaftsinformatik; in: Becker, Jörg / König, Wolfgang / Schütte, Reinhard / Wendt, Oliver / Zelewski, Stephan (Hrsg.): Wirtschaftsinformatik und Wissenschaftstheorie: Bestandsaufnahme und Perspektiven; Wiesbaden 1999, S. 71-94.

DROSS (2002)

Dross, Oliver: IT-gestützte strategische Unternehmensführung; in: Hannig, Uwe (Hrsg.): Knowledge Management und Business Intelligence; Berlin, Heidelberg 2002, S. 257-264.

DUDENREDAKTION (2000)

Wissenschaftlicher Rat der Dudenredaktion: Duden, Das große Fremdwörterbuch: Herkunft und Bedeutung der Fremdwörter; 2. Aufl., Mannheim et al. 2000.

DÜSING (2006)

Düsing, Roland: Knowledge Discovery in Databases. Begriff, Forschungsgebiet, Prozess und System; in: Chamoni, Peter / Gluchowski, Peter (Hrsg.): Analytische Informationssysteme. Business Intelligence-Technologien und -Anwendungen; 3. Aufl., Berlin et al. 2006, S. 241-262.

EGGER ET AL. (2005)

Egger, Norbert / Fiechter, Jean-Marie / Rohlf, Claudia / Rose, Jörg / Weber, Stephan: SAP BW Planung und Simulation; Bonn 2005.

EISENFÜHR / WEBER (2003)

Eisenführ, Franz / Weber, Martin: Rationales Entscheiden; 4. Aufl., Berlin et al. 2003.

FAHEY / NARAYANAN (1986)

Fahey, Liam / Narayanan, V. K.: Macroenvironmental analysis for strategic management; St. Paul 1986.

FÄHNRICH / ZIEGLER (1987)

Fähnrich, Klaus-Peter / Ziegler, Jürgen: Software-Ergonomie: Stand und Entwicklung; in: Fähnrich, Klaus-Peter (Hrsg.): Software-Ergonomie; München, Wien 1987, S. 9-28.

FARJOUN (2002)

Farjoun, Moshe: Towards an organic perspective on strategy; in: Strategic Management Journal, Vol. 23 (2002), S. 561-594.

FAßNACHT (1989)

Faßnacht, Karl: Ziel-Mittel-Schema und Planung; in: Szyperski, Norbert (Hrsg.): Handwörterbuch der Planung; Stuttgart 1989, Sp. 2296-2301.

FAYYAD / PIATETSKY-SHAPIRO / SMYTH (1996A)

Fayyad, Usama M. / Piatetsky-Shapiro, Gregory / Smyth, Padhraic: From data mining to knowledge discovery in databases; in: AI Magazine, Vol. 17 (1996), Fall, S. 37-54.

FAYYAD / PIATETSKY-SHAPIRO / SMYTH (1996B)

Fayyad, Usama M. / Piatetsky-Shapiro, Gregory / Smyth, Padharaic: From data mining to knowledge discovery: an overview; in: Fayyad, Usama M. / Piatetsky-Shapiro, Gregory / Smyth, Padharaic / Uthurusamy, Ramasamy (Hrsg.): Advances in knowledge discovery in databases and data mining; Menlo Park et al. 1996, S. 1-34.

FELDEN (2002)

Felden, Carsten: Konzept zum Aufbau eines Markdateninformationssystems für den Energiehandel: auf der Basis interner und externer Daten; zugl. Diss. Univ. Duisburg 2002; Wiesbaden 2002.

FISCHER (2005)

Fischer, Roland: Unternehmensplanung mit SAP SEM / SAP BW; 2. Aufl., Bonn 2005.

FLECK (1995)

Fleck, Andree: Hybride Wettbewerbsstrategien: zur Synthese von Kosten- und Differenzierungsvorteilen; zugl. Diss. Univ. München 1994; Wiesbaden 1995.

FRANCONI ET AL. (2000)

Franconi, Enrico / Baader, Franz / Sattler, Ulrike / Vassiliasis, Panos: Multidimensional data models and aggregation; in: Jarke, Matthias / Lenzerini, Maurizio / Vassiliou, Yannis / Vassiliasis, Panos (Hrsg.): Fundamentals of data warehouses; Berlin et al. 2000, S. 87-105.

FRANK (2007)

Frank, Ulrich: Ein Vorschlag zur Konfiguration von Forschungsmethoden in der Wirtschaftsinformatik; in: Lehner, Franz / Zelewski, Stephan (Hrsg.): Wissenschaftstheoretische Fundierung und wissenschaftliche Orientierung der Wirtschaftsinformatik; Berlin 2007, S. 155-184.

FREEMAN (1984)

Freeman, R. Edward: Strategic management: a stakeholder approach; Boston 1984.

FRETER (1983)

Freter, Hermann: Marktsegmentierung; Stuttgart et al. 1983.

FRÖHLING / NÖLKEN (1994)

Fröhling, Oliver / Nölken, Dirk: Softwareunterstützung des strategischen Controlling; in: HMD, 31. Jg. (1994), Heft 178, S. 32-43.

GABRIEL (1999)

Gabriel, Roland: Strategische Bedeutung der analytischen Informationssysteme; in: Chamoni, Peter / Gluchowski, Peter (Hrsg.): Analytische Informationssysteme: Data Warehouse, On-Line Analytical Processing, Data Mining; 2. Aufl., Berlin et al. 1999, S. 417-426.

GABRIEL / CHAMONI / GLUCHOWSKI (2000)

Gabriel, Roland / Chamoni, Peter / Gluchowski, Peter: Data Warehouse und OLAP – Analyseorientierte Informationssysteme für das Management; in: ZfbF, 52. Jg. (2000), Heft 2, S. 74-93.

GAISER / GREINER (2003)

Gaiser, Bernd / Greiner, Oliver: Strategiegerechte Planung mit Hilfe der Balanced Scorecard; in: Gleich, Ronald / Horváth, Péter (Hrsg.): Neugestaltung der Unternehmensplanung: Innovative Konzepte und erfolgreiche Praxislösungen; Stuttgart 2003, S. 269-295.

GAITANIDES (1989)

Gaitanides, Michael: Out/in- vs. In/out-Planung; in: Szyperski, Norbert (Hrsg.): Handwörterbuch der Planung; Stuttgart 1989, Sp. 1330-1336.

GÄLWEILER (1990)

Gälweiler, Aloys: Strategische Unternehmensführung; 2. Aufl., Frankfurt am Main, New York 1990.

GAMER (1994)

Gamer, Andreas: Datenstrukturen strategischer Planung; zugl. Diss. Univ. Hohenheim 1993; Frankfurt am Main et al. 1994.

GEMÜNDEN (1993)

Gemünden, Hans G.: Information: Bedarf, Analyse und Verhalten; in: Wittmann, Waldemar (Hrsg.): Handwörterbuch der Betriebswirtschaftslehre, Band 2; 5. Aufl., Stuttgart 1993, Sp. 1725-1735.

GILMOZZI (1998)

Gilmozzi, Stefan: Data Warehousing – Turning Data into Decisions. Ein Konzept zur strategischen Unternehmenssteuerung; in: Controller Magazin, 23. Jg. (1998), Heft 1, S. 30-36.

GLADEN (2005)

Gladen, Werner: Performance Measurement: Controlling mit Kennzahlen; 3. Aufl., Wiesbaden 2005.

GLASER (1994)

Glaser, Wilhelm R.: Menschliche Informationsverarbeitung; in: Eberle, Edmund / Oberquelle, Horst / Oppermann, Reinhard (Hrsg.): Einführung in die Software-Ergonomie: Gestaltung graphisch-interaktiver Systeme: Prinzipien, Werkzeuge, Lösungen; 2. Aufl., Berlin, New York 1994, S. 7-51.

GLEICH (1997)

Gleich, Ronald: Balanced Scorecard; in: DBW, 57. Jg. (1997), Heft 3, S. 432-435.

GLEICH / KOPP / LEYK (2003)

Gleich, Ronald / Kopp, Jens / Leyk, Jörg: Advanced Budgeting: better and beyond; in: Gleich, Ronald / Horváth, Péter (Hrsg.): Neugestaltung der Unternehmensplanung: Innovative Konzepte und erfolgreiche Praxislösungen; Stuttgart 2003, S. 315-329.

GLUCHOWSKI (2001)

Gluchowski, Peter: Business Intelligence; in: HMD, 38. Jg. (2001), Heft 222, S. 5-15.

GLUCHOWSKI (2006)

Gluchowski, Peter: Techniken und Werkzeuge zum Aufbau betrieblicher Berichtssysteme; in: Chamoni, Peter / Gluchowski, Peter (Hrsg.): Analytische Informationssysteme. Business Intelligence-Technologien und -Anwendungen; 3. Aufl., Berlin et al. 2006, S. 207-226.

GLUCHOWSKI / CHAMONI (2006)

Gluchowski, Peter / Chamoni, Peter: Entwicklungslinien und Architekturkonzepte des OLAP; in: Chamoni, Peter / Gluchowski, Peter (Hrsg.): Analytische Informationssysteme. Business Intelligence-Technologien und -Anwendungen; 3. Aufl., Berlin et al. 2006, S. 143-176.

GLUECK / JAUCH (1984)

Glueck, William F. / Jauch, Lawrence R.: Business policy and strategic management; 4th ed., New York 1984.

GOEKEN (2006)

Goeken, Matthias: Entwicklung von Data-Warehouse-Systemen: Anforderungsmanagement, Modellierung, Implementierung; zugl. Diss. Univ. Marburg 2006; Wiesbaden 2006.

GÖTZE / RUDOLPH (1994)

Götze, Uwe / Rudolph, Friedhelm: Instrumente der strategischen Planung; in: Bloech, Jürgen / Götze, Uwe / Huch, Burkhard / Lücke, Wolfgang (Hrsg.): Strategische Planung: Instrumente, Vorgehensweisen und Informationssysteme; Heidelberg 1994, S. 1-56.

GÖTZER ET AL. (2004)

Götzer, Klaus / Schneiderath, Udo / Maier, Berthold / Komke, Torsten: Dokumenten-Management: Informationen im Unternehmen effizient nutzen; 3. Aufl., Heidelberg 2004.

GRANT (2008)

Grant, Robert M.: Contemporary strategy analysis; 6th ed., Malden 2008.

GREINER (2004)

Greiner, Oliver: Strategiegerechte Budgetierung: Anforderungen und Gestaltungsmöglichkeiten der Budgetierung im Rahmen der Strategierealisierung; zugl. Diss. Univ. Stuttgart 2003; München 2004.

GROCHLA (1975)

Grochla, Erwin: Betriebliche Planung und Informationssysteme: Entwicklung und aktuelle Aspekte; Reinbek bei Hamburg 1975.

GROTHE / GENTSCH (2000)

Grothe, Martin / Gentsch, Peter: Business Intelligence: aus Informationen Wettbewerbsvorteile gewinnen; München et al. 2000.

GRÜNIG / KÜHN (2006)

Grünig, Rudolf / Kühn, Richard: Methodik der strategischen Planung: ein prozessorientierter Ansatz für Strategieplanungsprojekte; 4. Aufl., Bern, Stuttgart, Wien 2006.

GUTHUNZ (1994)

Guthunz, Ulrich: Informationssysteme für das strategische Management: Eine Untersuchung zur theoretischen Fundierung und Gestaltung strategischer Informationssysteme; zugl. Diss. Univ. Erlangen, Nürnberg 1994; Wiesbaden 1994.

HACKATHORN (1998)

Hackathorn, Richard D.: Web farming for the data warehouse; San Francisco 1998.

HACKOS / REDISH (1998)

Hackos, JoAnn T. / Redish, Janice C.: User and task analysis for interface design; New York et al. 1998.

HAFNER (2003)

Hafner, Martin: Datenschutz im Data Warehousing; in: von Maur, Eitel / Winter, Robert (Hrsg.): Data Warehouse Management. Das St. Galler Konzept zur ganzheitlichen Gesaltung der Informationslogistik; Berlin et al. 2003, S. 149-166.

HAHN (1993)

Hahn, Dietger: Planung und Kontrolle; in: Wittmann, Waldemar (Hrsg.): Handwörterbuch der Betriebswirtschaft, Band 2; 5. Aufl., Stuttgart 1993, Sp. 3185-3263.

HAHNE (2006)

Hahne, Michael: Mehrdimensionale Datenmodellierung für analyseorientierte Informationssysteme; in: Chamoni, Peter / Gluchowski, Peter (Hrsg.): Analytische Informationssysteme. Business Intelligence-Technologien und -Anwendungen; 3. Aufl., Berlin et al. 2006, S. 177-206.

HAMEL (1989)

Hamel, Winfried: Zielplanung; in: Szyperski, Norbert (Hrsg.): Handwörterbuch der Planung; Stuttgart 1989, Sp. 2302-2316.

HAMEL (1992)

Hamel, Winfried: Zielsysteme; in: Frese, Erich (Hrsg.): Handwörterbuch der Organisation, Band 2; 3. Aufl., Stuttgart 1992, Sp. 2634-2650.

HAMMER (1998)

Hammer, Richard M.: Unternehmensplanung; 7. Aufl., München, Wien 1998.

HAN / KAMBER (2001)

Han, Jiawei / Kamber, Micheline: Data mining: concepts and techniques; San Francisco et al. 2001.

Hatten / Hatten (1988)

Hatten, Kenneth J. / Hatten, Mary L.: Effective strategic management: analysis and action; Englewood Cliffs 1988.

Hauschildt (1980)

Hauschildt, Jürgen: Zielsysteme; in: Grochla, Erwin (Hrsg.): Handwörterbuch der Organisation, Band 2; 2. Aufl., Stuttgart 1980, Sp. 2419-2430.

Hax / Majluf (1983)

Hax, Arnoldo C. / Majluf, Nicolas S.: The use of the industry attractiveness-business strenght matrix in strategic planning; in: Interfaces, Vol. 13 (1983), No. 2, S. 54-71.

Hax / Majluf (1991)

Hax, Arnoldo C. / Majluf, Nicolas S.: Strategisches Management: ein integratives Konzept aus dem MIT; Frankfurt am Main, New York 1991.

Heinen (1966)

Heinen, Edmund: Das Zielsystem der Unternehmung: Grundlagen betriebswirtschaftlicher Entscheidungen; Wiesbaden 1966.

Heinen (1976)

Heinen, Edmund: Grundfragen der entscheidungsorientierten Betriebswirtschaftslehre; München 1976.

Henderson (1979)

Henderson, Bruce D.: Henderson on corporate strategy; Cambridge, Massachusetts 1979.

Herczeg (2005)

Herczeg, Michael: Software-Ergonomie: Grundlagen der Mensch-Computer-Kommunikation; 2. Aufl., München, Wien 2005.

Herden (2004)

Herden, Olaf: Basisdatenbank; in: Bauer, Andreas / Günzel, Holger (Hrsg.): Data-Warehouse-Systeme: Architektur, Entwicklung, Anwendung; 2. Aufl., Heidelberg 2004, S. 51-56.

HESSE (1995)

Hesse, Stefan: Strategische Datenbanken: Kernelemente computergestützter Informationssysteme zur Unterstützung des strategischen Controllings; zugl. Diss. Univ. Wuppertal 1995; Heidelberg 1995.

HEUER (1997)

Heuer, Andreas: Objektorientierte Datenbanken – Konzepte, Modelle, Standards und Systeme; 2. Aufl., Bonn 1997.

HEUER / SAAKE (2000)

Heuer, Andreas / Saake, Gunter: Datenbanken: Konzepte und Sprachen; 2. Aufl., Bonn 2000.

HINRICHS (2004A)

Hinrichs, Holger: Monitor; in: Bauer, Andreas / Günzel, Holger (Hrsg.): Data-Warehouse-Systeme: Architektur, Entwicklung, Anwendung; 2. Aufl., Heidelberg 2004, S. 47-48.

HINRICHS (2004B)

Hinrichs, Holger: Arbeitsbereich; in: Bauer, Andreas / Günzel, Holger (Hrsg.): Data-Warehouse-Systeme: Architektur, Entwicklung, Anwendung; 2. Aufl., Heidelberg 2004, S. 48-49.

HINRICHS (2004C)

Hinrichs, Holger: Extraktionskomponente; in: Bauer, Andreas / Günzel, Holger (Hrsg.): Data-Warehouse-Systeme: Architektur, Entwicklung, Anwendung; 2. Aufl., Heidelberg 2004, S. 49-50.

HINRICHS (2004D)

Hinrichs, Holger: Transformationskomponente; in: Bauer, Andreas / Günzel, Holger (Hrsg.): Data-Warehouse-Systeme: Architektur, Entwicklung, Anwendung; 2. Aufl., Heidelberg 2004, S. 50-51.

HINRICHS (2004E)

Hinrichs, Holger: Ladekomponente; in: Bauer, Andreas / Günzel, Holger (Hrsg.): Data-Warehouse-Systeme: Architektur, Entwicklung, Anwendung; 2. Aufl., Heidelberg 2004, S. 51.

HINTERHUBER (2004)

Hinterhuber, Hans H.: Strategische Unternehmensführung – 1. Strategisches Denken: Vision, Unternehmenspolitik, Strategie; 7. Aufl., Berlin, New York 2004.

HIPPNER (2006)

Hippner, Hajo: CRM – Grundlagen, Ziele und Konzepte; in: Hippner, Hajo / Wilde, Klaus D. (Hrsg.): Grundlagen des CRM: Konzepte und Gestaltung; 2. Aufl., Wiesbaden 2006, S. 15-43.

HIPPNER / RENTZMANN / WILDE (2004)

Hippner, Hajo / Rentzmann, René / Wilde, Klaus D.: Aufbau und Funktionalitäten von CRM-Systemen; in: Hippner, Hajo / Wilde, Klaus D. (Hrsg.): IT-Systeme im CRM; Wiesbaden 2004, S. 13-42.

HIPPNER / RENTZMANN / WILDE (2006)

Hippner, Hajo / Rentzmann, René / Wilde, Klaus D.: Aufbau und Funktionalitäten von CRM-Systemen; in: Hippner, Hajo / Wilde, Klaus D. (Hrsg.): Grundlagen des CRM: Konzepte und Gestaltung; 2. Aufl., Wiesbaden 2006, S. 45-73.

HIPPNER / WILDE (2003)

Hippner, Hajo / Wilde, Klaus D.: CRM – Ein Überblick; in: Helmke, Stefan / Uebel, Matthias F. / Dangelmaier, Wilhelm (Hrsg.): Effektives Customer Relationship Management: Instrumente – Einführungskonzepte – Organisation; 3. Aufl., Wiesbaden 2005, S. 3-37.

HIPPNER ET AL. (2006)

Hippner, Hajo / Hoffmann, Onno / Rimmelspacher, Udo / Wilde, Klaus D.: IT-Unterstützung durch Customer Relationship Management-Systeme am Beispiel von mySAP CRM; in: Hippner, Hajo / Wilde, Klaus D. (Hrsg.): Grundlagen des CRM: Konzepte und Gestaltung; 2. Aufl., Wiesbaden 2006, S. 75-94.

HITT / IRELAND / HOSKISSON (2007)

Hitt, Michael A. / Ireland, R. Duane / Hoskisson, Robert E.: Strategic management: competitiveness and globalization; 7th ed., Mason 2007.

Hitz et al. (2005)

Hitz, Martin / Kappel, Gerti / Kapsammer, Elisabeth / Retschitzegger, Werner: UML@Work: objektorientierte Modellierung mit UML 2; 3. Aufl., Heidelberg 2005.

Hofer / Schendel (1978)

Hofer, Charles W. / Schendel, Dan: Strategy formulation: analytical concepts, St. Paul 1978.

Hoffecker / Goldenberg (1994)

Hoffecker, John / Goldenberg, Charles: Using the balanced scorecard to develop companywide performance measures; in: Journal of Cost Management, Vol. 8 (1994), Fall, S. 5-17.

Holl / Auerochs (2004)

Holl, Alfred / Auerochs, Robert: Analogisches Denken als Erkenntnisstrategie zur Modellbildung in der Wirtschaftsinformatik; in: Frank, Ulrich (Hrsg.): Wissenschaftstheorie in Ökonomie und Wirtschaftsinformatik: Theoriebildung und -bewertung, Ontologien, Wissensmanagement; Wiesbaden 2004, S. 367-389.

Holten / Ehlers (1998)

Holten, Roland / Ehlers, Lars: Repository zur Integration externer Informationen in Führungsinformationssysteme; in: Uhr, Wolfgang / Breuer, Sven-Einar (Hrsg.): Integration externer Informationen in Management Support Systems, Wirtschaftsinformatik Fachtagung, Technische Universität Dresden; Dresden 1998, S. 123-136.

Holten / Knackstedt / Becker (2001)

Holten, Roland / Knackstedt, Ralf / Becker, Jörg: Betriebswirtschaftliche Herausforderungen durch Data-Warehouse-Technologien; in: Holten, Roland / Rotthowe, Thomas / Schütte, Reinhard (Hrsg.): Data Warehouse Managementhandbuch. Konzepte, Software, Erfahrungen; Berlin et al. 2001, S. 41-64.

HOLTEN / ROTTHOWE / SCHÜTTE (2001)

Holten, Roland / Rotthowe, Thomas / Schütte, Reinhard: Grundlagen, Einsatzbereiche, Modelle; in: Holten, Roland / Rotthowe, Thomas / Schütte, Reinhard (Hrsg.): Data Warehouse Managementhandbuch. Konzepte, Software, Erfahrungen; Berlin et al. 2001, S. 3-24.

HOMBURG (2000)

Homburg, Christian: Quantitative Betriebswirtschaftslehre: Entscheidungsunterstützung durch Modelle; mit Beispielen, Übungsaufgaben und Lösungen; 3. Aufl., Wiesbaden 2000.

HORVÁTH (2006)

Horváth, Péter: Controlling; 10. Aufl., München 2006.

HORVÁTH / KAUFMANN (1998)

Horváth, Péter / Kaufmann, Lutz: Balanced Scorecard – ein Werkzeug zur Umsetzung von Strategien; in: Harvard Business Manager, 76. Jg. (1998), Heft 5, S. 39-48.

HUCH / DÖLLE (1994)

Huch, Burkhard / Dölle, Walter: Informationssysteme zur strategischen Planung; in: Bloech, Jürgen / Götze, Uwe / Huch, Burkhard / Lücke, Wolfgang (Hrsg.): Strategische Planung: Instrumente, Vorgehensweisen und Informationssysteme; Heidelberg 1994, S. 211-228.

HUNGENBERG (1993)

Hungenberg, Harald: Optimierung von operativen Planungssystemen; in: Zeitschrift für Planung, 16. Jg. (1993), Heft 3, S. 233-248.

HUNGENBERG (2006)

Hungenberg, Harald: Strategisches Management in Unternehmen: Ziele – Prozesse – Verfahren; 4. Aufl., Wiesbaden 2006.

HUNGENBERG / WULF (2003)

Hungenberg, Harald / Wulf, Torsten: Gestaltung der Schnittstelle zwischen strategischer und operativer Planung; in: Gleich, Ronald / Horváth, Péter (Hrsg.): Neugestaltung der Unternehmensplanung: Innovative Konzepte und erfolgreiche Praxislösungen; Stuttgart 2003, S. 249-267.

IBM (1975)

IBM Corporation: HIPO – A design aid and documentation technique (GC20-1851-1); 2nd ed., New York 1975.

INMON (1993)

Inmon, William H.: Building the data warehouse; New York et al. 1993.

INMON (1999)

Inmon, William H.: Building the operational data store; 2nd ed., New York et al. 1999.

INMON (2005)

Inmon, William H.: Building the data warehouse; 4th ed., Indianapolis 2005.

INMON / HACKATHORN (1994)

Inmon, William H. / Hackathorn, Richard D.: Using the data warehouse; New York et al. 1994.

JAHNKE / GROFFMANN / KRUPPA (1996)

Jahnke, Bernd / Groffmann, Hans-Dieter / Kruppa, Stephan: On-Line Analytical Processing (OLAP); in: Wirtschaftsinformatik, 38. Jg. (1996), Heft 3, S. 321-324.

JECKLE ET AL. (2004)

Jeckle, Mario / Rupp, Chris / Hahn, Jürgen / Zengler, Barbara / Queins, Stefan: UML 2 glasklar: Unified Modeling Language – UML; München, Wien 2004.

JOAS (1990)

Joas, August: Konkurrenzforschung als Erfolgspotenzial im strategischen Marketing; zugl. Diss. Univ. Augsburg 1990; Augsburg 1990.

JOHNSON / SCHOLES / WHITTINGTON (2006)

Johnson, Gerry / Scholes, Kevan / Whittington, Richard: Exploring corporate strategy; 7th ed., Harlow, New York 2006.

JUNG / WINTER (2000)

Jung, Reinhard / Winter, Robert: Data Warehousing: Nutzenaspekte, Referenzarchitektur und Vorgehensmodell; in: Jung, Reinhard / Winter, Robert (Hrsg.): Data Warehousing Strategie: Erfahrungen, Methoden, Visionen; Berlin et al. 2000, S. 3-20.

KAGERMANN (2000)

Kagermann, Henning: Strategische Unternehmensführung bei der SAP AG – Erfahrungen und Lösungen eines Software-Unternehmens; in: Wirtschaftsinformatik, 42. Jg. (2000), Heft 2, S. 113-122.

KAPLAN / NORTON (1992)

Kaplan Robert S. / Norton, David P.: The balanced scorecard – measures that drive performance; in: Harvard Business Review, Vol. 70 (1992), January-February, S. 71-79.

KAPLAN / NORTON (1996A)

Kaplan, Robert S. / Norton, David P.: Using the balanced scorecard as a strategic management system; in: Harvard Business Review, Vol. 74 (1996), January-February, S. 75-85.

KAPLAN / NORTON (1996B)

Kaplan, Robert S. / Norton, David P.: The balanced scorecard: translating strategy into action; Boston 1996.

KAPLAN / NORTON (1997A)

Kaplan, Robert S. / Norton, David P.: Strategieumsetzung mit Hilfe der Balanced Scorecard; in: Gleich, Ronald / Seidenschwarz, Werner (Hrsg.): Die Kunst des Controlling; München 1997, S. 313-342.

KAPLAN / NORTON (1997B)

Kaplan, Robert S. / Norton, David P.: Balanced Scorecard: Strategien erfolgreich umsetzen; Stuttgart 1997.

KATZAN (1976)

Katzan, Harry: Systems design and documentation; New York et al. 1976.

KECHER (2005)

Kecher, Christoph: UML 2.0: das umfassende Handbuch; Bonn 2005.

KEMPER / FINGER (2006)

Kemper, Hans-Georg / Finger, Ralf: Transformation operativer Daten. Konzeptionelle Überlegungen zur Filterung, Harmonisierung, Aggregation und Anreicherung im Data Warehouse; in: Chamoni, Peter / Gluchowski, Peter (Hrsg.): Analytische Informationssysteme. Business Intelligence-Technologien und -Anwendungen; 3. Aufl., Berlin et al. 2006, S. 113-128.

KEMPER / MEHANNA / UNGER (2006)

Kemper, Hans-Georg / Mehanna, Walid / Unger, Carsten: Business Intelligence. Grundlagen und praktische Anwendungen; 2. Aufl., Wiesbaden 2006.

KIMBALL (1996)

Kimball, Ralph: The data warehouse toolkit: practical techniques for building dimensional data warehouses; New York et al. 1996.

KIMBALL ET AL. (1998)

Kimball, Ralph / Reeves, Laura / Ross, Margy / Thornthwaite, Warren: The data warehouse lifecycle toolkit: expert methods for designing, developing, and deploying data warehouses; New York et al. 1998.

KIRSCH (1975)

Kirsch, Werner: Planung: Kapitel einer Einführung; München 1975.

KLINGEBIEL (2004)

Klingebiel, Norbert (Hrsg.): Performance measurement & balanced scorecard; München 2004.

KOCH (1982)

Koch, Helmut: Integrierte Unternehmensplanung; Wiesbaden 1982.

KOCH (1993)

Koch, Helmut: Planungssysteme; in: Wittmann, Waldemar (Hrsg.): Handwörterbuch der Betriebswirtschaft, Band 2; 5. Aufl., Stuttgart 1993, Sp. 3252-3264.

KOREIMANN (1976)

Koreimann, Dieter S.: Methoden der Informationsbedarfsanalyse; Berlin, New York 1976.

KOSIOL (1965)

Kosiol, Erich: Planung als Lenkungsinstrument der Unternehmungsleitung; in: Zeitschrift für Betriebswirtschaft, 35. Jg. (1965), Heft 7, S. 389-401.

KOSIOL (1967)

Kosiol, Erich: Zur Problematik der Planung in der Unternehmung; in: Zeitschrift für Betriebswirtschaft, 37. Jg. (1967), Heft 2, S. 77-96.

KREIKEBAUM (1997)

Kreikebaum, Hartmut: Strategische Unternehmensplanung; 6. Aufl., Stuttgart, Berlin, Köln 1997.

KÜPPER (2005)

Küpper, Hans-Ulrich: Controlling: Konzeption, Aufgaben, Instrumente; 4. Aufl., Stuttgart 2005.

LAMPING / RAO (1999)

Lamping, John / Rao, Ramana: The hyperbolic browser: a focus+context technique for visualizing large hierarchies; in: Card, Stuart K. / Mackinlay, Jock D. / Shneiderman, Ben (Hrsg.): Readings in information visualiziation: using vision to think; San Francisco 1999, S. 382-408.

LARMAN (2005)

Larman, Craig: Applying UML and patterns: an introduction to object-oriented analysis and design and iterative development; 3rd ed., Upper Saddle River 2005.

LASSMANN (2006)

Lassmann, Wolfgang (Hrsg.): Wirtschaftsinformatik: Nachschlagewerk für Studium und Praxis; Wiesbaden 2006.

Lawrence / Weber (2008)

Lawrence, Anne T. / Weber, James: Business and society: stakeholders, ethics, public policy; 12th ed., Boston 2008.

Lehner (2003)

Lehner, Wolfgang: Datenbanktechnologie für Data-Warehouse-Systeme: Konzepte und Methoden; Heidelberg 2003.

Lindlbauer / Nerb (1998)

Lindlbauer, Jürg-Dieter / Nerb, Gernot: Minderung des Risikofaktors "Konjunktur" für die Unternehmensführung durch Daten und Methoden des ifo Instituts; in: Uhr, Wolfgang / Breuer, Sven-Einar (Hrsg.): Integration externer Informationen in Management Support Systems, Wirtschaftsinformatik Fachtagung, Technische Universität Dresden; Dresden 1998, S. 151-176.

Löffler (1995)

Löffler, Carsten: Die Wirkung der strategischen Planung auf den Unternehmenserfolg; zugl. Diss. Univ. München 1994; Wiesbaden 1995.

Lusti (2002)

Lusti, Markus: Data Warehousing und Data Mining. Eine Einführung in entscheidungsunterstützende Systeme; 2. Aufl., Berlin et al. 2002.

Lynch (2003)

Lynch, Richard: Corporate Strategy; 3rd ed., Harlow 2003.

Macharzina (1999)

Macharzina, Klaus: Unternehmensführung: das internationale Managementwissen; Konzepte – Methoden – Praxis; 3. Aufl., Wiesbaden 1999.

Macharzina / Wolf (2005)

Macharzina, Klaus / Wolf, Joachim: Unternehmensführung: das internationale Managementwissen; Konzepte – Methoden – Praxis; 5. Aufl., Wiesbaden 2005.

Mag (1993)

Mag, Wolfgang: Planung und Unsicherheit; in: Wittmann, Waldemar (Hrsg.): Handwörterbuch der Betriebswirtschaft, Band 2; 5. Aufl., Stuttgart 1993, Sp. 3200-3216.

MAG (1999)

Mag, Wolfgang: Planung und Kontrolle; in: Bitz, Michael (Hrsg.): Vahlens Kompendium der Betriebswirtschaftslehre, Band 2; 4. Aufl., München 1999, S. 1-63.

MAHONEY / PANDIAN (1992)

Mahoney, Joseph T. / Pandian, J. Rajendran: The resource-based view within the conversation of strategic management; in: Strategic Management Journal, Vol. 13 (1992), S. 363-380.

MANDEL (1997)

Mandel, Theo: The elements of user interface design; New York et al. 1997.

MARTIN (1997)

Martin, Wolfgang: Data Mining zwischen Wunsch und Wirklichkeit – eine kritische Betrachtung; in: Scheer, August-Wilhelm (Hrsg.): Organisationsstrukturen und Informationssysteme auf dem Prüfstand: 18. Saarbrücker Arbeitstagung 1997 für Industrie, Dienstleistung und Verwaltung, 6.-8. Oktober 1997, Universität des Saarlandes, Saarbrücken; Heidelberg 1997, S. 221-238.

MAUTHE (1984)

Mauthe, Karl D.: Strategische Analyse: Darstellung und kritische Würdigung bestehender Ansätze zur Strategischen Unternehmens- und Umweltanalyse; München 1984.

MAYER (1999)

Mayer, Jörg H.: Führungsinformationssysteme für die internationale Management-Holding; zugl. Diss. Techn. Univ. Darmstadt 1999; Wiesbaden 1999.

MCGEE / THOMAS (1986)

McGee, John / Thomas, Howard: Strategic groups: theory, research and taxonomy; in: Strategic Management Journal, Vol. 7 (1986), S. 141-160.

MEFFERT (1998)

Meffert, Heribert: Grundlagen marktorientierter Unternehmensführung: Konzepte, Instrumente, Praxisbeispiele; 8. Aufl., Wiesbaden 1998.

MEIER (1998)

Meier, Marco: Integration von Informationen aus dem Internet in das SAP-EIS – Konzeption und prototypische Realisierung eines Redaktions-Leitstands; in: Uhr, Wolfgang / Breuer, Sven-Einar (Hrsg.): Integration externer Informationen in Management Support Systems, Wirtschaftsinformatik Fachtagung, Technische Universität Dresden; Dresden 1998, S. 105-122.

MEIER (2000)

Meier, Marco: Integration externer Daten in Planungs- und Kontrollsysteme: Ein Redaktions-Leitstand für Informationen aus dem Internet; zugl. Diss. Univ. Erlangen-Nürnberg 2000; Wiesbaden 2000.

MEIER / FÜLLEBORN (1999)

Meier, Marco / Fülleborn, Alexander: Integration externer Führungsinformationen aus dem Internet in SAP Strategic Enterprise Management (SEM); in: Wirtschaftsinformatik, 41. Jg. (1999), Heft 5, S. 449-457.

MEIER / SINZIG / MERTENS (2004)

Meier, Marco / Sinzig, Werner / Mertens, Peter: SAP Strategic Enterprise Management, business analytics: Integration von strategischer und operativer Unternehmensführung; 2. Aufl., Berlin et al. 2004.

MEIER / WÜST (2003)

Meier, Andreas / Wüst, Thomas: Objektorientierte und objektrelationale Datenbanken: ein Kompass für die Praxis; 3. Aufl., Heidelberg 2003.

MERTENS (1999)

Mertens, Peter: Integration interner, externer, qualitativer und quantitaver Daten auf dem Weg zum Aktiven MIS; in: Wirtschaftsinformatik, 41. Jg. (1999), Heft 5, S. 405-415.

MERTENS / STÖßLEIN (2003)

Mertens, Peter / Stößlein, Martin: Stakeholder Information Systems – ein Bezugsrahmen; in: Ehrenberg, Dieter / Kaftan, Hans-Jürgen (Hrsg.): Herausforderungen der Wirtschaftsinformatik in der Informationsgesellschaft; Leipzig 2003, S. 233-255.

MERTENS / STÖßLEIN (2004)

Mertens, Peter / Stößlein, Martin: Stakeholder Information Systems – Rechnergestütztes Beziehungsmarketing; in: Diller, Hermann (Hrsg.): Marketinginnovationen erfolgreich gestalten; Nürnberg 2004, S. 84-104.

MICHAELI (2006)

Michaeli, Rainer: Competitive Intelligence: Strategische Wettbewerbsvorteile erzielen durch systematische Konkurrenz-, Markt- und Technologieanalysen; Berlin, Heidelberg, New York 2006.

MINTZBERG (1978)

Mintzberg, Henry: Patterns in strategy formation; in: Management Science, Vol. 24 (1978), No. 9, S. 934-948.

MINTZBERG (1987)

Mintzberg, Henry: Crafting strategy; in: Harvard Business Review, Vol. 65 (1987), No. 4 (July-August), S. 66-75.

MINTZBERG (1994)

Mintzberg, Henry: The rise and fall of strategic planning; New York et al. 1994.

MINTZBERG / MCHUGH (1985)

Mintzberg, Henry / McHugh, Alexandra: Strategy formation in an adhocracy; in: Administrative Science Quarterly, Vol. 30 (1985), S. 160-197.

MINTZBERG / WATERS (1985)

Mintzberg, Henry / Waters, James A.: Of strategies, deliberate and emergent; in: Strategic Management Journal, Vol. 6 (1985), S. 257-272.

MOORMANN (1989)

Moormann, Jürgen: Strategische Planung mit DSS-Generatoren: eine Studie zum Einsatz von Planungssprachen und Spreadsheetpaketen am Beispiel der strategischen Bankplanung; zugl. Diss. Univ. Kiel 1989; München 1989.

MUCKSCH (2006)

Mucksch, Harry: Das Data Warehouse als Datenbasis analytischer Informationssysteme: Architektur und Komponenten; in: Chamoni, Peter / Gluchowski, Peter (Hrsg.): Analytische Informationssysteme. Business Intelligence-Technologien und -Anwendungen; 3. Aufl., Berlin et al. 2006, S. 129-142.

MUCKSCH / BEHME (2000)

Mucksch, Harry / Behme, Wolfgang: Das Data Warehouse-Konzept als Basis einer unternehmensweiten Informationslogistik; in: Mucksch, Harry / Behme, Wolfgang (Hrsg.): Das Data Warehouse-Konzept: Architektur – Datenmodelle – Anwendungen; 4. Aufl., Wiesbaden 2000, S. 5-80.

MUCKSCH / BEHME (2001)

Mucksch, Harry / Behme, Wolfgang: Auswahl und Klassifizierung externer Informationen zur Integration in Data Warehouse-Lösungen; in: Behme, Wolfgang / Mucksch, Harry (Hrsg.): Data Warehouse-gestützte Anwendungen: Theorie und Praxiserfahrungen in verschiedenen Branchen; Wiesbaden 2001, S. 59-79.

MÜLLER-STEWENS / LECHNER (2005)

Müller-Stewens, Günter / Lechner, Christoph: Strategisches Management: wie strategische Initiativen zum Wandel führen; 3. Aufl., Stuttgart 2005.

NAUMANN (1982)

Naumann, Chris: Strategische Steuerung und integrierte Unternehmensplanung: ein Problem des strategischen Managements; zugl. Diss. Univ. München 1982; Herrsching 1982.

NAVRADE (2005)

Navrade, Frank: Balanced Scorecard: Grundlagen, organisatorische Hierarchisierung und Datenmodell, Diskussionsbeiträge des Fachbereichs Betriebswirtschaft, Universität Duisburg-Essen, Campus Duisburg, Nr. 307; Duisburg 2005.

NIELSEN (1993)

Nielsen, Jakob: Usability engineering; San Diego et al. 1993.

NORMAN (1988)

Norman, Donald A.: The psychology of everyday things; New York 1988.

NOYES / BABER (1999)

Noyes, Jan / Baber, Chris: User-centered design of systems; London et al. 1999.

O. V. (2007A)

o. V.: What is the Balanced Scorecard?; WWW: http://www.balancedscorecard.org/basics/bsc1.html; Abruf am 2007-09-22.

O. V. (2007B)

o. V.: Catalog of OMG Modeling and Metadata Specifications; WWW: http://www.omg.org/technology/documents/modeling_spec_catalog.htm; Abruf am 2007-10-06.

OEHLER (2000)

Oehler, Karsten: Gestaltungsoptionen bei der DV-gestützten Umsetzung einer Balanced Scorecard; in: krp, 44. Jg. (2000), Sonderheft 2, S. 77-85.

OEHLER (2006)

Oehler, Karsten: Corporate Performance Management mit Business Intelligence Werkzeugen; München, Wien 2006.

OESTEREICH (2005)

Oestereich, Bernd: Analyse und Design mit UML 2: objektorientierte Softwareentwicklung; 7. Aufl., München, Wien 2005.

OLSEN (1998)

Olsen, Dan R.: Developing user interfaces; San Francisco 1998.

PEARCE / ROBINSON (2007)

Pearce, John A. / Robinson, Richard B.: Strategic management: formulation, implementation, and control; 10th ed., Boston 2007.

PENDSE / CREETH (2005)

Pendse, Nigel / Creeth, Richard: What is OLAP? An analysis of what the often misused OLAP term is supposed to mean (2005); WWW: http://www.olapreport.com/fasmi.htm; Abruf am 2007-07-20.

PENROSE (1959)

Penrose, Edith T.: The theory of the growth of the firm; New York 1959.

PETERAF (1993)

Peteraf, Margaret A.: The cornerstones of competitive advantage: a resource-based view; in: Strategic Management Journal, Vol. 14 (1993), S. 179-191.

PETKOVIĆ (2003)

Petković, Dušan: SQL objektorientiert; München et al. 2003.

PFOHL / STÖLZLE (1997)

Pfohl, Hans-Christian / Stölzle, Wolfgang: Planung und Kontrolle: Konzeption, Gestaltung, Implementierung; 2. Aufl., München 1997.

PICOT (1990)

Picot, Arnold: Der Produktionsfaktor Information in der Unternehmensführung; in: Information Management, 5. Jg. (1990), Heft 1, S. 6-14.

PICOT / REICHWALD / WIGAND (2003)

Picot, Arnold / Reichwald, Ralf / Wigand, Rolf T.: Die grenzenlose Unternehmung: Information, Organisation und Management; 5. Aufl., Wiesbaden 2003.

PORTER (1999)

Porter, Michael E.: Wettbewerbsstrategie: Methoden zur Analyse von Branchen und Konkurrenten; 10. Aufl., Frankfurt am Main, New York 1999.

PORTER (2000)

Porter, Michael E.: Wettbewerbsvorteile: Spitzenleistungen erreichen und behaupten; 6. Aufl., Frankfurt am Main, New York 2000.

PREECE (1993)

Preece, Jenny: A guide to usability: human factors in computing; Harlow et al. 1993.

PREECE / ROGERS / SHARP (2002)

Preece, Jennifer / Rogers, Yvonne / Sharp, Helen: Interaction design: beyond human-computer interaction; New York 2002.

PREUSS (2003)

Preuss, Peter: IT-gestützte Balanced Scorecard-Systeme; zugl. Diss. Univ. Mannheim 2002; Wiesbaden 2003.

PROPACH (1999)

Propach, Jürgen: Integrierte Managementunterstützungssysteme: Konzeption und Realisierung eines Prototypen zur Unterstützung von Teilbereichen der strategischen Unternehmensplanung auf Basis der integrierten Standardsoftware SAP R/3; Diss. Univ. Essen 1999.

PÜMPIN (1992)

Pümpin, Cuno: Strategische Erfolgspositionen: Methodik der dynamischen strategischen Unternehmensführung; Bern, Stuttgart, Wien 1992.

RAPP (2005)

Rapp, Reinhold: Customer Relationship Management: Das neue Konzept zur Revolutionierung der Kundenbeziehungen; 3. Aufl., Frankfurt am Main, New York 2005.

RAPPAPORT (1999)

Rappaport, Alfred: Shareholder-Value: ein Handbuch für Manager und Investoren; 2. Aufl., Stuttgart 1999.

RASCHE / WOLFRUM (1994)

Rasche, Christoph / Wolfrum, Bernd: Ressourcen-orientierte Unternehmensführung; in: DBW, 54. Jg. (1994), Heft 4, S. 501-517.

REICHMANN (2006)

Reichmann, Thomas: Controlling mit Kennzahlen und Management-Tools: die systemgestützte Controlling-Konzeption; 7. Aufl., München 2006.

REICHMANN / LACHNIT (1976)

Reichmann, Thomas / Lachnit, Laurenz: Planung, Steuerung und Kontrolle mit Hilfe von Kennzahlen; in: zfbf, 28. Jg. (1976), S. 705-723.

REICHMANN / LACHNIT (1977)

Reichmann, Thomas / Lachnit, Laurenz: Kennzahlensysteme als Instrument zur Planung, Steuerung und Kontrolle von Unternehmungen; in: Maschinenbau, (1977), Heft 9, S. 45-53.

RHODES (2002)

Rhodes, Philip J.: Discovering new relationships. A brief overview of data mining and knowledge discovery; in: Fayyad, Usama M. / Grinstein, Georges G. / Wierse, Andreas (Hrsg.): Information visualization in data mining and knowledge discovery; San Francisco 2002, S. 277-290.

RIEG (2004)

Rieg, Robert: Strategische Steuerung und Budgetierung – Notwendigkeit oder Widerspruch?; in: Controlling, 16. Jg. (2004), Heft 8/9, S. 473-479.

ROLLBERG (2001)

Rollberg, Roland: Integrierte Unternehmensplanung; Wiesbaden 2001.

ROMPPEL (2006)

Romppel, Andreas: Competitive Intelligence: Konkurrenzanalyse als Navigationssystem im Wettbewerb; Berlin 2006.

ROSS (1977)

Ross, Douglas T.: Structured Analysis (SA): A language for communicating ideas; in: IEEE Transactions on Software Engineering, Vol. SE-3 (1977), No. 1, S. 16-34.

RUMBAUGH / JACOBSON / BOOCH (2005)

Rumbaugh, James / Jacobson, Ivar / Booch, Grady: The unified modeling language reference manual; 2nd ed., Boston 2005.

SAPIA (2004)

Sapia, Carsten: Data Warehouse; in: Bauer, Andreas / Günzel, Holger (Hrsg.): Data-Warehouse-Systeme: Architektur, Entwicklung, Anwendung; 2. Aufl., Heidelberg 2004, S. 57-63.

SÄUBERLICH (2000)

Säuberlich, Frank: KDD und Data Mining als Hilfsmittel zur Entscheidungsunterstützung; Frankfurt am Main et al. 2000.

SCHAFFITZEL (1982)

Schaffitzel, Wilhelm: Das entscheidungstheoretische Rationalitätskonzept in der Betriebswirtschaftslehre: Anspruch und Wirklichkeit; München 1982.

SCHELL (2007)

Schell, Heiko: Einsatzmöglichkeiten aktueller Informations- und Kommunikationstechnologien bei der strategischen Führung von Unternehmensnetzwerken; Diss. Univ. Duisburg-Essen 2007.

SCHLEGEL (1996)

Schlegel, Hans B.: Computergestützte Unternehmensplanung und -kontrolle; München 1996.

SCHMITZ (2001)

Schmitz, Jürgen: Balanced Scorecard: die Umsetzung von Strategien in Aktionen; in: Controller Magazin, 26. Jg. (2001), Heft 3, S. 248-251.

SCHNEIDER (1990)

Schneider, Ursula: Kulturbewusstes Informationsmanagement: ein organisationstheoretischer Gestaltungsrahmen für die Infrastruktur betrieblicher Informationsprozesse; München, Wien 1990.

SCHOLZ (1987)

Scholz, Christian: Strategisches Management: ein integrativer Ansatz; Berlin, New York 1987.

SCHREYÖGG (1984)

Schreyögg, Georg: Unternehmensstrategie: Grundfragen einer Theorie strategischer Unternehmensführung; Berlin, New York 1984.

SCHULZE (2002)

Schulze, Jens: CRM erfolgreich einführen; Berlin et al. 2002.

SCHÜTTE (1999)

Schütte, Reinhard: Basispositionen in der Wirtschaftsinformatik – ein gemäßigt-konstruktivistisches Programm; in: Becker, Jörg / König, Wolfgang / Schütte, Reinhard / Wendt, Oliver / Zelewski, Stephan (Hrsg.): Wirtschaftsinformatik und Wissenschaftstheorie: Bestandsaufnahme und Perspektiven; Wiesbaden 1999, S. 211-241.

SCHWEITZER (2001)

Schweitzer, Marcell: Planung und Steuerung; in: Bea, Franz X. (Hrsg.): Allgemeine Betriebswirtschaftslehre, Band 2; 8. Aufl., Stuttgart 2001, S. 16-126.

SCHWETZ (2000)

Schwetz, Wolfgang: Customer Relationship Management: Mit dem richtigen CAS/CRM-System Kundenbeziehungen erfolgreich gestalten; Wiesbaden 2000.

SCHWINN ET AL. (1999)

Schwinn, Klaus / Dippold, Rolf / Ringgenberg, André / Schnider, Walter: Unternehmensweites Datenmanagement: von der Datenbankadministration bis zum modernen Informationsmanagement; 2. Aufl., Braunschweig, Wiesbaden 1999.

SEEMANN / WOLFF VON GUDENBERG (2006)

Seemann, Jochen / Wolff von Gudenberg, Jürgen: Software-Entwurf mit UML 2: objektorientierte Modellierung mit Beispielen in Java; 2. Aufl., Berlin, Heidelberg, New York 2006.

SHNEIDERMAN (2002)

Shneiderman, Ben: User Interface Design; 3. Aufl., Bonn 2002.

SHRIVASTAVA (1985)

Shrivastava, Paul: Knowledge systems for strategic decision making; in: The Journal of Applied Behavioral Science, Vol. 21 (1985), No. 1, S. 95-107.

SHRIVASTAVA (1994)

Shrivastava, Paul: Strategic management: concepts and practices; Cincinnati, Ohio 1994.

SINGH / WATSON / WATSON (2002)

Singh, Sanjay K. / Watson, Hugh J. / Watson, Richard T.: EIS support for the strategic management process; in: Decision Support Systems, Vol. 33 (2002), No. 1, S. 71-85.

SINZIG (2000)

Sinzig, Werner: Strategische Unternehmensführung mit SAP SEM; in: Wirtschaftsinformatik, 42. Jg. (2000), Heft 2, S. 147-155.

SONNENSCHEIN / SCHÖN / NÖLKEN (1999)

Sonnenschein, Olaf / Schön, Dietmar / Nölken, Dirk: Moderne Informations- und Kommunikationstechnologie für die strategische Planung; in: Controlling, 11. Jg. (1999), Heft 4/5, S. 185-192.

SPANGENBERG (1994)

Spangenberg, Hermann: Understanding and implementing performance management; Kenwyn 1994.

SPATH (2003)

Spath, Dieter (Hrsg.): Corporate Performance Management: Marktstudie; Bausteine, Konzepte, Produkte; mit einer ausführlichen Darstellung von 35 Business Intelligence Anwendungen; Stuttgart 2003.

SPRENGEL (1984)

Sprengel, Friedrich: Informationsbedarf strategischer Entscheidungshilfen; zugl. Diss. Univ. Göttingen 1984; Thun, Frankfurt am Main 1984.

STAUDT (1979)

Staudt, Erich: Planung als "Stückwerktechnologie": Demonstriert am Beispiel arbeitsorganisatorischer Experimente im Industriebetrieb; zugleich eine Kritik entscheidungsorientierter Ansätze in der Betriebswirtschaftslehre; Göttingen 1979.

STEINER / MINER (1977)

Steiner, George A. / Miner, John B.: Management policy and strategy; New York 1977.

Steinle / Thiem / Lange (2001)

Steinle, Claus / Thiem, Henning / Lange, Morton: Die Balanced Scorecard als Instrument zur Umsetzung von Strategien; in: Controller Magazin, 26. Jg. (2001), Heft 1, S. 29-37.

Steinmann / Schreyögg (2005)

Steinmann, Horst / Schreyögg, Georg: Management: Grundlagen der Unternehmensführung; Konzepte – Funktionen – Fallstudien; 6. Aufl., Wiesbaden 2005.

Stewart (1991)

Stewart, G. Bennett: The quest for value: a guide for senior managers; New York 1991.

Stock / Büttner (2005)

Stock, Steffen / Büttner, Andreas: Ansätze zur Verbesserung der Datenqualität in Data-Warehouse-Systemen, Diskussionsbeiträge des Fachbereichs Betriebswirtschaft, Universität Duisburg-Essen, Campus Duisburg, Nr. 306; Duisburg 2005.

Strauch (2002)

Strauch, Bernhard: Entwicklung einer Methode für die Informationsbedarfsanalyse im Data Warehousing; zugl. Diss. Univ. St. Gallen 2001; St. Gallen 2002.

Strebel (1981)

Strebel, Heinz: Zielsysteme und Zielforschung; in: DBW, 41. Jg. (1981), Heft 3, S. 457-475.

Struckmeier (1997)

Struckmeier, Helgard: Gestaltung von Führungsinformationssystemen: betriebswirtschaftliche Konzeption und Softwareanforderungen; zugl. Diss. Univ. Göttingen 1996; Wiesbaden 1997.

Szyperski (1980)

Szyperski, Norbert: Informationsbedarf; in: Grochla, Erwin (Hrsg.): Handwörterbuch der Organisation; 2. Aufl., Stuttgart 1980, Sp. 904-913.

SZYPERSKI / WINAND (1980)

Szyperski, Norbert / Winand, Udo: Grundbegriffe der Unternehmensplanung, Stuttgart 1980.

TASCH (1999)

Tasch, Daniel: Kommunikation und Kennzahlen – die Balanced Scorecard aus einer anderen Perspektive; in: Controller Magazin, 24. Jg. (1999), Heft 6, S. 431-433.

THALLER (2002)

Thaller, Georg E.: Interface Design: Die Mensch-Maschine-Schnittstelle gestalten. Konzepte für Programm- und Web-Oberflächen; Frankfurt am Main 2002.

THOMPSON / STRICKLAND (2003)

Thompson, Arthur A. / Strickland, Alonzo J.: Strategic management: concepts and cases; 13th ed., Boston 2003.

THOMSEN (1997)

Thomsen, Erik: OLAP solutions: building multidimensional information systems; New York et al. 1997.

TIDWELL (2006)

Tidwell, Jenifer: Designing interfaces; Beijing et al. 2006.

TODMAN (2001)

Todman, Chris: Designing a data warehouse: supporting customer relationship management; Upper Saddle River 2001.

TÖPFER (1976)

Töpfer, Armin: Planungs- und Kontrollsysteme industrieller Unternehmungen; Berlin 1976.

TÖPFER (1989)

Töpfer, Armin: Planungsträger; in: Szyperski, Norbert (Hrsg.): Handwörterbuch der Planung; Stuttgart 1989, Sp. 1542-1548.

TÖPFER (2006)

Töpfer, Armin: Beschwerdemanagement; in: Hippner, Hajo / Wilde, Klaus D. (Hrsg.): Grundlagen des CRM: Konzepte und Gestaltung; 2. Aufl., Wiesbaden 2006, S. 541-581.

TOTOK (2000)

Totok, Andreas: Modellierung von OLAP- und Data-Warehouse-Systemen; zugl. Diss. Techn. Univ. Braunschweig 1999; Wiesbaden 2000.

TOTOK (2006)

Totok, Andreas: Entwicklung einer Business-Intelligence-Strategie; in: Chamoni, Peter / Gluchowski, Peter (Hrsg.): Analytische Informationssysteme. Business Intelligence-Technologien und -Anwendungen; 3. Aufl., Berlin et al. 2006, S. 51-70.

TROST / ZIRKEL (2006)

Trost, Uwe / Zirkel, Martin: Wege aus dem Informationschaos; in: BI Spektrum, 1. Jg. (2006), Heft 3, S. 16-19.

TÜRKER (2003)

Türker, Can: SQL:1999 & SQL:2003: objektrelationales SQL, SQLJ & SQL/XML; Heidelberg 2003.

TÜRKER / SAAKE (2006)

Türker, Can / Saake, Gunther: Objektrelationale Datenbanken; Heidelberg 2006.

UHR / KOSILEK (1999)

Uhr, Wolfgang / Kosilek, Ernest: Internet-Quellen zur Integration wirtschafsrelevanter unternehmensexterner Daten in Management Support Systems; in: Wirtschaftsinformatik, 41. Jg. (1999), Heft 5, S. 461-466.

ULRICH / FLURI (1986)

Ulrich, Peter / Fluri, Edgar: Management: eine konzentrierte Einführung; 4. Aufl., Bern, Stuttgart 1986.

VADUVA / VAVOURAS (2004A)

Vaduva, Anca / Vavouras, Athanasios: Repositorium; in: Bauer, Andreas / Günzel, Holger (Hrsg.): Data-Warehouse-Systeme: Architektur, Entwicklung, Anwendung; 2. Aufl., Heidelberg 2004, S. 68-70.

VADUVA / VAVOURAS (2004B)

Vaduva, Anca / Vavouras, Athanasios: Metadatenmanager; in: Bauer, Andreas / Günzel, Holger (Hrsg.): Data-Warehouse-Systeme: Architektur, Entwicklung, Anwendung; 2. Aufl., Heidelberg 2004, S. 70-71.

VAVOURAS (2004)

Vavouras, Athanasios: Data-Warehouse-Manager; in: Bauer, Andreas / Günzel, Holger (Hrsg.): Data-Warehouse-Systeme: Architektur, Entwicklung, Anwendung; 2. Aufl., Heidelberg 2004, S. 37-38.

VOGT / HEINSEN (2003)

Vogt, Petra / Heinsen, Sven: Einleitung: Usability – darum geht´s; in: Heinsen, Sven / Vogt, Petra (Hrsg.): Usability praktisch umsetzen: Handbuch für Software, Web, Mobile Devices und andere Interaktive Produkte; München, Wien 2003, S. 1-6.

VON NEUMANN (1928)

von Neumann, John: Zur Theorie der Gesellschaftsspiele; in: Mathematische Annalen, 100. Jg. (1928), Heft 1, S. 295-320.

VON REIBNITZ (1989)

von Reibnitz, Ute: Szenario-Planung; in: Szyperski, Norbert (Hrsg.): Handwörterbuch der Planung; Stuttgart 1989, Sp. 1980-1996.

WAGNER (1987)

Wagner, Hans-Peter: Computergestützte Informationssysteme in der Unternehmensplanung: kritische Analyse des "State of the Art" im Kontext eines strategischen Managements; zugl. Diss. Univ. München 1987; München 1987.

WALL (2003)

Wall, Friederike: IT-Unterstützung der Unternehmensplanung im Spannungsfeld von technologischen Möglichkeiten und verhaltensbedingten Grenzen; in: Gleich, Ronald / Horváth, Péter (Hrsg.): Neugestaltung der Unternehmensplanung: Innovative Konzepte und erfolgreiche Praxislösungen; Stuttgart 2003, S. 377-407.

WEFERS (2000)

Wefers, Marcus: Strategische Unternehmensführung mit der IV-gestützten Balanced Scorecard; in: Wirtschaftsinformatik, 42. Jg. (2000), Heft 2, S. 123-130.

WEHRMEISTER (2001)

Wehrmeister, Dierk: Customer Relationship Management: Kunden gewinnen und an das Unternehmen binden; Köln 2001.

WELGE / AL-LAHAM (2003)

Welge, Martin K. / Al-Laham, Andreas: Strategisches Management: Grundlagen – Prozess – Implementierung; 4. Aufl., Wiesbaden 2003.

WERNER (2001)

Werner, Thomas Fr.-C.: Strategische Planung in öffentlichen Unternehmen: Dargestellt am Fallbeispiel eines Stromversorgers; zugl. Diss. Univ. Fribourg 2001; Berlin 2001.

WERNERFELT (1984)

Wernerfelt, Birger: A resource-based view of the firm; in: Strategic Management Journal, Vol. 5 (1984), S. 171-180.

WEST (2001)

West, Chris: Competitive intelligence; Houndmills, Basingstoke, Hampshire 2001.

WESTERMAN (2001)

Westerman, Paul: Data warehousing: using the Wal-Mart model; San Francisco 2001.

WIESE (2000)

Wiese, Jens: Implementierung der Balanced Scorecard: Grundlagen und IT-Fachkonzept; zugl. Diss. Univ. Münster 1999; Wiesbaden 2000.

WILD (1982)

Wild, Jürgen: Grundlagen der Unternehmungsplanung; 4. Aufl., Opladen 1982.

WILDE (2001)

Wilde, Klaus D.: Data Warehouse, OLAP und Data Mining im Marketing – Moderne Informationstechnologien im Zusammenspiel; in: Hippner, Hajo / Küsters, Ulrich / Meyer, Matthias / Wilde, Klaus (Hrsg.): Handbuch Data Mining im Marketing. Knowledge Discovery in Marketing Databases; Braunschweig, Wiesbaden 2001, S. 1-19.

WILMES / DIETL / VAN DER VELDEN (2004)

Wilmes, Caroline / Dietl, Helmut M. / van der Velden, Remco: Die strategische Ressource "Data Warehouse": eine ressourcentheoretisch-empirische Analyse; Wiesbaden 2004.

WILSON (1983)

Wilson, Ian: The benefits of environmental Analysis; in: Albert, Kenneth J. (Hrsg.): The strategic management handbook; New York 1983, S. (9-1)-(9-19).

WIMMER / GÖB (2006)

Wimmer, Frank / Göb, Julika: Customer Intelligence: Marktforschung und Kundenanalyse als Informationsgrundlagen im CRM; in: Hippner, Hajo / Wilde, Klaus D. (Hrsg.): Grundlagen des CRM: Konzepte und Gestaltung; 2. Aufl., Wiesbaden 2006, S. 399-417.

WITTEN / FRANK (2005)

Witten, Ian H. / Frank, Eibe: Data mining: practical machine learning tools and techniques; 2nd ed., Amsterdam, Boston 2005.

WOLF (1998)

Wolf, Tino: Frühaufklärungssysteme für Produktinnovationen; in: Uhr, Wolfgang / Breuer, Sven-Einar (Hrsg.): Integration externer Informationen in Management Support Systems, Wirtschaftsinformatik Fachtagung, Technische Universität Dresden; Dresden 1998, S. 177-195.

Wright (1987)

Wright, Peter: A refinement of porters strategies; in: Strategic Management Journal, Vol. 8 (1987), S. 93-101.

Wunder (2001)

Wunder, Thomas: Wie konkret muss eine Balanced Scorecard sein?; in: Controller Magazin, 26. Jg. (2001), Heft 2, S.133-139.

Zahn (1989)

Zahn, Erich: Strategische Planung; in: Szyperski, Norbert (Hrsg.): Handwörterbuch der Planung; Stuttgart 1989, Sp. 1903-1916.

Zeh (2004)

Zeh, Thomas: Datenquelle; in: Bauer, Andreas / Günzel, Holger (Hrsg.): Data-Warehouse-Systeme: Architektur, Entwicklung, Anwendung; 2. Aufl., Heidelberg 2004, S. 38-47.

Zeidler / Zellner (1994)

Zeidler, Alfred / Zellner, Rudolf: Software-Ergonomie: Techniken der Dialoggestaltung; 2. Aufl., München, Wien 1994.

Ziegler / Kunz / Botsch (2002)

Ziegler, Jürgen / Kunz, Christoph / Botsch, Veit: Matrix Browser - Visualisierung und Exploration vernetzter Informationsräume; in: Herczeg, Michael / Prinz, Wolfgang / Oberquelle, Horst (Hrsg.): Mensch & Computer 2002: Vom interaktiven Werkzeug zu kooperativen Arbeits- und Lernwelten; Stuttgart 2002, S. 373-382.